领导力开发

吕鸿江／编著

LEADERSHIP
DEVELOPMENT

科学出版社

北　京

内 容 简 介

本书包括领导力理论解读和提升路径两部分，共包括四篇八章。第一篇进行领导力相关概念、理论发展和提升路径的解读与理论阐述。第二篇～第四篇的领导力提升路径部分包括领导力的产生、领导力的开发、领导力的提升等三阶段成长路径，逐层深入地指导学习者理解和掌握领导力培养过程中影响他人、成就团队和育才做人的三阶段目标与方法。本书强调侧重"理论与实践结合"需求的学习者的学习体验提升，注重通过多元学习工具的打造，助力各类经济管理类专业的学生和跨行业学习者获得领导力知识、塑造领导力思维与提升应用能力。

本书既适用于经济管理类专业研究生进行理论与实践结合的领导力培养，也适用于非经济管理专业学习者进行跨学科领导力的职业训练或能力提升。同时，本教材不仅适用于课堂教学，进行教学形式、工具和情境设计，还适用于学生在行动学习、移动课堂中进行领导力与团队管理的拓展训练。

图书在版编目（CIP）数据

领导力开发 / 吕鸿江编著. -- 北京：科学出版社，2025.3
ISBN 978-7-03-078081-2

Ⅰ. ①领… Ⅱ. ①吕… Ⅲ. ①领导学 Ⅳ. ①C933

中国国家版本馆 CIP 数据核字（2024）第 021835 号

责任编辑：方小丽 / 责任校对：姜丽策
责任印制：张　伟 / 封面设计：有道设计

科学出版社 出版
北京东黄城根北街 16 号
邮政编码：100717
http://www.sciencep.com

天津市新科印刷有限公司印刷
科学出版社发行　各地新华书店经销

*

2025 年 3 月第　一　版　开本：787×1092　1/16
2025 年 3 月第一次印刷　印张：20
字数：474 000

定价：68.00 元
（如有印装质量问题，我社负责调换）

前　　言

党的二十大报告指出："我们要坚持教育优先发展、科技自立自强、人才引领驱动，加快建设教育强国、科技强国、人才强国，坚持为党育人、为国育才，全面提高人才自主培养质量，着力造就拔尖创新人才，聚天下英才而用之。"①教材是教学内容的主要载体，是教学的重要依据、培养人才的重要保障。在优秀教材的编写道路上，我们一直在努力。

科技革命和产业变革蓬勃兴起，全球科技创新进入密集活跃期，新经济、新业态不断涌现，国际科技竞争日趋激烈，大国竞争越来越体现为科技和人才的竞争，尤其是大量创新型、复合型、应用型领军人才的竞争。人才培养目标正由单一的专业型向复合型转变，可持续领导力成为不同行业领军人才的必备核心竞争力。但是，在管理实践中，领导者和管理者、领导职能和管理职能经常被混淆或等同。事实上，第一，管理者不一定是领导者，领导者也不一定是管理者，但一个有效的管理者应当成为一个领导者，领导是一种积极、有影响的力量；第二，与管理通常由职位赋予不同，领导更强调对人的影响，对组织成员的引导和激励，领导更重视为组织塑造愿景，激发员工的工作热情，并增强团队凝聚力，激发他们的最大潜能；第三，相较于管理侧重于解决问题的方法，即正确地做事，领导则更关心组织成员的尊严、价值观、潜能和发展，即做正确的事。因此，对每一位希望培养领导力的学习者而言，领导力成长不是仅拥有管理职位，而应该包括产生领导力（权力与影响力）、开发领导力（认同与成就）、提升领导力（育才与做人）的不同培养阶段。尤其是，拥有卓越的领导力，需要通过帮助他人提升，并赢得团队组织成功，进而培育领军人才，这是领导力层次中的最高境界。所以，领导力是育人育才的重要组成部分，提升领导力是以工作实践为切入点实现对高校"育人"主线的回归。为培养造就一批本领域、本行业内具有战略眼光、开拓精神、创新能力、社会责任感的未来优秀企业家、总工程师和科学家等科技领军人才，相较于本学科专业知识的学习，领导力提升是教育体系中更高层次的"育人"目标。

基于上述思考，本教材通过领导力、领导力的产生、领导力的开发、领导力的提升四部分，搭建阶梯式的领导力培养体系，指导学习者理解和掌握领导力的成长路径。具体编写思路如下。①教材框架采用"基础理论+阶梯式路径"的设计思路。第一篇领导力构建基础理论。通过界定领导力的概念，辨析领导力与领导、领导与管理等概念，了解领导力理论的发展阶段，使学习者认清和思考什么是领导力，并思考领导力提升的层次；第二篇领导力的产生指导学习者理解并走好成为领导者的第一个阶梯，即认识领导力产生的普遍

①　《习近平：高举中国特色社会主义伟大旗帜 为全面建设社会主义现代化国家而团结奋斗——在中国共产党第二十次全国代表大会上的报告》，https://www.gov.cn/xinwen/2022-10/25/content_5721685.htm，2022年10月25日。

路径——从专家到管理者再到领导者，并分析职位和特质的作用；第三篇领导力的开发是领导力成长的第二个阶梯，指导学习者掌握开发领导力的认同与成就两阶段，即认同阶段是领导力发展的保障，包括领导处理好与下属的关系以获得下属认同，成就阶段是推动领导力发展的动力，包括引导团队成员共同学习反思和创新，进而成就他人、团队和领导者自己；第四篇领导力的提升是领导力成长的第三个阶梯，主要激发学习者思考育才和做人的更高领导力目标，即育才阶段是通过与下属和团队树立共同愿景、文化及价值观推动所有成员的共同成长，做人阶段是汲取文化和创新中的营养，拓展对领导力目标的多元思考和多维认知。②教学内容采用"基础认知+技能实践+文化素养"组合模块的设计思路。全书的各篇章内容都将领导力基础理论、领导力综合实践、职业发展纳入课程体系之中，力求领导力理论与实践融合。在基础认知模块，在教材建设中立体化地拓展领导力教育的方法和手段，整套课程将领导力理论和相关知识点融入领导者成长的过程之中，如雷军的成长之路、美团 CEO 王兴的"领导梯队论"等案例生动地呈现了领导力提升过程，用时代优秀领导力榜样激发学习者提升不同阶段的领导力认知，同时通过线上线下的配合丰富学习者的学习体验。在技能实践模块，各个章节都包括了不同类型领导力的思考题、测评工具和场景模拟过程，体现了培养学习者的领导力技能和综合素质的要求。在文化素养模块，全书将价值观、文化等内容渗透在各个章节，尤其是体现在第四篇中，通过"工匠精神"、工作价值观等帮助塑造学习者的领导力精神，引导学习者和教师在基础认知和技能实践中正确理解领导力行为，激发学习者内在的主动创新和团结合作精神，使其能在面临各类领导力困惑时采取正确的思维方式和解决方案。③教学平台多元化交互式设计是本教材的重要环节。第一，领导力数字化慕课平台的线上和线下结合。通过领导力素养的数字化慕课平台配合混合式教学模式，可支持领导力专业课的教师充分实现以学生为中心的翻转课堂教学。第二，本教材各篇章均滚动提供与教学材料相辅相成的系列领导力教学案例及分析、评估工具，通过在不同章节导入领导力教学案例及分析或者各类领导行为测评工具，使学生能更近距离地体验"领导"角色，构建领导力学习交互平台。本教材配套教学慕课，已在学堂在线（https://www.xuetangx.com/）上线，可在登录后输入"吕鸿江"或者"领导力素养"进行查询。

因此，本教材特点如下。①教学对象关注融合领导力理论与实践需求的学习者。本教材尤其适用于希望通过学习领导力理论，促进领导力实践能力提升的专业研究生或职业培训人员，也适用于有一定工作经验的非经济管理类专业的跨学科学习者。本教材在内容组织、教学方式、教材辅导等方面兼顾了理论与实践结合需要的学习者特点和习惯，各专业学生均可通过本教材掌握领导力理论，结合具体实践训练，提升领导力思维和运用能力。②教学目标强调引入"思政视域"的价值引领功能。在时代性上，提炼中国情境下的领导力、创新榜样教育与领导力教学融合方式。解读我国当代优秀领导者典型案例，并深入挖掘我国本土的领导力元素，构建具备我国特色的领导力教材。③教学手段强调理实并重的"领导行为能力"提升。由于领导力课程体系学科实践性较强，培养学生实践能力是领导力课程体系高等教育的一项重要内容。教师可以在知识传授环节运用本教材相关案例、测评和场景模拟等工具，进行翻转课堂、角色扮演等设计，提高学生的积极性和主动性，培养其知识融通能力和实践能力。因此，本教材不仅适用于课堂教学，进行教学形式、工具和情境设计，还适用于学生在行动学习、移动课堂中进行领导力与团队管理的拓展训练。

　　本教材的编写感谢江苏省研究生教育教学改革重点课题"MBA 研究生培养全周期质量评价与管理研究"（JGKT23_B003）、东南大学重点示范教学改革"'三跨融合'的领导力课程体系建设"、东南大学优秀教材建设项目、东南大学课程思政示范课改革"领导力素养"、东南大学案例库建设等"数智赋能"链主企业转型升级案例库、全国百篇优秀管理案例"生态型组织系统的新陈代谢与健康成长"等多项教学改革课题的支持。同时，感谢冯天能老师和多位同学参与了资料收集和案例整理等辅助性工作，第一篇参与同学有齐亚宁、何路峰、陈飞宇、黄莉萍、郭仕杉，第二篇参与同学有张秋萍、封燕、马端友、付星越、窦惠，第三篇参与同学有赵兴华、吴皞玉、武超龙、朱佳敏、王艺蓉，第四篇参与同学有何路峰、陈飞宇、马端友、郭少鹏。此外，感谢这几年参加我讲授的课程的各位同学，他们在行动学习、场景模拟等实践和教学活动中的积极参与及讨论使课程内容得以不断深化，同时也对支持本教材完成的所有学者和学生一并致谢。还要特别感谢科学出版社的编辑老师对本教材定位、框架和细节提供了很多重要建议；同时，也衷心感谢科学出版社各位领导和员工。

　　本教材难免有疏漏之处，欢迎广大读者批评指正帮助我们持续改进。

吕鸿江

2024 年 9 月于东南大学九龙湖校区

配套课后辅导材料　　　　配套领导力 AI 画像测评

目 录

第一篇 领 导 力

第二篇 领导力的产生

第一篇　领　导　力

知识导图

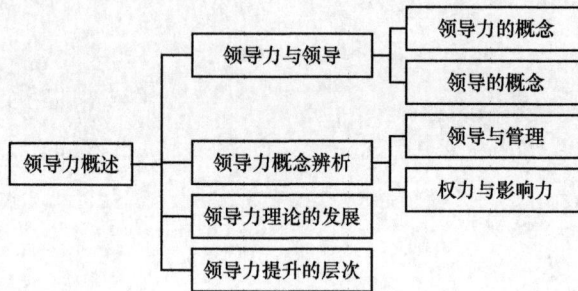

第1章 领导力概述

引例：他到底做错了什么？J广告公司业务挑战与人事调整

J公司是欧美赫赫有名的广告公司，长期服务日本著名女性护理用品S品牌。2010年中，S品牌对J公司在中国区的业务发出了警告，针对J公司被动型的工作方式提出了批评。J公司的工作方式始终是客户说什么就做什么，客户怎么说就怎么做，缺乏自身的策略主见，令客户无法感受到双方是共同承担市场风险、合作紧密的战略伙伴，而相关高层在人力资源方面的迟钝反应导致关键岗位缺人。最终S品牌公司决定对中国地区的广告业务进行重新招标。

在全球金融危机和日本广告市场低迷的大环境下，众多日本广告公司闻风而动，频繁对S品牌位于东京的总部施加影响，旨在争夺S品牌在中国区域的广告业务。到了2010年末，三大日本广告业巨擘纷纷加入战局，与J公司一同竞争这一业务机会。为了保住S品牌的业务，2011年3月，J公司将40岁日籍客户总监George从日本东京派到上海，负责拯救S品牌的业务。George于2002年加入J公司的日本东京分公司，属于J公司的元老级人物，已经在日本东京服务S品牌的广告业务将近10年了。虽然是一位日本人，但是其工作风格完全西化，是一个对工作过程十分严格的老板，会直截了当地发表自己的意见和看法。George到达上海办公室就组成一个以客户部为主，以及由市场部、创意部和制作部的负责人构成的18人左右的业务团队。George所在的客户部，老员工只剩下客户经理Eva一人，Eva在J公司上海分公司已经工作2年了，在广告行业的从业经验总共4年，当初以业务执行的职位进入J公司，并在第二年获得提升，成为客户经理。客户副总监Jack和业务执行Ray都是新进的员工。经过业务团队和各职能部门的努力，J公司提出了一整套新的广告创意方案，2011年6月，经过最后的招标比稿，S品牌最终决定继续与J公司进行合作，J公司保住了S品牌在中国区的广告业务。

虽然S品牌的业务得以保留，但George所领导的客户部团队却依然面临人员不稳定的状况。客户经理Eva长时间以来一直在抱怨工作负担过重，并且要求升职加薪。对刚加入公司不久的George来说，既需要培养信赖的左右手，也无法忽略Eva对晋升的合理需求。2011年7月，Eva晋升为资深客户经理，然而，这一升职并未能使Eva感到满足或在工作中更加投入。工作任务必须交代得一清二楚她才肯着手，并且一旦遇到需要加班的情况，她会变得尤为不耐烦。新的客户副总监Jack加入后不久，便与Eva之间出现了摩擦。Eva总是最后一个到达办公室，且处理事务的方式非常独断，只依赖自己的主观判断。面对工作中的挑战，Eva会向直属上司Jack抱怨各种客观环境的约束，有时甚至对Jack的看法提出质疑，要求他给出解释，否则她就不会开展工作。

新来的业务执行Ray，是一个认真、细致的人，作为部门的基层员工，任劳任怨，对于各种工作中存在的客观困难，并不会进行抱怨，也不会将责任推向他人，而是主动想办法靠自己解决。当初团队是层级型架构，Ray处于最基层，所有的事情都由Ray进行执行推进，并对出现的问题提出解决方案。但 Jack 却发现，Ray 有时与客户开会写的一份会议纪要，Eva、Jack、George 都要检查一遍，浪费了不少时间和精力。Jack 觉得要改善 Ray 这样繁忙的工作状态，合理分工。

考虑到 Eva 与 Ray 的工作分工情况，Jack 希望提升团队的工作效率，使团队成员之间的分工更加公平合理，就设想根据 S 品牌的 2 条产品线，将这 2 条产品线的广告业务分别平行地分配给 Eva 和 Ray，这样 Ray 的工作量可以减少一半，工作分工的确认也可以减少一个层级，组织架构上也可从原来的层级变成扁平化，在一定程度上将会提升工作效率。

Jack 向 George 汇报了这样的想法，并获得了他的同意，于是 Jack 和 George 立即召集 Eva 与 Ray 开会，宣布了这个决定，并解释理由。Eva 听了 Jack 新的工作安排，觉得他总是针对自己，情绪低落。2011 年 9 月，Eva 向公司提出了转组申请。

新媒体在广告传播中所扮演的角色越来越重要。Jack 亲手将原来层级型的组织结构，改成扁平型的组织结构，结果自己成为团队中沟通的一个瓶颈。平行的三块业务负责人都向 Jack 汇报，Jack 对他们手头的工作都要进行了解和检查，并处理所出现的问题，还要向客户总监 George 汇报。Jack 平均每天都会收到大约 90 封邮件，多的时候达到 150 封，许多邮件甚至都来不及打开，时常是吃午饭的时候把重点的邮件打印出来，边吃边看。而且每天不停地工作，思考问题，解决问题，这让 Jack 觉得没有休息的时间，以至于他每天工作结束后都疲惫不堪。

Ray 和 Jack 是同一时期进入公司的员工，而且可以说是都助 George 大展拳脚的老员工，但是和 Ray 同龄的负责数字营销业务的 Jane，在级别上是比 Ray 还要高出一个级别的客户经理。从能力上来说，Ray 比 Jane 强，这一直使得 Ray 心里很不平衡。她偶尔会毫不掩饰地向 George 表达期望升职加薪的愿望，George 原先并未在意，只是鼓励 Ray 继续努力工作。直到有一天，Ray 直截了当地表示，如果她到年底还未能得到公司晋升的话就将辞职。这时，George 才意识到问题的严重性。然而集团流程制度很难改变，无法破格晋升 Ray。Ray 自然十分沮丧，此时 George 的关爱也不再奏效。Ray 便开始在外面寻找工作机会，不久就找到了一份客户经理职位的工作，从而离开了 J 公司。

资料来源：作者根据相关资料整理而成。

在学习本章内容之前，请大家思考以下问题。

1. 在团队中，为什么无论是对老员工 Eva 的领导，还是对新员工 Jack 和 Ray 的领导，George 都显得有些力不从心？

2. 什么是领导力？

3. 领导者都具有领导力吗？

1.1　领导力与领导

1.1.1　领导力的概念

在 1991 年之前，领导力就已发展形成了约 65 种不同的体系。第一类定义认为应该在某种程度上把领导力看作群体发展过程的关键。第二类定义则从个人特性方面将领导力进行概念化，认为领导力是由一些与生俱来的、能引导他人完成任务的特点和性格合成的。在第三类定义中，领导力则被定义为一种领导者所做的、使团体发生变化的行为。第四类定义则认为领导力表现在领导者及某下属之间的权力关系中，领导者具有权力，且运用权力来影响其下属。第五类定义则认为领导力是一种用于达到目标的工具，它协助团体内部成员实现其目标，满足其需求，这种理论包括了那种能够在远景规划、角色设置和个性化关怀中改变员工的作为与表现的领导力。第六类定义则认为，抛开精神层面，领导力代表的只有一个意思，就是能够对他人施加影响，赢得大批追随者的能力。概括而言，领导力包括如下几点。

1. 引导团队成员去实现目标

领导力的研究就是在这些关于领导的研究的基础上应运而生的，要学习什么是领导力，首先要清楚一个问题：什么是领导？领导不是职务、地位，也不是少数人具有的特权，而是一种积极互动、目的明确的动力。通俗地讲，领导就是引导团队成员去实现目标的过程，主要包括以下几个方面。①引导：涉及领导者的领导技巧，包括授权和管理下属等。②团队成员：在团队中员工的人际关系、沟通、冲突管理以及团队建设和维持。③目标：涉及企业的战略目标的制定和决策。④实现过程：涉及战略实施中的执行，以目标为导向的组织变革和组织创新。

因此，作为优秀的领导者，需要具备的能力包括：引导、授权、关系管理、战略制定和执行管理、领导组织创新和组织变革的能力。

2. 影响别人也接受别人影响

一方面，领导者是处于组织变化和活动的核心地位，并努力实现愿景的人。另一方面，领导力是由一个人先天具有的、能够引导他人完成任务的特点和性格合成的。同时，领导力与领导者及其下属之间的权力关系有关，领导者具有权力，并运用它们影响他人；领导力是一种达成目标的工具，协助团体内部成员实现其目标。定义虽然多种多样，但是都有核心概念，核心概念包含如下四点。①领导行为是一个过程。②领导包含着相互影响。③领导在组织中发生。④领导与目标追求密切相关。

领导力，是一种特殊的人际影响力，组织中的每一个人都会影响他人，同时也会接受他人的影响，因此每个员工都具有潜在的和现实的领导力。在组织中，领导者和成员共同推动着团队向既定的目标前进，从而构成一个有机的系统，在系统内部具有以下要素：领导者的个性特征和领导艺术、员工的主观能动性、领导者与员工之间的积极互动、组织目标的制定以及实现的过程。

系统的正常运作依赖于其中各个要素能够协调地发展。在这个协调的过程中，领导者和其他成员之间的互动起着关键作用。要实现协调发展，领导者和团队成员之间需要建立统一的认识、情感和行为活动。这意味着他们要共同理解目标，共享情感联系，以及一起采取行动。

3. 成为领导他人的人

领导力分为两个主要部分。第一个是组织层面的领导力，关注整个组织对其他组织和个体的影响。这涵盖了组织的文化、战略和执行能力等方面。第二个是个人层面的领导力，在商业环境中，这主要体现在公司各层级的管理者和领导者身上。组织领导力的核心在于个人的领导力。如何超越自身，提高领导力，从自我领导到他人领导，再进一步成为卓越领导者，是目前亟待解决的重要问题。

领导力就是"给组织带来愿景，并实现愿景的能力"。

1.1.2 领导的概念

1. 领导的内涵

领导就是指挥、带领、引导和鼓励部下为实现组织目标而努力的过程。

根据管理学中的解释，领导是在一定的社会组织和群体内，为实现组织预定目标，领导者运用其法定权力和自身影响力影响被领导者的行为，并将其导向组织目标的过程。

（1）领导活动存在于群体之中，一个人不能形成领导。所有参加社会活动的人都彼此存在着领导和被领导的关系，都会感到领导的存在和重要性。

（2）领导活动是由领导者和被领导者共同完成的。领导者要负责组织和协调，被领导者要负责执行。

（3）领导活动的手段是领导者激励和调动下属的方式。领导者采用什么手段激励和调动下属的积极性体现了领导的方法与艺术。

（4）领导活动的目标是领导活动的归宿。领导活动的目标是指挥或影响下属使其努力工作从而完成组织目标。

领导者必须有以下三个要素。

（1）领导者必须有下属或者追随者。

（2）领导者必须拥有影响追随者的能力。

（3）领导行为具有明确的目的，并可以通过影响下属来实现组织目标。

在指挥、带领、引导和鼓励下属为实现组织目标而努力的过程中，领导者必须要有指挥、协调、激励等三个方面的作用。

2. 领导的职能

关于领导的职能有众多的研究结果。下面介绍一些主要的研究结果。

（1）领导的三大基本职能：保持团体关系；达到团体目标；增进下属的交互行为。

（2）行政学家伦纳德 D. 怀特（Leonard D. White）认为领导的职能有：做出重要的决策；发布必要的命令和指示；协调组织的内部；授权下级处理一般事务；控制财务的运用、下属的任免；监督、控制并考核工作的执行进度；处理对外的公共关系。

（3）领导学专家约翰·科特（John Kotter）认为领导的三大职能是：确定前进方向与决策；联合群众；激励和鼓舞群众战胜困难，向着正确的既定方向前进。

（4）管理学家彼得·德鲁克（Peter Drucker）认为领导的基本职能是：创造让下属发挥其才华的机会；使下属的潜能得以发展；消除管理过程中的障碍；鼓舞下属的情绪，给予下属晋升的机会；给下属的工作提供明确的导向。

（5）威廉·赫特（William Hitt）将领导者的核心职能定义为以下六个方面。①价值观——充分把握组织的价值观，能够将价值观转化为实践；②愿景——为组织及其业务单元设计一个具有清晰精神图景并渴望达到的美好未来；③授权——促使他人去实现愿景；④指导——帮助他人获得为实现愿景拓展所需要的知识和技能；⑤团队建设——发展建设致力于实现愿景的群体；⑥提升品质——始终能够满足甚至超越客户的期望值，获得美誉。

能够有效发挥这六项核心职能的领导者应该有可能成为一个很好的领导者，并且能够将这六项核心职能整合为一种策略的领导者极可能成为卓越的领导者。

结合以上观点，本书认为领导的职能至少应该包括以下内容。

（1）构建组织价值观并将价值观从上到下贯穿始终。厘清价值体系并付诸实施是领导者最大的贡献。在《管理工作的本质》（*The Nature of Managerial Work*）一书中，亨利·明茨伯格（Henry Mintzberg）强调，"管理者是组织价值体系的焦点"。管理者充分理解价值体系且能够将其转化为实践是至关重要的。

（2）确定组织的使命与愿景，并激励组织成员为实现组织愿景而努力工作。使命界定了组织为什么存在，愿景则阐明了组织要成为什么样的组织。共同愿景也是组织成员心目中的图景，愿景能产生一种共同的感觉——渗透组织上下各方面并实现了多样性的统一。

（3）指导并授权组织成员，为提升组织的竞争力培养合格的现实或后备人才。指导是促进组织成员快速成长的重要方式，也是领导工作中的一项重要职责。授权就是允许他人行事。权力是影响他人做事的能力。组织中的管理者或员工要成就事业，就必须需要权力，也就是说，授权可被定义为"给他人权力"。

（4）给予组织成员必要的资源支持，发展并致力于团队建设。在实现组织使命的过程中，组织成员需要组织提供相应的资源支持，而资源分配正是领导工作的重要组成部分之一。另外，在目前的环境条件下，单兵作战已经无法满足客户的需求，组织需要通过有效的领导活动，在其内部创建各种职能团队，才能有效地推动组织不断发展和壮大。

（5）依据环境变化对组织的要求，进行及时和必要的变革。变革是组织发展永恒的主题，因为没有不变的环境，就没有不变的组织。变革自然成为领导工作的重要职能之一。

1.2 领导力概念辨析

1.2.1 领导与管理

在现实生活中，领导者和管理者、领导职能和管理职能经常被交混使用，其实它们之间是既相互区别又相互联系的，不能把它们完全等同。具体差异体现在以下方面。

（1）所代表的含义有所差异。管理者不一定是领导者，领导者也不一定是管理者，但是一个有效的管理者应当成为一个领导者。因为领导是管理中密不可分的组成部分，而且大部分管理职位都提供了成为领导者的机会，一个管理者要想让管理变得卓有成效，就必须拥有优秀的领导能力和特质，懂得领导的技巧和艺术。反之，一个管理者如果缺乏领导能力，即使他在其他方面都做得很好，也难以对组织成员起到真正的影响力，无法调动员工内心真正的积极性，从而影响达成组织目标的效率。但是，领导者不一定要具备管理者的能力，领导者的形成可能是由管理者而来，但还有很多情况是自发形成的，比如非正式组织当中的领袖、企业当中资历比较深的员工等，他们都不是正式任命的管理者，但是他们都扮演着领导者的角色，影响着那些追随他们的人。正如《国际管理与领导》的作者雷莫 W. 纽尔密（Raimo W. Nurmi）所说："经理人员可以通过任命的方式产生，但是经理人员的领导地位必须在自己的工作中树立。"

领导不是组织中的某一职位，而是一种积极、有影响的力量。领导地位的获得不是基于某个职位或身份，而是基于领导者的威信和声望。领导地位可能来自个人的热情、权威、知识、技能或者超凡的能力；总而言之，它来自领导者对下属所产生的影响力。

（2）所要求的能力有所不同。管理是在特定情境中，通过计划、组织、领导和控制，对组织内的各类资源进行全面调度和协调，借助各种方法和路径来实现预定的组织目标。它注重整体观念和问题解决能力，强调资源的全面整合和利用。在实际工作中，管理不仅限于按照计划、组织、领导、控制的有序流程展开，各个功能往往相互交织、叠加，使管理过程变得更为复杂。

管理者的权力通常由其特定的职位赋予，通过这种权力来掌控组织或部门，管理的对象主要是组织中的下级人员。而领导则是管理的一种功能，更强调对人的影响，对组织成员的引导和激励。领导重视为组织塑造愿景，激发员工的工作热情，并增强团队凝聚力。因此，领导者通常关注长期目标的实现，追求深远的意义和价值，并确保所选择的方向和初始愿景是正确的。

领导者可以使用更广泛的权力资源，其影响的对象不仅限于下属，还包括其他的追随者。领导者能够激发他们自愿、自觉、充满信心地追求组织的目标，并能够在不经意间产生引导作用，激发他们发挥最大潜能。

就像美国前总统尼克松在《领导者》一书中所言："伟大的领导者的特质是一种独特的艺术组合，既要有出众的实力，也要有非凡的创造力。"虽然领导需要一些技巧，但远不止于此。从某种角度看，管理就像写散文一样务实，而领导则如同写诗一样富有灵感。领导者在工作中必须借助符号、形象，以及具有激励性的思想。人们可以通过理性被说服，但感情可以感染人心。领导者不仅要有说服力，还要有打动人的力量。管理者关注现在和未来的近期计划，而领导者必须考虑更远的未来。管理者代表的是一种流程，领导者则代表着历史的方向。因此，没有管理对象的人不能称为管理者，但失去权力的领导者仍可以指挥其追随者。

（3）所作用的结果不同。管理的范围相当广泛，不仅涵盖了领导，还包括了计划、组织、控制和协调等方面。管理的核心在于如何解决遇到的问题，如何在各个职能之间分配任务和协调工作。管理更侧重于解决问题的方法、安排工作流程和关注结果，追求的是有序、有条理和规范。其中，一个基本的任务就是保持组织运行的稳定性，更倾向于维持现状，并通过前期、中期和后期的监测与测量来确保组织的活动按计划进行。

相对于管理，领导则更强调人的因素，更关心组织成员的尊严、价值、潜能和发展。领导与管理的其他职能有所不同，领导者需要与被领导者沟通和交流才能完成工作。一个领导者如果与组织成员之间缺乏合适的交往，那么他就不能算是真正的领导者。领导者不仅关注组织的目标和工作流程，还专注人际关系和个人成长，努力发掘和培养人们的潜力，使他们能够为组织的目标共同努力。

雷莫 W. 纽尔密认为，"一名管理者是否可称为领导者，与他如何来诠释他的角色有关。通常，那些成功的人士都把自己看成领导者，而不仅仅是管理者"。这就是说，他们从各个方面关注其所在的组织，关注它如何成长为优秀的团队。他们的观点都是以组织的愿景为导向的。他们没有将自己的注意力局限在"怎样去做"或者"一个萝卜一个坑"这样的事情上。他们考虑的是所要采取的行动应该具有的特点，以及做正确的事情，尤其是那些与客户的需求、创新的培育以及组织成员的培训和开发有关的事情。在今天的国际管理中，判断领导者的领导是否成功，就要看他是否能在最大限度上给予公司员工发展的机会。领导者更多的是创建愿景并且激励组织成员去实现愿景，追求的是突破、变革、创新。正如雷莫 W. 纽尔密认为的那样，"管理意味着完成、主持工作或者承担责任以及指挥等，而领导则是影响和指明方向、方针、行为与观念"。管理者是指那些正确行事的人，而领导者则是指那些指导正确的行动的人。这种差别可以总结为：领导者在规划愿景和评价工作中体现其影响力，而管理者则关注提高日常管理工作的效率。

1.2.2　权力与影响力

早期，领导力与权力、影响力的概念存在混同。大多数管理学家认为，领导力可分为两类，即职位产生的合法权力与由影响力产生的个人权力；也有分类把领导力理解为领导影响下属的两个成分，即权力性影响力和非权力性影响力。

1. 权力的类型

巴斯（Bass）在 20 世纪 60 年代把权力分成了两类：职位权力和个人权力。Bass 指出权力主要有两种来源：首先是个人处于组织中所可能获得的内在机会，其次是影响者的本质和影响者与目标之间的关系。加里 A. 尤克尔（Gary A. Yukl）和塞西利亚 M. 法尔伯（Cecilia M. Falbe）在 20 世纪 90 年代对上述两个权力做出了进一步解释。职位权力源自合法性权威的潜在影响、对资源和奖励的控制、对惩罚的控制、对信息的控制，以及对工作环境的控制。个人权力则由工作专长的潜在影响、友谊忠诚的潜在影响等方面组成。根据这些观点，本书将权力主要分为了两大类——职位权力和个人权力，并进一步对两大类权力进行了细分。

1）职位权力

（1）合法权力。合法权力是由法律或者相关的组织条文所赋予的，取决于个人在组织当中所处的地位，职位越高，则权力越大。一个国家公民、总统、总理拥有着不同的权力，这种权力是法律所赋予的；而在一个企业之中，员工和经理则享受着该企业条文所赋予的不同权力。合法权力同时也基于价值与信念，认定某些特殊的人有法定的权力，可以治理或影响别人的态度或行为。因此，合法权力显得既不可预测又不稳定。一旦失去了地位或者头衔，又或是相关规定有效性丧失，合法权力就会立刻消失。

（2）奖励权力。奖励权力指的是领导者提供奖励的一种权力，源自追随者的被奖励欲望。领导者控制着其追随者所需的资源，因此追随者只能服从于领导者的各种指示以满足自身的需求。常见的奖励包括升职、加薪、准假、培训等。这种权力的关键就在于领导者所拥有的职权范围，如果权力无法覆盖到追随者所需的资源，那么这种权力也就不复存在。例如，一般的主管也许无法完全掌握薪资事宜；部门经理也无法完全决定其他部门的相关事宜；乃至 CEO 在进行部分奖赏时也必须经过董事会的同意。

（3）惩罚权力。惩罚权力是一种与奖励权力作用方式相反的权力，是领导者对其追随者具有的强制使其服从的力量。领导者通过负面处罚或者剥夺追随者现有资源的方式，来迫使其按照领导者自身的意愿或指示行事。惩罚权力在更多的时候是作为对于下属的一种威胁手段而存在。这类威胁通常是可信的，迫使下属去避免可能产生的惩罚。如果下属出现错误或者做出违背领导者意愿的行为，而领导者并没有做出处罚决定，则会削弱惩罚权力的威胁性。因此，为了维护权力的有效性，领导者必须在必要时做出惩罚决定。此外，由于惩罚与威胁通常是一种高压统治的手段，过度的压力可能对组织产生不必要的损害，因此领导者在进行惩罚时要注意手段以及程度。

（4）信息权力。信息权力是信息接收以及对信息传播控制的权力。个人在组织中的职位决定了其所接触的信息，领导者通过利用自身所获得的这些信息对下属施加影响。领导者通过控制相关信息的流动，进而干预追随者对于部分事件的看法和态度，从而加强他们的专业权力和增加追随者对其的依赖。信息权力与上述其他权力不同的是可能存在反转的情况，因为这项权力取决于信息的获取。如果下属相较于领导者提前获得了相关信息，那么下属可能通过已知的信息来影响上级以达成某些目的。

2）个人权力

（1）专家权力。专家权力的主要来源是与任务相关的知识和技能。有些人可以通过其在某些领域的能力来影响他人，这些人不一定身居要职，但是他们的知识和技能被他人所依赖。例如，如果一个公司的电脑出现了问题且只有某些员工能够解决，那么这些员工相较于他人便拥有了专家权力。除了这些专长本身会对专家权力的大小产生影响，问题对目标者的重要性也是另一个重要的方面。问题对目标者越重要，源自拥有解决问题的必要知识的影响者的权力就越大。拥有切实并且重要的知识和技能是长期拥有这项权力的基础，只有通过持续的学习和实践的积累才能有效地维护这项权力。

（2）威望权力。威望权力是通过个人背景、经历以及地位所获得的权力。有这类权力的领导者往往拥有着辉煌的经历。

（3）参照权力。这类权力又被称为典范权力，源自他人对领导者的钦佩、尊敬、喜爱等，他人将通过某种方式表达出他们的情感。例如，明星就拥有一定程度的参照权力，并能够以此来引导人们做出追星、购物等行为。在工作场合，有魅力的人通常能够让所有人都如沐春风，因此具有相当大的影响力。对于领导者而言参照权力并不需要额外付出，因此这项权力很容易被滥用。当一个人受到他人喜爱，但其内心并无多少道德感或者诚信时，这类人就很有可能在得到这份权力之后肆无忌惮地为自己牟取私利，因此参照权力对于领导者而言也是一份责任。对于领导者而言，单纯地依靠这类权力并不是一个好的策略，与其他权力相结合也许能得到更好的效果。

数字时代，社会组织形态发生了革命性的改变。人与人的联系更加频繁，影响力的传播速度更加迅速，传播范围更加广泛。理论上说，领导者随时随地都可以通过互联网工具来传播自己的影响力，获得个人的参照权力，从而形成一种可以凌驾于实体组织之上的领导力。

参照权力是指拥有理想资源或个人特质的人获得其他人的认同而形成的权力。从某种意义上来说，这也是一种超凡的魅力。如果喜欢一个人到了要模仿他的行为和态度的地步，那么这个被喜欢的人则拥有了参照权力。在互联网时代，在这个相对开放的组织形态里，我们每个人完全可以在某种范围内通过参照权力来实现个人领导力。

在中国文化中，早有关于通过参照权力提升非组织领导力的方法论的描述。《孟子》曾说过"穷则独善其身，达则兼善天下"。在传统社会中，"达"展现的就是受到当权者重视而获得拥有权力机会的时候，要充分利用权力，发挥领导力，实现自我价值的一种为官状态。相反，"穷"描述的是在没有受到当权者重视，尚未遇到合适机会而缺乏权力的时候，要达到调整心态、自我完善、继续修炼的一种心境。这就是《孟子》所说的一种自得其乐的状态，也就是参照权力的核心内容。

在传统社会中，通过对自身修为的完善，提升自己的参照权力，从而产生区域影响力，并间接获得社会领导力。例如，《大学》中的"三纲八目"，三纲即明明德、亲民、止于至善，八目即格物、致知、诚意、正心、修身、齐家、治国、平天下。

2. 影响力的类型

1）权力性影响力

合法权力是合法的。它可能由国家的法律、法令和主管部门的决议命令直接制定，也可能是参照上述精神做出的规定。它体现着个人与国家、集体的关系，是一种正式规定，对接受权力者具有不可违抗的约束力。合法权力是通过正式授权而获得的，一般是自上而下的授予。合法权力能产生一定的影响力，这种影响力叫作权力性影响力，它的特点是：对别人的影响带有强迫性、不可抗拒性，以外在形式发生作用。构成权力性影响力的主要因素有传统因素、职位因素和资历因素。

（1）传统因素。人们对领导者具有一种传统观念，往往认为领导者不同于普通人，他们有权、有才干，比普通人强些，这些观念逐渐形成某种形式的社会规定，令大众产生了对领导者的服从感。

（2）职位因素。这是指个人在组织中的职务和地位（职位）会使其下级产生畏惧感。领导者的地位（职位）越高，权力越大，别人对他的畏惧感就越强，他的影响力就越大。这种影响力与本人素质无关，纯粹是社会组织赋予的力量。上述情形使领导者从客观上获得了影响，形成了他行使职权的有利条件。

（3）资历因素。领导者的资格和经历也是领导者影响力的构成因素。资历是历史性的，它反映一个人过去的情况。人们对于资历较深的领导者，通常是较为敬重的。

2）非权力性影响力

与合法权力的显著差别是，非权力性影响力既没有正式的规定，也没有上下授予形式，更多地表现为下属对上级的顺从和依赖关系。非权力性影响力的构成因素很多，包含品格因素、能力因素、知识因素和感情因素，有时它能起到合法权力不具备的约束作用。

（1）品格因素。领导者的品格主要包括道德、品行、人格、作风等，它反映在领导者的一切言行中，优秀的品格会给领导者带来巨大的影响力，使人产生敬爱感，吸引、引导人们去模仿。

（2）能力因素。领导者的才干、能力是影响非权力性影响力大小的重要因素。才能不单反映了领导者是否能胜任自己的工作，更主要的是反映了工作的结果是否成功。一个有才能的领导者会不断给企业带来成功，使人们产生敬佩感。这种敬佩感是一种心理吸引力，吸引人们自觉地去接受影响。

（3）知识因素。知识是一个人最宝贵的财富之一，它本身就是一种力量。一个领导者拥有他们所领导的行业的技术知识及专业知识，那么他又多获得了一种权力，即专家权力。职位权力加上专家权力，使他具备了更加优越的领导条件。

（4）感情因素。感情是人对客观事物好恶倾向的内在反映，人与人之间建立了良好的感情关系，便能产生亲切感，有了亲切感，相互吸引力大，彼此的影响力就大。

一个领导者平时待人和蔼可亲，体贴关怀下级，与职工的关系非常融洽，其影响力往往比较大。相反，上下级关系紧张，易造成双方的心理距离，产生排斥力、对抗力，产生负影响力。这说明感情也是一种很大的影响力。一个企业领导人要在企业中将他们的决策变成下属自觉的行动，单凭合法权力是不够的，即使具有了专家权力，而没有感情，仍不能最大限度地发挥领导者的作用。

权力性能影响能使下属服从，而非权力性能影响能赢得其敬畏。所以，要使下属能在感情上与领导心心相印、忧乐与共，就必须发挥感情的影响力。

1.3 领导力理论的发展

人们对于领导力的探索已经有 100 多年的历史。介绍领导力理论的发展，能够使我们清晰地了解领导力的演化路程，这也是我们认识领导力、研究领导力的基础。

1.3.1 领导特质理论

领导特质理论源自 19 世纪的"伟人理论"，并在 20 世纪初渗透到领导力理论之中。此理论主张某些特定的个人特质是与生俱来的，通过这些特质（如智力、社交能力、个性等）就能区分领导者和非领导者。当时，学者们试图利用这些特质来选拔人才。

　　然而，领导特质理论并未止步于此。后续的学者们不再纯粹认同"伟人理论"，他们认为领导者的特质不仅依赖先天素质，还可以通过教育和培训进行塑造。这一观点的出现标志着领导特质理论的重要进展。

　　在寻找核心领导特质的过程中，一些学者如柯克帕特里克（Kirkpatrick）等提出了一种能够标识新特质的方法。这种方法与传统的领导特质理论有所不同，强调特质本身并不是领导的关键所在，而仅仅是一个先决条件。

　　随后，贾吉（Judge）等则运用了大五人格框架来系统地分析领导特质，这一研究成为领导特质理论的另一显著进步。他们的工作进一步丰富了对领导特质的理解和应用，将领导特质理论推向了一个新的高度，体现了人类对领导这一复杂现象不断深入的理解和探索。

　　领导特质理论视野下的领导力来源是领导者所具备的先天或后天习得的一些特定素质。而领导力的传达则是取决于下属对这些特质的认同等心理机制。然而，探讨领导现象，脱离不了行为和环境等因素在领导过程中的重要性。领导特质理论只是片面地探究个体特质对领导效能的影响，使得其具有明显的局限性。

1.3.2　领导行为理论

　　20 世纪 40 年代起，研究领导力的学者转向研究领导者的特定行为，认为有效的领导行为可以通过后天的塑造和培训获得，行为表现的不同可以将有效的领导和无效的领导区分开来。早期的行为研究区分了专制型领导、民主型领导和放任型领导。领导行为描述问卷（leader behavior description questionnaire，LBDQ）为领导行为研究开创了新局面。LBDQ 的因素分析结果显示，领导行为可以归纳为"结构"和"关怀"两个维度。另一个行为理论研究被称作模拟室观察法研究。该研究强调了领导在工作和社交方面的双重角色，并提出了"合作领导"（co-leadership）的概念，认为"合作领导"有助于团队工作的分配，从而将领导的角色与不同的个体联系起来，把领导力的来源从个体层面转移到了集体层面。之后，管理方格理论也将注意力放在了二维视角，从"关心生产"和"关心人"两个维度对领导行为进行分类。

　　领导行为理论和之前的领导特质理论一样，都把重点放在了领导者身上作为领导力的源泉。与领导特质理论不同的是，领导行为理论强调实际的行为作为领导效能的关键，这些行为能够区分成功的和不成功的领导者。通过因素分析，领导行为可以归结为两个主要维度：员工导向型行为（employee-oriented behaviors）和任务导向型行为（task-oriented behaviors）。

　　尽管如此，领导行为理论在以下几个方面仍存在局限性。首先，它没有充分考虑领导者与情境和环境之间的相互作用，导致没有一种普适的领导模式适用于所有情况。其次，虽然理论定义了各种领导行为，但未深入探讨这些行为是如何影响下属的反应和态度的。最后，该理论只提供了一系列广泛的领导行为评估，没有深入解释这些行为如何实际影响下属的行为或情感。

1.3.3 领导权变理论

为了更深入地理解领导的作用并解决领导效能研究中的不一致性问题，20 世纪 60～70 年代的学者开始考虑到情境的角色，从而开始研究权变理论。菲德勒（Fiedler）的权变理论成为首个尝试整合前面特质和行为研究中矛盾观点的方法。Fiedler 提出，领导的成功是基于领导风格与其所处情境的相互关系，他将这种风格与各种情境特点相结合，称为"环境有利性"。该理论将领导风格分为任务导向型和员工导向型两种相对的类型。Fiedler 设计了最难共事者问卷（least-preferred coworker questionnaire）来测量领导者的领导风格。该问卷确定了四种情境变量：领导–员工关系、组织压力、任务结构和职位权力。当一个领导者的领导风格与相应的情境匹配时，才能达到最理想的领导效果。情境能产生潜在的影响，如任务导向型领导在有利或者不利的情境中都可以是有效的，然而员工导向型领导却是在有利的情境中才非常有效。

路径–目标理论同样集中在情境的调节效应上，豪斯（House）提出领导效能并不是固定不变的。有效的领导能够让员工对任务有更明确的理解，并激励与协助他们实现组织目标。能够带来有益结果的途径（如绩效奖励、升职机会）被视作激励要素，这些要素能够推动员工追求目标，并展现出期待的行为。员工的性格和工作特质会对激励的效用产生影响，如内向型下属可能更倾向于参与型领导风格，因为他们相信自己的努力能产生效果；外向型下属则可能更适应指导型领导风格。与 Fiedler 的权变理论类似，路径–目标理论强调了情境作为领导力的潜在来源。此外，下属在环境因素中被明确区分，并被视作领导过程中的重要组成部分，这些都与他们的控制感、权威观点和能力有关。因此，领导效能至少部分地取决于下属的特质。最终，领导被视为第三个来源，因为领导效能依赖于领导风格与情境和下属特质的相互作用。在路径–目标理论中，领导展现的行为主要涵盖了明确目标和途径、给予详细指导、关注员工福利、倾听员工建议、设立富有挑战性的目标等方面。

赫塞（Hersey）和布兰查德（Blanchard）推出了情境领导理论，也被称为生命周期理论，强调了下属在其中的重要作用，并主张领导效能源自领导行为与下属的成熟度之间的动态匹配。在这一理论中，领导者的任务导向行为和人际关系导向行为与下属的成熟水平之间的交互关系决定了领导的效果。通过结合任务导向行为和人际关系导向行为两个方面，提出了四种不同的领导模式，领导者可以基于下属的成熟水平来选择合适的领导方法。例如，在下属拒绝承担责任时（成熟度较低的情况下），领导者应当明确指示下属的工作方向，并展现出较高的任务导向行为；而当下属逐渐展现成熟时，领导者提供额外的情感支持变得重要。在情境领导理论中，领导力的有效性实际上建立在两个动态过程的基础上：一是领导者对任务导向与关系导向行为的灵活运用；二是对下属能力与意愿水平的精准判断与适应。

领导权变理论区分了若干情境因素，并提出领导的成效取决于这些情境因素。与领导特质理论和领导行为理论相比，这是一个进步的方向。然而，目前提出的领导权变理论仍处于一个相对静态的层次，没有充分考虑到情境因素也可能发生变化的情况，如员工技能层面的进步等。此外，各种领导权变理论只关注了部分情境因素，而没有从整体上去掌握和分析，这使得领导权变理论在适用于不同情境时存在局限，其预测能力也相对较低。

1.3.4　新型领导理论

在 20 世纪 70 年代之后，随着经济和社会的发展，管理实践中涌现了许多新的现象和问题。这推动了学者从新的视角解读领导现象，寻求领导力的新型模式和理论。这些新兴的领导理论改变了人们对领导研究的理解，主要涵盖了领导-成员交换理论（leader-member exchange theory，LMX）、变革型领导理论，以及魅力型领导理论等方向。

1. 领导-成员交换理论

在权变理论研究广泛开展的时候，一些专注于领导者和下属之间配对关系的研究渐渐涌现。这些研究对一个特定的领导风格对所有下属都同等有效的假设提出了质疑，并主张将研究焦点集中在领导与下属关系的主题上。

Jacobs（雅各布斯）是最早从社交交换视角进行领导研究的学者之一，他强调只有当领导者对下属产生积极影响时，他们的行为才能被视为领导行为。他认为任何向组织做出奉献的成员都应获得更高的地位和更多的尊重作为回报。领导-成员交换理论将领导者和下属的关系视作一种交换过程，即领导者分配任务、提供报酬、提供机会等，作为回报，下属则遵循领导者的指令和尊敬上司。通过这样的角色执行，领导者和下属共同促进组织目标的实现，形成了双方之间的相互信任，进而影响他们之间的关系。

领导-成员交换理论进一步阐述了领导者如何将他们与下属的关系发展成两种不同的类型，这两种类型分别基于"无权威影响"和"具有权威影响"。前者通常表现为高度的相互支持、信任、忠诚和赋予权力，而后者则更多地扮演督查和监管角色。这种关系的不同发展，造成了内团体和外团体的形成。与外团体的下属相比，内团体中的下属具有更高的工作满意度和组织认同感，表现出更高的工作成就和超出角色的行为，并且最不可能离开团队或组织。不难看出，领导-成员交换理论认为领导力来自领导者与下属之间的关系，而不是仅仅来自领导者或下属的某些特质。

领导-成员交换理论的最新发展是与社交网络观点的融合。例如，斯帕罗（Sparrowe）等提出，领导-成员交换理论可能只有在超越了领导者-下属关系，并且考虑了社交结构时才能被充分理解，这种关系也被纳入社交结构中。领导-成员交换理论关注领导者和下属之间的动态关系，以及这种关系对组织目标和下属行为态度的影响，领导者与下属之间的双向互动就是领导过程的核心所在。

2. 变革型和魅力型领导理论

基于伯恩斯（Burns）对于变革以及政治舞台上的变革型领导的深入探究，再结合韦伯（Weber）关于组织魅力的分析，20 世纪 80 年代初，变革型领导和魅力型领导的理论逐渐涌现。Bass 对 Burns 的理念进行了扩展，提出了变革型领导的定义：它通过使下属认识到任务的关键重要性，激发他们更高层次的需求，营造相互信任的环境，推动下属为了组织的整体利益而牺牲个人利益，从而实现超出预期的目标。变革型领导主要在调动下属需求和激发他们完成任务时显现其特质。这个过程是领导者向员工灌输思想和道德观念，激发他们积极性的过程。

在这一过程中，领导者不仅指导下属完成各项任务，还会运用自身的个人魅力，通过对下属的激发和关爱来改变他们的工作态度、信念与价值观，让他们更全心全意为组织的利益而工作。Burns 提出，变革型领导是由个人魅力、智力刺激以及个人化关注这三个要素组成。Bass 和阿沃利奥（Avolio）则认为，变革型领导通过四种独特的行为方式扮演着他们的领导角色：个性化关怀（individualized consideration）；智力激励（intellectual stimulation）；领导魅力或理想影响力（charisma or idealized influence）；感召力（inspirational motivation）。

魅力型领导理论起源于 Weber 对领导魅力潜在影响的初步探讨。与变革型领导相似，魅力型领导也突出了行为在领导者对下属施加影响过程中的重要性。根据所处环境、领导者及下属的特性，下属可能会将非凡的素质和吸引力归因于领导者身上。在 House 提出的魅力型领导理论中，魅力型领导者具备三个显著的个人特点，包括高度的自信感、控制他人的倾向以及对自己理念的坚定忠诚。当下属察觉到这些行为特征时，他们倾向于认为这些是出色或伟大领导者所具备的能力，并因此与该领导者保持一种超乎常理的联系，仿效其行为、情感和思维方式。康格（Conger）等提出，下属对领导者的魅力感知是基于对领导者行为的观察和解读。这种感知决定了一个人是否会被真实地视作魅力型领导者。

1.4　领导力提升的层次

1.4.1　第一层次——职位

这是通往领导的入口，在这一层次领导者拥有的唯一影响力仅仅在于领导者的头衔。一旦一个人被授予了某项职位，他也就处于了"受控制"的状态——受制于他所拥有的权威，而真正的领导者应当要着力成为其他人所乐于追随和为之心悦诚服的人。停留在这一层次的领导常常由上级指派，而其他层次的领导则都是靠自身能力争取得来的。对于这一层次的领导所发布的权限以外的命令，下属员工不会无条件服从，其会沮丧地发现没有人会因为其职位高就唯命是从。作为领导者，所有的成功和喜悦都来自在成为领袖的路上不断攀升的能力。

1.4.2　第二层次——认同

联邦快递的创始人弗雷德·史密斯（Fred Smith）说过，"领袖，即那些可以让人们发自内心地为其工作的人"。只有当一名领导者的领导力达到第二层次时，才能达到这种境界。当人们了解了你对他们的重视和关心时，他们才会在乎你的见识。在"认同"这一层次的领导依靠人际关系发展。可以这样说，融洽的上下级关系，远比死板的规章制度更有效力。如果领导者不能与员工、下属建立牢固而持久的人际关系，那么他们将很快发现自己无法发挥长久有效的领导力。如果第一层次"职位"是通往领导的大门，第二层次"认同"则是奠定领导力的基石。

1.4.3 第三层次——成就

一旦领导力到了这一层次，积极的成就便层出不穷：效益倍增、士气高涨、员工流失率低、需求不断被满足、目标接二连三地实现。与这种良好局面相伴而生的是"无穷的动力"，种种棘手的问题迎刃而解，"成就"成了一切行动的直接动因。组织中的每一个人都为了同一个使命和奋斗目标而团结互助，这是第二层次和第三层次的主要差别。

1.4.4 第四层次——育才

如何界定卓越的领导力？其中有一条毋庸置疑的定律：抛开那些庸庸碌碌、无所作为的员工，真正的领导必须要被绩效出众的员工所承认。俗话说：领导者的伟大并不在于他本人的权力，而在于他令下属光彩夺目的能力，没有成功者延续的"成功"本身便是失败的。在领导力的第二层次，员工热爱领导者，而在第三层次，员工尊敬领导者，到第四层次，员工对领导者忠心不二，为什么？因为通过帮助他人的提升，领导者通过领导力的体现，赢取了下属的忠诚。

1.4.5 第五层次——做人

在做人这一层次，领导者因为自己的人格魅力以及所代表的形象和风范备受下属拥戴，这是领导力层次中的最高境界，能达到这一层次的领导者非常难得。

1.5 思 考 题

1. 什么是领导？什么是领导力？
2. 请说明领导和管理的联系与区别。
3. 如何提升领导力？

1.6 测 评 工 具

权力感测试

请仔细阅读每道题，回忆你在公司或者学校，与题中所描述的情况是否符合。答案无对错之分，选出最符合你情况的选项（表 1-1）。

表 1-1 权力感的测量

题项	非常不同意	不同意	略微不同意	既不同意也不赞成	略微同意	同意	非常同意
1. 我可以让他/他们听我说的话	1	2	3	4	5	6	7
2. 我的想法并不重要	1	2	3	4	5	6	7

续表

题项	非常不同意	不同意	略微不同意	既不同意也不赞成	略微同意	同意	非常同意
3. 我可以让他/他们做我想做的事	1	2	3	4	5	6	7
4. 即使我发言，我的观点也没有什么影响	1	2	3	4	5	6	7
5. 我想我有很大的权力	1	2	3	4	5	6	7
6. 我的想法和意见经常被忽视	1	2	3	4	5	6	7
7. 即使我尝试，我也无法如愿以偿	1	2	3	4	5	6	7
8. 如果我愿意，我可以做出决定	1	2	3	4	5	6	7

资料来源：Anderson 等（2012）

题项 1、3、5、8 为正向计分题，题项 2、4、6、7 为反向计分题。总得分越高，说明你的权力感越高。

1.7 场景模拟

模拟项目：你有领导力吗？

1. 模拟目的与技能

本模拟使学生理解领导力的内涵，了解领导影响力的来源及领导者应具备的素质和能力，培养形成学生领导力。

2. 模拟内容

认真阅读下列问题并选择最符合自身情况的选项。

（1）别人拜托你帮忙时，你很少拒绝吗？ A. 是 B. 否□

（2）为避免与人争执，即使你是对的，你也不愿意发表意见吗？ A. 是 B. 否□

（3）你遵守一般的法规吗？ A. 是 B. 否□

（4）你经常向别人道歉吗？ A. 是 B. 否□

（5）如果有人笑你身上的衣服，你会再穿一次吗？ A. 是 B. 否□

（6）你永远走在时尚的前沿吗？ A. 是 B. 否□

（7）你穿过那种好看却不舒服的衣服吗？ A. 是 B. 否□

（8）开车或坐车时，你曾经和别的司机发生过冲突吗？ A. 是 B. 否□

（9）你对反应比较慢的人没有耐心吗？ A. 是 B. 否□

（10）你经常对别人发誓吗？ A. 是 B. 否□

（11）你经常让对方觉得不如你吗？ A. 是 B. 否□

（12）你曾经极力批评电视上的言论吗？ A. 是 B. 否□

（13）如果请的工人没有做好工作，你会提出异议吗？ A. 是 B. 否□

（14）你惯于坦白自己的想法而不考虑后果吗？ A. 是 B. 否□

（15）你是个不轻易容忍别人的人吗？ A. 是 B. 否□

（16）与人争论时，你不在乎输赢吗？ A. 是 B. 否□

（17）你总是让别人替你做重要的事情吗？　A. 是　B. 否□

（18）你喜欢将钱用于投资而非个人成长吗？　A. 是　B. 否□

（19）你故意在穿着上吸引他人的注意力吗？　A. 是　B. 否□

（20）你不喜欢标新立异吗？　A. 是　B. 否□

计分标准：选择"是"得 1 分，选择"否"得 0 分。

得分说明如下。

14～20 分：你是个标准的跟随者，不适合领导别人。你喜欢被动地听人指挥。在紧急的情况下，你多半不会主动出头带领大家，但很愿意跟大家配合。

7～13 分：你是介于领导者和跟随者之间的人。你可以随时带头或指挥别人该怎么做。不过，因为你的个性不够积极，冲劲不足，你常常扮演跟随者的角色。

6 分及以下：你是个天生的领导者。你天生具备领导力，个性独立，不喜欢被动接受他人的指挥。你更倾向于主动引领他人，不会轻易随波逐流。

3. 模拟要求

（1）回答问题，看看你的得分情况如何。

（2）根据测试结果分析自己是否具有领导力，并谈一谈参与模拟的感受。

4. 模拟组织与步骤

（1）模拟前的准备。小组成员根据测试题目完成测试，并对每个人的测试结果进行计算。

（2）分组讨论。以 5～7 人为一个小组开展讨论和分析，成员充分发表个人观点。

（3）小组展示。各小组在规定时间内展示小组成员的情况及需要改进的地方。

（4）模拟讲评。指导教师适时讲评。

（5）总结并撰写模拟报告。以小组形式撰写模拟报告，模拟报告成绩按优、良、中、及格与不及格五个等级评定，评定的要点是小组成员每个人的测试结果记录及分析情况。

第二篇　领导力的产生

知识导图

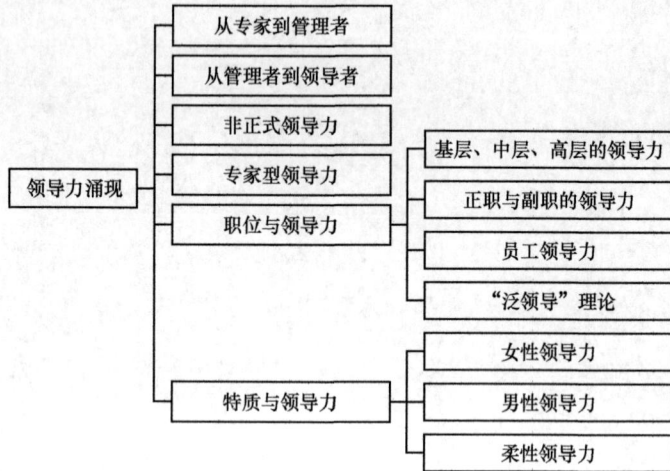

第2章 领导力涌现

引例：雷军的成长之路

雷军，1969 年出生于湖北仙桃。1987 年，他从沔阳中学（即今湖北省仙桃中学）毕业，并成功考入武汉大学计算机系。大学期间，雷军对自身有着较高的要求，积极选修了许多高年级课程。在短短两年内，雷军便完成了所有学分的修读及毕业设计。值得一提的是，武汉大学当时是我国首批采用学分制的高等学府，学生只需完成规定的学分即可顺利毕业。读完大学的雷军便开始闯荡计算机市场。1992 年，他与同事共同撰写了《深入 DOS①编程》，这是他事业的起点之作。随后的两年间，雷军广泛研究了多种软件，包括加密程序、杀毒程序、财会系统、CAD（computer aided design，计算机辅助设计）、中文处理系统以及其他各类实用工具。在与王全国共事期间，他们参与了电路板的设计与焊接工作。这段经历使他迅速在武汉的电子行业中崭露头角，很快和众多电脑公司老板成了熟人，可以说是电子一条街中的知名人士。在大学最后一年，受到《硅谷之火》一书中的创业故事的启发，雷军携手王全国和李儒雄等同学成立了三色公司。但不久，一家规模更大的企业开始盗版他们的产品，且该公司生产的同类产品数量更多，价格更便宜。面对这样的竞争，三色公司陷入困境，连维持基本的生计都成问题。六个月后，他们决定解散公司。分配资产时，雷军和王全国分别得到了一台 286 电脑与一台打印机，李儒雄则获得一台 386 电脑。在运营三色公司期间，雷军与王全国共同开发了第一个正式产品——BITLOK 加密软件，并组建了黄玫瑰小组。同时，他们还使用 Pascal 语言开发了"免疫 90"软件，该软件荣获湖北省大学生科技成果一等奖。自 22 岁起，雷军加入金山，在那里工作了 16 年，直到 38 岁。在金山，他见证了公司 IPO（initial public offering，首次公开募股）上市的整个过程，最终于 2007 年 12 月 20 日离任了金山 CEO 的职位。2010 年 4 月，雷军与 Google 中国工程研究院副院长林斌（曾参与微软亚洲工程院的创建并任工程总监）、摩托罗拉北京研发中心原高级总监周光平（主持设计"明"系列手机）、北京科技大学工业原设计系主任刘德、金山词霸原总经理黎万强、微软中国工程院原开发总监黄江吉和 Google 中国原高级产品经理洪锋六人联合创办小米公司，并于 2011 年8 月公布其自有品牌手机小米手机。如今小米公司产品已涵盖智能手机、智能家居设备、可穿戴设备、电动汽车、AIoT（artificial intelligence & internet of things，人工智能物联网）生态链产品等诸多智能硬件与全场景生态领域。

雷军的成长之路是一部洒满青春热血、梦想、汗水的奋斗历程，也是一部从信息工程师专家到管理者，再到领导者的蜕变历程。

资料来源：作者根据相关资料整理而成。

在学习本章内容之前，请大家思考以下问题。

---

① DOS：disk operating system，磁盘操作系统。

1. 雷军在大学时期掌握的信息技术专业技能对未来他创办小米公司有什么样的帮助？

2. 结合雷军的案例，您认为专家、管理者和领导者之间具有哪些区别与联系？

3. 您认为雷军是一位专家型领导者吗？专家型领导者具有哪些特征？

2.1 从专家到管理者

2.1.1 专家与管理者的概念

1. 专家概念

专家通常指在某个领域掌握全面专业知识或具备核心专业技术技能的权威人士或专业人士。专家通过解决某一知识领域的技术难题来完成组织目标。对于企业中的专家，可基于他们对企业的贡献大小具体划分为不同的层次，具体包括基层专家、中层专家和高层专家。

基层专家主要是指在生产一线，解决生产操作、技能操作方面问题的专家和能手。通常他们学历不高，只是中专或是技校的毕业生，职位仅仅是工人或者技师，但他们对生产实践操作有着独到的技术和经验，能解决生产实际中出现的各种难题，是企业不可或缺的人才。例如，A 企业有一名焊工，虽然他只是技校毕业生，理论知识不够系统化，但是他掌握了 A 企业所有的焊接设备使用方法，并且能在焊接岗位上钻研，解决技术难题。这类专家我们称其为基层专家。

中层专家主要是指有一定的理论知识背景，对某一知识领域有一定的系统性研究，并能解决难题的人员。通常他们都有着高等教育的经历，自学能力较强，乐于沟通，肯钻研，是企业技术领域的中坚力量。例如，B 企业有一名工艺员，不仅熟悉企业所有的工艺流程，而且经常能提出并实施很有效的改进计划，使得生产效率、生产质量大大提高。这类专家我们称其为中层专家。

高层专家是指在某一知识领域有着深厚积累和沉淀，能够把握该领域的技术发展趋势，并指导中层、基层专家工作的人员。可以说，高层专家的高度在一定程度上可以代表企业在该知识领域的高度。例如，C 企业有一名高级工程师，他曾在企业内多个领域有独到性的见解，并掌握着企业的核心技术。这类专家我们称其为高层专家。

2. 管理者概念

管理者是指拥有组织的制度权力，并以这些权力为基础指挥他人的活动且对其结果承担责任的人。管理者通过做决策、分配资源、指导和监督他人的行为来实现工作目标，包括决定要完成什么样的任务、谁来承担这些任务、如何对任务进行分类、谁向谁报告工作以及在什么地方做出决策。通常管理者在企业中所处职位的层次可分为：基层管理者、中层管理者和高层管理者。

基层管理者是企业中最低层次的管理人员，主要管理作业人员，并受中层管理者的管理。基层管理者的职责是给其管理的作业人员分派具体工作，保证完成上级下达的各项计划和指令。他们主要关心的是具体任务的完成。基层管理者可以是工序主管、车间主任等。

中层管理者处于高层管理者与基层管理者之间。其主要职责是将高层管理者制定的决策贯彻、执行，并监督与协调基层管理者的工作。日常事务的管理是其主要工作内容，承上启下是其工作特点。中层管理者可以是项目经理、部门主管、区域经理、策划经理等。

高层管理者是对企业负有全面责任的管理人员，是企业中最高级别的管理者。其主要职责是制定组织的总目标、总战略，掌握组织的整体方向并评价整个组织绩效。高层管理人员在与组织外界交往中，往往代表组织，并以"官方"的身份出现。高层管理者可以是执行副总裁、总裁、总经理、CEO 或董事会主席等。

2.1.2 专家与管理者的联系和区别

专家和管理者都是促进组织发展的必不可缺的重要人才。专家在攻克组织技术难题方面发挥了关键作用，管理者在协调组织成员、实现组织目标方面具有关键影响。这两类人才具有重要的联系，但也存在很大的差异。

1. 专家与管理者的联系

越来越多的专家走向管理者行列。在当今竞争激烈、瞬息万变的市场经济中，计算机网络等新兴技术迅猛发展，企业的管理任务日益复杂，这对管理者的知识水平和专业技能提出了更高的要求，促使越来越多的技术专家走向管理岗位。与此同时，随着我国经济转型的进一步深化，政府越来越鼓励和支持企业生产高技术含量、高附加值的产品，导致越来越多的企业正从劳动密集型企业转向知识型、技术密集型企业。拥有资深技术专业造诣的专家脱颖而出成为组织的管理者。此外，其他国家如日本的技术专家做管理者的比重与日俱增。对资本在十亿日元以上的五十多家日企的高层管理者的调查发现，技术工作出身的管理者，1954 年达到 32%，1963 年上升到 45%，到 20 世纪 80 年代已超过 50%，90 年代达到 60%，2000 年更是达到 75%。这个比例在知识型、技术密集型的企业中更大。因此，企业更需要既能在技术方面精通，又能在管理上将技术优势转化为经济优势的专家型管理者。这种管理者先掌握技术再进行管理的形式，令其技术革新的经济效果在经济方面和经营方面得到了显著提高。

2. 专家与管理者的区别

专家和管理者的关系就像"千里马与伯乐""冠军运动员与教练"的关系。教练能够帮助运动员成为冠军，但是他自己未必是冠军运动员。同样地，冠军运动员未必能够成为优秀的教练，培养下一代的冠军运动员。专家未必成为一个合格的管理者，而一个合格的管理者也未必是一个专家。这是因为专家和管理者在工作对象、工作技能与工作目标方面存在显著差异，这同样也是专家在刚开始踏入管理岗位时力不从心、管理绩效较差的重要原因。

（1）在工作对象方面，专家的工作对象是事物，而管理者的工作对象是人。专家更多关注的是如何采用更为高效、低成本的方法解决具体的工作难题。例如，手机研发专家专注于研发运行流畅、电池续航长、画质清晰的手机；智能家电的研发专家专注研发操作简便、实用性强、拥有智能遥控功能的家电产品。这些专家在日常工作中的主要工作对象是电子设备和机器零件，主要任务是系统建模、设计生产加工图、测试产品性能等。而管理者更关注的是组织中人与人之间的关系及活动，即如何组织、协调、指导和激励团队中每个人实现组织目标。例如，管理者需要根据员工的性格特质、工作能力匹配合适的工作岗位，最大限度地做到人岗匹配。另外，管理者需要设定团队的工作目标并细分到每个员工，对于完成工作的员工以及超额完成任务的员工进行有效激励，调动员工的主动性和积极性，而对于未完成工作的员工要给予适当的惩罚。因此，管理者的主要工作是围绕"人"展开的。

（2）在工作技能方面，专家主要运用的是技术技能，而管理者运用的更多是人际技能和概念技能。专家熟悉和精通特定专业领域的知识，例如，机械工程师精通机械领域的专业知识，电子信息工程师掌握计算机技术、人工智能技术等领域的专业知识。由于技术专家的主要工作是设计、研发新产品，或创造新知识，因此他们需要在相应的知识领域里深入学习和创造，他们最需要具备的能力是高超的技术技能，人际技能和其他方面的能力重要性次之，他们甚至不需要花费较多的精力去跟其他人建立关系。对于管理者而言，技术技能并不是最主要的工作技能。管理者只需要掌握基本的技术知识，以便与组织中的技术人员进行有效沟通。人际技能和概念技能对管理者而言最为重要。管理者需要处理与上级管理者、同级管理者以及下属之间的人际关系，既需要学会与团队人员紧密合作，又需要掌握激励和引导下属积极性与创造性的能力以及正确指导和指挥组织成员开展工作的能力。人际技能体现了管理者的管理艺术，卓越的人际交往能力能够帮助管理者有效地开展管理工作。此外，管理者还需要掌握对复杂情况进行抽象和概念化的技能，即概念技能。管理者需要在混乱复杂的组织环境中了解组织的全貌和整体，认清各种因素之间的相互联系、组织与外部环境的互动机理，抓住问题的本质，做出正确的决策。概念技能与一个人的知识、经验和胆略有关，并不仅仅局限于专业知识。由此可见，人际技能和概念技能对于管理者而言至关重要。

（3）在工作目标方面，专家的工作目标是完成个体任务，而管理者的工作目标是完成团队或组织任务。专家的工作目标是解决技术难题，执行管理者的任务和命令，关注个体工作是否完成，对团队的关注较少。而管理者的工作目标是协调组织人员实现组织目标。例如，在一个跨职能团队中，有一个研发技术人员，两个销售人员，一个管理人员，其中，这个研发技术人员拥有独立的钻研精神，以及高效的学习能力，能够快速解决研发中的难题，是公司中的技术专家。他的主要任务是研发一款性价比高、受市场欢迎的产品，对团队中其他人员如销售人员的工作情况并不在意。但是，管理人员的主要任务是协调好团队所有成员的工作，更好地激励研发技术人员和销售人员发挥自身的潜力，完成整个团队的任务。管理者本身并不关心某项具体工作完成的具体工作方法，落脚点主要是如何促使组织成员更好地完成工作任务以及组织的目标是否完成。

2.1.3 从专家到管理者的角色转变

伴随各类组织不断涌现，组织规模不断扩大，大量的专业技术人员走上管理岗位成为发展趋势。由此组织出现新的困境：许多走上管理岗位的专业技术人员在管理方面存在不足，这些不足使其管理绩效大打折扣。要想实现从专家到管理者身份的成功蜕变，管理者自身则必须完成三个方面的转变：一是从专业角色到管理角色认知上的转变；二是从以技术能力为主到以管理能力为主的能力结构上的转变；三是从"自我中心"到"团队中心"的行为方式上的转变。

1. 从专业角色到管理角色认知上的转变

从专业技术人员提升到管理岗位，职责和身份的转变要求管理者对职位角色进行认知上的改变。这一转变并非一蹴而就，需要管理者在理论和实践中不断深入反思与持续探寻。

首先，管理者必须不停地思索组织或部门的价值和存在意义。与专业技术人员相比，管理者的角色定位截然不同。因此，管理者需不断探寻两个问题——组织或部门的历史任务和存在价值是什么？作为组织或部门的主要负责人，其角色定位和功能又是什么？

其次，管理者需要深入理解组织或部门的职能。这些职能在一定程度上决定了管理者所应具备的能力和素质。高层管理者应描绘组织的发展蓝图，并为其发展指出正确的方向和可执行的路径。具体说来，其职能主要包括以下几个方面：第一，明确发展目标并制订具有前瞻性的计划，无论组织是公共管理、服务机构，还是公司或企业，都需根据组织环境的变化和自身在行业中的地位，明确其发展目标和方向，绘制战略蓝图。第二，制定组织经营管理的核心政策，基于行业环境、竞争对手、自身实况及战略方向，制定符合组织发展的人员、财务、物资、生产供应销售等方面的基本政策。第三，组织机构设置和人才配备，依据任务类型和业务流程，设立相应机构，并为机构选择合适的人员。第四，不断优化监督检查的各种方法、措施和规则。中层管理者必须结合组织在行业中的地位和部门在整个组织中的环节，比较部门与同行的实力，分析组织战略，思考部门存在的价值和意义，合理制定部门发展方向，以充分发挥部门的职能作用。

2. 从以技术能力为主到以管理能力为主的能力结构上的转变

能力在很大程度上决定着工作的效率和质量。当从专业技术人员晋升为管理者时，工作内容和需求随之变化，这客观上需要对能力结构进行相应调整。一般而言，不同的职位对能力结构有各自的需求，职位越高，所需的能力也越多，必要的主导能力也更加突出。对于管理者来说，可以从以下三个方面理解、培育和完善自身的能力结构。

首先，要注重管理能力的培养。亨利·法约尔（Henri Fayol）将企业的全部职能分为六种，即管理、技术、商业、金融、安全、财务，每一项职能都对应着一种专门技能。这些技能都基于生理素质、智力素质、道德素质、综合文化素养这四种基本素质，以及专业知识和经验。对小型企业的领导来说，技术能力最关键，同时对商业能力和金融能力的要求也相对较高。对大型企业的领导来说，管理能力则最为关键，甚至超过其他能力的总和。管理能力涵盖了企业整体规划、组织结构建立、资源配置、内外协调等能力，包括计划、组织、指挥、协调和控制五个方面。其发展趋势是，随着职位的提升，管理能力的占比逐渐增加，而技术能力的占比则逐渐减小。

其次，要注意增强弱势能力。从管理者应具备的优势能力角度来看，管理者随着职位的变动需要更专注于提高专业技术、人际关系、思维和决策这三种能力，以提高这些弱势能力在整体能力结构中的比例。通常，基层管理者最需要专业技术能力，约占总能力的一半；中层管理者则最需要人际关系能力，占总能力的一半，专业技术能力、思维和决策能力比重相对均衡；高层管理者应以思维和决策能力为主，占总能力的一半以上。这三种能力对每个管理者都是必需的，构成了管理者的核心能力。管理者应遵循"缺什么补什么"的原则，终身学习和培养能力。

最后，还需注重情感智慧和道德修炼。人的一般能力由智商和情商两部分组成。智商通常是指一个人的智力水平，而情商则是指一个人控制和调节情感的能力。美国哈佛大学的情商理论研究发现：在所有成功因素中，智商约占 20%，出生环境、机会等占 20%，而情商占 60%。但高情商并不一定意味着高道德水平。具有高情商的人可能为组织或国家创造利益，但也可能造成巨大损失。例如，历史上的李林甫、秦桧、蔡京等都是情商很高的人，虽然赢得了皇帝的信任，但也是国家的危害者。因此，作为管理者，不仅要提升情商，还要修炼身心，将情商的提升与道德修养结合起来。

管理者要守住德行，发挥示范作用、影响作用。《论语》《荀子》中都强调了管理者德行的重要性。司马光曾经对人进行过以下四种高低界定，他说，"才德全尽谓之圣人，才德兼亡谓之愚人，德胜才谓之君子，才胜德谓之小人"。

3. 从"自我中心"到"团队中心"的行为方式上的转变

自我中心型的管理者在工作中主要以自身和任务为核心，其表现形态可分为以下五类。

（1）技术型。此类管理者将业务技术视为首要，坚信技术是解决问题和完成任务的关键。他们认为技术能力是成功的保证，即使晋升为管理者，也将技术能力视为最重要的评价标准，同时也以此来评估下属。

（2）任务型。此类管理者主要关注任务的完成情况，包括数量和质量，而忽视员工的身心健康和个人发展。他们只看结果，不关心过程。

（3）事必躬亲型。此类管理者常常过于自信，偏爱亲自动手操作，喜欢亲自管理，经常覆盖下属的工作。他们可能工作辛苦，但下属却不一定理解或支持。

（4）被动接受型。此类管理者倾向于等待组织或部门的安排，按部就班地执行。他们不相信个人努力和结果之间的联系，认为外部因素决定一切。

（5）权谋权术型。此类管理者以自我利益为出发点，只对有利于自己的事情付出努力。他们可能会利用职权来谋求个人利益，甚至在团队成员之间挑起矛盾。

以上五种情况在职场中都可能出现，对于部门的长远发展都有不良影响。技术型的管理者可能导致部门内部冲突不断；任务型的管理者可能减弱员工的工作积极性；事必躬亲型的管理者可能降低员工的工作效率；被动接受型的管理者可能导致部门停滞不前；权谋权术型的管理者可能引发部门内部矛盾。

因此，管理者需要从以自我为中心的思维方式中解脱出来，向以团队为中心的方向转变。这需要从思想到行动上彻底摒弃自我中心主义，用团队中心主义取而代之；同时关注"人"和"任务"。管理者应学会依靠团队来实现目标，考虑问题要站在团队、组织整体的角度，合理配置人才，关心团队成员的职业发展，并挖掘团队的整体潜力。

专家和管理者的区别可以采用两个汉字表示："人"和"众"。"人"字含义是专家发挥自己的能力，关注个人任务；而"众"字含义是管理者需要管理组织中众多个人一起完成团队任务，需要把下属紧密团结在一起。

2.2　从管理者到领导者

2.2.1　管理与领导的关系

1. 管理与领导关系的观点流派

在企业管理理论和实践过程中，领导与管理的关系一直是被关注的焦点，不同的学派持有不同的观点，概括起来，主要包括以下四种。

（1）领导等同于管理。这种观点主要出现于管理学早期，认为领导与管理没有区别，领导即管理，管理即领导；领导者即管理者，管理者即领导者。组织负责人既是领导者，又是管理者。这种观点混淆了领导和管理两个概念，目前持有该观点的学者较少，常见于一些非学术性的书籍或报刊中。

（2）领导与管理相互包含。这一观点认为领导与管理互属于对方的一个部分。许多管理学著作，如哈罗德·孔茨（Harold Koontz）和海因茨·韦里克（Heinz Weihrich）等的《管理学》、斯蒂芬·罗宾斯（Stephen Robbins）和玛丽·库尔特（Mary Coulter）的《管理学》认为，领导是管理的一个重要方面，是管理活动的一项职能，是作为一名有效管理者必须具备的能力之一。也有学者有其他观点，如英国的约翰·阿代尔（John Adair）的《领导艺术》认为领导是一个更大的范畴，管理是领导的职能之一，是完成领导工作的手段之一。这一观点主要出现在领导学领域。

（3）领导与管理相对独立。这种观点认为领导和管理两个概念存在本质区别，各有独立的概念、术语和运用方式，相互独立。它们涵盖的内容不同，层次不同，两者之间互不相属但存在紧密的联系。主流观点认为领导是进行战略指导的综合性工作，制定方向、任务、规划、目标、战略决策；而管理是根据既定的目标和政策，进行战术运行的职能性工作，实施具体的计划、组织和控制。

（4）领导与管理相互补充。这种观点从功能视角分析了领导与管理在组织活动中发挥的作用。主要代表人物约翰科特在分析了领导和管理的关系后指出：组织要寻求长久发展，管理和领导两者缺一不可。只有将领导和管理有效地结合，才能迸发出源源不断的动力，推动组织活动稳步向前发展。管理促进某项活动按计划运作，领导可以为组织创造出重大的、有用的变革。

综合上面的四种观点，我们可以发现，除了"领导等同于管理"这一观点，其余三种观点都将管理和领导视为两个相互联系或区别的变量。管理与领导是有明显区别的两个概念，但两者并不是完全的对立，而是具有密切的关系。组织目标的实现离不开领导与管理的高效结合，具体表现在领导负责组织战略、方向、变革等宏观或中观层面的活动；管理负责组织策略设计及实施等中观或微观层面的活动。

2. 领导与管理的区别

尽管领导和管理有着密切的联系，但是也有明显的区别。管理是通过计划、组织、人员配备、指导以及控制等职能有效地实现组织目标而采取的方式。领导是在一定条件下，指引和影响个人或组织，实现某种目标的行动过程。两者之间有本质区别，不能相互替代。领导者可能是拥有职权的管理者，也可能是不具备正式职权的普通员工。表 2-1 列出了领导和管理的区别，主要体现在工作重点、实现目标、所处层次、实施方式、功能效果和工作对象等方面。下面将详细介绍领导与管理在上述六个方面的区别。

表 2-1 领导和管理的区别

区别	管理	领导
工作重点	计划与预算	愿景和战略
	执行政策	拟定经营方向
实现目标	追求某项工作的效益	追求整体效益
所处层次	中低层次	较高层次
实施方式	控制监督	激励引导
	依赖职权	依靠权威
功能效果	维持秩序	推进变革
工作对象	例行问题	处理变化的问题

在工作重点方面，首先，管理主要侧重于微观层面的计划与预算过程，时间跨度大约是几个月到几年，着重风险的排除以及合理性；而领导注重宏观层面的愿景和战略的制定，着重于更长的时间范围，几十年甚至横跨企业的整个生命周期。其次，领导是一种战略性管理，致力于整个组织经营方向的拟定，主要体现在决策和目标的制定等方面，以及对人与事的统筹，而管理则侧重于执行政策，强调成员服从性，通过组织力量完成组织目标。

在实现目标方面，领导具有全局性，管理具有局部性。领导追求整个组织乃至整个社会的效益，而管理则着重于追求某项工作的效益。领导与管理目标的不同决定了两者工作任务的侧重点不同。

在所处层次方面，相比于管理，领导在组织层级中处于较高层次，相关研究认为领导是更高层次的管理。基层管理是微观管理，直接从事具体的人、财、物及事的管理，这种管理一般按常规办事，执行上级交代的具体任务，自主性不强；领导很少直接管理具体的人与事，主要处理带有方针性、原则性的重大问题，自主性较强。

在实施方式方面，管理行为的调控和问题解决常常专注于限制、约束与预测；而领导的激励和引导则集中在赋权、拓展，并不断产生新奇的元素以激发团队成员的热情。领导效应是通过利用权力、声誉和个人魅力的引领和影响来达成的；而管理则主要依靠正式的职权对人员、财务、物资、时间、信息进行组织和调配，以确保所有资源能得到合适的运用，进而实现管理目的，因此管理具有可操作的特性。

在功能效果方面，管理的功能是维持秩序，领导的功能是推进变革。无论是在企业组织还是在行政组织中，管理总是与秩序联系在一起的，它的功能就是维持秩序。领导则不同，它不会带来秩序和规律性，它带来的是组织的运动变革。

在工作对象方面，管理主要侧重于处理复杂但常规的例行问题，优秀的管理者通过制订规划、设计规范的组织结构以及监督计划实施的结果达到有序一致的状态。相反，领导主要处理变化的问题，领导者通过开发未来前景确定前进的方向，然后把这种前景与组织中的其他成员进行交流，并激励他们克服障碍达到这一目标。

通过上述分析我们知道，在一个组织内部，要想顺利实现组织目标，必须使正确的领导与有效的管理联合起来，这是因为领导不力会导致以下结果：一是强调短期行为，过于注重细节，从而忽略长期性、宏观性、整体性的战略；二是过分强调对风险的预测、控制与回避，导致组织缺乏冒险精神与创新意识，削弱组织的竞争能力；三是在选用人才方面，过分注重专业化，强调人对工作的适应性，要求员工服从组织安排，不鼓励员工的自主与创新精神，会抑制员工积极性的发挥。总的来讲，领导不力的后果是组织文化变得僵硬、刻板，缺乏创新精神与创新能力，难以适应环境的重大变革。

管理不力同样会带来不良后果：一是过分强调远景目标，忽视近期的计划与控制；二是缺乏专业分工，导致员工自主性过大，无有效的规则加以约束，会导致混乱的后果等。

3. 领导与管理的联系

从组织活动的层级图来看，似乎领导与管理之间能够找到一条明显的分界：决策与执行有着明显的不同。但是，在实践中，领导与管理之间的联系是紧密而广泛的，以至于很多人把领导与管理混用。领导是管理的一部分，而不是全部。对领导与管理的联系，人们较容易达成共识。由于领导与管理是一对相互共存而又相对独立的社会控制行为，并且往往为同一个行为主体所并用，因此，它们既有各自的适用领域，同时也是互为补充、互相作用、互相渗透和互相转化的。

领导与管理的联系主要表现在以下几个方面。

（1）领导是从管理中分化出来的。马克思指出："一切规模较大的直接社会劳动或共同劳动，都或多或少地需要指挥，以协调个人的活动，并执行生产总体的运动——不同于这一总体的独立器官的运动与所产生的各种一般职能。"这一论述说明，当社会劳动达到一定规模，就会产生对这种劳动进行"指挥"和"协调"的客观要求，并且必然分化出"领导"这样一个专门的社会职能。

（2）领导活动和管理活动具有较强的相容性与复合性。在现实生活中，管理者在从事管理工作的同时，也承担了领导工作，如中层管理者，对上，他是作为某一级管理者的角色出现的，主要承担着执行上级领导决策的任务；对下，则充当着领导者的角色，对部门的发展扮演着决策者的角色。因此，很难将领导活动与管理活动从一个管理者的行为中严格地区分出来。另外，领导与管理是一种相辅相成的关系，领导活动的目标只有在有效的管理之下才能实现；而管理能够出效益也只有在正确的领导决策前提下才能达成。

（3）领导和管理的主体具有共同性。领导与管理之间的关系主要体现在它们共享行为主体。尽管现代社会的进步越来越促成领导与管理职能的区分，从而使领导者和管理者之间产生了一定的分工，但这并未导致领导与管理主体的完全割裂。事实上，对大部分组织而言，领导者与管理者的角色永远无法完全隔离。以我国各级政府的领导结构为例，它们基本上兼具领导和管理的功能。这种行为主体的共性使得领导与管理在实际操作中紧密相连。因此，作为行为的执行者，人们应该根据自己在组织中的地位和角色，明确在日常工作中是更倾向于领导还是管理，以及在何种环境下采取领导或管理的策略。

（4）领导和管理的目标互动性。在任何组织、团体乃至整个社会中，既有必要规划远景目标，也需设定近期的努力目标。这两者之间通常紧密相连，互相补充，互相渗透，互相转换。通常情况下，领导所确立的远景目标具有强烈的吸引力，能让人们展望未来，培养理想，并受到激励；管理的近期目标则与人们的现实需求和利益相结合，因为它们既可期望又可实现，所以对人们具有切实的激励效果。与此同时，虽然领导的远景目标常常从整体和长期角度出发，具有鼓舞人心的特质，但这些目标不能孤立存在，必须被拆解为管理所设定的阶段性、局部性甚至个人性的目标和任务，否则，领导的远景目标将变得空泛和无效。当然，领导的远景目标对管理的深远影响并不会削弱其固有的独立性，相反，这种影响本身正是领导目标独立性的生动反映。实际上，当领导的远景目标转化为具体的管理目标时，作为一种象征或激励力量，这种远景目标仍会继续对人们起到鼓舞和激励的作用。同样，管理目标也具有相对的独立性，在确立管理目标时，除了要依据领导的远景目标外，还要考虑主客观条件的约束以及许多相关因素。在许多情况下，管理目标也会对领导的远景目标产生显著影响：当管理目标能够顺利实现时，会极大增强领导远景目标的感召力；相反，如果管理目标连续失败，则可能影响甚至从根本上削弱领导远景目标的感召力。

（5）领导与管理职能的互补性。正如约翰·科特所言，组织要发展，领导与管理"两者缺一不可"。的确，对一个组织来说，如果只注重管理而不注重领导，那么，这种社会控制行为就是僵化的、没有活力的，因而注定会使组织、集团或者社会走向衰亡；反之，如果领导过度而管理不足，那么，组织、集团或者社会就会失去应有的规范和秩序，变得软弱涣散，或者使变革和创新变得狂热，向着不理智的方向发展。所以，只有将有力的管理和有力的领导联合起来，才能带来满意的效果。现代社会要求领导者和管理者不仅要善于管理，而且要善于领导。

（6）领导与管理行为的转化性。从根本层面来讲，领导与变革和创新有着紧密的联系。甚至可以表述为：领导就是变革和创新。如果一个社会或组织不需要变革和创新，那么仅仅管理便已足够。然而，一旦社会或组织内在地需要变革，或者正在经历变革，就必须要有领导存在。这样的需要来自变革的本质，意味着首先要打破现状，即消除那些与变化实际不符而阻碍事业发展的现有规则、程序、制度、法规以及习俗力量、过时的理念和思考方式等。这必然会在人们的利益、思想和观念等方面造成一些冲突与变革，引发某种痛苦和震动。因此，能否提出能被人们接受的远景目标和前进方向，并能说服和引导人们抛弃旧物，确立新的价值观和思维模式，引领人们向新的目标和方向迈进，就成为变革能否顺利执行并最终实现的关键所在。这就需要领导的存在，需要那些与人民紧密相连，同时又具有远见卓识的领袖来影响、指导、带领人们进行这一变革和创新。当变革进入尾声，创新任务基本完成，组织进入一个相对稳定的发展阶段时，卓越的领导便必须让位于高效的管理。

　　领导与管理的互相转化是经常的、大量的、有规律的。通常情况下，当组织或事业处于创立阶段时，领导与管理应该是同等重要的。然而，当组织或事业发展到一定程度，进入相对稳定的增长时期时，管理的重要性就凸显出来。当组织内部的冲突逐渐积累，无法在现有的秩序和体制框架内解决时，变革的需求便上升到议程的重点，这时候，提出新的长远目标和富有创造性的策略，并引领和激发人们做出改变，就变得有必要。因此，主要侧重于管理的阶段逐渐转向以领导为主的阶段。相应地，变革过程也转变为创新体系和重塑秩序的过程。实际操作中，最具挑战性的是领导者或管理者自身能够积极地做出改变。而在一般情况下，组织往往难以形成一种能够根据组织或事业的发展需求来不断调整领导人的机制。因此，如何促进领导与管理之间的相互转化，就成为领导变革中的一个非常重要的课题。

2.2.2　管理者与领导者的关系

　　既然管理与领导是两种不同的活动，那么管理者与领导者也就是两种不同的角色。例如，校长要明确自己在学校中的地位与角色，自己应该是学校的领导者，而不是管理者。那么管理者与领导者有什么区别呢？具体而言，管理者与领导者的区别体现在以下方面（表 2-2）。

表 2-2　管理者与领导者的区别

区别层面	管理者	领导者
权威基础	组织正式任命	个人魅力
存在空间	正式组织	正式与非正式组织
素质要求	专业技能	人际技能和概念技能
职能	计划、预算、组织和控制	具有远见、提出发展战略、整合队伍、进行沟通和激励
功用	维持秩序	促进变革

　　（1）权威基础不同。管理者的权威基础是组织正式任命，而领导者的权威基础是个人魅力。在现实生活中，尽管一个人可以同时扮演领导者和管理者的双重角色，但有时候领导者却不一定是管理者，而管理者也不一定是领导者。彼得·德鲁克说过，"领导者的唯一定义是其身后有追随者"。这说明，领导者在本质上是一种影响力的拓展，下属与其更多的是一种追随和依从的关系。

　　在理想状态下，所有管理者都应是领导者，而所有领导者也应扮演管理者的角色。然而，现实情况并非如此，不是所有的管理者都能成为出色的领导者，也不是所有的领导者都担任管理职务。在特定的组织环境中，有些人可能会依靠其职位的权威，采用强硬的手段来指挥他人。如果他们仅仅依赖的是自己的职位和权威地位，那么他最多只能被称为管理者，而无法称得上是领导者。另外，有些人可能完全没有正式的地位和权威，但他们却能通过自己的楷模行为来激励和影响他人。这样的人虽然不是管理者，但实际上却扮演了领导者的角色。然而，领导者不一定具有执行组织管理职责的能力，一个人的影响力并不意味着他也能有效地开展计划、组织和控制等管理工作。因此，有的人可能兼具管理者和领导者的角色；有的人可能只是管理者而不是领导者；还有的人可能仅是领导者而非管理者。

（2）存在空间不同。领导者可以在正式与非正式组织中起作用，而管理者只有在正式组织中才能发挥作用。现实生活中，有些管理者通过职权强制他人工作，但却无法真正引导人们跟随，因此他们并没有充当领导者的角色；有些人虽无正式职权，却能通过个人魅力影响他人，他们通常就是实际上的领导者。实践表明，只有那些能真正融合管理者和领导者角色的人，才能确保组织目标的实现。

（3）素质要求不同。任何组织都存在领导者和管理者这两种角色。前者表现为人格化的领袖，后者更侧重于专业化和职业化的职务。由于职能差异，所需的素质自然也有所区别。领导者需要的能力主要包括决策能力、协调能力、人际关系处理能力、表达能力等，强调概念技能和人际技能；而管理者更注重专业化方面的知识和技能。

（4）职能不同。管理是通过计划、预算、组织和控制来进行某些活动的过程，常借助科技和专家权威来执行。管理更像是一套可见的工具和技术，建立在合理性和模拟的基础上，并在不同的组织环境中以相似的方式使用。领导则被定义为通过非强制性手段，激励一部分人或一个群体来实现特定目标的过程。领导者的基本职能是具有远见、提出发展战略、整合队伍、进行沟通和激励，从而达到组织目标。与管理者的技术和效率专长不同，领导者更像是了解人和社会的人类学家。相比之下，管理更为规范、科学和普遍，可以被视为一门科学；而领导则显示出一定的灵活性和多才多艺，以适应不断变化和充满矛盾的需求。领导既是科学，又是艺术，体现了领导科学和领导艺术的有机结合。

（5）功用不同。管理旨在维持秩序，而领导致力于促进变革。本尼斯（Bennis）和纳努斯（Nanus）对管理者与领导者做了明确的区分：管理者是把事情做正确的人，而领导者是做正确的事情的人。领导者关注的是方向、前景、目标、意图、目的和效果这类正确的事情，而管理者则致力于效率、方式和短期的效应。他们将管理和领导者的区别具体列为以下几条：管理者寻求稳定，领导者探讨革新；管理者循规蹈矩，领导者独辟蹊径；管理者注重维持原状，领导者注重提高发展；管理者注重单位结构，领导者注重人力资源；管理者依赖控制，领导者激发信任；管理者仅顾当下，领导者目光长远；管理者重视原因和方式，领导者重视事情和原因；管理者盯着结果，领导者看到希望。

学者劳伦斯（Lawrence）也区分了领导者与管理者的职能。领导者侧重于调动人、激发人，在于创造一种意识，向职工灌输这种意识，借以调动职工的力量；管理者则侧重于指挥或控制人。领导者塑造价值观，调动和激发人；管理者则主要靠物质、地位、安全等因素调动人。领导者支持和激发员工个人的创造力，并鼓舞其运用能力；管理者只是适应形势的要求，允许职工做现在需要做的事。领导者根据各方面的成就及其对社会的贡献来看待效益，管理者则主要依据各个局部的技术指标做出评价。

还有一些人，如约翰·科特、杰克·韦尔奇（Jack Welch）、扎莱兹尼克（Zaleznik）、彼得·诺斯豪斯（Peter Northouse）等，对管理者与领导者之间的区别做出了探讨。综合这些观点，我们用表 2-3 来呈现管理者与领导者在功用方面的区别。

表 2-3　管理者与领导者在功用方面的区别

管理者	领导者
致力于效率、方式和短期的效应	关注方向、前景、目标、意图和效果
善于管束	善于创新
模仿者	原创者
寻求稳定、因循守旧、循规蹈矩	追求发展、探讨革新、独辟蹊径
注意单位结构	注重人力资源
依赖控制，靠物质、地位、安全等调动人	营造信任、塑造价值观调动和激发人
允许职工做现在需要做的事	支持和激发员工个人的创造力

在一个组织里，有不同的层级：领导层（决策层）、管理层、执行层、操作层（图2-1）。领导层，也称为决策层，主要负责制定组织的发展目标、发展战略；代表组织与外部环境进行联系；对组织的所有者负责；协调与管理组织内部的各项活动。管理层主要负责落实领导者的计划与决策，并协调执行层的活动。执行层主要负责把管理层的计划更加具体化地分配给组织中的业务人员，并对业务人员的活动进行协调。操作层主要负责具体完成执行层分配下来的任务。

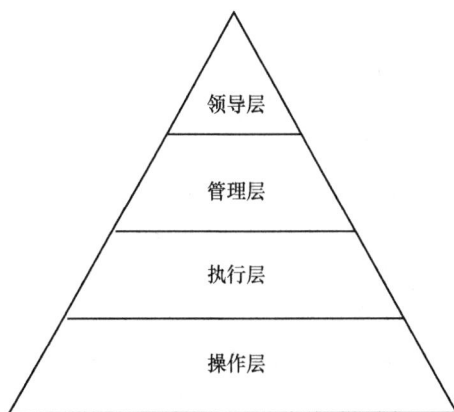

图 2-1　组织的层级

例如，在学校这个组织里，校长是领导层，教导主任是管理层，班主任是执行层，学生或一般教师则可能处在操作层。不同层级所需要的能力具有一定的相通性。比如，在管理层，也需要具有领导力，在领导层也需要加强管理与执行。这些层级也具有一定的相对性或可转换性。比如，教导主任在完成校长安排的任务时，处在管理层，但当他面对班主任时，又处在领导层。因此，领导与管理之间的层级具有相对性。换言之，一个人可能会扮演领导者、管理者与执行者等不同身份角色，具体取决于他在组织内部所处的层级。

2.2.3　从管理者到领导者的角色转变

管理者想要成功转型为领导者，需在以下几个方面努力。

（1）对自身的领导潜能有清晰的认知。约翰·科特在研究管理人员的能力后，区分出四类管理者：管理能力强但领导能力弱、管理能力弱但领导能力强、管理和领导能力皆强、管理和领导能力皆弱。事实上，能够精通管理和领导的人相当少见，许多组织面临"过度管理而领导不足"的问题。

（2）了解阻碍自己向领导者跨越的因素。转型为领导者的主要障碍有以下三个方面。首先，不能充分理解他人。管理者想要赢得下属的信任和跟随，就必须深入了解下属的需求和欲望。其次，不能迅速解决问题。拖延和错失时机不仅会失去下属的信任，也会难以积累领导者所需的影响力。最后，回避风险和责任会让下属感到不安，更不用说赢得他们的追随了。

（3）培养向领导者跨越应具备的能力和品格。虽然领导才能有天生的部分，但很多方面是可以通过后天培养的。与管理技能可通过培训获得不同，工作实践被认为是培养领导力的重要途径。关于领导力的后天培养，沃伦·本尼斯（Warren Bennis）和埃森哲公司合伙人罗伯特·托马斯（Robert Thomas）提出了一个实用的培养模型——"熔炉体验"模型。该模型认为，每个成功的领导者至少都有过一次强烈的、彻底改变自己的磨炼经历，这样的经历使他们在成长过程中不被击倒。

以上三个方面概括了管理者向领导者转变所需的认知、自我剖析和能力培养过程，对于那些希望在组织中扮演更有影响力角色的人来说，具有深刻的指导意义。

华为创始人任正非就是这样一位杰出的领导者，他带领华为从一个默默无闻的小企业成长为具有全球核心竞争力的一流大企业。任正非早年曾被骗 200 万元巨款而无奈"下海"创业，创业初期又因供应中断被迫自行生产产品，经历了许多曲折，之后在美国强力打压制裁下华为仍然屹立不倒。

詹姆斯·库泽斯（James Kouzes）和巴里·波斯纳（Barry Posner）合著的《领导力》将领导能力的后天培养内容概括为以身作则、共启愿景、挑战现状、赋能团队和激励人心，同时还必须具备真诚、感召力、前瞻性和激情。

管理者要实现向领导者的跨越，必须具备以下六个方面的能力和品格。

（1）掌握发展趋势的能力。正确分析和判断未来的趋势是识别深层次问题、科学决策与把握机会的关键，也是领导能力的一个重要方面。华为的创始人任正非曾指出，企业领导人需要对未来发展有良好把握；Google 创立之初，其创始人坚决看好并专注于搜索业务，而那时的许多大公司都倾向于开发综合性门户网站。对于外部环境或趋势变化的不敏感，可能暴露出企业领导能力的减弱或缺失，从而为公司的未来发展埋下隐患。企业在创立之初通常会展现出强烈的领导力，能够适应当时的外部环境、捕捉市场机遇，从而迎来一段相对稳定的发展时期。然而，许多企业并未走得很远，主要是因为这种"稳定"给企业带来的错觉，没有及时察觉外部环境变化所带来的潜在危机，最终走向衰退。比如，曾经的诺基亚和柯达，由于对新技术不敏感甚至排斥，最终断送了自己的未来。

正如苏轼在《代侯公说项羽辞》中所说，"来而不可失者，时也；蹈而不可失者，机也"。领导者要善于抓住机遇。

（2）制定目标愿景的能力。卓越的领导者通常借助设立远大的愿景来让团队成员产生共鸣，激发他们的工作热情。制定目标愿景不仅要符合实际、可行，还要具备激励性的艺术品质。科学的一面是指通过共同努力可以达到这些目标；艺术的一面则是指这些目标必须能够引发员工的激情和创造力。另外，目标愿景必须具有感染人心的力量，而且要易于理解。

（3）克服困难的能力。在追求目标的过程中，除了目标本身可能引发争议外，推动目标实现可能遇到许多困难。此时，领导者需展示坚持信念的能力。最有效的信心展现方式是领导者在遭遇困难和挑战时，带领团队共同努力，克服阻碍，朝着设定的目标前进。

（4）果断决策的能力。在工作推进过程中，领导者必须在适当时机果断决策，采取坚定有力的措施。一方面要把握好时机，既不提早也不延迟。另一方面，措施必须坚定有效。在非常时期，可能需要采取非常措施，甚至可能需要强行统一思想。这一过程往往最能考验领导者的责任心和风险承担能力。当然，领导者的果断必须建立在科学和公正的基础上，否则便可能造成灾难性的后果。

（5）资源整合的能力。领导者必须善于倾听和协调不同的观点，防止分歧成为达成共识和执行的障碍。在达成共识的基础上，领导者要整合并有效使用组织内外的资源，确保推进重要工作，实现愿景目标，让整个组织团结一致。

（6）卓越的管理能力。强调领导的重要性，并不排斥管理的作用。企业从初创到成长壮大的过程中，首先要通过管理的关口，因此必须强调并持续提高管理的规范性和效率。企业发展依赖于领导者的引领，但这一发展同时也要求组织保持一定的稳定性，因此也需要卓越的管理能力。一些研究甚至认为，在特定情境下，领导行为可能并不那么重要，因为个人特质、职务和组织变量可能会取代领导的作用，从而削弱领导的影响。例如，先进的组织制度和流程，或是下属对自主性的要求等，都可能减弱对领导能力的需求。因此，在重视领导的同时，组织还需通过领导文化建设和科学的制度设计来平衡领导者个人对组织的影响。

无疑的是，领导者应该为组织创造价值，但在离开组织时不能带走这些价值。领导工作的一个核心方面是培育一种遍及整个组织的领导文化，使得领导的作用至关重要，但领导者个人却不至于不可或缺。因为成功的领导者关注的是通过领导文化塑造组织，使得每个人都积极致力于成为领导者。如果没有这样的文化，那么优秀领导者的离去可能会是组织衰退甚至分裂的开始。

杰克·韦尔奇曾被誉为"全球第一 CEO"，在离任前曾说，"通用电气未来 20 年的成长将定义我的成功"。遗憾的是，在他精心选择的继任者杰夫·伊梅尔特（Jeffrey Immelt）的领导下，接下来的 20 年里通用电气陷入了全面衰退，最终被剔除出"道琼斯股价指数"。这一事例向我们揭示了一个教训：必须对领导的作用有清晰的理解，既要认识到领导的重要性，也不能过分依赖领导者个人对组织的影响。

2.3　非正式领导力

2.3.1　非正式领导力的内涵及其与正式领导力的比较研究

1. 非正式领导力的内涵

随着企业的管理结构日渐扁平化和组织边界的模糊化，组织必须改变管理方法，并授权员工，使他们能够灵活地应对这一发展趋势。要想实现组织绩效的最大化，单凭依赖团队中的正式领导者所展示的领导力是不够的，还需善用团队成员所体现的非正式领导力。非正式领导者可能因为他们出色的情感智慧、专业技能或是他们作为有力的演讲者所具备的人格魅力而脱颖而出。

　　非正式领导力通常体现在没有正式领导的小组内，个人对其他成员产生的领导影响力。与小组其他成员相比，拥有非正式领导力的人通常在群体中占据一定的主导地位，并对整个群体有着显著的影响力。这些非正式领导者可能并没有正式的职务和由此产生的权威，但他们却能吸引众多有共同需求的其他组织成员的支持和追随。例如，桃园三结义时，刘备、张飞、关羽由于志同道合而结为兄弟。刘备发挥了非正式领导者的作用，将三个互不相识的英雄好汉凝聚在一起。

2. 非正式领导力与正式领导力的联系

　　非正式领导力和正式领导力在组织中共存。在组织体系中，正式领导力与非正式领导力以两种独特的方式存在。正式组织的建立自然会催生出基于个人需求的非正式组织，并使得一些在正式组织中声望较高、具有人格魅力的成员成为非正式组织的引导者。这一点是自然发生的，无须外界干预，且与正式领导者是否承认无关。尽管非正式领导力并不完全受正式领导力的支配，但在一定程度上还是受其影响。当非正式组织被强行解散或其成员的需求在正式组织中得到满足时，非正式领导力将失去地位。然而，强制解散非正式组织可能会引起激烈的反抗，因此正式领导者必须谨慎行事。

　　非正式领导力和正式领导力在组织中相互补充。在组织中，正式领导力与非正式领导力各自起着不同的作用。正式领导力负责创建并维护正式组织结构，这是一种有意识的构建，通过法律和规则来解决问题；非正式领导力则自然产生，维护非正式组织的行为和关系，通过情感联系来解决问题。从这一角度看，两者似乎是相互对立的。然而，在实际操作中，它们却具有一定的互补性。每个组织成员都会与他人建立非正式关系，这些关系需要非正式组织的领导来调解；同样，每个组织也需要一定的制度和规则，这就需要正式领导力来维护。组织的正常运作需要正式领导力和非正式领导力共同作用，以实现优势的互补，从而提高整体效率。

3. 非正式领导力与正式领导力的区别

　　非正式领导力与正式领导力两者之间在领导力产生方式、权威来源、管理方式等方面具有明显差异（表2-4）。

表 2-4　非正式领导力与正式领导力的特征差异

差异内容	正式领导力	非正式领导力
领导力产生方式	外在、上级指派	内生
权威来源	职位	权力、个人魅力
管理方式	奖励与惩罚	满足与拒绝

　　（1）领导力产生方式有别。正式领导力是外在形成的，由上级指派，主要依赖职务地位；而非正式领导力则是内在产生的，主要依赖个人特质。非正式领导力不受正式组织任命的约束，而是自然从组织成员中涌现。在团队或群体中，正式领导力和非正式领导力可能归属于同一人，也可能是不同的人。如果正式领导者不能扮演某一角色，非正式领导者通常会出现来补充其职能；如果正式领导者完全不胜任，则可能会有一名或多

名非正式领导者出现来担任两者职能。

（2）领导力权威来源有异。著名社会学家韦伯在《经济与社会》一书中指出，权威的合法性来源于三个方面：传统、领导人物的魅力、合法理性。合法理性又分为三个基础：理性基础（基于对规则的合法性信仰）、传统基础（基于对古老传统的信仰）、领导人物的感召力基础（基于对某人特殊品质的信仰）。非正式领导主要通过其魅力和吸引力来影响他人，如正直、公正、乐于助人、经验丰富、技术高超、声望高等。正式组织的领导拥有职权，非正式领导则拥有权力（影响、解释和控制他人接受自己观点的能力）。正式领导可能有职但无威，非正式领导则可能无职但有威，这在企业、高校和研究机构等业务性强的单位中尤为明显。

（3）正式领导力与非正式领导力的管理方式有所区别。正式领导力在成员的晋升和奖励方面起决定性作用。正式组织以明确目标为基础，正式领导力的管理活动主要以成本和效率为准绳，要求成员保持合作以提高效率和降低成本，并对成员的表现给予奖励或惩罚以引导行为。相反，非正式组织为满足成员的情感需求而设立，非正式领导力通过情感和个性等因素对成员产生潜移默化的影响。虽然非正式领导力也进行奖惩，但通常是通过满足或拒绝成员的需求来实现。例如，某成员出现违规行为则可能会遭到其他成员和非正式领导的冷落、排斥，甚至被拒之门外。

2.3.2　非正式领导力的影响效应

1. 非正式领导力的正向影响

非正式领导力的存在对一个组织起到了积极的、正面的、有益的影响，能促进组织目标的实现，主要表现在以下几个方面。

1）协调与沟通作用

工作观点的分歧可能引发人际关系的紧张，而人际关系的不和谐又可能导致工作关系的困扰。工作关系通常由组织明确规定，而人际关系则在人们的各种互动中逐渐形成。这两者相互影响，因此难以避免有一些不和谐的现象出现。如果这些矛盾不得到解决，就可能增加组织正常运作的阻力。

解决这些问题可以通过正式领导的正式职权强制干预。虽然表面上这种方法可能暂时解决问题，但实际上可能导致不满情绪的加深，甚至可能进一步激化矛盾。相反，采用非正式领导力的方式解决这些问题，可能使双方更容易接受，有助于矛盾的真正解决。

非正式领导的兴趣和标准是决定其成员地位与亲疏程度的重要因素，他们对其成员有很大的约束力。非正式领导能够为群体争取利益，同时，也能通过参与决策和传递重要信息来为正式组织提供协助。因此，组织可以利用非正式领导这一特殊角色的功能，传递信息，协助解决非正式组织内部的矛盾，发挥沟通和调解的作用，从而为管理者解决难题。这种方式充分体现了非正式领导在组织内部沟通和矛盾解决方面的重要作用，为组织的高效运作提供了有效的支持。

2）传递信息情报作用

一个小团体在内部共享信息，同时对外封闭信息，从而形成了一个信息壁垒。由此可能导致信息传递的"失真"、"方向改变"或"中断"，从而产生"堵塞"现象。解决这个问题的有效方法是运用团队成员中的非正式领导力，来助力"疏通"信息"堵塞"。这样做不仅可以提高信息传递的速度，减少信息的扭曲或方向转移，还可以获取一些正常渠道难以得知的关键信息，从而更好地了解某些真实情况。这一方式充分利用了非正式领导的特殊影响力，以确保信息的顺畅流通和准确传达，对组织的高效运作具有积极的促进作用。

3）榜样作用

组织文化的构建以领导为核心，以员工为基础。在推广组织文化时，领导身体力行和以身作则，可以起到引领和示范的作用。然而，由于领导与基层员工之间必然存在的距离感和地位差异，普通员工可能会觉得自己无法达到领导的高度和思维境界，从而产生不利于组织文化建设的观点。

此时，如果能在组织中发现并提升非正式领导作为典范，或者通过非正式领导的影响力来培养正确的价值观、道德观和组织文化所推崇的理念，效果往往会更为显著。这可以归因于近距离效应。人们总是容易受到与自己所处环境相同、地位相近、兴趣爱好相似的人的感染和影响。通过这样的方法，组织文化能更加深入人心，成为共同追求的价值目标，从而为组织的和谐与发展提供强有力的支撑。

4）心理平衡作用

在复杂和不断变化的生存环境中，人们在感到恐惧的同时，自然会寻求保护和安全感。通常情况下，那些在正式组织内无法得到满足的成员会转向非正式组织，以满足自己对归属和交往的需求。人际关系不佳，或者与领导关系紧张的人们，容易倾向于寻找非正式领导，从中寻求补偿和支持。

在工作中遭遇挫折或感情受挫的人们，常常会向这些非正式领导倾诉自己的困惑和问题，期望得到理解和帮助，从而在心理上恢复平衡。这种依赖非正式领导的现象，揭示了非正式组织和非正式领导在满足人们基本情感与社交需求方面的重要作用。将这种心理补偿机制纳入组织管理范畴，通过理解非正式组织的情感代偿功能并建立疏导通道，不仅能有效提升团队决策执行效率，更能在其中注入柔性调节力量，实现组织效能与人际生态的协同优化。

5）中枢纽带作用

非正式领导在组织中起着连接成员的桥梁作用，是信息流通的重要通道。组织可以通过他们来传递消息，反映基层员工的观点和需求，为组织的改变赢得舆论和行动上的支持。这样不仅可以减少内部的冲突和障碍，还可以为非正式和正式团体间的合作铺设坦途。通过明智地利用非正式领导的角色和影响，组织能够更加灵活和有效地响应员工的需求与期望，从而增强团队合作和组织凝聚力。

6）制衡作用

非正式领导所表达的观点通常能反映组织成员的真实想法和心态。由于他们在决策过程中的参与以及具有的影响力，他们能对组织及时调整策略起到促进作用，同时还能对领导慎重使用职权起到一定的平衡和监督作用。这种角色不仅有助于确保组织的决策更加贴近员工的需求，还可以防止领导滥用权力，从而维护组织的和谐与稳定。

2. 非正式领导力的负向影响

非正式领导力对组织而言是一把"双刃剑"，也会产生不利于组织运行的一些消极的、负面的效应，从而阻碍组织目标的实现。

1）领导工作复杂化

在一个组织中，如果有非正式领导的存在，那么非正式组织也必然会形成。虽然这样的非正式组织并没有明确的机构部门，但它确实增加了人际关系的复杂程度。这会使原本清晰的工作关系变得相当混乱，方向多样，难以理解，使得工作关系和人际关系共同构成了一种"网状"联系。这种复杂的关系结构可能会让许多领导陷入人际关系的"迷局"，不能自拔，从而使领导工作变得更加复杂和困难。这种情况要求领导更加精细地处理人际关系，理顺工作关系，确保组织的高效运作。

2）领导工作难度大

非正式领导力的存在可能会引入不明确的障碍，使得领导识别和解决问题的难度增加。问题可能被非正式领导隐藏或曲解，只暴露表面问题而没有揭示实质问题和真相，这使得问题分析变得更为困难。非正式领导力的影响可能导致显而易见的原因和不容易察觉的原因共同存在，进一步掩盖了问题的真实根源。由于许多人为的限制和因素的干扰，找到解决问题的合理方案变得更加困难。总的来说，非正式领导力可能使问题诊断和解决过程复杂化，因此需要更加细致地观察和分析来应对其可能带来的挑战。

3）组织的执行力扭曲

非正式领导力在组织中的存在可能导致多元化的指挥结构，从而使基层执行人员感到困惑和无所适从。他们可能只是表面上遵循指令，而实际上采取了无为、反向执行或选择性执行的方式。这种消极的应对可能会引发新的问题，并设置执行障碍。最终的结果是，组织的执行效果出现偏离，整体的执行能力大幅下降。这种情况凸显了非正式领导力对组织执行力的潜在负面影响，需要通过明确的指导和沟通来避免或缓解。

4）导致帮派体系

在普通的非正式组织中，非正式领导通常不会构成帮派结构，他们可能会对组织的工作产生一些影响，但不会对组织的整体运作产生决定性的干扰。然而，当有不良动机的正式领导与具有负面效应的非正式领导相互勾结时，可能会形成对正常组织有害的帮派体系。一旦这种帮派体系扩展到一定规模，就会对组织的正常运行造成严重破坏。因此，组织应警惕并防止此类现象的发生，以维护组织的健康和稳定。

2.3.3 应对非正式领导力的对策

1. 重视非正式领导力

"物以类聚，人以群分。"霍桑实验已经证明，在正式组织中确实存在着非正式领导力。这种非正式领导力通过一些未明文规定的准则，影响团队成员的情感倾向和行为表现。非正式领导力是一个复杂的组织现象，它深植于社会和心理的基础之中。我们必须努力去理解它，不仅要了解它的存在和本质，还要学会以正确的方式对待和处理它。我们不应将其视为其他现象，也不应忽视其存在的必然性。更重要的是，我们要设法引导非正式领导力朝着积极的方向发展，使之成为组织健康成长的促进力量。

2. 给予非正式领导适当的授权

根据非正式领导的高声誉和广泛影响，可以在合适的条件下信任他们，授予他们一定的权限，从而将整个非正式组织引入正式组织的运作轨道。这种授权不仅能够激发非正式领导的积极性，同时也能调动跟随他的团队成员的积极性，进而有助于实现组织的目标。然而，我们也应该意识到，虽然非正式领导在解决问题方面表现出色，并常被视为正式领导的候选人，但他们并非都适合成为正式的领导者。

首先，由于非正式领导能控制组织，常常造成一种管理者与普通人之间的交错现象，这种现象带有很强的团体效应。如果处理不当，非正式领导可能成为组织发展的障碍。此外，我们必须认识到，非正式领导的权力和影响力是极大的，如果他们成为正式组织的领导，可能会为了个人目的而利用人们。管理层还需时刻警惕事情不要超出控制范围。

其次，经验告诉我们，担任非正式领导的人通常只涉及一些有限范围的职能，并不意味着他们能像正式的管理人员和领导那样，承担起广泛范围的正式职责。总之，在授权非正式领导时，必须慎重考虑和精心操作，以充分发挥其积极作用，同时避免潜在的风险和挑战。

3. 充分了解非正式领导

领导者应该对自己所管理的组织内部存在的各种非正式团体有一个完整和深入的认识。他们需要识别这些团体的性质，了解其特点，并采取不同的对待方式。领导者还需要确定非正式团体的领导人是谁，并坚决取缔非法组织。

与合法的非正式组织领导人合作也是必要的。领导者应善于通过这些非正式组织的领导人，联合和影响团体的其他成员，以推动组织目标的达成。总之，对非正式团体的全面了解和有效利用，是组织领导者实现组织目标的重要手段。

4. 充分发挥非正式领导的正向效应

充分发挥非正式领导的正向效应，努力消除非正式领导的负向效应。通常，在建立组织文化、激发员工积极性、扩大组织影响力、管理知识型员工以及促进和谐人际关系等方面，非正式领导的正向效应可以被有效地利用，效果通常很好。这种影响力能够增强团队凝聚力和推动组织目标实现。

然而，在执行计划、统一指导、制度管理、控制质量、管理客户和应对紧急情况等方面，非正式领导可能产生负向效应。在这些方面，组织应努力消除非正式领导可能带来的不良影响，以确保组织运作的有序和效率。总的来说，非正式领导的力量既可以被利用来促进组织的进步，也需谨慎对待以防止可能出现的负面影响。

2.4 专家型领导力

2.4.1 专家型领导力内涵

1. 专业组织概念

专业组织是指其中一个或多个专业团体或人员在实现组织目标方面扮演核心角色。这些专业人员通常效忠于专业的价值和规范，他们经常自行确定自己的职责、任务执行方式以及绩效评估。知识型员工或知识工作者是与专业人员相似的概念。据彼得·德鲁克所说，知识型员工是"运用符号和概念，利用知识或信息工作的人们"，他们是 21 世纪提升企业和国家经济生产效率的关键因素。安盛咨询公司定义知识型员工为那些通过智力、创造力和权威来完成知识工作的人员，这些人员通常涵盖了科研、销售、会计、法律和金融等领域的专业人士、有深度专业技能的辅助/支持人员、中高级管理人员。

专业人员在专业组织中具有重要地位，他们的特点在很大程度上塑造了专业组织的性质。某项研究在访谈了一些医疗组织的专业人员后发现，专业组织中存在角色创造、内部分化、资源争夺和权力流动等现象。这就意味着专业人员会在组织内部自行塑造角色和提高存在感；他们的聚集和工作兴趣可能导致内部分化；不同类型的专业人员可能会对组织方向和问题持有不同观点，并存在资源竞争和冲突；专业人员还可能通过参与政治活动来影响组织目标和政策制定；在专业组织中，权力是流动的而非固定的。此外，许多专业人员还会与公众互动，并被公众视为解决问题的专家。

专业组织的典型例子包括医院、学校和科研机构。根据专业人员和行政人员之间的关系，可以将专业组织细分为自治型和他治型。自治型专业组织将大部分职责交给专业人员，让他们确定组织目标、设定绩效标准和执行工作；而在他治型专业组织中，专业人员则服从行政系统的层级框架，拥有相对较少的自主权。

图 2-2 展示了专业组织与非专业组织、自治型专业组织与他治型专业组织的联系和区别。组织的核心活动是组织经过社会分工分化形成的，是组织自身存在和发展的理由。对于核心活动性质，组织不能选择改变，因为当组织改变自身的核心活动性质时，组织就不再是原来的组织，而是其他类型的组织了。但当提及自治型和他治型专业组织的区别时，组织面临的不是根本的性质问题，而是内部管理方式的问题。对于内部管理方式，组织是可以进行改变的，这种改变并不会影响组织的性质，但可能影响组织的管理质量，进一步反映为组织绩效。

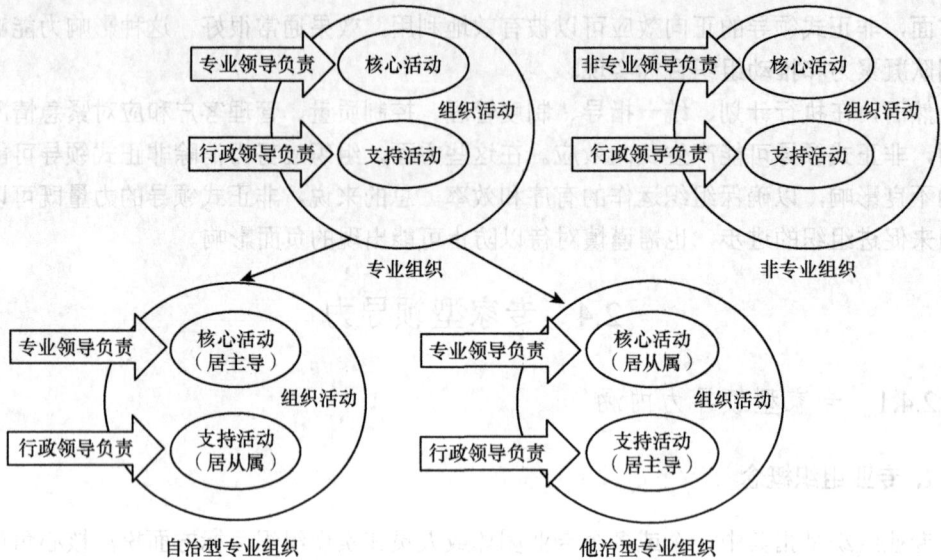

图 2-2　专业组织与非专业组织、自治型专业组织与他治型专业组织的联系和区别

2. 专家型领导力概念及特点

在研究专业组织和专业人员的领导问题上，一些关于科学家的初步探索表明，领导者身为科学家是预测研究人员创新表现的重要因素，甚至比激励、团队关系维护和赋予成员自主权等因素更为关键。基于之前的研究，阿曼达·古道尔（Amanda Goodall）及其团队对专业组织进行了一系列的探索，并引入了专家型领导力理论（expert leadership theory，TEL）。该理论的核心观点是组织领导者在组织主要业务领域的技能水平越高，组织的整体绩效就越出色。专家型领导力理论涵盖三个主要概念——核心业务、核心员工和专家型领导力，它的前提是组织必须是专业或知识密集型组织。

在 Goodall 的理解中，核心业务是组织最基本、最关键的部分，集中了组织成员的关注，并突出了组织的核心价值。核心员工则是组织在执行核心业务时所依赖的关键人员，如科研机构的研究人员、律所的律师、医院的医生、时装店的首席设计师等。专家型领导力是基于核心业务知识的领导能力，与之相对应的是"全能型人才"、"非专家"或"职业经理人"等概念。专家型领导力由三个组成部分构成：固有知识、从业经验和领导才能。固有知识涉及领导者对组织主要业务的专业理解，通常通过教育和实践获得；从业经验反映领导者在特定业务部门的工作年限，与核心业务的从业时间有关；领导才能包括管理和领导经验及技能，主要取决于领导者的个人特质和早期职业生涯。

这三个要素与组织的核心业务密切相关，固有知识和从业经验共同构成了专家知识，反映了个人的专业技能。Goodall 指出，这种专业能力不应视为管理能力或领导经验的替代指标。在选择领导者时，组织应首先考虑候选人是否具备专业能力，然后再深入考察其他关键因素，如领导风格（例如，交易型或变革型）、个性特质、领导与下属之间的关系等。综合来看，专家型领导具有以下特点。

第一，成为团队中的技术专家和权威人士。技术专长是专家型领导影响力的核心支柱，他们依赖这项技术将知识型员工团结在一起。虽然仅依靠技术的领导力可能无法长久维持，但必须承认，许多专家型领导依靠技术来确立他们的领导地位。

第二，追求合乎逻辑的分析和理智的决策制定。因为技术成果的水平和价值可以客观评估，所以专家型领导受过的教育和训练使他们倾向于寻求严密的系统分析和合理的决策。这种对逻辑和理智的追求方式使专家型领导趋向于寻找完美与标准化的解决方案。

第三，强调效率和量化的管理方式。专家型领导的严密思维让他们擅长分析和推理，善于将目标任务分解和量化，并制订工作进度计划。他们在工作中严谨细致，即使是最微小的细节也会认真处理。

2.4.2　专家型领导力的影响效应

Goodall 及其合作者针对大学、医院、篮球队、赛车队等多种不同规模的专业型组织开展了一系列研究来检验专家型领导力理论，结果发现：在学术界，由杰出学者担任校长的大学在全球的排名更靠前，若干年后的绩效表现也更为突出。研究发现，在依靠专业知识完成核心业务并创造价值的组织当中，专家型领导力能够增进组织绩效。Goodall 及其合作者的研究主要是通过定量分析来检验专家型领导力对组织绩效的正向预测作用，通过质性访谈来探索专家型领导力增进组织绩效的机制。对于可能的作用机制，Goodall 团队提出了一些尚待检验的研究假设，主要认为专家型领导具备更长远的视野，能够更好地识别战略机会和挑战、制定规则，更具有可信度，能够创造更好的工作环境等。

以职业体育领域为例，具有高水平运动员经历的教练团队在技战术指导与团队管理方面可能具备独特优势，部分研究显示这类教练团队在竞技赛事中的表现相对更为稳定。医疗机构的相关分析也表明，临床背景出身的医院管理者在医疗质量管理与学科建设方面，其职业经历可能转化为特定的管理优势。

然而，让专家型领导力发挥对企业组织绩效的重要影响的关键在于要选择有效的专家型领导者。如果企业令专业技能较差的人担当团队的专家型领导者，就可能会让组织绩效产生灾难性后果，这在我国历史中，也可以得到印证。例如，战国时期，赵括的纸上谈兵。

1. 专家型领导力影响组织绩效的作用路径

专家型领导力能够通过组织内部和外部两个路径来提升组织绩效。内部路径主要涵盖对员工个人层面的态度和行为的调控，以及对组织管理体系的塑造影响；外部路径则通过产生信号效应，帮助组织获得更多有益资源，从而增强组织的绩效表现（图 2-3）。

1）专家型领导力提升组织绩效的内部路径

内部路径是指领导者对组织内部成员的影响，涉及员工态度与行为、组织管理体系的塑造。

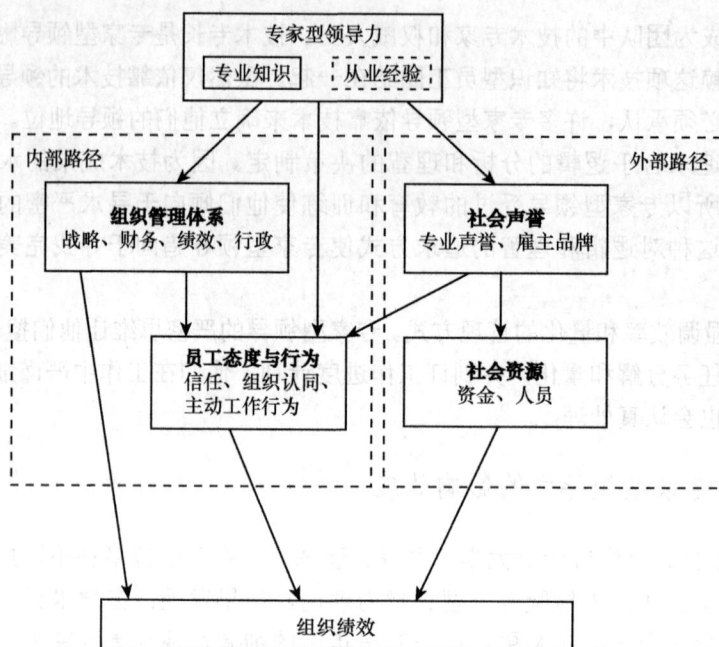

图 2-3　专家型领导力影响组织绩效的作用路径

（1）专家型领导力对员工态度与行为的影响。信任在专家型领导与员工之间的关系中扮演着中心角色。信任是一种积极的心理期待，使人们愿意展示自己的弱点而不怕被利用。员工对领导的信任主要来自领导的特质和领导与员工的关系，进而产生不同类型的信任。基于领导的特质，员工对领导的能力、可靠性、道德水平形成了认知方面的信任，这种信任能够降低员工的防御行为，使他们更专注于为组织创造价值；基于领导与员工的关系，员工会形成情感方面的信任，更积极地承担任务。专家型领导由于其专业权威，能更好地理解和激励下属，促使下属对其产生认知和情感上的信任。

（2）专家型领导力对组织管理体系的影响。组织管理体系包括战略、财务、绩效和行政等方面，专家型领导对这些方面有深入理解。在战略方面，专家型领导能更好地识别机会和挑战，制定合适的战略；在财务方面，他们可以合理分配核心活动的经费；在绩效方面，他们能制定公平合理的制度，为核心员工创造最佳环境；在行政方面，他们能协调专业人员和行政人员之间的关系，减轻行政干预的阻碍。

2）专家型领导力增进组织绩效的外部路径

外部路径是指领导者从组织外部获取更多资源的路径。专家型领导作为专业权威，能通过社会声誉为组织赢得资金支持和人才优势。具体来说，领导的专业声誉有助于获得社会捐赠和政府拨款；在公共关系方面，领导的专业声誉有助于提升组织的雇主品牌知名度，吸引优秀求职者。在社会资源方面，专家型领导有利于吸引更多的资金和人员。这些外部资金和人才资源是组织发展的关键。良好的雇主品牌不仅体现了组织的社会声誉，还有助于激发员工的认同感和士气。

2. 专家型领导力影响组织绩效的边界条件

影响领导专业能力与专业组织绩效关系的权变因素包括领导因素、组织因素和行业环境因素。领导因素包括领导者的能力特征、社会关系特征（包括社会资本、政治资本）以及在组织中所处的位置特征（包括专业范围、组织层级）；组织因素主要是指组织自身的规模，即组织规模特征；行业环境因素是指组织所处行业的复杂性和多变性。这些因素都可能对领导专业能力与组织绩效的关系产生调节作用。

（1）能力特征：这一部分主要涵盖了管理技巧和领导经验。Goodall 的研究指出，专家型领导力由领导能力和专业能力共同构成。其中，领导能力涵盖了管理技巧和领导经验，尽管这些定义可能会显得有些抽象。在一项针对医院的研究中，研究者用 MBA（master of business administration，工商管理硕士学位）教育来衡量管理能力，并用临床教育背景来衡量专业素养。研究表明，专业能力和管理能力都与医院绩效正向相关。

（2）社会关系特征：主要是社会资本和政治资本。社会资本是一种社会结构资源，可以为个人和组织提供优势。它可以分为结合型和桥接型，帮助提供有关信息和促进资源交换。政治资本则涉及政治方面的优势，对组织的资源可能有额外的帮助。特别是在转型经济中，具有政治资本的领导者可能将政治力量转化为经济优势。

（3）位置特征：这包括专业范围匹配和组织层级。专业范围影响权力有效性，有限的专家权力可能会在其他领域被削弱。领导者所处的组织层级也很重要，因为不同的管理层级对技术、人际和概念技能的要求不同。例如，高层管理者可能更需要战略思考能力。

（4）组织规模特征：组织的大小对其绩效具有显著影响。较大的组织可能在技术创新方面更有效率。组织规模对领导专业能力与组织绩效的关系可能具有正向的调节作用。

（5）行业环境特征：行业的复杂性和多变性也会影响组织绩效。当组织处于复杂和多变的行业环境中时，领导者的专业能力可能有助于组织及时调整战略，以更好地适应环境，从而实现更好的绩效。

2.5　思　考　题

1. 试分析领导与管理的区别和联系。
2. 相比于正式领导力，非正式领导力对企业会产生哪些积极影响？
3. 专家型领导有什么特点？

2.6　测　评　工　具

非正式领导力的测量工具

员工的非正式领导力可以通过下面的题项测得，所有题项总分越高，代表员工的非正式领导力越高，具体的测量量表如表 2-5 所示。

表 2-5 非正式领导力的测量

序号	测量题项	分值
1	我虽然不是正式的领导者，但在团队中具备领导力	1，2，3，4，5
2	我对团队有较强的影响力	1，2，3，4，5
3	我在团队中能引起成员间的讨论和关注	1，2，3，4，5
4	我对团队的决策具有重要的影响	1，2，3，4，5
5	我能帮助正式领导者更好地带领团队	1，2，3，4，5
6	我表现出的领导力是正式领导者所希望拥有的	1，2，3，4，5

资料来源：Lanaj 和 Hollenbeck（2015）

2.7 场景模拟

测试班级中的领导力涌现。请你根据班级里的情况，回答下列问题（表 2-6）。

表 2-6 领导力涌现的测量

测量题项	完全不符合	不太符合	中立	比较符合	非常符合
1. 我认为班级中有的同学会被他人假设为班级的领导	1	2	3	4	5
2. 我认为有的同学对班级有影响力	1	2	3	4	5
3. 我认为有的同学在班级中能引起成员间的对话	1	2	3	4	5
4. 我认为有的同学对班级决策存在影响	1	2	3	4	5
5. 我认为有的同学能帮助老师更好地带领团队	1	2	3	4	5
6. 我认为有的同学有成为班级领导者的愿望	1	2	3	4	5

所有题项总分越高，代表班级中的领导力涌现越强。

请根据测评结果，思考班级中哪些同学身上表现出领导力涌现，他们都具有什么特质呢？

第3章 职位与领导力

引例：美团的人才成长战略——领导梯队论

美团预见其未来竞争力的主要来源在于养成新一代的领导者。在过去的十年里，O2O（online to offline，线上线下商务）行业在我国经历了从无到有的发展，美团在白热化的市场竞争中打造了一支对互联网了如指掌且具备生活服务行业知识的人才队伍。在互联网初期，由于市场红利的存在，企业可以通过"创新+市场"来推动业务发展。然而，伴随数字化发展，"创新+领导力"已经成为驱动发展的新动力，人才的培养变得尤为重要。美团现任CEO王兴认为，人是美团的核心资产，持续培育更多的优秀人才，是美团的核心竞争力。那么，如何培育更多优秀的人才？有些公司依靠"神兵天降"，美团则希望在下一个十年，为人才成长提供可靠的组织和制度保障。未来十年，美团要追求更大概率、更大面积的内部人才成长，打造一个高质量的"人才蓄水池"。

在人才理念上，美团也将从过去以外部人才引进为主，转变到培养和提拔内部优秀人才。"未来人才要基于培养来实现，少空降"，王兴说，"建设领导梯队，提升组织能力，需要看得更长远。在考虑美团未来十年时，我们如何通过各方面努力，让新一批各层级领导者成长起来，是我们应该开始做的最重要的事"。

王兴曾在美团内部多次分享《领导梯队》。他打过一个比方，领导梯队不是一个直上直下的梯子，一节一节往上爬，而是一系列转弯的管道。每一级都是一次转型，每一次转型都不容易。在转型中，工作理念、时间分配和领导技能都要相应发生变化。在人才梯队建设中，王兴也强调了要长期有耐心，一是组织对个人的耐心，二是个人对自己的耐心，这两者都很重要。

王兴说，美团作为一个多业务的平台型公司，要思考用什么样的方式培养出不同岗位的管理者，进一步加强美团的组织和制度保障，为人才的内部成长提供组织土壤。

资料来源：作者根据相关资料整理而成。

在学习本章内容之前，请大家思考以下问题。

1. 谈谈在"领导梯队论"中，职位与领导力是什么关系？
2. 您认可"领导梯队论"吗？有什么相同或不同的观点？

3.1 基层、中层、高层的领导力

3.1.1 基层领导力

1. 基层领导力的概念

基层领导力（grassroots leadership）是指基层管理者在上级领导指示下，按照既定的工作规范组织和协调基层员工有效地执行具体工作任务的过程中表现出来的领导能力。

因此，基层领导是组织具体战略实施的执行管理者，需要帮助下属做好计划、执行、控制，并监督他们如期完成工作。

2. 基层领导力的角色特征

作为组织战略工作的执行管理者，基层领导是企业组织赖以生存的根基。事实上，一流执行人是多种素质的综合体现，而绝不是某项单一素质的凸显。因此，基层领导通常需要具备以下特质。

1）明确的自我定位

自我定位就是确定自己在团队中扮演什么角色，是技术人员，还是管理人员？是专家，还是领导？自我定位包括三个层次，即自我肯定、自我成长、自我超越。自我定位不是固定不变的，它具有弹性，会随着外界环境和当事人的情况而改变。因此，基层领导有必要定期审视自我定位，并努力做到精确的自我定位。

在联想集团的企业文化中，存在着这样一种观念，那就是：高层领导者必须要有事业心，中层领导者必须要有上进心，基层领导者必须要有责任心。事业心是指作为高层领导，要明白自己的职责是带领企业得到更好的发展，这是一份事业，而不单纯是一份职业。中层领导要不断挑战，争取成为高层领导，这叫上进心。基层领导则要做好自己的工作，完成自己的任务，使命必达，这叫作责任心。三个层次的领导都有准确的自我定位，同时又允许下层员工通过努力改变定位。

2）能够以最小投入获得最大产出

一个毋庸置疑的事实是，执行者必然能够高效工作，他们崇尚的核心工作原则是以最快捷和最简洁的方式，用最少的时间和资源来解决工作中遇到的问题。所以，基层领导就是要引导下属能够以最少的投入来获得最大的产出。

第一，消除负能量。

（1）内部帮派纷争。团队的稳定运作和持续发展，需要的是所有团队成员的共同努力，只有每个人都认同部门、组织的发展目标，这样才能有足够的力量去达成团队目标。但是不论团队的组织结构多么严密，管理制度如何规范，在团队里还是会产生一些内部的小团体和小帮派，帮派多了，难免就会产生争斗，从而产生利益冲突，损害团队的总体利益。基层领导可以接触到下属员工的具体工作任务，因此，对于团队中的内部帮派，需要进行合理的引导，让他们免于因钩心斗角、互相猜疑、互相排斥而影响基层工作的执行效率。

（2）团队成员的固执己见。固执己见是团队精神的大敌。基层工作的分工越来越细，任何个体都不可能独立完成所有的工作，个体所能实现的仅仅是整体目标的一小部分。基层团队工作的核心在于精诚协作，而刚愎自用、固执己见的员工，不能听取别人的建议，自以为是，对别人提出的善意批评也不接受。作为基层管理者，一定要对他们进行合理的限制和积极的引导。

（3）团队成员的个性。现实中，很多基层团队领导者都抱怨"在简单的问题上，却出现了太多的意见"，原因在于团队成员都有着不同的个性，因而也有着不同的观点，

"太强的个性在团体里往往会成为致命的缺点"，很多人都认同这一点。对那些有个性的员工，如果安排不得当、处理不好，他们便是阻碍团队成功的大敌。但也不能因此而去抹杀员工的个性，甚至直接将那些有个性的员工拒之团队门外。每个团队成员都会有个性，这是无法也无须改变的，而领导的艺术就在于如何发掘组织成员的优缺点，根据其个性和特长合理安排具体工作，使其达到互补的效果。

第二，加强沟通。

（1）跟上级沟通，要"有胆"。跟上级沟通，一定要摒弃等待心理，即"上级不和我沟通，我就不跟他沟通"，要大胆主动地同领导沟通。和上级沟通，是基层管理者工作的一个重要方向。不论是出于和上级领导和谐、愉快相处的需要，还是为了得到上级领导对本部门工作的信任、关心和支持，都有必要掌握一些与上级沟通的艺术。

一个善于向上沟通的基层领导，能够给自己争取有利局面：①消除上级对你的误解，以免导致自己给他人带来麻烦；②让你的能力和努力更能得到上级的高度肯定；③增加对上级的理解，使上级能够更愉快和更顺利地开展基层工作；④使团队更协调，基层管理工作更通畅，效率更高。

在和上级沟通的过程中，需要把握好以下几个要点：第一，要适当沟通，不可一味恭维与盲从；第二，不要在上级面前牢骚满腹；第三，要顾全大局，不要以自我为中心，要善于从整体出发考虑问题。

（2）跟平级沟通，要"有肺"。平级之间的沟通是最让基层管理者头疼的，它不同于向上或向下沟通，中间存在着权力谁大谁小的问题。要想处理好平级之间的沟通，需要做好以下两点。

第一，要与当事人沟通。比如，销售主管和财务主管之间发生沟通失效的问题，其根源还出在两人身上，要化解矛盾，也应该在两人之间展开，而不是向行政、向上级申诉，那只会使问题更加恶化。

第二，要做到积极主动。平级间沟通不畅时，如果双方都不积极面对、后退一步，那么问题就永远也得不到解决。在这种情况下，只能采取积极的方式去沟通，而积极沟通的第一个特征就是主动。平级之间的沟通并不需要很多技巧，关键是谁主动迈出第一步。部门之间往往就是这样，关上这扇沟通的门，就把大家隔开了。因此，水平沟通的关键在于互相体谅谦让，主动配合和协助，才能有双赢的结果。

（3）跟下属沟通，要"有心"。向下沟通的关键在于基层管理者自身，你应该做出善于并乐于同员工进行沟通的姿态，用心去沟通。

第一，控制好情绪，理智沟通。冲动只会激化矛盾，无益于解决问题。沟通是以解决问题为目的，遇事应冷静、理智，心平气和地采用下属能够接受和理解的方式进行沟通。

第二，放下架子，平等沟通。人拒绝被管理，就如同拒绝被征服。管理者与员工之间只有职位的高低、权力的大小，没有人格上的高低之分，只有基层领导放下"架子"，尊重员工，平等沟通，才能真正走进他们心里，被他们接纳，没有任何人愿意和一个高高在上的上级交心。

第三，多做换位思考，坦诚沟通。所处的位置不一样，思考的方式自然也不一样，因此上下级之间的冲突也往往不可避免。如果管理者能够经常站在员工的立场，设身处地地为其着想，才能更好地理解他们的想法和做法，才能找到沟通融合点。

面对工作中出现的问题，多问问为什么，是优秀基层领导应该具备的特质。一台机器停止了工作，面对这种问题，如果你是负责生产运作管理的基层领导，你会怎么办？下面看看丰田公司生产部门领导是怎样通过刨根问底式的询问去寻找最重要的问题根源的。

"为什么机器停止了工作？""因为它超负荷运转，保险丝烧断了。"

"为什么会出现超负荷现象？""是因为轴承的润滑油不足。"

"为什么轴承的润滑油会不足？""因为润滑油油泵无法充分泵油。"

"为什么油泵不能充分泵油？""因为油泵的曲轴坏了，它运行时嘎吱作响。"

"为什么油泵的曲轴会坏？""因为没有给它装过滤网进行保护，让金属碎片漏进去了。"

显然，如果在这一连串问题中间的任何一处停下来，都将意味着没有找到问题的根源。刨根问底的目的就是透过层层现象看到问题的本质，最终一劳永逸地解决问题，而不是只看到一些表面问题，就去手忙脚乱地予以解决，这样的话，如果找不到问题的根源，那么问题还将会源源不断地涌现出来。而且，当员工们经常在这些"为什么"的督促和严格的奖惩制度约束之下，在工作中就必然会专注认真、精神抖擞、一丝不苟，久而久之形成习惯，乃至形成公司文化。

第四，不找任何借口。

在工作挑战面前，有些人习惯于为未达到目标找出种种理由。然而，这种找寻借口的习惯不会带来成功，反而往往预示着失败。面临工作难题时，明智的选择是放弃所有的借口，集中精力寻找解决方案。那些出色的基层领导，虽然成功的因素不一，他们的能力和心态也不见得都非凡，但共同之处在于他们从不为工作找借口，总是以一种听从、真诚的态度，一种全心投入、尽责的精神，以及一种完善的执行力去行事。这样的领导更容易在工作中实现卓越业绩，并获得成功的满足感。总的来说，工作中只有两个选择：要么积极面对挑战，完整地执行计划；要么逃避问题，推诿责任。前者通向成功之路，而后者只会导致失败。

3. 基层领导提升下属执行力的方法

基层领导是将组织目标和上级指令消化、吸收并转化为可执行的具体任务的主要负责人。因此，基层领导需要从以下几个方面提高下属执行力。

1）将愿景具体化

企业的愿景和使命往往是远大的，基层领导者的任务是将这些远景目标转化为可供执行的现实目标，否则，企业愿景、使命就只会是"水中月""镜中花"，可望而不可即。

作为一名基层领导，往往集各种责任于一身，如何担负这些责任，需要找到一套科学的方法来提高自身的执行力。当前最常用、有效的责任管理方法是"5W3H"。展开来说，就是在传达和执行一项任务前，基层领导应该提出并解答下面八个问题。

第一，什么任务（what）？要明确相关任务的工作内容、工作量、工作目标和工作要求以及达成期限。

第二，为什么去做（why）？也就是要明白该项工作的目的、意义，并确定执行层的具体工作目标。

第三，谁去做（who）？确定由谁或哪些人去完成该项工作，他们分别承担什么角色。

第四，从何处入手（where）？该项工作的切入点在哪里，需要按什么流程执行下去，执行到什么程度才算结束。

第五，什么时间完成（when）？要制定出完成任务所需的日程与安排。

第六，怎样完成（how）？也就是要制订完成该项工作的细化方案，找到切实可行的工作方法，并下达给具体负责的下属员工。

第七，需要动用多少资源（how much）？确定完成该项工作需要哪些资源条件，需要多少，如何筹措。

第八，需要做到什么程度（how do you feel）？要提前对该项工作的结果进行合理预测，预测过程中要考虑到执行人员的情况。需要说明的是，在执行前，要向上级领导明确指导思想和执行准则；在任务执行中要做好追踪工作，了解相关信息、掌控工作进度、协调外部关系、掌握执行者心态、预防突发事件，必要时及时向上级领导汇报。处理好了这些问题，才能让所有的执行人员切实负起责来，才能使任务的执行更有条理，也更到位。

2）做好工作规划

规划能力是基层领导所需具备的一项关键素质，对于合理安排、加速工作进程、提高工作效率具有极大的作用，有助于推动基层工作走向规范化。在日常工作中，基层领导者应不断关注并提高自己的规划能力，以便提升工作效率。简洁地说，工作中的整体规划通常包括计划和方案的设计与制订，以及人际、组织、供需、配合等关系的协调，还涉及各种资源的合理分配。这需要具备一种构建框架结构的思维模式。简单地说，提高规划力，基层领导需要弄清楚以下问题。

今天都有哪些文件需要上报？

什么时间上报？

向谁汇报？

哪些资料需要准备就绪并与上级确定具体流程？

任务已经全部都分配给具体负责的员工了吗？

还有哪些任务需要分配？

还有多少由自己支配的时间？

如此，对工作中的各项事务按照紧迫性、重要性区分优先等级，在各项任务上合理分配时间资源，进而有计划、有步骤地安排工作进程。

3）科学分配任务

基层领导常通过向下属员工分派任务、下达命令来完成许多工作。缺少这一环节可能会妨碍基层工作的推进，甚至影响整个组织工作的顺利进行。

在某些团队或组织中，可能会出现员工工作繁忙与空闲不均的情况，任务分配不平衡，职责与权限不匹配的问题较为严重，这会导致员工能力发展失衡，并削弱整个组织或团队的执行力。那么，如何突破任务分配中的难题呢？遵循以下步骤，可以提高基层领导的管理能力，改善基层管理工作，并提升企业效率。

第一步：选择可以委派给他人的任务。原则上，可以将其他人能够承担的任务委托给他们。为了做到这一点，首先需要了解员工的能力。

第二步：仔细审查要完成的各项工作，确保自己理解工作所需的内容和可能遇到的特殊问题。在未完全了解这些情况和工作预期结果之前，不要随意分派工作。

第三步：在明确了解工作后，还需确保员工也了解。需要向负责此项工作的员工解释工作性质和目标；确保员工通过工作获得新的知识或经验。

第四步：在委派工作后，还需确定自己对工作的控制程度。如果工作一旦委派出去，自己就无法控制和了解进展情况，则应亲自处理，不再委派。

第五步：避免将紧急任务委派出去。紧急任务是指那些最优先、需要你立即亲自处理的特殊工作。例如，上级领导非常关注和重视的某个具体任务就属于紧急工作。这类工作应由基层领导亲自完成。此外，涉及高度保密的工作也不应委派给他人。如果某项工作涉及只有你应了解的特殊信息，则不应委派。

4）执行任务要精益求精

（1）执行，没有"大概"。许多基层员工每天都能准时上班，并且按时坐在自己的办公桌前，但他们的工作却未能及时和出色地完成。虽然表面忙碌，但并未尽心尽责。对他们来说，每天的工作更像是一种形式：上班、加班、接受领导检查，以及完成分派的任务，都是敷衍了事。他们从未真心投入过一项工作，也没有脚踏实地地认真完成。他们对工作的态度常常是"差不多"，完成工作的标准也是如此：只要差不多完成任务、差不多让上级满意、差不多通过检查就足够了。因此，作为基层领导，对下属员工的工作任务进行严格监督是非常必要的。

（2）要使方方面面都圆满。圆满是指不仅要成功完成一项任务，还要确保其完美无缺、精益求精，使每个方面都让人满意。不仅要求完成任务，还要确保没有任何负面影响，还能产生良好的品牌效应，为公司和个人增色添彩。如果仅从自身利益出发，重视任务的完成而忽视了客户的感受，哪怕只有一点点不圆满的情况发生，都可能引发一系列负面效应。因此，圆满可以说是对一名卓越管理者的最高要求。

3.1.2　中层领导力

1. 中层领导力的概念

中层领导力（middle leadership）是指企业中层管理者为在上级领导和下属之间做好"承上启下"的衔接工作中表现出来的一系列领导力特征。中层领导作为企业的中坚和"脊梁"，其重要性是毋庸置疑的。与以往任何时代相比，现代企业对中层领导的观念、素质、能力、作风、知识结构要求有很大的不同，能够真正适应现代化企业管理的要求，具有市场意识、市场竞争意识和责任意识的精干、高效、优质的中层领导非常短缺。

2. 中层领导的角色特征

中层领导力的主要作用在于对"人和"的处理之道。因此，作为企业的中坚力量，中层领导的角色特征主要体现在对各类"人才"的协调和衔接上。

1）生产活动的计划者

中层领导不仅要确实掌握计划的执行状况，还需将公司的战略规划与本部门的实际工作相结合，因此他们成为生产和经营活动的规划者。

2）日常工作的管理者

作为部门的负责人，中层领导还需对日常工作进行有序的管理，确保企业能够稳定有序地正常运作。

3）员工能力的培养者

中层领导需要不断地为企业发现和培养后备人才，使企业能够持续地发展。

4）部门工作的执行者

企业的成功依赖于正确的决策和高效的执行。中层领导是企业战略计划的执行人，企业正逐渐重视他们这一作用，能否提升他们的执行能力已经成为关乎企业成败的核心问题。

5）战略决策的制定者

随着经营规模的扩张，生产技术的快速进展，生产流程的愈发复杂，市场竞争日益激烈，中层管理者不仅要组织实施高层的决策方案，还需通过有效的战略决策，提升方案的实施效率和成效，以有力地实现公司目标。

6）企业变革的创新者

许多活力四射的公司在变革方面表现出色，因为他们有一群新型的中层领导和专业人才。这些人是企业变革的推动者和引领者。中层领导在组织中的特殊地位使他们能更接近公司的日常运营、客户和一线员工，所以他们能更准确地发现问题所在，并找到解决问题和推动增长的新机遇。

7）组织内外的沟通者

中层领导极适合担任沟通协调的角色。许多中层领导曾是一线员工或技术专家，他们在广泛的人际网络中知道每个人的长处，从而更好地推进工作。

8）各类矛盾的协调者

工作中的种种冲突和重大变革可能会引起员工的不满与恐慌，甚至降低士气，激发焦虑。若不对这些情绪加以管理和调节，可能导致组织混乱。中层领导会努力营造安稳的工作环境，他们之所以能做到这一点，是因为他们能够针对不同员工的需求进行个性化的沟通和协调。

除了上述八个特点之外，中层领导还具有以下特点。

经济上，他们的薪水一般较高，显得相对富有。

知识层面上，他们一般具有较高的文化水平，在工作中有较强的创新能力。

从行为目标看，他们对于高薪、工作环境、成就感和个人发展的需要与普通员工相比相对较强。

从工作特点看，他们在企业中具有领导者和被领导者的双重职责，这就形成企业对中层领导在管理技能方面的特殊要求。

3. 中层领导的基本作用

中层领导是组织序列中的"夹心饼干"，表面上是一种间隔，实质上是一种粘连。在上压下挤的环境中起到了桥梁和纽带的作用。

1）上级与下级间的"二传手"

中层领导是组织的中间结构，在上情下达的过程中起着"二传手"的作用，是联结组织的纽带和桥梁。因此，中层领导要把握如下几个要点。

（1）准确无误传达命令。中层领导传达上级指令要保证准确无误，不能歪曲篡改，保证领导意图准确地得到传达。任意地改动会歪曲决策的含义，不利于决策目标的实现。

（2）正确领会领导意图。中层领导有责任在传达命令的过程中，将上级领导的意图正确传达下去，避免出现具体实施工作中的偏差，保证上级领导决策目标的顺利实现。

（3）及时传达决不拖延。中层领导要在最短的时间内将上级指令传达给指令对象，保证上级决策及时发挥作用，避免贻误良机。

（4）巧妙传达讲究技巧。中层领导既要保证命令传达及时、准确、有效，也要尽量避免不良反应的发生，减少对上级领导的干扰和对组织工作的影响。

2）组织管理的"缓冲器"

组织之中存在各种各样的冲突，如上下级之间的冲突、同级之间的冲突等。在组织中，由于中层领导处于上级与下级、同级之间的枢纽地带上，从而能在上级和下级之间、同级之间制造一个隔离带，使得各方面所受到的压力得到缓解，相当于一个缓冲器，对组织内的各种冲突起到缓解、消除的作用，减少冲突对组织整体的损害。

（1）角色的缓冲作用。①领导决策的缓冲器。在一个组织中，领导难免有考虑不周全的地方，做出的决策如果得到执行，有可能对组织造成伤害，因此中层领导的缓冲器作用，最明显的一个表现就是对上级领导决策的缓冲作用。这个缓冲作用，不是指中层领导对上级领导的指示、命令故意拖延敷衍，而是指中层领导针对决策中的不合理之处，向上级领导提出自己的意见，在决策还没有付诸实施的时候，争取能够修改、完善它，弥补上级领导思考过程中的一些欠缺，从而避免决策实施可能对组织造成的损失。②冲突的缓冲器。组织内存在各种各样的冲突，既有领导与下属的冲突，也有领导之间、下属之间的冲突。中层领导扮演冲突的缓冲器角色，就是要隔离冲突的双方，避免矛盾双方的直接碰撞。由于中层领导的介入，矛盾双方可以较为冷静地思考问题，做出符合理性的判断。这时候，中层领导起的是"冷却剂"和"灭火剂"的作用。

（2）管理的缓冲作用。中层领导要做到以下几点：①客观、理智地分析问题。中层领导在充当组织的缓冲器时，要对上级领导的不合理决策进行劝谏，要对组织内发生冲突的各方进行劝解。②要有敢于劝谏的勇气。并不是所有的中层领导都有勇气指出上级领导决策上存在的问题。但是，仍然有很多中层领导有强烈的责任感，将组织整体的利益放在首位，不计较个人得失，在上级领导决策失误的时候挺身而出，据理力争。真正优秀的中层领导都要有敢于劝谏的勇气。③讲究劝谏的方法与技巧。中层领导在向上级领导劝谏时，一定要注意劝谏的方法与技巧。要根据上级领导的不同特点，在不同的时机、不同的环境下，采取不同的方法和策略进行劝谏。④要善于做思想工作。中层领导处于组织内部的关键位置，能够与各方保持紧密联系。组织成员一般也都愿意找中层领导倾诉内心。

4. 中层领导的执行能力

执行是一门艺术，体现了中层领导全面的思维模式和经营方略。中层领导也只有在执行上认真下功夫，才能带领自己的团队创造出辉煌的业绩。再好的策略也只有成功执行后才能够显示出其价值。因此，中层领导必须既要重视策略又要重视执行力，做到一手抓策略，一手抓执行力，两手都要硬！策略和执行对于企业的成功来说，缺一不可，二者是辩证统一的关系。策略是企业未来发展的指南，中层领导应该根据策略来制订执行方案。

每个部门都是一个团队，每一个团队都有领头人，中层领导无疑就是本团队的主要执行人。为了切实肩负起执行人的重任，中层领导必须与员工们整体协调，合作共进。这种协作非常重要，可以发挥成员的集体智慧并更好地工作。从理论上讲，当团队面临问题，需要寻找最佳解决方案时，成功的团队执行人应懂得调动每一个员工的智慧。

1）中层领导执行的内容和任务

（1）参与上层的有关决策。在一个组织中，决策主要是高层领导的职责，但高层领导在决策过程中，很多时候需要中层领导的参与，如计划的制订、目标的确立、战略的规划、市场的调查、信息的收集等，都需要中层领导的参与和协助。从这个层面讲，中层领导是高层领导的执行助手和参谋。中层领导要积极协助领导层做好决策和规划，如提供信息、提出合理化建议、参与重大问题调研和方案讨论等。在很多时候，中层领导的这种执行职能和能力对组织决策是十分重要的。

（2）服从上级指令，具体实施战略和计划。当一个组织的战略确定后，中层领导就要开始担当执行的重任，即服从上级指令，将战略具体实施。实施的内容包括将本部门承担的战略任务分解下达给部门成员，并带领他们去完成任务。

（3）将执行情况及时向领导层反馈。一个组织的计划、目标、战略确定后，除了高层领导亲力亲为地跟进了解实施成效外，中层领导的信息反馈是十分重要的，缺乏这个环节，高层领导就像失去了一只眼睛、看不见整个执行过程的全部。能否及时地将本层级和下一层级的执行信息准确及时地反馈给高层领导，这是衡量一个中层领导的执行能力是否合格的重要标准。在很多组织中，上层的很多决策本来是正确的，但中层领导在执行中有意或无意地歪曲，以及中层领导的欺上瞒下，使组织的执行力和执行成效大大地打了折扣。

（4）制定切实可行的执行措施。上级的指示精神需要中层领导结合本部门的实际情况，制定切实可行的执行措施，才能得以顺利实施。中层领导能否将上级指示与本部门的实际情况结合起来，制定出切实可行的措施，是执行能否取得成效的关键。上级制定的政策、做出的决策，只是一般性的原则，较难适应下属各部门的实际情况。因此，应当允许下级根据本部门的实际情况，贯彻上级的政策指令，创造性地开展工作。当中层领导有充分的理由提出改变或修改决策的执行时，应当予以考虑并做出相应调整。当决策明显偏颇的时候，绝对不能继续错下去，而应该果断地寻求改变的策略，及时修正决策是明智的举动。

（5）指导并帮助基层完成任务。中层领导不但要执行本身承担的任务，还要指导并帮助下属完成任务。能否领会上级政策和指令的精神，抓住实质，启发下属，是中层领导能否做好执行工作的关键。在领会上级政策精神的过程中，要避免不懂装懂、一知半解，甚至错误领会的现象发生。对把握不准的地方，要敢于向上级部门进一步请示咨询，要避免没有理解清楚就错误地做出不符合本意的解释，特别是对上级政策还没有完全理解或解释不清时，绝对不能草率地向基层或下属传达。

（6）将上层决策和目标计划贯彻落实。将上级的决策和目标计划与本部门的实际情况结合起来，决策不需要调整或修正，执行的措施也十分清楚之后，中层领导就必须按既定的方针和措施，将上层决策执行到底，贯彻落实。

2）打造执行力的有效方法

（1）要具备良好的心态。心态是影响执行行为的首要因素。人与人之间往往只有很小的差异，但这种小的差异却往往造成巨大的差异，这种小的差异就是态度积极或消极，巨大差异则是成功或失败。现实中，失败平庸者居多，主要就是败在心态和观念的消极退让。

（2）必须重视培养下属的执行力。中层领导是策略执行最重要的主体，并非说领导者每件事都必须事必躬亲。优秀的中层领导不仅自己具有很强的执行力，而且要能训练出一批一流的执行人才。也就是说，成为一名优秀的中层领导需要丢弃传统的"让我来"管理思维，改为"跟我走"管理策略，这也是每一位新中层领导都要面对的第一道坎。

《孟子·滕文公上》中提到，"劳心者治人，劳力者治于人"。当你成为中层之后，你最大的作用不是发挥个人能力去解决问题，而是要把下属的能量聚集起来，把团队的智慧整合起来，把每一个下属的能力都变成自己的能力，然后充分地发挥出来。

（3）中层领导应致力于营造执行力文化。执行力的关键在于透过企业文化影响员工的行为。因此，中层领导很重要的角色定位就是营造企业执行力文化。如果员工每天能够多花几分钟替企业想想如何改善工作流程，如何将工作做得更好，那么领导者的策略自然能够彻底地执行。

5. 中层领导的沟通协调能力

作为中层领导，能否与上级、同级和下属有效沟通是衡量其是否具备中层领导力的重要标准。因此，中层领导需要学会审时度势，与不同的人沟通使用不同的技巧。

1）与上级领导沟通

（1）理解上司的真正期望。如果你自己都不理解上司的期望，就无法把这些指示很好地传达给下属员工。如果指示中存在任何问题或者不明确的地方，在行动之前最好先问清楚。经过缜密思考后提出来的问题，不仅能使自己对需要做什么有更好的理解，还常常会带来上级对最初指示予以改进，因为高层领导也需要仔细考虑自己所提出的要求。花几分钟时间弄清指示，可以节省几天时间，并能保全你的信誉。

（2）确保上级的指示具体明确。不要顺从地接受一个非常笼统的指示，因为它可以做出各种解释。如果指示是笼统的，从上级领导的角度来看，其结果永远不会令人满意。

（3）中层领导有权力提出不同意见，但要在一定的范围内。对中层领导来说，在做事方法上与上级领导层的观点不同是可以被接受的，但不是目标本身。中层领导是执行决策的人，他们有权力讨论如何有效执行某一决策的具体细节问题。但是，他们不是决策的制定者。因此，任何涉足这一领域的尝试都被看作消极的。

（4）为了从事所要求的工作，在资源方面与上级获得一致意见。中层领导可能被告知某项任务极为重要，而后却被斥责在完成这项工作方面花费了过多的时间。因此，在接受任务之前，中层领导应与上级进行沟通，就各种问题达成一致意见。

（5）确定上级领导什么时候希望看到结果报告。一般情况下，沟通有两种流向：自上而下和自下而上。向上级领导汇报工作与活动的结果，是中层领导的一项重要任务，而这就是自下而上沟通的例子。与上级进行沟通时，所有这些原则都为了一个共同目标：理解上级希望你完成什么工作，并将这些任务的完成情况反馈给上司。沟通有时能收到预想不到的效果，尤其是人与人之间有了误解甚至隔阂的时候，这时沟通的艺术性就显得非常重要。面对上司的冷淡态度，千万不能意气用事或无动于衷。积极的态度应当是心平气和地找上司进行沟通。

有一次，齐国的一个人得罪了齐景公，齐景公非常生气，命人将此人绑上大殿，召集人来肢解他。为了防止别人劝阻，齐景公甚至下令，"敢谏者诛"。文武百官看见这种情境，都吓得默不作声了。这时，齐国的宰相晏婴见人准备对那人肢解，急忙上前说，让我先试这第一刀吧。众人都觉得非常奇怪，平日里仁慈的晏相国，今天怎么一反常态？只见晏婴左手抓着那人的头，右手拿刀，突然仰面向坐在一旁的齐景公问道，古代贤明的君主要肢解人，是从哪里开始下刀呢？齐景公立即就明白了晏婴的意思，于是离开座席，一边摇手一边说，"别动手了，把这人放了吧，错在寡人"。

晏婴的劝谏非常巧妙，他避开了与齐景公直接顶撞，正话反说，间接地提醒对方，既照顾到了国君的颜面，同时又能让自己避免责罚，达到了目的。中层领导在向上级提建议时，若能掌握这种委婉、欲擒故纵的迂回战术，往往能起到令人意想不到的效果。

中层领导在处理同级关系时，应懂得一些宏观艺术，因为同级之间，既有共同的目标，又有各自的分工；既需要相互支持、帮助，又蕴藏着彼此的竞争。

2）与同级领导沟通

（1）以诚相待，与人为善。同级之间的任何一个领导者，都期望有一个良好的人际环境，期望与其他成员和睦相处，在心情舒畅的情况下工作。而要达到这个境地，就要以诚相待，与人为善，以自己的"真心"和"善意"去换取他人的"诚心"和"友善"。同一级的领导者之间是向着同一目标工作的，没有理由不与人为善，友好善意地与他人相处。应当以"吾心换你心"真诚地对待同级、关心同级。否则，既会伤害对方的情感，也会影响彼此之间的关系。以诚相待，与人为善，就是真心实意地对待别人，友好善意地与他人相处。这是人与人交往的基本规范和总体要求，也是中层领导处理同级关系的首要原则。

（2）互相补台，积极配合。同级之间应当积极主动地配合，齐心协力地工作，以求得最佳的整体效应。互相补台，积极配合，就是既要有合作精神，又要有补台意识。这是对同级领导者"行为"方面的要求，也是处理同级关系的又一条重要原则。在这里面，同级领导者应当正确把握"集体利益"与"个人利益"之间的关系。唯有处理好了这个关系，才能真正做到互相补台和积极配合。在积极配合的同时，还应强化补台意识，采取行之有效的补台措施。

（3）见贤思齐，强者为师。处理同级关系，不仅要有"容人之短"的肚量，而且要有"容人之长"的胸怀。见贤思齐，强者为师，就是主动地向贤者看齐，虚心地拜强者为师，这既是对领导者"气度"方面的要求，也是领导者处理同级关系的重要原则。同级领导者处在同一起跑线上，潜存着"竞争"的因素。处于同一层次的领导者之间，资历、阅历和受教育程度等方面的不同，使其无论是在能力、水平，还是气质、修养方面，都存在着一定的差异。对此，应当积极地向贤者看齐。看到别人擅长的，多想想自己为什么不擅长，怎么才能擅长，虚心地拜强者为师。切忌以己之长比人之短，拿己之优比人之劣，更不能嫉贤妒能，采取不正当的方式和手段"挤"别人，怀有"我不行你也别行""我不强你也别强"的想法。

（4）互相尊重。每一个领导者都有明确的分工和职权范围，彼此之间需要互相尊重。如果一个领导者擅自超越自己的职权范围插手别的领导者职权范围内的工作，就会使他人产生一种不被尊重的感觉，甚至会产生一种被人"夺权"的感觉，这样就会使领导者的自尊心受到伤害。因此，一个领导者在完成自己的本职工作后，有能力和有必要帮助他人工作时，一定要掌握好分寸和尺度，掌握好时机和方法。尊重，一方面表现为自尊，另一方面表现为尊重别人。

（5）宽容他人。在领导关系中，中层领导的宽容水平越高，就越能与人搞好关系。而一个人如果心胸狭窄，处处不容人，就不会有更多的朋友，也就当不好中层领导。宽容别人偶尔的过失，是必备的素质。作为一个中层领导要有宽广的胸怀和气量，对于别人的缺点和短处应该持包容与宽谅的态度，并想办法用自己的长处去弥补。当然，包容和宽谅并非无原则地迁就，而是要在相互交往中互相宽容。

（6）相互支持和帮助。一个能够在事业、生活等各个方面相互支持的领导集团，才是一个有力量的战斗集体。领导者之间在工作、生活、学习中相互支持和帮助，是圆满完成工作任务的前提。领导者之间的相互支持，往往体现在具体工作和生活中。例如，当某一领导同他人有矛盾的时候，你并未袖手旁观、置之不理，而是主动地帮助调和，解决矛盾，这就是一种支持。领导者之间如果能够在这些方面相互支持、帮助，那么他们的关系就会越来越密切。

3）与下属沟通

第一，中层领导与下属相处要有亲和力。多向下属施以"温暖关怀"。"温暖法则"也被称为"南风法则"，其灵感来源于法国作家拉·封丹（la Fontaine）的一则寓言：北风与南风比拼谁能将行人的大衣吹掉。北风以寒冷和刺骨的力量为人所知，但当它吹来时，行人只是将大衣裹得更紧。而南风则以和缓的风吹拂，使气候变得温暖宜人，行人因感到舒适而逐渐解开大衣的纽扣，最终脱掉大衣，由此南风赢得了胜利。这个故事生动地阐述了一个观点：温暖优于严寒。作为领导者，在管理过程中运用"南风法则"，就是要表达对下属的尊重和关心，以人为本，充分展现人情关怀，努力解决下属在日常生活中遇到的实际问题，让下属真实地感受到领导者的关怀和温暖，进而激发他们工作的热情和积极性。

（1）言而有信。中层领导对下属许下的诺言或答应解决的问题，要加以兑现；假若实在无法办到，则应当诚恳地说明原因，不要不了了之，或干脆丢到脑后。言而无信，与下属的关系只会疏远或恶化。为了做到言而有信，许诺要符合实际，要经常查看自己所承诺的事情的兑现情况，并为实现诺言而做出积极努力。

（2）唯才是用。中层领导知人善任，对下属分工合理，可以使下属心情舒畅，充分发挥积极性和创造性，否则，会使下属感到压抑，产生抱怨情绪。有的下属虽有一定缺点，但确实有工作能力；有的虽勤勤恳恳，却缺乏魄力；还有的虽表现积极，但仅仅是在上级看得见时才这样做。中层领导对此必须深入了解和正确处理，才能使下级们心悦诚服。

（3）郑重对待下属的意见。中层领导遇事要注意同下属商量，善于听取下属的意见。要鼓励下属发表自己的见解，尤其应当欢迎下属提出建设性意见或批评性意见。这样，才能使上下级之间增进了解，消除隔阂，在心理上和感情上更加亲近。当然，对于下属提出的不正确的意见，也需要适当地做出解释。

（4）容人之过，不计前嫌。中层领导不能对下属抱有成见，也不能凭自己的感觉而对下属有亲有疏。对于那些犯过错误、当面顶撞过自己或反对过自己但犯了错的下属，绝不能嫌弃或记恨他们，应该不计前嫌。不然，不仅与这部分人的关系会恶化，而且会使其他人也缺乏安全感，良好的上下级关系就很难形成。

第二，中层领导与下属相处要有感召力。专业能力出众的管理人员若在人际沟通方面存在不足，同样可能阻碍自身职业道路的发展。中层管理人员注重对下属给予适度的肯定与赞美，有助于强化角色认同并提升团队凝聚力。

（1）真情实意的赞美。只有发自内心的赞美才能深深触动人的情感。赞美的主要目的是推动工作进展。对于中层领导者来说，对下属的赞美必须是真诚和切合实际的。为了实现这一目标，中层领导者必须成为一个充满同情心和热情的人，真心关爱下属，积极了解他们的思想和生活状况。他们应当寻找并及时称赞下属的每一个小优点，避免使用虚伪和做作的言辞。真诚的赞美还要求不说空洞、陈词滥调或含糊不清的话，否则就会让下属感到虚假和不真实。

（2）激励下属的积极性。下属在工作中经常以各种方式展示自己的成就，以提高自信心。在这一关键时刻，中层领导者的赞美就成了对他们努力的最佳认可。适时、适度的赞美会使下属感受到自己的努力被注意和珍视的欣喜。这种心理满足进一步转化为工作动力，促使他们更加卖力地投入工作。反之，如果中层领导对下属的成就和进步漠不关心，让他们觉得无论付出多少都被视同一律，就会损害他们的积极性，并不利于他们的个人成长。因此，中层领导必须具备敏锐的观察力，善于从不同的角度审视问题，细心挖掘下属的成就和优点。

（3）掌握分寸不放纵。如果赞美使用不得当，就可能产生"过轻则无效，过重则有害"的效果。因此，赞美下属时一定要精确掌握一个适度的平衡。赞美既不能过于吝啬，也不能过于轻率；既不能人为地夸大和虚构，也不能敷衍了事、轻描淡写。如果在赞美下属时言过其实，夸大其词，不仅无法起到激励作用，还可能激起下属的反感。这就要求领导者在赞美下属时要有技巧，既要感觉得体，又要真诚热情，以增强他们的信心；还要根据具体情况、场合和时机采取不同的方法，最大限度地发挥赞美的正面影响和作用。

第三，中层领导与下属相处要有凝聚力。一个部门工作搞得好坏，中层领导起着决定性的作用。有人把部门中层领导比作家长、师长和首长，这话不无道理。然而，一个中层领导要当好这"三长"却不容易。

（1）多引导，当好表率。一个部门的中层领导想要成为良好的"导师"，就必须像师傅对待徒弟那样，承担引导责任，发挥榜样作用。首先，要擅长教育。教育即是指导思路、教授方法。中层领导应该明确表达自己的想法，为团队提供工作方向，而不是让下属困惑不解。如果下属没有完全理解上级的意图或采用了不当的方法，导致工作效果不佳，中层领导不应立即批评下属，而应反思自己是否已清晰传达意图，下属是否已真正理解。其次，要擅长解释。解释即消除疑虑。中层领导不应以自己的水平来衡量下属，而要对下属不理解的问题进行解释，以开阔其思路和提高其认识。不能因为下属的问题让自己不悦而训斥他们，也不要对与下属沟通问题感到烦躁。一个不善于解释和与下属沟通的中层领导，不可能有效地实施自己的意图，更不用说取得优秀的成绩了。

（2）多给予，当好家长。按照马斯洛（Maslow）的需要层次理论来说，下属的工作动力，全部都是由其需要引起的，全部都是指向其需要的。中层领导要想当好家长，首要的条件就是不能漠视或简单否定下属的各种合理需求。实际上，有些领导对下属容易采取"又要马儿跑，又要马儿不吃草"的态度，尽管有的下属工作努力，成绩显著，但在晋级、提升、评先、选优和个人生活等方面往往得不到相应的满足。长此以往，下属就会感到领导者已失去了满足自己需要的希望，情绪消沉空虚，工作热情减弱。

（3）多提携，当好伯乐。有些下属之所以意志消沉、无所寄托，在工作上感到心灰意懒、无精打采，主要是看到有的领导者在用人上存在明显不公道的问题，没有唯德是举，唯才是用，从而让那些作风正派、工作勤奋的人心态失衡，感到受了冷落。作为中层领导者，一定要深深牢记"用人不公是最大的不公""人才的浪费是最大的浪费"，绝不能把那些德才兼备，大家公认有水平、有能力的下属"晾"在一边，而是要当好伯乐，善于发现那些德才兼备的人才，用其所长，将他们放到最能发挥作用的岗位上去施展才干，以实现岗位所需和人才所长的最佳结合。

3.1.3　高层领导力

1. 高层领导力的概念

高层领导力（top leadership）是指企业高层管理者基于更加长远、更具影响的战略规划，负责整个公司未来走向；放眼全球市场，具备国际观，强化整个公司的相互配合、资源共享和远程控制等运行机制，在使企业能长久地有效经营等一系列管理活动中表现出的领导能力。因此，高层领导是组织总体发展方向和组织文化的制定者，需为整个组织确立目标、方针以及发展战略。

组织不同层级领导力的划分应该以共同服务为宗旨。

2. 高层领导力的角色特征和作用

高层领导不同于中层领导和基层领导，他们的一言一行代表了企业当前和未来的发展战略、目标与方针的变化。因此，高层领导力的主要角色特征在于"变化"。

（1）灵活地顺应形势"变化"。高层领导的变动时有发生。在员工看来，他们说出来的话好像"不算数"。因为他的想法，须因应未来的变化而改变。刚刚有一个通知，可能马上又要变更内容，甚至完全取消该通知，这不是"朝令夕改"，这是因为高层领导身居高位，必然需要高瞻远瞩。立足于未来就要不断地顺应局势的变化，才能确保组织战略和方针能够引领未来长足发展。

（2）善于"用人"而非"做事"。高层领导不应该事必躬亲。相反，作为企业高层，他们更需要做的是识人、养人和用人。如何安排合适的人做合适的事十分重要和关键。

（3）动之以"情"式的管理。高层领导需要关心和照顾每一个人。高层领导应该尽力照顾组织成员，使大家能够在工作的同时照顾好家庭。但是，当遇到实在不服领导和管理的员工，在多次劝说、细心辅导仍无果之后，则不得不通过中层领导让他离开组织，以免让少数害群之马破坏了整个组织的和谐。在实行这种严厉的措施前，必须经过一段沟通、辅导的过程，才不致引起大家的反感。

（4）立足"未来"而非"当下"。高层领导的主要任务，在于预测未来的动向，及早提出政策，把组织引导到正确的方向。因此，对高层领导来说，预测力远比执行力重要。同时，高层领导常常需要用神情的变化来暗示下属去思考和调整。因此，高层领导虽然通常不会承认自己不高兴，但又需要适当地用眼神暗示下属，为他们保留面子，也让他们有机会改正。

（5）"有所不为"。处于高层的领导应该有所不为，把精力放在对未来战略方向的把握、识人用人以及维持组织整体秩序的和谐上。

3. 高层领导的领导力和统率力

高层领导的领导力和统率力主要体现在"用人"上，其手下主要领导和下属，甚至顾客以及所有的利益相关者，都是人。可见，企业的经营离不开人。而高层领导的最大责任就在于知人善任，有效地用人。

1）以"慧"识才

（1）由外观内。观不是泛泛地看，而是深入地体会观察。要从一个人外在的表现，看出他的内在实质，并不是一件简单的事。外在表现包括精神、仪容和言行等外在的表征，可以看出一个人所具的品性，以了解他的态度和习惯等。以简御繁，把人归纳成简单的几个类型十分必要。

（2）由显见微。处事的原则，在于由微见著。观人的要领，刚好相反，应该由显见微。有些人东张西望，有些人则气定神闲。前者常拿不定主意，后者可能临危不乱，这很容易从容貌和姿态上看出来，如眼神、印堂和眉目，都相当显著。但是，要想从这些明显的特征看出其微细的性格，就需要丰富的经验和学识。高层领导观人，看到一个人的大体形态之后，还要深入了解，从微细动作上面，研判其修为和言行，避免看错人。

（3）识同辨异。人看来看去，似乎只有那么几种类型。然而再细加分析，则同一类型的人又有不同的品性。从同中发现差异，尤为必要。王莽和诸葛亮，有很多相同的地方，结果王莽篡位，而诸葛亮则鞠躬尽瘁。高层领导若是不能识同辨异，将王莽看成诸葛亮，岂不是自寻麻烦？同样能言善道，有些人纸上谈兵，什么事情交给他，都没有结果。有些人说到做到，办起事来相当可靠。

高层领导若希望探知各种人的内在本质，必须掌握上述三大原则，对人的品性做深刻的观察。千万不要期待完美无缺，而是应用其所长，让人才得以充分发挥才能。

2）以"情"留才

人没有十全十美的，高层领导用一个人的优势，但这个人的短缺也跟着进入公司，根本无法加以分离。人各有所长，意思是他只有某些专长，如果不能适才适位，就很难发挥他的长处。这种情况，便是知人而不善任，和不知没有什么两样，平白浪费许多时间和精力。古今中外大企业家，大多能够任贤识能，然后成其大业，所以善于任才非常重要，但会用人未必会留住人才，有时往往费尽苦心，把人才请回来，人才只发挥一段时间作用又扬长而去。高层领导只有合理留才，人才才会自愿留下来而不跳槽。这在我国更加普遍适用。

3）以"德"尽才

人才的定义没有固定标准，有的强调学历，有的看重经验。许多新毕业入职的员工懂得许多理论知识，但缺乏实践经验。这种现象使一些高层领导对新毕业员工感到担忧，他们可能会出乎意料地带来新问题，让领导者措手不及。

从经验方面讲，虽然技术人员的丰富经验使他们能够熟练操作，但理论素养的不足可能让人担忧，并不能完全信赖。因此，将学历和经验结合或许是更好的选择。

高层领导在招聘方面的最大责任是确保选用合适的人才。当领导者有信心说"公司内部就有人才"，并相信公司员工都是精挑细选的，具备专业技能，能够适应环境，那么企业便可以自信地对员工投资，提供适时的培训和发展机会。在这样的氛围下，员工必然会积极主动、乐于工作。

4）敢于"委托授权"

高层领导肩负着统率部门领导、指导、教育和管理部下的重任，是完成目标任务的第一责任人，因此就一定要学会授权，将工作分配给合适的人去做，才能将更多精力集中于制定未来战略方针上。

（1）授权，连"失败"也一并交托给对方。将工作交给下属但持续担忧并不断提醒，并不算真正的委派任务。如果领导要亲自参与每一个细节，那么即使能力再强也难以胜任。真正的委托是将任务交给下属，若失败则追究其责任。这样的做法能够确保工作的顺利进行，同时也让下属有责任感和成长的机会。

（2）授权就是忍耐。尽管存在更好的解决方案，部门领导为何不采取呢？虽然高层领导亲自执行任务可能会做得更好，但这样既不利于组织的成长也不利于个人的发展，更无法培养能够独当一面的人才。在权限委托的过程中，必须学会容忍部门领导的不完善之处，抑制自己插手干预的冲动。简而言之，权限委托需要卓越的忍耐和自制能力。

（3）授权就是信任。被委托的员工代表着委托他的上司，因此上司对被委托的员工的怀疑和嫉妒等同于对自己的否定。员工之所以被选中，是因为他同意并践行上司的观点和方向。只要他的行动不是任意妄为，上司就应该支持他所做的一切。能够使组织壮大和推动公司成长的领导者，必须在坚持不懈和本性善良的基础上，具备对下属的信任和支持。

3.2　正职与副职的领导力

3.2.1　正职领导力与副职领导力的概念、联系与区别

1. 正职领导力的概念

正职领导既可以是一个组织的主要领导和代表，也可以是一个部门的主要领导和代表。正职由于都处于领导集体中的核心和主导地位，担负着总揽全局、统一指挥的全面责任，因此，拥有毋庸置疑的驾驭权。而正职领导力则是正职领导在结合自身权力、责任、服务来实施领导并发挥核心作用过程中表现出来的领导能力。

2. 副职领导力的概念

副职领导担任正职领导的助理，负责协助正职领导思考全局工作，同时负责某些特定方面或具体任务的执行。他们与正职领导间存在领导与被领导的关系。只有正确处理与正职领导的关系，副职领导才能在良好的工作环境中充分发挥才能。要在工作中取得成功，副职领导必须清楚自己的角色，并充分发挥其助手和参谋的作用。副职领导力则

体现在他们在协助正职领导和调整下属工作以有效完成任务的过程中所展现的能力。

3. 正职领导与副职领导的联系与区别

1）正职领导与副职领导的联系

正职和副职的密切配合是决定领导效能和集体领导水平的关键因素。正职领导和副职领导的工作任务紧密联系，正职领导对全局和任务指挥的正确与否是直接影响副职领导理解、执行与具体实施的关键前提；而副职领导的诚心配合和尽力尽责又是正职领导下达的工作任务得以顺利开展的有力保障。因此，在企业和部门实际工作的开展过程中，正职领导与副职领导如果能够达到关系融洽、配合默契，他们工作起来就会更加得心应手，从而为部门和企业做出更大的贡献。

2）正职领导与副职领导的区别

虽然正职领导和副职领导在工作中紧密配合，但它们之间的本质区别可能导致彼此之间的不和谐关系，如相互推诿和矛盾，从而给自己、团队乃至整个企业带来损失。以下是它们之间的主要区别。

（1）领导角色和地位的区别。正职领导负责全局思考，根据上级指示、组织文化和公众意见制定方针与规则，为组织行为提供指导。他们需要审时度势，提出新阶段的任务，拟定重大方案，推动全局工作开展。副职领导相对是"配角"，但在自己负责的工作中是"主角"。他们对分管工作了解更深，思路更清晰，见解独到。副职领导需独立解决职权范围内的问题，并有效完成任务。

（2）工作职责的区别。正职领导对组织和上级的精神负绝对责任，要确保战略和指示的落实，对整个部门及与其他部门合作的项目进度和结果负全部责任。副职领导除负责自己的分管工作外，只需对正职领导负责。

（3）工作目标的区别。正职领导的目标聚焦于完成上级指示、协调各部门工作和组织未来规划。他们通常是部门的"一把手"或高层核心成员，工作目标更远大，涵盖本职工作外的事务，关心协调工作和未来战略。副职领导的目标具体且烦琐，需细分正职分配的任务，分配给部门成员，并监控工作状态和成果。他们还需主动发现和处理潜在的冲突和矛盾，消除正职领导的顾虑。

这些区别强调了正职领导和副职领导在角色、责任及目标方面的不同，是理解组织内部运作和建立和谐领导关系的关键因素。对正职领导和副职领导的区别与联系的总结如表 3-1 所示。

表 3-1　正职领导和副职领导的区别与联系

项目	区别			联系
	领导角色和地位	工作职责	工作目标	
正职领导	主角、一把手	对部门整体负责	战略、全局、计划	正职领导的全局观念和任务指挥的正确与否是直接影响副职领导理解、执行与具体实施的关键前提；而副职领导的诚心配合和尽力尽责又是正职领导下达的工作任务得以顺利开展的有力保障
副职领导	配角、二把手	对正职领导负责	任务分解、处理矛盾	

"元芳体"曾经一度在网络上非常流行，表现为：前面叙述一件事，后面必定加上一句"元芳，你怎么看"。"元芳体"来源于《神探狄仁杰》中狄大人常说的一句话："元芳，此事你怎么看？"在这部拥有众多观众的电视剧中，狄仁杰遇到案件时总喜欢程式化地问一下李元芳："元芳，此事你怎么看？"而李元芳的回答也很固定化："大人，您的意思是？""大人，我觉得此事有蹊跷。""大人，此事背后一定有一个天大的秘密。"对此，社会各界纷纷议论，并跟风模仿形成了"元芳体"。

从领导学角度分析，狄仁杰是正职领导，李元芳是副职领导或执行者。我们看到，在整个过程当中，正职领导几乎没有表态，都是"元芳"（副职）充分揣摩和配合狄仁杰领导思想。

3.2.2　正职领导如何发挥主导作用

1. 立足全局思想和规则

正如古人所说，"善于下棋的人谋划整盘棋的局势，不善于下棋的人谋划每一颗棋子"。对于正职领导来说，关键在于根据上级的指导精神和公众的意见，审时度势地考虑整体工作，确立组织和工作发展所需的思想与规则，并为组织行为确立关键原则和依据。换句话说，正职领导应思考全局，塑造整体态势，精心策划那些副职未曾考虑和关注的方面，不断提出新阶段的工作任务，制订重要的工作方案以指导和推动整体工作的进展。

2. 善于与副职领导打好配合

在领导集体中，正职领导虽居首要地位，但若无作风端正、专业能力出众的副职领导协助分工，正职领导的能力将受限，领导功能也难以完全发挥。副职领导是正职领导实现权力的关键环节。公平、民主、平等和信任地处理与副职领导的关系，确保正副职领导在目标、情感、心态、态度和利益等方面的协同，可以充分激发整个领导团队的潜能和合力，这是正职领导主导作用的具体体现和重要要求。

（1）依赖副职领导的能力。正职领导需要不断依靠副职领导提出主意、解决问题、展现成果和经验，借此克服困难。适当的授权不会削减正职领导的权力，反而可扩大其影响范围和强度。正职领导若不能善用副职领导，孤军奋战或求助于外援，是不正常且不可持续的。

（2）平衡和协调副职领导间的关系。由于副职领导数量可能较多，各自负责不同方面，因此容易产生摩擦和冲突。正职领导应公正对待副职领导，不偏袒任何一方，保持中立。虽可与副职领导建立个人感情，但应正确对待可能出现的小报告和挑拨离间的行为，可通过洞察权术、公开交流和讨论可疑信息来应对。

简而言之，正职领导在与副职领导的合作中要充分依靠副职领导的专长，确保权力的公平运用，并妥善平衡副职领导之间的关系。这样的协作模式有助于整个领导团队的和谐高效运作。

3. 处理好内部矛盾和阻力

正职领导在权力施行过程中可能会遭遇各种挑战，其中最大的难题来自内部，特别是领导团队的不团结。当前管理体系赋予各级领导用人权力，这使得不同的领导推荐和选拔的人员容易产生特殊的关系。这样的情况往往促使不同的领导形成独立的派别或小团体，从而导致正副职领导之间和副职领导之间的不团结，甚至互相对立。因此，消除内部消耗和促进团结成为正职领导顺利行使权力的核心要素。

要有效领导和控制副职领导，正职领导必须具备坚强的性格，能够直面压力、阻碍和批评，有勇气坚守自己的信仰，并敢于为所采取行动的后果负责。总的来说，搞好内部团结，克服由人事选择带来的分裂和对立，将有助于正职领导者更好地施展其权力和发挥其作用。

3.2.3　副职领导如何发挥参谋助手的作用

1. 认清角色地位

自觉维护正职领导的主导地位。在领导集体中，正职领导与副职领导在地位、责任和职能上存在明显区别。副职领导必须有自觉地配合和协助正职领导的意识，确保自己的行为与职责相匹配。具体来说，副职领导要牢记自己的角色，不仅要做到准确履职，还要避免超越职责的行为。"准确履职"意味着及时到位，有时还需敢于担当、主动补位。一般来说，只要副职领导在职权范围内展现出积极、勇敢、有责任心的工作态度，就能得到正职领导的认可。然而，副职领导的这种行动力和勇气必须在自己的职权范围内发挥，不能擅自超出自己的权限。

2. 专注做好本职工作

保证正职领导抓大事。副职领导要明白，自己在总体上是辅助者，而在具体负责的领域中起主导作用。他们对分管工作的细节理解深入，把握准确，思考清晰，见解独到，并采用多样化的解决方案。在分管工作中，首要职责是独立处理自己权限内的问题和难题，有效完成任务。另外，要具备敏锐的洞察力，准确理解正职领导意图，确保工作方向和步调一致。副职领导不应过于自负，忽视正职领导的指导思路，更不应采取不一致的行动。同时，副职领导还要积极承担一些分工模糊的边缘任务和琐碎工作。

3. 及时弥补正职领导的工作短处和疏漏

副职领导拾遗补阙的作用，是搞好全局工作必不可少的方面。通常情况下，正职领导往往是由丰富的领导经验和强劲的工作能力的人担任。然而，由于各种原因，正职领导也难以做到完美无缺、无懈可击。在这方面，副职领导不能在察觉到正职领导决策有问题时保持沉默。他们应有自觉补足的意识，着重一个"补"字，以确保在自己职责范围内充分发挥"补缺""补偏""补救"的作用。

4. 勇于为正职领导解难

领导集体是在各种矛盾交互作用的过程中开展工作的。这些矛盾涵盖了人际关系（包括与上级、同级、下级的关系）的冲突，与工作环境（内外部环境）的冲突，以及职权范围内的人、财、物方面的矛盾。其中，有些问题正职领导可以轻易解决；有些却因各种原因难以直接解决，使正职领导陷入困境。在这种情况下，副职领导不能袖手旁观，更不应煽动他人对正职领导造成麻烦，而应挺身而出为正职领导提供支援。副职领导首先承担解决工作难题的风险，化解危机，有助于使正职领导摆脱困境，并为正职领导解决问题提供缓冲机会，这样的做法往往会取得出人意料的效果。

3.3　员工领导力

3.3.1　员工领导力的概念

每一个人都是自己的领导者，所以新时代的员工必须先学会领导自己、主宰自己。这样的员工能够做到自动自发，是企业所器重的栋梁。因此，员工领导力（employee leadership）属于组织中个体非正式领导力，强调了员工不依靠正式职位分配权力，通过自身的魅力去影响自己和他人的能力。企业的领导者不仅需要自我管理、自我领导，还要注意培养员工的自我管理意识、自我管理能力。

在《论语·为政篇》中孔子讲到，"道之以政，齐之以刑，民免而无耻。道之以德，齐之以礼，有耻且格"。在《论语·卫灵公篇》中孔子还指出，"无为而治者其舜也与！夫何为哉？恭己正南面而已矣"。好的领导者对下属能任且能信才能使下属充分地施展自己的才能。

3.3.2　员工领导力的作用

1. 补充正式领导技能的局限

员工领导力不同于正式职位领导力，更多是个体间自发形成的。因而，员工领导力的存在能够在一定程度上弥补正式领导技能的缺陷。比如，严密的上下级关系带来的沟通不畅、正式领导团队知识框架局限等。因此，员工领导力是正式职位领导力的有益补充。

2. 提升团队内合作效率

团队合作效率往往是不佳的，个体在共同工作时，较易因各种差异而冲突不断。由于员工领导力的产生可以通过个人魅力而非职位权力获得，因此团队关系较为和谐，这十分有利于团队内部合作效率的提升。

3. 增加团队活力

员工领导力是由个体在基于自身需要自由地进行知识交换、情感交流等过程中自发形成的领导影响力，它比正式领导力更灵活，也更自由。当团队中缺乏员工领导力，而大多基于组织正式领导力分配任务、团队合作时，就易陷入较为死板的团队氛围中不能自拔。因此，员工领导力的存在能够增强团队活力。

3.3.3　培养员工领导力

员工领导力的培养需要管理者主动"后退"一步，适当地进行"无为而治"，为员工营造自主管理的氛围并提供保障。因此，实现员工的自主管理和自我领导是培养员工领导力的关键前提，具体包括以下三个可行方法。

1. 自主管理需要制度保障

自主管理、培养员工领导力绝不是不要制度，更不是"自由管理"。制度管理是企业基础的规章制度是团队各项生产经营活动的基本保证。当团队成员在经历了严格的制度管理阶段后，各项管理才能从无序状态走向有序状态，当各项制度内涵被团队员工认可并自觉遵守，便可向自主管理阶段迈进。在自主管理阶段中，将以往制度下的监督命令变为员工的自觉认识和认真执行，通过有效的激励和引导，进一步调动员工的学习能力、积极性和创造性，激发员工的潜能，变传统的"自上而下"的管理方式为"自下而上"的管理方式。也就是说，先要通过"制度管理"的必然王国，再向"员工领导"的自由王国迈进。它是一个循序渐进的过程，是一个从量变到质变的飞跃。

2. 无为而治的前提

无为而治并非什么都不做，而是要在遵循企业制度、尊重人的个性的前提下，有所为有所不为；而且，在无为的背后，一定要具备如下要件，否则不可妄谈无为。

第一，建立系统化、规范化、制度化、科学化的团队运作体系，建立规范化的企业制度和标准化的企业工作流程，实行标准化管理。用科学有效的制度来规范员工的行为，来约束和激励团队成员。确保团队中每个人都有自己的目标，以及配套的绩效考核措施，以实行目标管理。要让所有员工都知道该做什么，不该做什么，应该怎么做。建立企业各项流程和标准，按章办事，而不是各自为政，盲冲、盲打。科学化的运作体系是团队高效运行的基础，否则，无为而治，将会导致团队变成一盘散沙。

第二，有强有力的领导者。团队的高效运作依赖80%的制度体系推动和20%的卓越领导力拉动，两者结合才能使团队紧密结合，如同一根绳。高绩效的团队领导者不仅需要有远见的战略思维，确定长短期目标，还必须具备坚持到底的决心，方能取得良好的成果。领导者在实现组织和团队的目标时，要善于运用个人影响力，学会激励和指导员工，有效地授权，充分激发员工潜能，引领大家迅速、高效地达成团队目标。

第三，建构良好的团队文化，用积极向上的文化、理念来凝聚员工的行为。在团队运作中，领导者需要梳理和总结企业的经营理念体系，包括价值观、使命、宗旨、企业精神和人才观等。然后，通过组织活动和制度，向团队内外的员工和公众灌输与传递这种团队文化，从而塑造一个健康、积极的氛围。这让员工不仅仅是为了薪资而工作，而是能享受工作，快乐生活。这样的人性化管理使团队具有更强的凝聚力和向心力，有助于留住员工，实现团队和员工的长期共同发展与持续经营。

3. 员工领导力的自我管理 PDCA 循环法

员工的自我管理在世界 500 强企业里是很重要的话题。管理者不可能做到时时刻刻监督下属，如何让员工实现自主工作，在工作中自动改进，如图 3-1 所示的 PDCA 循环法是一种不错的方法。

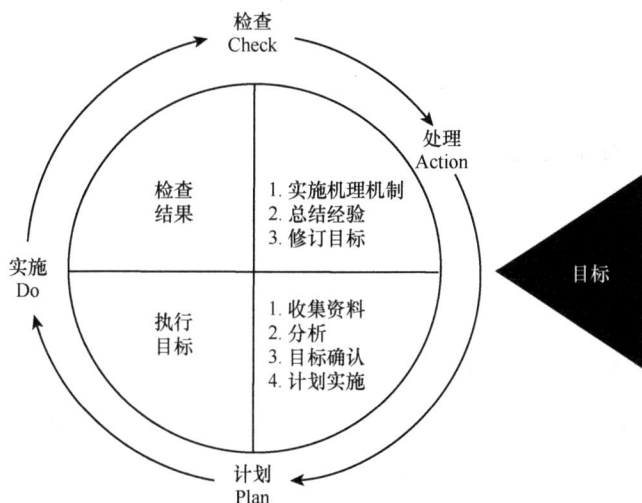

图 3-1　PDCA 循环法

Plan：制订每天的目标和计划；Do：完成当天的工作任务；Check：对工作过程的检查与每日总结；Action：处理工作偏差，对结果进行量化，制订新的目标计划

3.3.4　如何提升影响力，实现员工领导力

实现员工领导力的有力手段是提升和培养员工在团队同事心目中的影响力，使其能够更顺畅地提高合作效率和工作绩效。

横向领导方法是请求同事与你共同解决问题的方法。不要试图用一种方法解决所有问题，应该努力改善团队共同工作的流程。首先，要让团队养成习惯，每个人都要努力改善合作方式。如果你能做到这一点，整个群体就会产生源源不断的内生动力，大家会共同把工作做好。简单地说，你并不需要研究如何解决问题，关键在于改善解决问题的过程。

1. 平等对待同事

要想影响同事的行为，不能摆出高人一等的架势，必须以平等的身份把自己的信息、分析、思想和建议提出来，因为大家是在就未来的合作方式进行非正式"协商"。既然是协商，提出的建议就必须接受大家的检查。告诉别人应该做什么与邀请别人参与决策之间可是有着天壤之别。

2. 勇于承担一部分责任

团队的成功合作是所有个体共同努力的结果。出现问题时，每个人都有责任。主动承担一部分责任是一种明智的做法，会让同事看到想让团队更好合作的决心。在谈论所犯下的错误时把问题说得具体一些，这样更容易让人相信承担责任的诚意。

3. 邀请同事共同制订改变计划

要有效地改变工作方法，团队成员需要理解并努力实现这种改变。最好的方法是让每个人都参与进来，每个人都知道为何选择这种改变计划，每个人都会对新的工作方法具有足够的自主意识，从而锻炼和培养员工领导力的产生。

4. 提出问题，征求他人意见

影响他人、让他人和你共同改变工作习惯，最简单的方式就是提出问题。这种方法在关注问题的同时不明确指定可能引起同时反对的一种解决方案。如果处理妥当，没有人会感到自己受到了批评。大多数人都喜欢当众对团队努力方向贡献出自己的力量。

5. 提出有建设性意义的想法

如果已经有了相对完美的建议和观点，都可以拿出来分享。"提出"和"告知"想法有一些区别，告知想法与命令类似，而提出想法则是解释性的，更多地希望同事共同参与进来，而不是把想法强加给他们。提出想法并鼓励其他人参与思考，会更有利于员工领导力的产生。

6. 与预期不一致的示范行为

行动有时是解释思想的最佳方式。仅仅在口头上谈论我们共同工作的方式可能让人感到很抽象，难以理解。有时为了把问题说清，可能花了很长时间，但人们还是感到困惑不解，而且双方都沮丧不已。如果示范行动与预期不一致，就会比较显眼，也更容易引起同事的关注，产生领导影响力。

7. 适当提供帮助和指导

当所有人都袖手旁观、工作没有任何进展时，可以主动站出来提供帮助；当看到某件事情需要有人去做时，可以主动帮忙，而不是等待其他人的行动。主动采取行动提供帮助或指导，就有可能挽救一次会议，甚至挽救整个公司。同时，在慷慨解囊的过程中有利于员工形成自己的独特魅力，进而产生领导影响力。

3.4 "泛领导"理论

"泛领导"理论认为，人人都可以当领导，当领导这件事情可能发生在任何一个人的身上，也就是"当领导"的对象被泛化。"泛领导"是领导学领域的一个新概念。但在当前的企业实践中屡见不鲜。例如，全年营收超过两千亿元，截至 2023 年 12 月 31 日员工三万多人的小米，居然只有三层组织架构，最上一层是七个合伙人，中间一层是各个职能部门的领导，接下来就是一线员工。很多人对此觉得不可思议。按照传统的管理半径理论，一个经理人的有效管理半径是五到十个人。按照小米的架构计算，一个经理人至少要直接管几百人，这是如何做到的？

突破传统管理半径的奥秘在于，让员工更多依靠自我管理，而非传统基于等级的威权管理。小米如此,腾讯也是如此。自我管理的核心是大批非正式领导者在其中围绕不同的工作任务进行高效协调和推进,一旦一项任务完成,该项任务的临时领导者随即恢复普通员工身份,加入其他工作小组中。"领导能上能下",且发生的频率更快,范围更广。这种势能源自组织各个层面,各条战线的员工广泛存在的领导力,可以称之为"泛领导力"。

3.4.1　"泛领导"理论的内涵

"泛领导"理论主张"人人可以当领导"的观点,超越了以往的任何领导理论。虽然有些旧的领导理论也承认"领导即影响",但它们仍然认为影响力是少数人的特权,因此无法导出"泛领导"的概念。另外,"泛领导"不只是一种领导理论,它还是一种激励理论。就像俗语所说的,不想成为将军的士兵不是好士兵,同样,不愿意成为领导的下属则缺乏上进心。提倡"人人可以当领导"的观点有助于激发每个下属的积极性,使他们以领导者为楷模,积极投入工作。对于领导者来说,他们需要追求进步,确定努力的方向;专注于增强自己的影响力,扩展其影响范围;摒弃权力欲望和迎合上级的思维方式;铭记自己的职务源自影响力,即使在上级面前也要保持影响力,不可忽视自己的领导地位。

"人人可以当领导"的观点体现了明确的立场。什么人能够当领导?普通人能不能当领导?这不仅仅是一个学术问题,而且是一个政治问题。在政治学中,一直有"精英政治"之说,推崇少数精英为领导者,实行对大多数人领导。"泛领导"理论主张的是"平民政治",人民当家作主,人人可以当领导。从领导学来看,"泛领导"理论与我党群众路线是一脉相承。"泛领导"理论坚持相信群众和依靠群众,相信群众的大多数,相信群众自己能够解决自己的问题。表现在政治制度上,我国的民族区域自治制度和村民自治所采取的就是"泛领导"理论的主张。

3.4.2　"泛领导"理论与传统领导理论的区别和联系

(1)"泛领导"理论与传统领导理论的区别。"泛领导"理论与传统的领导理论存在显著差异。它主张人人都有可能成为领导,而传统理论通常认为只有少数特定的人才能够担任领导角色。传统的领导理论虽然种类繁多,但主要可以归结为三个核心理论,如表 3-2 所示。其中,特质领导理论强调只有具备某些特定特质的人才有资格成为领导,是否成为领导取决于个人自身特质;领导行为理论主张只有能产生群众认可的行为的人才能成为领导,领导的地位由群众的认同决定;情境领导理论则认为只有那些与时俱进、适应环境变化的人才适合成为领导,是否能担任领导由具体环境和情况决定。

表 3-2　"泛领导"理论与传统领导理论的联系和区别

概念比较		区别	联系
		领导力发挥的基础	
传统领导理论	特质领导理论	领导者的个人素质	发展阶段上有联系,而且在内容上也不是完全排斥的,互相之间还存在着包容性
	领导行为理论	领导者行为的有效性	
	情境领导理论	领导活动所处的具体环境	
"泛领导"理论		领导者的影响力	

可见，上述三种领导理论的基础是不一样的。领导特质理论基于领导者的个人素质，领导行为理论基于领导者行为的有效性，情境领导理论基于领导活动所处的具体环境。"泛领导"理论则是基于领导者的影响力。

（2）"泛领导"理论与传统领导理论的联系。虽然"泛领导"理论与其他三类传统领导理论在领导力发挥的基础上存在明显区别，但这四种理论是有联系的，不仅在发展阶段上有联系，而且在内容上也不是完全排斥的，互相之间还存在着包容性。为何要到现阶段才有可能产生这种"泛领导"理论呢？李一（2011）认为，这主要是因为经济与社会、科技及信息技术的快速发展使人的素质、能力与人的自信心得到了迅速的提升。在以前，领导者与普通民众的素质差距是非常大的，即使有给普通民众当领导的机会，他们也会感到难当重任，畏葸不前。现在，领导者与群众的素质差距已经不明显，当大家的素质、能力和水平都处在同一平面上的时候，自然就会产生"人人可以当领导"的想法。

3.4.3 "泛领导"理论的领导方式

类似于其他的领导理论，概念一经产生，就会慢慢地发展出一套相适应的领导方式、领导方法与艺术，李一（2011）对"泛领导"理论的领导方式也做了简单的概述。

（1）软领导方式。领导活动涉及组织、体制、制度、控制、监督、权力等硬性因素，以及服务、激励、沟通、领导艺术等软性因素。传统领导理论主要依赖硬性的科层体系，而"泛领导"理论则不同，更侧重于领导者的软实力，倡导软领导方式。软领导体现在领导者的非强制性影响力，如领导者的品质、知识、能力和实绩等对被领导者产生的影响，而被领导者自愿接受这种非强制的引导。

不同的领导者会通过自己的心理素质、工作态度、权力运用和领导技巧，对被领导者产生不同的影响，引发不同的反应。随着时间的推移，被领导者会对领导者产生某种倾向性的心理状态，如尊敬、依赖或服从等。

软领导概念对领导者的素质和能力提出了更高且更严格的标准。更高，是要求领导者增强软领导力，通过用心、用情、用和、用理等手段沟通、激励和服务，从而提升领导效果。更严格，是对领导者运用组织、体制、职权等硬性因素提出了更为科学的要求，不能再单纯地采用指令式或操纵式的管理方式。

（2）自领导方式。在管理学和组织行为学领域，自组织理论指出组织内有一种自动调节机制能够调整某些功能。"泛领导"理论同样强调，在领导活动中，诸如计划、控制、指挥等功能应适度执行，以便让团队成员逐渐展现自组织和自领导的能力，即"自领导"。在这一过程中，领导者的主要任务是学会依靠团队成员，促进他们领导自己。

依靠团队成员，必须坚持三点。

第一，就事情与团队成员商议，征求他们的意见。由于团队成员直接参与实践，最了解实际状况。因此，要了解某个情况或解决某个问题，必须与参与其中讨论，共同研究，找出解决方案。

第二，将任务交给被领导者，让他们自行执行。领导不能完全代替团队成员，也不能完全放弃领导。领导者的责任是确定和执行党的方针政策，传播、动员和组织团队成员，并通过自己的行动影响他们，使团队成员的思想和行动一致。

第三，坚持被领导者的自愿原则，依靠和信任他们的多数。依靠被领导者必须是自愿的，而不是强迫。群众有不同的条件和经历，因此他们的想法也有差异。依靠就是依靠他们的多数，通常多数人的意见是正确的。有时，即使多数人的意见不对，也要信任他们最终会意识到自己的错误。在此期间，要耐心做好思想工作，等待正确时机，而不是冒进或强迫多数人跟随少数人的意见行动。

（3）互领导方式。"泛领导"理论强调互动和影响，从而形成了"互领导"这一概念。"互领导"关注领导者与被领导者是如何通过相互作用来执行领导职责。它涉及在领导过程中双方的相互引导。这一理念由三个核心元素组成——领导者、被领导者和"互"，其中"互"是双方之间的连接，也是他们互动、影响和学习的平台。

"互领导"并不是将领导者与被领导者简单地对等，领导者仍是主导方，但强调了"互"的重要性。"互"这一元素突出了"泛领导"的特性，并以非权力性影响力为基础。这种影响力不仅存在于领导者手中，被领导者也具有。

作为领导者，目标是最大限度地获得认同，用这种非权力性影响力来体现自己的意愿。通过持续的互相作用来达到领导目标，这就是"互领导"。

3.4.4　对"泛领导"理论的辩证思考

尽管"泛领导"理论的出现给领导力理论和实践都带来了很多新的启发，但目前还存在一些辩证观点，值得进一步思考和完善。

（1）领导岗位是有限的，所以事实上，只有少数人能当领导。反方和正方对此的看法是完全不同的。反方以为，可以当领导的人虽然比当上领导的人要多，但仍然只有少数人可以当领导。正方却认为，伴随经济与社会的快速发展，管理人员的队伍迅速膨胀，管理已经多样化、泛化。反方愿意接受"大多数人可以做管理人员"的观点。正方的观点相反，虽然当上领导的人不多，但是有很多人可以当领导，甚至人人都可以当领导。李一（2011）认为，在领导学中，谁来当领导，是一个基于影响力的问题。影响力人人都有，只不过大小不一样。所以，从理论上看，的确是"人人可以当领导"。但事实上，影响力如果达不到一定的程度，是不可能成为领导者的。显然，从"人人可以当领导"的结论中，我们不能推出"人人都可以当管理人员"的论断。管理人员仅仅靠影响力还不够，还要靠管理能力和水平。

（2）"可以当""能当""当上"领导是不同的概念。李光炎（2011）认为，"可以当""能当""当上"是不同的概念。"可以当"，指的是他认为自己主观上具备当领导的条件，他本人有这种意愿和追求，可能也具备这种领导能力。"能当"，与"可以当"相似，都算是主观上具备当领导的条件，德才也算具备，群众对他认可，他如果有机会就能够干好这一份领导岗位的工作。可是，要说是真正"当上"，那就不那么简单了。它指的是"已经"，是"完成"，是"任职程序"的了结，是"位置"已经上岗，是"职务"已经实现。由此可见，"可以当"与"当上"根本不是一回事，前者是主观上的自信、个人的设想、自己的兴趣而已；后者则是主观和客观的结合、已经实现的愿景、已经占据了领导位置。实际情况是，即使是"够格"的人，即德才兼备、群众认可的人，也未必都能够当上领导；反之，当上了领导的人，也未必都那么"够格"、品德高尚、精明强干，尤其是在用人不公的情况下，这种问题尤其突出。

（3）影响力较大的人可以领导影响力较小的人。正方主张，在组织内，员工的影响力可进行排序。理论上，一个组织中只有一个影响力最低的人。假如组织有 N 名员工，则有 N-1 名员工有领导潜质。这被视为彻底的"泛领导"观点——领导即是影响，反之则相反。这一观点在先前的讨论中未曾提及。反方认为，不能将"影响力较大的人可以领导影响力较小的人"这一观点简化理解。组织具有层次结构，人的影响力也是分层次的，只有具备高层次影响力的人才能领导低层次影响力的人。由于人们往往高估自己的影响力，并且同一层次的影响力之间很难互相影响。所以反方的结论是：组织分层次，影响力分级别，级别不可无限细分。级别在组织中体现为职级，如高层、中层和基层领导。影响力低的人只能处于基层，其内部无法产生职级，因此很难成为领导者。

（4）关于非权力性影响力的探讨。在现在的领导学中，已经有很多论著把影响力划分为权力性的和非权力性的，而且对它们的内容都作了大体相似的描述。一般认为，非权力性影响力由品德影响力和专长影响力组成。那么，在"泛领导"理论中，我们怎么看呢？对于品德影响力和专长影响力，正方和反方分别予以认同，双方都认同的影响力还包括心理影响力、口碑、人情味、魅力和智慧。这七种影响力，极大地丰富了领导学领域关于影响力的研究内容。

3.5　思　考　题

1. 简要说明高、中、基层领导力的内涵。
2. 中层领导有什么样的角色特征？
3. 基层领导者如何提升下属的执行力？
4. 在培养员工领导力时，无为而治的前提是什么？
5. 请说明"泛领导"理论与传统领导理论的联系和区别。

3.6　测　评　工　具

员工领导力的相关测量

目前关于员工领导力的相关变量还没有明确提出"员工领导力"的测量概念，但有学者将员工作为研究对象，衡量其基于非正式途径自发形成的非正式领导力涌现，并将其作为员工领导力的测量工具。其中具有代表性的是 Zhang 等（2012）开发的一条目量表，所有成员都需要对这个问题进行评价，最终算出每位成员在这个问题中的平均得分。

3.7　场　景　模　拟

在企业的不同层次中有着不同层次的领导者，这些领导者由于其所处职位层次的不同而需要不同的技能，具备不同的特点。你更想成为哪一层次的领导者？该层次的领导者有什么特点？应该具备什么技能？应该如何表现？请在表 3-3 中根据职位事例列出相关的特点和行为表现。

表 3-3　领导力单项目测量量表

测量题项	非常不依赖	不依赖	略微不依赖	中立	略微依赖	依赖	非常依赖
您的团队在多大程度上依赖这个人的领导能力	1	2	3	4	5	6	7

资料来源：Zhang 等（2012）

适用对象：直接下属对其直接管理者的领导能力进行评价。团队中除了正式领导之外，所有成员都需要对这个问题进行评价，最终算出每位成员在这个问题中的平均得分。

第4章 特质与领导力

引例：果敢与柔美并存的领导力

在当代多元化的时代和环境中，企业的运作变得更加透明和相互依存，这要求领导者展现更加灵活、协作、创新和具备长远思维的领导力。以前人们常常认为管理者必须具备"刚性"特质，所以将女性高管刻画为"女强人""铁娘子"。然而，刚柔并济的领导风格可能会发挥意想不到的效果。

360集团是一家男性员工占比较高的技术型公司，但公司的高级管理人员团队中女性不在少数。360的员工都比较简单、直接，但有时最直接的方式并不能解决所有争议。在这种情况下，女性柔性的一面展现出了优势，用一种更易被接受的方式去处理工作会更容易解决问题。

女性管理者强调，在与老板的沟通中，要根据不同场合和事情来选择合适的方式。有时需要与老板直言不讳，迅速让他了解你观点的正确性，以获得支持和认同。而有时候则需要用实力柔性地说服对方，特别是对于个性鲜明的领导者。在与员工的沟通中，必须让员工了解你决策的正确性，这样员工在执行时才会毫无保留。这需要具备足够的能力和坚定的意志，同时做出的决策必须让大家信服。

无论男性还是女性，处理事情时都需要果断坚定。女性管理者可以在工作中多带入一些柔性的元素，让大家感受到心情舒适和愉悦。女性管理者可以分享许多女性特有的话题，例如美容、时尚、家庭等，甚至给男同事一些建议，帮助他们处理与女友或妻子之间的关系。这样的互动有助于营造融洽的氛围。无论男性还是女性，对于"管理者"这个角色的要求是一样的，因此对于女性来说，工作状态的重要性在企业中不容忽视。

面对忙碌的工作和生活，如果能够享受工作和生活，就能达到一种平衡，从而知道如何追求内心的梦想和目标。

资料来源：作者根据相关资料整理而成。

在学习本章内容之前，请大家思考以下问题。

1. 360集团女性管理者的领导力具有什么特点？
2. 您认为除了性别，还有哪些其他特质也会对领导力产生影响？

4.1 女性领导力

4.1.1 女性领导力的概念

关于"女性领导力"的定义和"领导力"概念一样，"女性领导力"也尚未在汉语中获得明确释义，其英文对应单词应为"women's leadership"。尽管还没有词典专门注解"women's leadership"，但以之冠名的研究院所、机构遍地开花，这也从一个角度证明了在女性领导力问题上实践发展先于理论的状况。本书结合前人相关研究，将女性领导力定义为：领导者在特定的情境中，以女性特征的性格魅力吸引和影响被领导者与利益相关者，并持续实现群体或组织目标的能力，这是领导者获得追随者的影响力。

4.1.2　女性领导力的五个构成要素

管理学家亨利·明茨伯格在其著作《关于管理的十个冥想》中指出，管理团队要顺利运转，离不开领导者的重视。领导者要根据团队的运作情况给予适当的鼓励或者包容，让员工感受到来自领导者的关爱。已经有许多领导者意识到关爱团队的重要性，并试图以此提高团队的运作效率，但相对而言，女性在这方面更为擅长。专业知识和技能的掌握固然重要，但随着社会进步，那些能够慧眼识人、懂得充分利用并发挥人力资源优势的领导者更容易取得成功。因此，伴随社会的文明程度在不断提高，越来越多的女性在政治和商业领域大展身手，有的女性更是成为其中的领导者。很多女性工作者拥有很强的思考能力，才能出众，包容性强，个人魅力和影响力都得到肯定，工作效率高，业绩突出，很适合担任领导。具体而言，女性领导力的五个构成要素如图 4-1 所示。

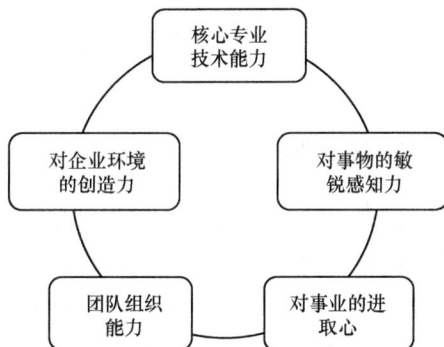

图 4-1　女性领导力的五个构成要素

1. 核心专业技术能力

代组织的技术领导实践呈现多样化特征——女性领导者能够通过将专业技术与系统思维相结合，在技术攻关与资源整合维度展现出独特优势。这类领导者既能精准把握技术发展态势，又能构建跨专业协作网络，通过模块化分解技术任务与实施动态监控，确保技术战略与组织发展目标的协同推进。

2. 对事物的敏锐感知力

很多女性非常注重自身的发展和提高，她们拥有很强的适应能力和学习能力，执行力高且不缺乏胆识，视野广阔，有明确的发展计划。对于发展过程中存在的问题能够及时地察觉，能根据发展的最终目标进行有效的调整和处理。

很多女性能够凭借自己对事物的敏锐感知能力察觉到事物的发展变化，这是成功的领导者应当具备的能力。

3. 对事业的进取心

拥有进取心能够促使人们不断前进，也会让人们感受到竞争的压力。一个拥有进取心的人，在面对对手取得的成绩时能够不甘落后、奋勇直追，利用自己目前拥有的资源，及时制定策略并执行。因此，领导者事业进取心的培养与强化能够直接促进企业的发展和前进。

4. 团队组织能力

女性领导者擅长进行团队的组织和人员的安排。女性在思考的过程中能够顾及方方面面的影响因素，更擅长进行组织协调。一个好的团队要使其成员的优势得到充分发挥，就需要在组织的过程中进行充分的考量。科学的组织和良好的协调能力能够整合个人的优势来增强团队的运营能力，提高成员之间的团结性。

而且，每个成员都有自己要实现的目标，领导者需要将个人目标同团队的共同愿景结合起来，让每个成员认识到他们所做的事情是值得的，这样才能让他们愿意付出自己的时间和精力去为之努力和奋斗。如果能达到这样的效果，团队中的成员就能热爱自己的工作，并以积极的态度去对待它，整个团队在这样的氛围影响下能够取得良好的业绩。

5. 对企业环境的创造力

拥有良好环境的企业，能够促使员工不断掌握新的知识和技能，进行自身的完善。员工拥有明确的目标并在其驱动下不断奋发向上，追求人生价值的实现；成员之间乐于共享资源，为了共同的目标相互包容，共同努力。这样的企业拥有发展的活力，也不容易出现团队分散的问题。女性领导者善于为企业创造良好的发展环境，女性更愿意在领导的过程中照顾员工，有时候会为了大局考虑而放弃自己的利益，这一点使女性在创造发展环境时更容易取得良好的效果。受到领导者的影响，企业员工也会更加团结，进而促使企业在发展中能够不断取得进步。

4.1.3 女性领导者的四大性格优势

女性领导者往往具有比较突出的四大性格优势，如图 4-2 所示。

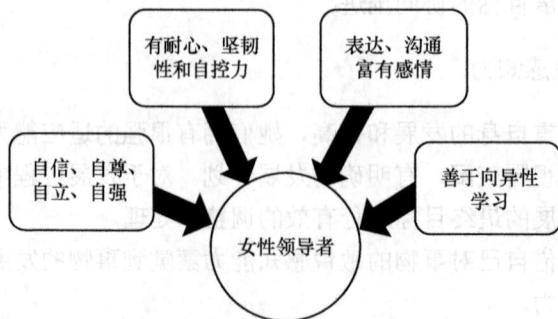

图 4-2 女性领导者的四大性格优势

1. 自信、自尊、自立、自强

社会对女性角色的塑造和期待，再加上女性自身生理特质的影响，使得女性形成了独特的心理特质，表现为温顺、保守、被动、细腻等性格和行为特点。然而，随着社会的不断发展进步，女性群体获得了越来越多的解放，她们通过积极参与各种工作，不断增加和重构自我的社会价值。特别是随着经济独立性的提高，越来越多的女性开始走上管理岗位，并取得了无可替代的管理效果。

在一项对澳大利亚女企业家创业动机的调查中，约五成的人选择了充实自我、独立、拥有满意和高质量的生活等价值因素；约三成的人选择了赚钱等商业目的和经济动机；另有不及两成的女企业家则是由于对先前工作的不满意。可以看出，女性领导者表现出了强烈的自信、自立和自强等特质。这些女性领导者也希望通过自己成功的活动，得到社会的认可和尊重，以此实现自我价值。

2. 有耐心、坚韧性和自控力

随着社会的不断进步，大量的心理和生理学研究证明，在实际生活中，女性往往表现出了较强的耐心、韧性和自控能力。这些性别特质使女性领导者能够勇于面对企业发展中的挫折和困境，专注于企业发展的长期目标和效益。同时，女性领导者具有谨慎和自控的特点，能够在很大程度上避免冒进行为，保持企业发展的稳定性和盈利的持续性。

3. 表达、沟通富有感情

女性领导者往往具有优秀的人际交往沟通才能，在管理工作中更加细腻、灵活和包容。这种柔性化的管理风格，能适应当今员工对个性化和人格尊严的追逐，也容易获得员工认同。

具体来说，女性领导者具备敏感、富有同情心的特点，因此能够耐心倾听并做到换位思考。不同于简单粗暴地发号施令或加强控制的管理方式，女性领导者更多以言传身教的方式，通过教育、指导、说服、影响等行为进行柔性化的管理。

4. 善于向异性学习

一般而言，社会对男性和女性的角色建构和行为期待往往不同：男性往往坚强、勇敢、有事业心、积极进取和雄心勃勃；女性则倾向于温顺、细腻、保守、依赖、善解人意。值得注意的是，那些同时具有上述两类性别特质优势的人往往更易于获得成功。比较而言，女性领导者的性格优势更倾向于学习和理解他人，因此，她们更善于学习他人有利于管理工作顺利进行的优点，在管理上获得成功。

4.1.4　女性领导者的影响力提升的方法

1. 社会层面

首先，需要培育良好的舆论环境。媒体多将成功女性领导者塑造为"女强人"的形象，使很多工作能力很强的女性望而却步，同时社会对女性在家庭中的要求是温柔贤惠，而被贴上"铁""强"的标签，总让人感觉难以亲近。这样的舆论导向淡化了女性的性别优势，弱化了女性的影响力。所以提升女性领导者的影响力，需要培育良好的社会舆论，塑造女性领导者的新形象。

其次，教育培训机制的完善显得尤为重要。在知识经济时代，文化素养的不足直接影响能力的培养，从而女性更难成为卓越的领导者，这也进一步扩大了社会性别差异，加强了社会性别的固化。女性领导者若知识素养不高，必然导致专业权威的缺失，阻碍其影响力的形成。因此，我们需要完善教育培训机制，包括增加对女性教育的投入；为女性提供平等的学习机会；并积极鼓励女性领导者参与竞争。

2. 组织层面

首先，为了推动性别平等，我们必须加大女性领导者的培养和选拔力度。我们在领导者选拔的过程中应该平等重视女性候选人。在女性领导者的全过程培养和选拔中，应建立女性人才库，并为她们提供培训和锻炼机会，以拓展她们的知识面，丰富实际工作经验，提高理论水平和实际工作能力。通过这样的努力，女性领导者的综合素质将不断提高，她们将有更多施展才华的机会，其影响力也将逐步提升。

其次，我们需要加强对女性领导者的组织支持。由于封建传统落后的文化对现代女性产生一定影响，社会上对女性的固有认知常常将她们视为"软弱""顺从""被保护对象"的代名词。这导致人们更倾向于崇拜和接受男性作为社会强势力量主导的代表。为了解决这一问题，女性领导者的成长必须依赖政策和组织的积极支持。在工作环境中，必须创造有利于女性领导者脱颖而出的条件和氛围，让她们能够充分发挥自己的潜力。

3. 个体层面

1）权力性影响力的正确运用

（1）慎用权力性影响力。权力性影响力是因职位而产生的，所以具有强制性和不可抗拒性，被领导者是被动服从的。在以人为本的现代社会，人们对强制性影响力是抵触的。

（2）提高用权的艺术，善于授权。授权是领导者顺利完成领导任务、实现领导目标的重要环节。一名优秀的领导者是善于授权、敢于授权的，并在授权中将监督和指导结合起来，形成大权集中、小权分散的局面，领导者也可以有更多的精力去考虑大政方针、发展前途等战略问题。必要的授权，有利于女性领导者获得高度的支持与信任，也调动和激发了被领导者的积极性、主动性与创造性，使被领导者的自我归属感和自我价值得到了满足与提升，领导的权力性影响力也在授权的过程中得到提高。

2）非权力性影响力的发挥

（1）注重知识的积累。知识体现才干、技术、能力、智慧和成就。在知识力量方面获得高度评价的领导者，其影响力要高出别人三倍。提高知识素质，是提升女性领导者影响力的重要途径。随着知识更新速度加快，领导者作为组织的领路人，必须不断地学习，不断地更新知识，完善知识结构，才能适应不断发展的经济和社会。女性领导者除应全面学习政治理论外，还应广泛涉猎，开阔视野，不断汲取新的知识，使自己的知识水平、专业能力不断提高。

（2）增强人格力量。人格力量强弱取决于别人是否认为你是个诚实守信、公正勇敢、虚怀若谷的人。人格力量是至关重要的，它的规则适用于所有人。在增强人格力量方面，需要做到言出必行；为人要诚实、谦逊、公正无私。

（3）建立良好的人际关系，以情固威，是增强女性领导者影响力的直接方法。女性领导者要发挥自己善于沟通的长处，和上级领导者相处时不卑不亢、尊重而不逢迎，以赢得上级的尊重与信任；对同级相互尊重、相互扶持、相互沟通，顾全大局，以获得支持与合作。女性领导者本身就具有亲和力，善于关系管理，具有组建高关系团队的优势，利用好这些优势会使被领导者产生亲切感，引起情感共鸣。

（4）培育良好的心理素质，是保持女性领导者持续影响力的基础。女性领导者提高心理素质应该：加强修养，培养向上心理；锻炼意志，培养自信心理；增强能力，培养挑战心理；营造平等环境，培养乐观心理。

（5）提升领导的艺术性。女性领导者多具有温婉的特点，在实施领导活动的过程中，要尽可能发挥优势，扬长避短，通过发挥女性领导者以柔克刚的特长，缓和冲突中的矛盾，共同寻求解决问题的办法。此外，还需要提高语言表达的艺术性，多幽默，少刻板，发挥好女性双性管理的优势。

4.1.5　女性领导力测量及发展

目前，国外相关研究对于女性领导力的测量大多直接以领导者性别作为衡量指标，如 Post（2015）在分析何时女性领导力能够作用于团队凝聚力、协调力和互动质量时，将团队领导者的性别设置为虚拟变量，其中女性领导者设置为1，男性领导者设置为0。除此之外，Diehl 等（2020）通过对团队中女性领导者性别偏见的维度进行划分，开发了相应的测量量表，包括：①男性特权；②不成文的限制或规定；③不足的支持；④贬低；⑤敌意；⑥默许。其中，男性特权还进一步划分为"玻璃悬崖"和男性文化两个子维度；不足的支持分为被排除、缺乏指导和缺乏赞助三个子维度；贬低分为缺少认同和不公正的薪资待遇两个子维度；敌意按照被男性和女性同事敌视划分为工作场所骚扰和"蜂王综合征"两个子维度；默许分为自我消弭和自我设限两个子维度。具体测量见 4.5 节。

通过文献梳理发现，目前关于女性领导力的研究大多还停留在性别本身，这对于推动女性领导力的发展显然是不利的。在未来的研究发展中，可以从两方面进一步拓展女性领导力的衡量方法。①在现有领导特质的基础上聚焦于女性个体。将一些领导特质，如变革型领导、真实型领导、魅力型领导等进行男女性别区分，这样的做法可以在一定程度上缓解仅以女性领导者作为女性领导力代理指标的单薄性，丰富了女性领导力的维度。②以一种代表女性特征的领导特质衡量女性领导力。"女性领导力"不应该停留在领导者性别的分区上，为了深入消除职场中的性别歧视，需要弱化对性别角色的强调，将女性领导力的特质（如人性化、亲和力、关系型等）作为一种代表具备女性领导特质的影响力加以衡量。这里存在一种情况，若某些男性领导者也具备亲和力、人性化等女性领导特质，也应被界定为"女性领导力"。

4.2　男性领导力

4.2.1　男性领导力的概念

"提到领导者，想到男性"是人们对领导者的传统印象。虽然最近的领导原型呈现出从男性化向双性化转变的趋势，但男性化的领导原型观念仍然根深蒂固。因而，一般意义上的领导力，如交易型领导力、变革型领导力、魅力型领导力等都或多或少地体现出了男性领导风格。尽管目前还未有明确的"男性领导力"的概念界定，但通常情况下，人们认为男性在领导他人过程中，会表现出更多的力量、男子气概、理性和果断等特点。因此，本节通过将男性领导力与女性领导力进行对比，揭示男女性别领导力差异。

4.2.2　男女领导角色特质差异

由 4.1 节内容可知，目前相关研究通常认为女性和男性的领导力存在差异。苏珊 J. 卡罗尔（Susan J. Carroll）研究发现，往往女性关注政治的水平相对较低。女性经常在填写有关政治态度的问卷调查时，或回答不知道，或表明对政治很少感兴趣。女性在竞选领导人时，关注点也大多与男性有差异，她们的关注点多集中于家庭关系，从政更多是她们家庭角色的延伸，更关注地方政治，尤其是学校和教育，而男人更关心国家和国际事务。女性的政治愿望是爱的分工，以服务他人。而男人则把参与政治看作个人提升和职业发展的途径。性别差异会造成观点上的差异：女性往往比男性更反对使用武力，更具有"道德主义"，更支持社会福利和环境保护。通常情况下，男人在领导比例中占有多数。男女领导比例失衡有许多原因。其中一个重要原因就在于人们的偏见。男人通常被看作更有权力和地位，女人则被看作更有责任。因此女人一旦拥有权力，责任会使她们更加小心和受到束缚。

人们往往把公共的（communal）的角色归为女性角色（如情感、服务、慈爱、变革），而代理的（agentic）角色归为男性角色（如理性、果断、勇敢），如图 4-3 所示。因此，履行领导角色的女性会激发否定的情感，被称为"母老虎"（dragon lady）。作为女性而言，与性别角色一致将无法满足领导角色，与领导角色一致将无法满足性别角色的要求。这样，就产生了两种偏见。第一种偏见是女性不如男性适合做领导。因为对领导角色来说，代理的特质比公共的特质重要，尤其是更高层需要的是代理的特质。而女性的一些个体特征（怀孕、爱化妆）增加了与女性角色的接近，被认为不适合当领导。第二种偏见是女性领导如果体现代理的要求就会招致否定性的评价，相反，公共的特质就会带来积极的评价。角色的要求在于公众对该角色的看法，如直接控制适合男性，合作和相处适合女性；军事角色适合男性，而中层经理适合女性。当领导者的职位与他们的性别角色一致时，管理将更有效。例如，篮球教练一职，对女性就有偏见。如果领导的职位需要男性化的特质，如独断式的和命令式的，则对女性领导有偏见。男性在管理者的相关职位上更具优势；而在非管理者的位置上，女性则更有优势，对男性无影响。在一些服务性的行业，如教育和社会服务部门，女性比男性作为领导更成功；而在一些强调技能性的工作中，如医生和航空等部门，男性领导力的成功常常被归为男性的能力，而女性领导力的成功则会归为努力。相反，若领导力失败，男性领导会被归咎于缺乏努力和坏运气，女性领导则会更多被归咎于缺少领导能力。

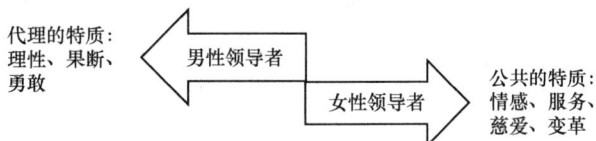

图 4-3　男女领导角色的特质差异

从以上研究成果来看，女性成为领导的概率与男性比相对较小，主要原因在于对女性和领导职位的预期之间的不一致：领导职位多体现的是代理的角色，而女性体现的是公共的角色。当然其中也有差异，一些领导职位偏女性化一些，譬如教育、卫生，对于女性来说相对有利。也与职位的高低相关。女性在由基层到中层职位的升迁过程中相对具有优势，但由中层往上升迁则处于劣势。

因此，企业高层管理者应充分认可男性和女性两种不同性别特质在领导力方面的作用发挥，具体可结合周易的阴阳平衡理论。

古代周易哲学系统阐述了阴阳理论。这个理论可以运用在万物之中。在企业管理中，领导如能灵活机动地驾驭阴阳学说，他肯定是一个非常优秀的管理者。我国有句古话：男女搭配干活不累！如果企业各个层级中男性和女性领导的数量严重失衡时，必然不利于整体满意度和忠诚度的提升。作为企业的掌舵者，高层领导要尽可能做到人人平等，无偏见，无情感偏心，严格遵守制度去执行，团队骄傲时就要给点危机、低落时就要给点希望、涣散时就要注重凝聚力培养，让团队各层级做到和平共处，正心正念正确价值观。在这方面，海尔创始人张瑞敏就是大师，他讲，总裁就是"布道"者就是站在高处的"裁决"者。裁决，就是裁决阴阳之间的不同意见。当然，作为一个总裁，在掌握平衡时，也有很大风险，掌握不好也会翻船。这就要看总裁的整体素质和驾驭局势的才能了。"阴阳"在团体中从不平衡达到平衡，从不和谐达到和谐，又从平衡中达到新的不平衡，循环往返，螺旋上升，企业就会在波浪中不断前进。

4.2.3　男女领导风格趋势的差异

有大量文献阐述性别类型的领导风格问题。这是个很复杂的研究领域，很多结论并不一致，而且答案似乎要视情境变量及具体领导行为的个体差异而定。社会心理学家艾丽斯 H. 伊格利（Alice H. Eagly）与她的同事已经研究了女性和领导风格十几年，我们循着她团队的研究成果展开讨论。

在一项女性和男性领导风格的元分析研究中，伊格利团队发现女性的领导风格中有一种更民主、更强调参与的取向，而男性的领导风格更专制、更直接。虽然，他们许多

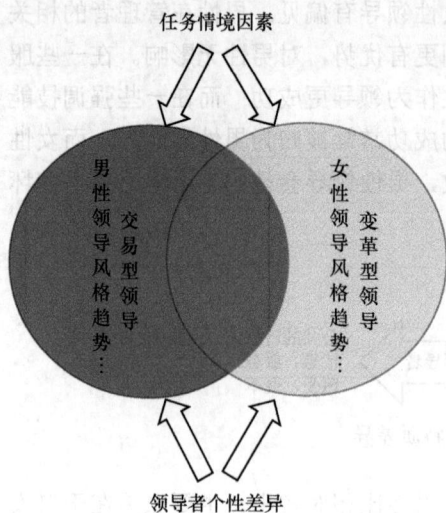

图 4-4　男女领导风格趋势差异

领导风格的性别差异在其他组织环境中进行评估时会缩小（如企业与实验室的研究），但这种差别在各种环境中都比较突出。他们总结，"我们应该从本质上修订男女有相同的领导风格这一观点"。但他们也指出，并不存在两种在性别上截然不同的领导方式。性别差异的大小因环境、领导风格测量方式的不同而有别，而且男女行为之间也有大量重合现象（图4-4）。

在另一篇元分析评论中，伊格利和她的同事发现，女性领导者更可能具有变革型的领导风格。这些学者也发现，女性领导者更倾向于采取权变奖赏行为（reward-contingency behaviors）。也就是说，女性领导者以适当方式将给员工的奖赏与其行为结合起来，这样可以让员工看到他们的努力、他们的工作结果和他们接受的奖赏之间的联系。尽管在上述维度中区分男女领导者的效应差异不大，但元分析还是展现了有利于女性领导者的一致性结论。另外，男性领导者更可能依靠交易型领导的要素，包括盯住下属的错误不放，以及等出现问题时再介入。总的来说，依据诸多不同研究做出的这两种概括表明，在领导风格上，女性实际上更趋于变革型，男性更趋于交易型，但在这两种类型之间还存在个体差异及重合成分。

4.2.4　男女领导风格趋势差异的情境因素

近来有关女性领导的研究发现，在考察女性领导行为是否真的与男性不同以及何时不同时，任务情境是关键变量（图4-4）。有研究发现，人们认为男女领导者在效率上没有差别，但在男性主导的环境中，人们认为女性效率稍差；而在女性主导的环境中，人们认为男性效率稍差。当然，我们无法从这些数据中确定男性和女性真的在所属性别情境中效率更高，还是这只是人们的一种看法而已，也许只是因为他们身处异性主导的环境中时违反了性别规范和性别刻板印象，从而让人们觉得不对劲。这些数据表明，任务情境是决定人们如何表现以及如何对其进行评价时的重要变量。

有关女性和男性政治领导者的研究很少发现行为差异，但每种政治情境都各不相同，而且在足够多的女性晋升到高层政治职位之前，我们很难对高层政治领导者做出概括性的结论。企业和专业领域可能为女性提供了更多机会，以展现她们不同于男性的领导风格。毫无疑问，人们会觉得男女领导者是不同的，领导者也会以性别差异描述自己的领导行为。所有顶级企业的职位在地域范围上都是国际性的，或者在未来几年会成为国际性的，新的国际背景要求领导者具备与更为多样的人打交道的能力，以及与文化背景差异很大的人共事的能力。

杰出的统帅和军事家孙武著有兵法十三篇，即今所见的《孙子兵法》，其首篇《始计篇》中提出，"将者，智、信、仁、勇、严也"。这与传统的男性领导力的多种性别特质相契合,具体如下。

(1)领导者之"智":作为一个领导者,手中把握的是企业生存、发展的命脉,如果没有过人的智慧,那么他所带领的企业前景必将暗淡。这句话里包含着"知"与"能"。这与传统男性领导力中智慧、技能和认知等角色期待相一致。

(2)领导者之"信":作为一个领导者,在某种意义上讲,其在企业中的一言一行,已经不单纯是一种个人行为,而是代表着一种企业行为。

(3)领导者之"仁":"仁"是儒学中最基本的一个观点。仁能服众,作为一个领导者,在管理的过程中得到大家的支持、把众人团结到自己身边来,是必要的,同时也是必需的。

(4)领导者之"勇":"将不勇,则三军不锐。"也就是说,作为一个领导者,如果没有迎难而上、乘风破浪、历险前行的"勇",则无法带领团队有所作为。在传统思维中,管理中的"勇"并非独立存在,而是与"道"(指政治主张或战略方向)和"智"相辅相成,且与传统观念中男性领导力的果敢更加契合。

(5)领导者之"严":有句俗语叫作"军令如山"。正是有了这样严格的纪律,军队才可以统一领导、统一指挥、统一号令,在战场上才可能有披靡的战绩,此是为将之道。领导者就是企业中的"将"。

4.2.5 男性领导力测量及发展

与女性领导力的测量类似,目前关于领导力的性别差异的测量大多基于领导者自身的性别特征,如将女性领导者设置为 1,男性领导者设置为 0。此外,Diehl 等(2020)通过对团队中女性领导者性别偏见的维度进行划分,开发了相应的测量量表,将男性特权还进一步划分为"玻璃悬崖"和男性文化两个子维度。

在未来关于男女领导风格差异的研究中,可进一步拓展关于男女性别特质的差异研究,而非仅仅聚焦于性别本身的差异上。"男性领导力"不应该停留在领导者性别的区分上,而应该将男性领导力的特质(如果断、勇敢、理性等)作为一种代表具备男性领导特质的影响力加以衡量。这里存在一种情况,若某些女性领导者也具备上述男性领导特质,也应被界定为"男性领导力"。据此,我们可在观念上弱化男女性别的差异,为深入消除职场中的性别歧视、实现男女性别平等化提供可借鉴的测量分析工具。

4.3 柔性领导力

4.3.1 柔性领导力的含义及特征

柔性领导力(versatile leadership 或 flexible leadership)是指"以人为中心",并依据组织的共同价值观和文化、精神氛围进行的人格化领导或管理方式。它是在研究人的心理和行为规律的基础上采用非强制性的方式,在员工心目中产生一种潜在的说服力,从而把组织意志变为个人的自觉行动。柔性领导力理论认为,人是"社会人"。提高工作效率的关键是满足员工的需求,提高其士气,而不是依靠纪律的强制和物质的刺激。柔性领导力的最大特点主要在于，不是依靠权力影响力（如上级的发号施令），而是顺应员工的心理过程，激发每个员工内心深处的主动性、内在潜力和创造精神，因此有明显的内在驱动性。

在社会发展的内在需求维度上，人类社会文明程度日益提高，自由、平等、公平的呼声越来越高，以往被长期压制的柔性领导力得到充分释放，人们需要的不再是那种等级森严、强调服从及制度的领导力，而是激发人们积极性与主动性，充分体现人性化的柔性领导力。

从柔性领导力的基本特征维度上，这种趋势主要体现在两个方面，如图 4-5 所示。

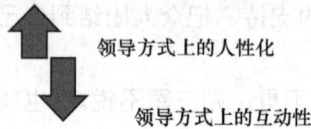

领导方式上的人性化

领导方式上的互动性

图 4-5　柔性领导力的基本特征

1. 领导方式上的人性化

柔性领导会尊重员工的内心诉求，充分体现个性化及人性化管理，引导员工发挥自己的主观能动性，避免出现组织僵化、结构臃肿的弊端。

2. 领导方式上的互动性

柔性领导力注重通过协调、交流互动、激励等多种手段与员工建立良好的信任关系，使员工对企业产生认同感及归属感。

所以，互动式的柔性领导力也就成为一种必然的选择，这种互动性包括心灵互动、思维互动及行为互动。柔性领导力的互动性，体现出现代管理方式中领导者与员工之间的深度融合。柔性领导力以员工为核心，是一种尊重员工、信任员工的新型领导力。

4.3.2　柔性管理："以人为本"的"人性化管理"模式

1. 企业领导者的"人际关系管理"

企业是发展社会生产力的主要承担者，在整个社会发展的进程中占有重要地位，如今，大多数企业正处于由传统模式向现代模式的过渡阶段，柔性管理的运用，能够提高企业管理的民主化程度，加速企业向现代化方向的发展。

企业的发展既需要顺势而变，也要平稳前进，柔性管理能够在二者之间维持均衡，使企业的管理更加符合人性化的标准要求，根据外界环境的变化进行自身调整与改变。

柔性化处理方式不仅可以用于企业的日常管理中，还能应用到管理者与员工的沟通过程中。管理者采用恰当的沟通技巧，消除误会，加强管理者与员工之间的联系，使员工积极投入工作中。

1）选择合适的沟通方式

当沟通方式得当时，互动双方才能交流顺畅、和谐相处。

（1）改变传统管理模式，采用"去中心化"的管理方式，鼓励员工参与管理决策，激发潜在创新能力。

（2）在沟通过程中采用柔性处理方式，通过亲切的语言和态度化解矛盾，增进双方理解与信任。

（3）了解对方的性格特征、家庭背景和文化经历等，选择适合其特点的沟通方式，以确保信息的有效传递和对方的理解与接受。

2）"以柔克刚"化解矛盾

管理过程非常复杂，难免产生各种各样的冲突，柔性管理模式能够避免冲突升级，通过"以柔克刚"的方式，逐渐解决冲突问题。如果运用得当，"以柔克刚"能够有效解决各类硬性冲突。比如，如果对方的情绪非常激动，不要急于与他争辩或者理论，而应该顺着他的说法，以柔性化的方式，先让他放松下来，使他的情绪趋于平静，然后根据实际情况，对问题进行深入分析，这样处理不仅能够避免冲突升级，还能拉近与对方的距离，使对方更加认可自己的观点。

3）柔性技巧的运用

在与员工交流的过程中采用柔性技巧，能够同时维护双方利益。

（1）认可、激励员工。站在员工的角度去思考他们的需求。通常情况下，员工在取得成就时最希望得到的是领导的认可。领导者应该在把握员工需求的基础上，表达公司的认可，通过给予适当形式的奖励，提高员工的自信，让他们感受到自己在团队中的重要性。

（2）真诚交流，友善关心。在与员工交流的过程中，一定要做到真诚相待，反之，如果员工感觉自己被欺骗了，其积极性会严重受挫。友善关心，体现在领导者对员工利益的维护，从员工的利益出发去考虑问题，对其进行引导。当领导者与员工能够真诚、融洽地交流相处时，二者之间的关系才能维持长久，员工对公司的认可度、信任度才能逐渐提高。

2. 以文化氛围作为管理的支持平台

将文化价值融入企业管理中，整个企业的管理方式会呈现出一定的价值特色。比如，美国企业的管理方式侧重于"法"的作用，要求员工严格遵守规章制度；日本企业的管理方式侧重于"理"的作用，从整体利益出发；我国的管理则更重于"情"，充分调动员工的积极性，发挥其优势力量。柔性管理的应用，能够使企业采用适合自己的管理方式。

1）创造柔性管理的文化价值

从世界范围来说，拥有独特核心价值的企业才有可能取得长远的发展。比如，微软公司的价值观着重突出"创新"的重要性，企业的运转也以此为核心。改革开放后，我国企业柔性管理所创造的文化价值的根本点，在于把社会主义核心价值体系融入精神文明建设的全过程，具体表现为以"情"为重点的柔性管理。

以苏宁公司为例，重视"情"的管理是其多年来一直遵循的原则。比如，苏宁公司的价值观是"做百年苏宁，社会企业员工，利益共享；树家庭氛围，沟通指导协助，责任共当"，其中无不体现出"情"的调动作用，力图使企业员工都参与到管理当中，为企业发展贡献自己的力量。

2）营造柔性管理的人本环境

人力资源管理是企业战略的核心，对企业管理工作具有指导作用。在人力资源中最关键的就是对人的管理或者对组织的管理。在管理过程中需要注意的一点是，采用柔性管理方式，为员工挖掘潜能、发挥优势力量提供环境支持，调动他们的创新性能力，在提高自身工作能力的同时，促进企业的发展。

无论是哪一届领导者，采用的管理模式都应呈现出鲜明的人性化特点，从员工日常生活的方方面面对其进行关怀照顾，增强了员工对公司的认可，吸引了更多优秀人才的加入。

3）提高柔性管理的学习力量

随着互联网的发展，信息更新速度不断提高，企业的学习能力在市场竞争中占据着日益重要的地位。为了更好地实践柔性管理模式，企业必须在全体员工中营造良好的学习氛围，使员工在工作的同时进行学习，更新自身的知识储备。

比如娃哈哈公司，就十分重视员工学习能力的提高。为了营造有利于学习的氛围，使员工的观念、意识跟上时代步伐，娃哈哈公司建立了专门的"人品生产线"。生产线为员工提供了丰富的信息来源渠道，使员工及时了解与企业发展密切相关的信息数据，提高知识文化素养。员工能力的提高带动了企业整体的发展与提高。

只有不断提高学习能力，才能使企业适应时代变化的需求，在激烈的竞争中居于优势地位。因此，要引导员工树立学习型价值观，提供相应的培训课程，筛选重要的信息内容，采用恰当的培训方法，提高柔性管理的学习力量。

3. 以个性魅力作为管理的精神风范

领导者的影响力分为两类，一类是以权力为基础的影响力，另一类是领导者本身的个性魅力形成的影响力。柔性管理针对的是提高个性魅力，使领导者发挥自身的带动作用，利用内在的修养、品质及外在的业绩、工作实力等因素，赢得员工的信赖与敬佩。

1）"柔中见刚"的韧性品质

柔性管理的个人魅力绝不是犹豫不决，也不是盲目从众，更不会将员工限定在严格的制度框架之内，一旦他们逾规越矩便严厉批评甚至给予惩罚，而是领导者自身在工作过程中表现出的激励与带动作用，能够以积极的心态投入自己的工作中，认真负责，谨慎地分析与处理问题，敢于迎难而上，以身作则，在潜移默化中逐渐感染自己的员工，使他们主动去学习领导的精神品质，认真对待自己的职责，对团队产生认同感。

2）"指导型"的理性风格

运用"指导型"的理性风格，有利于提高组织绩效，发挥员工的主动性。所有员工都希望能够取得事业上的成功，领导者应该把握员工的价值需求，以此为基础指导他们制定自己的发展目标，为他们提供足够的空间来发挥自身实力，鼓励他们提出创造性建议，在不断追求个人目标的同时促进组织的发展，这也是对柔性管理模式的实践。

海尔集团生产的冰箱产品居 2023 年世界十大冰箱排行榜的首位，出色的企业、高质量的产品都离不开优秀的企业管理。海尔的人力资源开发目标是，培育"国际化的企业，国际化的人"，将人放在至关重要的位置。海尔坚持"赛马不相马"的人力资源开发原则，鼓励员工发挥潜能，为其提供充分实现自我价值的平台与空间。

3）"善解人意"的柔性魅力

优秀的领导者需要设身处地为员工考虑，从心理层面上去触动员工，让他们感受到公司的关怀与重视。如果领导者除了下达命令、指示，就是苛责员工，反而不利于员工积极性的提高；相反，如果领导者能够适时给予员工情感上的鼓励，就能使他们放下戒备心理，全身心投入工作中。

从我国历史的视角来看，一个典型的柔性管理案例可以追溯到汉高祖刘邦。史书记载，在楚汉之争胜利后，刘邦在洛阳南宫召集他的部下。刘邦向他的部下们提问：我取得天下的原因与项羽失去天下的原因是什么？①

在听取了多种解释后，刘邦对这些解释表示不满意。他亲自发表了一次引人深思的讲话：说到在帷帐中运筹划策，决胜于千里之外，我不如子房。镇守国家，安抚百姓，供给军粮，畅通粮道，我不如萧何。连兵百万，战必胜，攻必克，我不如韩信。这三个人，都是人中俊杰，我能任用他们，是取得天下的原因。项羽有一个范增而不能任用，这是他被我擒杀的原因。

我们可以将这种管理哲学称为柔性管理的"刘邦定律"，即"知人善任"。

4.3.3　女性领导者实施柔性管理的策略与原则

1. 女性领导者实施柔性管理的策略

亨利·明茨伯格曾经说过，组织需要培育，需要关心与照顾，需要持续稳定的关怀，这种关怀体现的是一种更为女性化的管理方式，虽然很多优秀的男性领导者也开始尝试这一领导方式，但是女性领导者在实施这种管理方式上更有优势。女性领导者可以将自己的柔性特质，充分融入柔性管理中，具体来讲有以下几个方面。

1）以人为本，建立有效的激励机制

在管理界，有三句著名的格言：人的知识不如人的智力，人的智力不如人的素质，人的素质不如人的觉悟。因此，在对人进行管理时要以对员工的激励作为落脚点，因为有效的激励可以驱动员工觉悟的产生。员工的行为模式对于组织工作的完成具有至关重要的作用，而人的思想、情感、欲望以及需求对人的行为都具有直接的影响，这也就意

---

① 《史记·高祖本纪》。

味着工作的积极性是一种内在的变量，不是固定不变的，是可以通过一些内在或外在刺激来提高的。

2）重视调节组织成员的情绪情感

积极的情感可以有效鼓舞员工的士气，鼓励员工完成艰巨的任务；消极的情感会给员工的工作带来负面影响。因此，女性领导者应该及时掌握员工的情感变化，充分理解和信任员工，尊重和关心员工，培养移情能力，设身处地为员工着想，充分倾听员工的意见以及需求，允许员工有犯错的机会，以情感人，在情感层面上得到员工的支持和拥护，从而营造和谐、稳定的组织氛围。

3）加强人际沟通与协调，团结合作

实践证明，健康的人际关系对于维护人的健康和幸福具有重要意义，而人际关系的割裂则会将人推向致命的深渊。因此，拥有良好的团队关系使得企业在竞争中的优势显得越发明显。女性领导者可以充分发挥自己作为女性特有的细腻、温柔特质，运用有效的沟通技巧加强与组织成员之间的沟通和协调，从而构建相互信任和高效的合作关系，使员工的思想以及行动始终保持一致，并且促进组织各方面的相互配合、支持，提高组织的运作效率，避免工作中出现推诿和扯皮，减少内耗，从而充分调动员工的积极性，促进组织目标的实现。

4）提高非权力因素的影响力

在领导过程中，女性领导者应该充分发挥自己的个性魅力，运用自己卓越的成就、丰富的经验以及杰出的才能，获得下属的信服和敬佩，从而发挥自己的模范带头作用。在得到下属的信任、尊重和支持之后，领导者发出的信息以及决策才能更好地传递以及执行，从而有效促进目标的实现。因而女性领导者应该不断学习，善于总结工作中成功或失败的经验，提高自身的素养以及能力，让非权力因素的影响力在管理中发挥更大的价值。

2. 柔性领导力开发的三个重要原则

现代领导力的柔性化发展趋势，使得女性领导者在企业发展中的作用愈发重要。与此同时，女性领导者身上所具有的柔性特质，又为企业开发柔性领导力打下了坚实的基础。

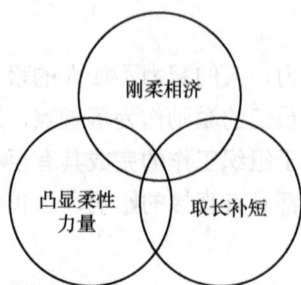

图 4-6　柔性领导力开发的三个重要原则

企业还需要转变传统思维，站在现代领导力柔性化发展的宏观维度上积极开发女性领导力。一般说来，开发过程中需要遵循以下三个原则，如图 4-6 所示。

1）凸显柔性力量原则

传统领导理论更加强调刚性领导力，行使权力的过程中有企业的规章制度、科层组织及刚性的行政管理手段作为支撑。因此，领导力发展至今仍体现着十分浓重的刚性色彩。所以，要开发女性领导力首先必须扫清思维层面的认知障碍，对领导力有一个客观而又全面的认识，将领导力作为刚性与柔性两种力量的结合体，认清现代领导力柔性化发展的趋势。如果企业能够认识到柔性领导力在企业面对激烈竞争中的巨大作用，那么女性领导力的开发必然会取得事半功倍的效果。

老子认为"上善若水，水善利万物而不争"的水式"柔性化"管理重视管理企业的灵活性、制度的非刚性化、方法的情感化、人际关系的和谐化。

2）取长补短原则

女性领导者在管理方面存在着一些先天优势，比如，擅长人际交往、促进内部交流沟通；更乐于进行民主决策，充分体现组织人性化；擅长激励员工、鼓舞士气等。但与此同时，女性领导者在管理方面也存在着一定的缺陷，如眼光不够长远、缺乏自信、遇事不够果断、难以独当一面等。这些缺陷会对女性领导力的开发形成明显的阻碍，所以取长补短原则也就成为女性领导力开发的关键所在。

3）刚柔相济原则

女性领导力的开发不只是要开发柔性领导力，也要开发其刚性领导力。所以在培养女性领导者过程中，不仅要开发她们身上具有的柔性领导力潜质，也要开发她们身上能够转化为刚性领导力的优良品质。比如，不断进取的事业心，果断决策的能力，开阔的心胸、眼界，强大的执行力等。

4.3.4 刚性领导与柔性领导的结合

1. 刚柔结合，扬长避短

刚性领导与柔性领导是两种不同的领导方式，甚至在某些方面是对立的，但是在领导领域，刚和柔的结合是必然的。两者的目的都是采用有效的手段，圆满完成组织目标，提高组织的核心竞争力。从实践的角度来看，刚性领导有刚性的长处，柔性领导有柔性的长处，但这两种领导方式也都有各自的短处，而此所短恰是彼所长，此所长恰是彼所短，非但不互相排斥，反而应互相结合、相辅相成。刚性领导有一整套严格的、科学的、完整的制度规范体系和严格的管理程序，这为整个领导工作构建了一个基本框架。柔性领导只是对传统刚性领导模式中所表现出的重物轻人、手段强硬、缺乏弹性等现象的一种辩证否定，是一种扬弃，这恰好弥补了刚性领导的不足，因为如果组织缺乏柔性领导，员工缺乏工作的积极性和激情，刚性领导难以深入持久。

2. 刚柔相济要视领导情境而变化

在领导实践中，刚性领导和柔性领导这两个看似矛盾的领导方式其实在一个具体的组织里面是并存的。高效的领导要视情况而定，灵活运用，不能极端化和单一化地运用领导方式，要因人而异、因时制宜、因地制宜、有所侧重。影响领导方式和风格的因素主要有以下几个方面。

（1）时代发展与行业特征。不同的行业、不同的部门可能会选择不同的领导风格。比如有一些生产制造型的企业，或者大型企业，刚性领导可能会更多一些，可能80%都是刚性领导，20%是柔性领导。反过来，在一些中小企业或者高科技企业里面，更多的是知识工人（白领），这种情况下很可能柔性领导占主导。对于劳动密集型企业，仍然要偏重刚性领导，而对于知识型企业，要偏重柔性领导。

（2）组织成员。对于女性领导而言，面对不同的组织成员更要注意采取不同的领导方式。比如对于男性下属，女性领导就要把握谦虚和威严的关系，要拿捏分寸。

（3）领导层次。不同级别的领导者，采取的领导方式也可能是不同的。高层领导一般要注重战略思维和领导艺术的修炼，多采用柔性领导的方式。而中层领导和基层领导面对的是具体的部门与组织成员，需要在专业技术能力和领导沟通协调上提升自己，需要建章立制，因而刚性领导成分会多一些。

（4）组织发展阶段。组织发展是有周期性的，在组织发展的不同阶段，领导方式也会呈现出差异。创造阶段是组织诞生初期，这是组织的幼年期，规模小、人心齐、关系简单，一切由创业者决策指挥。这一阶段领导者多是依靠自己的个人专长和人格魅力感染与影响组织成员。指令阶段是组织的青年时期，也是持续成长期，随着组织结构和制度的完善，组织变得更加多样化和复杂化，人员迅速增多，组织不断扩大，职工情绪饱满，对组织有较强的归属感。为了整顿正陷入混乱状态的组织，必须确立发展目标，以铁腕作风与集权的、刚性的领导方式来指挥。授权阶段是组织的中年时期，如果组织要继续成长，就必须采用分权式组织结构和柔性领导方式，这就是"成长经由授权"。协调与监督阶段是组织成熟阶段，这一阶段的特点是，已建立起各种正式管理系统。

3. 坚持自己的领导风格

刚柔相济的领导风格并不是要让女性领导去模仿男性，也不是就此改变自己的个性，或改变自己的个人风格。事实上，每一个人身上独有的东西会让自身成为更好的领导者。这就意味着，女性领导要学会观察了解自己的优点和弱点，必须清楚自己的风格，同时知道如何去改进提升自己薄弱的地方、如何了解下属的特点，只有这样，才能领导各种各样的人，才能知道如何得到机构内外人的理解。

4.4 思 考 题

1. 一般而言，女性领导者常具有哪些性格优势？
2. 从大众视角看，男女领导角色在特质上具有哪些差异？
3. 刚柔相济型领导力如何实现？

4.5　测　评　工　具

女性领导力的测量

表 4-1　女性领导者性别偏见量表

维度	子维度	测量题项	从不	很少	较少	有时	较多	很多	总是
男性特权	玻璃悬崖	我被要求做一项人人都知道可能会失败的工作							
		我被认为对组织上的问题负有超出我控制范围的责任							
		在我的组织中，女性似乎被赋予了具有很高失败风险的领导角色							
	男性文化	在我的公司里，存在着遵循性别刻板印象的压力							
		我们公司的人都认为最高领导者是男性							
		在我的组织里，决策都是由男性做出的							
		"男孩俱乐部"的心态存在于我的工作场所							
不成文的限制或规定		与男同事相比，我的工作表现受到了更严密的审视							
		作为一名女性，我在工作中被期望照顾他人							
		为了同样的信誉，我比我的男同事更努力							
不足的支持	被排除	和男同事一起参加社交活动时，我觉得自己很受欢迎（R）							
		男同事的社交活动没有我							
		因为我的性别，我被排除在领导活动之外（如场外活动、静修活动）							
	缺乏指导	我得到了重要的指导（R）							
		我有一位女性导师（R）							
		我必须学会如何独自领导							
	缺乏赞助	其他领导也向我推荐了晋升机会（R）							
		我已经有另一个领导为我的晋升提供了担保（R）							
贬低	缺少认同	在工作中，我讲话时总是被男人打断							
		当我是会议中唯一的女性时，我发现自己的想法很难获得支持							
		当我帮助我的男同事完成他们的职责时，这被认为是理所当然的							
	不公正的薪资待遇	我赚的钱比男同事少							
		我挣的钱比在我之前担任我职务的人要少							
敌意	蜂王综合征	我的机会也被工作中的其他女性挡住了							
		职位较高的女性让我的工作更加困难							
		我公司的高层女性会保护她们的地盘							
		我所在公司的高层女性帮助其他女性取得成功（R）							

续表

维度	子维度	测量题项	从不	很少	较少	有时	较多	很多	总是
敌意	工作场所骚扰	我曾在工作中遭受过辱骂							
		男同事的行为有时会让我感到不舒服							
		我在工作中遭到过性骚扰							
默许	自我消弭	我为女性在工作中面临的挑战大声疾呼（R）							
		我提倡女性在工作场所的权利（R）							
	自我设限	接受新的机会需要别人的鼓励							
		我拒绝了一次升职，因为我觉得自己不够格							
		我的个人责任使我无法在工作中寻求晋升的机会							

资料来源：Diehl 等（2020）

注：表中 R 表示的是反向计分题，即在测量表中，有些题目的含义与其他题目具有相反的含义，目的是了解受试者有没有仔细了解问题并给出客观答案

表 4-2　柔性领导力的评估工具

维度	测量题项
参与	积极进取地开展各项工作，设定明确的期望，引导下属该做什么
授权	给下属自由决定如何工作的权力，而不干涉下属
支持	尊重和认真听取他人的意见，激励下属努力工作

4.6　场景模拟

请根据表 4-3 给出的不同主体对女性领导力的衡量指标进行思考：还有什么其他可添加的因素？你认为还能从什么角度对女性领导力进行衡量？

表 4-3　不同主体对女性领导力衡量指标

指标衡量主体	指标名称
企业	战略导向、控制力、预决力、责任感、平衡
追随者	影响力、吸引力、柔性管理、沟通
领导者个人	成功欲望、自信心、意志力

第三篇　领导力的开发

知识导图

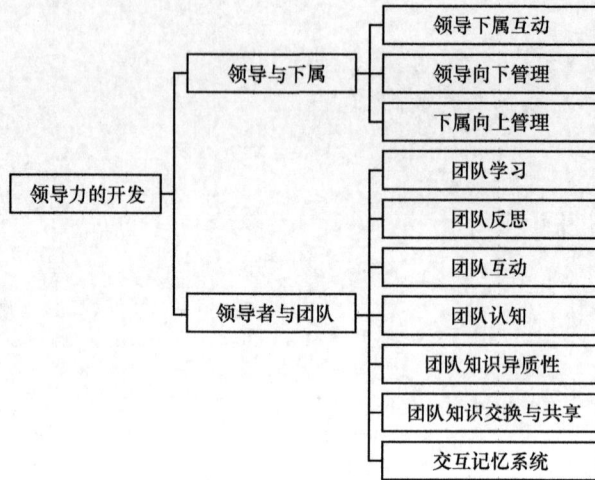

第 5 章 领导与下属

引例："强人老大"为何做不好 CEO？

某公司于 2010 年 10 月在上海市青浦区注册成立，注册资金达 300 万元。作为一家专注于羽绒服设计和销售（生产由外包完成）的公司，该公司在全国范围内设有代理商，在羽绒服市场初步崭露头角。公司最初规模仅 5 人，但在总经理郑某的领导下，公司的员工数量已扩展至 50 多人，年销售额超过 2 亿元，利润高达 6000 多万元。尽管公司迅速发展，但还是存在一些问题，如资金紧张、财务管理简单（公司尚未有规范的财务制度）以及管理分工不明确（公司的组织架构和分工初期并没有清晰定义，尽管设有总经理、副总经理等职位，但每个职位的权责没有明确的书面规定）。近年来，纺织服装行业经历了一次大洗牌，一部分小型低端企业被淘汰，一些具有规模和质量保障的企业生存了下来。在这场洗牌中，该公司一跃而出，成为幸存者，并有望进一步壮大。为了满足市场需求，公司不得不扩大规模，加强公司建设，规范公司的管理和运营，使公司能够逐渐步入良性发展轨道。该公司的快速发展同时也暴露出 CEO 郑某在管理和领导下属方面的一些问题。公司壮大后，由于郑某以往的个人魅力和决策风格，在面临困难或客户遭遇问题时，人们习惯性地"找郑总"。"强人老大""忙人老大"背后的实质依然是"个人决策"。"一手抓"的管理使某公司的成长受制于郑某个人的时间、精力和能力的制约，也成为员工发展的瓶颈，并招致员工、客户的不满和公司管理质量的下降。在该公司中，CEO 与下属之间没有合理授权，公司管理混乱。这种情况下，下属已经习惯于听从组织者的指挥和命令，失去了为组织出谋划策和承担责任的能动性。

面对一个个实际又紧迫的问题，公司中的员工和他的矛盾终于爆发，整个公司里，除了他多年的合作伙伴，就是他一手提拔和培养的得力干将，平日里他对这些人非常关心和爱护，现在这些人却和他唱对台戏，反对他的管理方式，追究他这些年来的管理过失和问题。这些都充分说明了郑某作为一个领导者，在处理与追随者的关系上是失败的。

本章关注领导者与追随者之间的互动行为，从领导者角色、印象管理等方面阐述领导与下属之间的关系管理过程。

资料来源：作者根据相关资料整理而成。

在学习本章内容之前，请大家思考以下问题。

1. 从领导下属角度看，"强人老大"做不好 CEO 的原因是什么？

2. 你认为郑某应该改进哪些方面？

5.1 领导下属互动

5.1.1 印象管理

1. 印象管理的表现

正如他人的看法会影响领导者与下属互动关系一样，领导者与下属均会做出影响他人看法的行为。这些行为被称作印象管理（impression management）策略。印象管理即实施这些行为的过程。领导者通过使人关注他们取得的成就以及宣扬他们所掌控的局面来实施印象管理。领导者会强调他们的成功而淡化他们失败。对于这一点，想想那些选举前的候选人的行为就明白了，他们常常在竞选广告片里宣传他们做过的好事，并且在电视台轮番播放；而这些广告则很少提到他们曾经的失败，或者即便提及，这些失败也被轻描淡写，显得微不足道，或者可能会作为突出其成功的陪衬。下属在印象管理行为上与领导者不同。他们不宣扬在工作中的成就，因为在上级眼里这是种负面做法，所以，下属会努力塑造好人形象。下属用上行式印象管理策略，让自己看起来是友好 、有同情心、能执行领导意图的人，从而影响其老板。这一策略对下属来说通常比自我吹嘘更有效。

2. 印象管理的概念

我们通常是在下意识的状态下发送和接收非语言信息。然而，我们既可以控制所发送的大多数非语言信号，也可以有意识地关注和解读他人传递给我们的线索。对于我们当中的多数人而言，这种有意识地关注和控制的程度可能难以把握，但是，这对于组织环境非常重要。

印象管理的概念源于欧文·戈夫曼（Erving Goffman）。但我们当前采用的定义则主要来自保罗·罗森菲尔德（Paul Rosenfeld）、罗伯特·贾卡罗龙（Robert Giacalone）和凯瑟琳·赖尔登（Catherine Riordan）在 21 世纪初的成果。他们认为，我们当前的印象管理方法极其丰富且多种多样，包括：我们做什么以及怎么去做；我们说什么以及如何说出来；办公室的装饰和安排；我们的外表，如衣着和化妆；非语言行为，如面部表情和姿态。

加德纳（Gardner）将印象管理描述为"组织的演出艺术"和"演出技巧"，有演员、观众、舞台、剧本、表演及评论。因此，如果有人将印象管理看作一种表演形式，这并不令人惊讶。这种观点的问题在于，无论我们是否喜欢这种说法，我们一直都在"管理"我们的印象。我们很难避免向他人发送"信号"，例如，我们的着装风格、姿态、面部表情、手势、语音语调甚至是我们在房间里的位置。在这里，唯一有用的对比是，有意识的印象管理（对于信息发送者而言，意味着更有效）和无意识的印象管理之间的差别（意味着比较低效，甚至是导致误解的）。

有意识的印象管理有很多优势。如果我们向他人提供了"准确"信号，对方也会同样准确地对我们的态度和目的进行"解码"，那么，交流就会开展得非常顺畅。在很多组织情境中，如商讨、选拔、评价和培训访谈，印象管理都是一种重要的技能。

3. 印象管理的模型与测量

1）单维模型及其测量

在印象管理的结构和测量方法方面，早在 20 世纪 90 年代之前，学者普遍认为印象管理是一个单一的维度。这种概念界定方式对印象管理的测量工具产生了影响，导致测量工具的设计都是基于单一维度的。在这个背景下，保卢斯（Paulhus）提出了印象管理量表（impression management scale），该量表共包含 20 个项目，要求被试者根据 7 分制对每个项目进行评定，以表示同意的程度。虽然这个量表并没有得到广泛的应用，但在对大学生进行的调查中，显示出该量表具有良好的效度和内部一致性。

2）两成分模型及其测量

利里（Leary）和科瓦尔斯基（Kowalski）在 20 世纪 90 年代提出了印象管理的双成分或双过程模型，认为印象管理包括印象动机和印象建构这两个成分或过程。印象动机反映了个体希望控制他人对自己形成的认知和印象的愿望。印象建构指的是人们如何"改变自己的行为以影响他人对自己的印象"，即通过采取特定策略来创造具体的印象。这一模型提供了对印象管理行为的综合理解，并为后来学者的印象管理研究提供了理论框架。

在这一理论模型的指导下，印象管理的测量方法也发生了变化，新的印象管理量表得以出现。Conroy 和 Kowalski（2000，2003）进行了三项研究，旨在验证 Leary 和 Kowalski 提出的印象管理双过程模型。他们创建了 SPEQ（self-presentation in exercise questionnaire，运动中的自我展示问卷），研究结果证实了这个双过程模型的合理性。该总量表共包含 9 个题项（印象动机题项 6 个，印象建构题项 3 个），而印象动机和印象建构之间的相关系数为 0.34。印象动机的加权 Ω 系数（weighted omega coefficients）为 0.87，印象建构则为 0.91。

4. 印象管理动机

印象管理动机是指个体渴望在组织中的各种情境中，被他人积极看待、避免受到消极看待的心理倾向。过去的研究主要将其视为一个整体，而忽略了其中丰富的内涵和核心概念的结构差异，以探究其对行为的影响效应。进一步的研究发现，根据不同的心理机制，印象管理动机可以分为获得性印象管理动机（acquired impression management motivation）和防御性印象管理动机（defensive impression management motivation）两类，前者努力提升自己在他人心中的形象，以实现更高的回报，属于积极的自我管理；后者则试图回避或掩盖负面形象，以维持现有形象和回报，是一种消极的自我管理。尽管它们都属于印象管理动机，但两者的内在作用机制存在明显差异。因此，将它们加以区分并进行研究，有助于更准确地揭示印象管理动机对员工行为的影响机制。

印象管理是具有社会取向性的，个体常常会为了适应社会情境的特点和要求，展现出与情境相符的反应，以迎合外界的期望，甚至违背自己的真实意愿。刺激-有机体-反应（stimulus-organism-response，S-O-R）理论指出，环境刺激通过个体的感知、认知和推理等一系列认知过程的中介传导，引发相应的行为。

印象管理动机是外部情境因素和员工个体因素相互作用的结果。在考虑情境因素的同时，员工的个体特征也是一个不可忽视的重要影响因素。受我国的文化传统和现行制度影响，我国员工更倾向于拥有辩证思维，即长远、发展、动态地认知环境和事件，强调一切都有两面性，相信任何看似相反的状态或特征都可以相互融合和转化。这一心理特点无疑会影响员工印象管理动机的形成。

5. 印象管理的效用

1）印象管理与员工招聘

对于这一问题，学者的研究主要集中在探究应聘者在面试过程中的印象管理与面试官（招聘者）的评价和决策之间的关系。这一研究方向可以归纳为两个核心问题：第一，应聘者的印象管理是否会影响招聘者的评价和决策；第二，如果存在关系，这种关系是积极的还是消极的。

在针对这个问题的研究中，学者就应聘者的印象管理与招聘者的评价和决策之间是否存在关系存在着不同的观点。一种观点认为，应聘者的印象管理确实会对招聘者的决定产生影响。Gilmore 和 Ferris（1989）的研究结果表明，应聘者的印象管理行为影响了招聘者对其的评价，而与应聘者的工作经历证明相关的影响并不明显。研究显示，进行印象管理的应聘者相比没有印象管理行为的应聘者更可能获得更高的评价，且更有可能被建议录用。进一步的研究还指出，在面试过程中，应聘者采用的获得性印象管理策略、防御性印象管理策略以及非言语印象管理策略都可能对招聘者的积极决策产生正面影响。例如，Stevens 和 Kristof（1995）的研究发现，应聘者的获得性印象管理策略（主要是自我宣传）和非言语印象管理策略都能积极地影响招聘者对应聘者适合性的认知。Higgins 等（2003）的研究结果进一步支持这一观点，他们发现，应聘者采用获得性印象管理策略中的讨好策略与自我宣传策略都会积极地影响招聘者对应聘者的评价，而且在面试中采用这些策略的应聘者更有可能获得成功。此外，我国学者黎恒（2003）的研究也证实，应聘者运用获得性印象管理策略对招聘者产生积极影响。王艳虹和郭德俊（2004）的研究则关注应聘者的防御性印象管理策略，通过虚拟面试情境的问卷调查，她发现这种策略也能显著地影响招聘者的评价。Kacmar 等（1992）的研究结果还显示，在获得性印象管理策略中，无论应聘者采用自我聚焦型还是他人聚焦型策略，都能增强在招聘者面前的吸引力，获得更高的整体评价，获得更多的工作机会，同时也更少被拒绝。

然而，也有另一种观点认为两者之间的关系并不明显。例如，安德森（Anderson）团队认为，应聘者的自我监控能力与招聘者对面试结果的评估之间存在适当但不显著的关系。他们进一步解释称，应聘者过于明显的操控性行为可能引起招聘者的反感。此外，还有一些学者虽然承认面试过程中应聘者印象管理的效用，但更倾向于支持第二种观点。他们指出，虽然印象管理可能会影响人们的行为，但其影响力并不十分强大，不能主导其他因素。印象管理可能导致行为发生较小至中等程度的变化，或者引导人们做出不同的选择，但不太可能显著改变或创造全新的行为。

大部分学者对印象管理在面试中产生影响的观点持赞同态度，然而对于这种影响是积极还是消极的，学界看法不一。支持积极影响观点的学者认为，如果应聘者能够巧妙运用印象管理技巧，其在招聘者认知中引起的影响将远远超过其实际素质信息所带来的影响。他们认为，精心塑造的印象可以有效地塑造招聘者的看法，从而提高获得录用机会的可能性。然而，持消极影响观点的学者对这种观点提出了质疑，同时提供了一些有力的证据来支持他们的立场。首先，他们指出并非所有类型的印象管理在求职面试中都能够产生有效或等效的效果。以黎恒（2003）的研究为例，他发现防御性印象管理策略与招聘者评价之间并没有显著关联。其次，这些学者认为面试过程中过度使用印象管理有时会导致适得其反的结果。Anderson 团队则主张，应聘者的印象管理可能被视为一种欺骗手段，导致招聘者判断出现偏差。

2）印象管理与工作绩效

这部分研究大致关注以下两方面的内容：一方面是直接探讨单一变量的印象管理与工作绩效的关系；另一方面是考察结合其他变量时，印象管理与工作绩效的关系变化。

对于第一个方面，印象管理对工作绩效的影响，既包括对组织中领导者的影响，也包括对被领导者（下属）的影响。对于前一个问题，人们对于"印象管理对组织中领导者的个人绩效是否真的会产生影响"这一问题产生了浓厚的兴趣。学界在这一议题上存在不同的观点，既有支持者，也有持反对态度者。

支持者认为，领导者的工作对人际交往能力有着高度的要求。他们需要与上级、同级和下级建立并保持流畅有效的工作关系，同时还需要关心、支持和激励下属，促进下属之间的协作。此外，领导者有时还必须代表组织与客户和公众进行互动。在这样的背景下，印象管理在领导者的工作中扮演着重要角色，对其工作绩效产生影响，其影响可能是积极的，也可能是消极的。举例来说，Kacmar 和 Carlson（1999）研究发现，当领导者在互动过程中运用印象管理策略时，他们的下属会做出更积极的反应，对他们的评价也会更高。

Gardner 和 Cleavenger（1998）随后进一步细分了领导者使用不同印象管理策略对工作绩效的影响。他们研究了世界一流公司的领导者使用五种基本印象管理策略（讨好、自我宣传、威慑、以身作则和恳求）的情况。研究结果显示，以身作则策略和讨好策略与领导者的领导能力、领导效率以及下属满意度呈正相关关系；而自我宣传和威慑这两种策略与上述指标呈负相关。后续研究由 Sosik 和 Jung（2003）进一步验证了这一结论。对于那些质疑领导者印象管理对绩效影响的观点的学者来说，他们认为印象管理在改善人际关系方面的确能够发挥一定作用，使得他人更加满意领导者的工作。然而，他们认为印象管理并不能提高领导者在实际管理工作中的绩效水平。这一观点在一些研究中得到了支持，例如，Viswesvaran 等（2001）在研究中设计了一系列模拟情境，分别考察了印象管理量表得分与经理的整体工作绩效以及经理在需要大量人际互动的工作维度上的绩效之间的关系。研究结果显示，印象管理和社会期望似乎不能够预测总体工作绩效，也无法预测涉及人际交往行为的工作绩效，比如经理的绩效。这一发现进一步支持了"社会期望（即印象管理）与工作绩效之间的关系很弱或者根本不相关"这类研究结论。

对于第二个方面，关于印象管理对于组织中被领导者（下属）的工作绩效的影响，多数学者的观点较为一致，认为印象管理确实会对被领导者的绩效产生影响。这种观点强调了被领导者在组织中处于从属地位，因此更频繁地使用印象管理，从而影响了领导者对他们的绩效评价。Wayne 和 Ferris（1990）曾对被领导者可能采取的 24 种印象管理行为进行评估，并归纳出以领导者为中心、以工作为中心和以自我为中心三种主要的印象管理手段。研究发现，以领导者为中心的下属通过采用赞美管理者、示好等印象管理策略来影响领导者对他们的好感度，从而获得更多支持和更高的绩效评价。相比之下，以工作为中心的下属倾向于强调自身出色的工作能力，如表现出高度敬业的形象，或夸大自己曾取得的成功项目的价值。然而，这种策略通常会导致较低的绩效评价，甚至与领导对其工作绩效的评估呈负相关。Wayne 和 Ferris（1990）的研究进一步验证了这一结论，他们在模拟的绩效评价过程中发现，采用讨好策略的下属相较于其他未使用印象管理的下属，更容易获得高绩效评价和更多的工作支持。这一结论在其他研究中也得到了支持，如 Watt（瓦特）利用 MIBOS（measure of ingratiatory behaviors in organizational settings，组织情境中逢迎行为测量表）的研究发现，展现出更多讨好行为的员工在动机、能力、合作性、晋升潜力和总体业绩等方面得到了更高的主管评价。此外，学者在考察印象管理对工作绩效的影响时，纷纷考虑了其他变量，探讨印象管理与其他因素共同作用于绩效的问题，尤其是在 21 世纪后，这种研究趋势变得更加明显。学者开始将印象管理与外部环境因素和不同类型的工作进行更详细的细分研究。在这方面，也存在两种不同的观点。

一种观点认为，印象管理可能仅仅是其他变量与工作绩效之间关系的中介变量。例如，魏江茹（2009）对自我推销、作秀、示弱、奉承、威慑等五种印象管理策略进行了分析，发现这些策略在调节助人行为和任务绩效之间的关系时发挥作用。具体而言，自我推销、作秀以及示弱与助人行为和任务绩效之间存在正向关联，而奉承和威慑则与助人行为和任务绩效之间存在负面关联。

另一种观点则认为印象管理与其他因素一起作用于工作绩效。例如，Suzanne 等（2004）研究了组织政治性（organizational politics）与印象管理如何共同影响绩效。组织政治性指的是个人直接追求个人利益的目标，而不考虑组织内其他人的表现。研究发现，当组织政治性较低时，采用印象管理手段的下属较不采用的下属更可能获得高绩效评价。然而，当组织政治性较高时，印象管理不会对绩效评价产生影响。另一项研究由 Barsness 等（2005）进行，他们指出性别也是印象管理策略与工作绩效关系中的一个重要变量。他们发现，在异性上下级之间，随着以工作为焦点的印象管理行为的增加，工作绩效水平也会随之提高；然而，如果以上司为焦点的印象管理行为增多，该组织内部的工作绩效水平则可能下降。与此不同，在同性别的上下级之间，无论是以上司为焦点还是以工作为焦点的印象管理行为，该组织内部的工作绩效总是保持在相对较高水平。

3）印象管理与人力资源管理其他领域的研究

此外，已有的研究还拓展到了印象管理与人力资源管理领域的其他方面，如培训、激励和组织开发等领域的关系。例如，学者宋广文和陈启山（2003）研究发现，印象管理对于强迫服从实验中出现的中庸现象产生显著影响。另外，还有研究发现印象管理在预测工作与家庭冲突方面起到了重要作用，它影响着工作满意度。

然而，总体来看，尽管这些研究在印象管理与人力资源管理其他领域的关系方面取得了一些有趣的发现，但无论是在理论构建的深度还是在实证研究的广度上，都有待进一步深化和拓展。

6. 印象管理的具体方法

费尔德曼（Feldman）对于如何管理印象以帮助职业发展提出了建议，他认为有六种方法可以用来创造有利的自我形象。

他还认为"职业定位"的开展是建立在以下六个信条之上的，这六个信条与印象管理相结合。

（1）优点本身并不足以让你得到职业发展。要有成为成功者的外表或者看上去是"可塑之材"，这才是重要的。

（2）要获得职业发展，与上级和同事建立社会关系是很重要的。从表面上看，这些关系本质上应该是社会性的，但事实上可以利用它们建立工作联系以及获取组织的内部消息。

（3）看上去像一个"团队成员"很重要。然而，你仍然应该通过"对抗性地合作"在工作中追求个人利益。"对抗性地合作"就是指，表面上看来是合作性的、帮助性的，但同时也是在寻求击败团队其他成员的信息和机会。

（4）从长期来看，你的职业目标与任何一个组织的利益都是不一致的。因此，为了获得提升，你必须要对你当前的雇主表现出忠诚和忠实，但同时也要"保持你自己的开放选择"。

（5）为了获得提升，不诚实或不道德的行为有时是必不可少的，但不能公开提倡或者甚至是承认存在这种行为，相反，你应该熟练使用不一致的表达，并要形成控制你的公开主张的能力，尽管这些公开主张可能相互不一致，也可能与你以往的公开主张相矛盾。

（6）对于许多工作而言，大部分的"真实工作"是无法评价的，相关的成就也无法轻易地核实。因此，通过一些象征性的事物来形成成功的假象十分重要，这些象征物可以是衣着、办公室的设计等。这些小道具还包括给文件抽屉上锁、将拜访者安置在太阳能够直射其眼睛的地方、使拜访者的座椅比你的座椅低等。

总体来说，学者将印象管理策略分为三大类，即获得性印象管理策略、防御性印象管理策略和非言语印象管理策略。

1）获得性印象管理策略

获得性印象管理策略，即在人际交流过程中，主体行为以积极方式引导他人对自身产生良好印象的一种策略。这类策略通常运用于日常环境或有利情境（如面试），目的在于促使他人对策略执行者持积极态度。备受瞩目的策略包括自我提升、威慑、讨好以及恳求等。自我提升策略着眼于个体向目标观众展现其能力和成就，以使目标观众认为自己具备竞争优势。威慑策略则通过展示权力和影响力，塑造一种强势形象，以控制人际互动。此类策略多被领导者或权威人士采用，旨在引导他人服从并接受其意见。讨好行为是最为普遍运用的印象管理策略之一，也备受争议。有一种观点认为讨好行为在本质上不道德。然而，多数学者持积极态度，支持各种形式的讨好。他们认为，讨好行为的目的是使自己更受他人喜欢。在组织中，这是一种普遍而有效的社会影响手段，特别是在组织缺乏协调性时，可作为保持和谐的社会黏合剂。恳求则是获得性印象管理中的一种独特策略。恳求者利用自身弱点影响他人，通过营造自身能力较弱或表现糟糕的形象，借助社会责任规范激发个人获益。

Kacmar 和 Carlson（1999）指出，获得性印象管理策略可简化为他人聚焦型和自我聚焦型两类。他人聚焦型印象管理策略通过逢迎和讨好等行为在人际关系中产生吸引，方式包括赞扬他人、遵循建议等，这类策略的目标主要是策略接受者或评价者，如面试官、绩效评估者等。自我聚焦型印象管理策略则凸显个体优势，以展示更高能力和积极品质为主，方式包括自我宣传、享有权力、强化影响、克服障碍等，这类策略的目标是行为主体自身。

2）防御性印象管理策略

防御性印象管理策略，被定义为采取防御性措施，最大限度地弱化自身不足，或避免他人对自己产生负面看法的策略。其动机在于规避可能造成显著社会认可损失的情况，或避免积累社会不赞许的欲望。这种策略的常见行为包括合理化解释（如借口和辩解）、事前声明、自我设限、道歉等。以面试场景为例，当应聘者陷入尴尬或危机时，他们会采取一系列措施，将可能带来的负面影响降至最低，以达到减轻、否认或中和已经形成的负面影响的目标。

3）非言语印象管理策略

在人际沟通的过程中，对非语言信息的印象管理被证明是一种高效的间接策略，能够有效地影响他人对自己的评价和印象。社会心理学的研究揭示，非语言行为虽然难以被察觉和捕捉，却在人际交往中扮演着至关重要的角色。在信息传递方面，言辞只占传达信息的 7%，声调占 38%，而面部表情、姿态等则惊人地占 55%。因此，人们对非语言信息的应用一直保持高度兴趣。举例来说，在实际的面试互动场景中，应聘者不仅运用言语印象管理行为来影响招聘者的评价，还充分利用各种非语言行为，如面部表情、触摸、身体姿势等，以有效地影响双方对彼此的印象。综合运用非语言沟通手段，对于塑造积极的印象以及建立良好的人际关系具有重要意义。

7. 党政领导干部的适度印象管理

应该申明的是，虽然印象管理是一种积极的管理理念，在人类的各种交往活动日益频繁的今天，印象管理对于个人、组织的成功越来越重要，但是人们对印象管理也有些负面认识，如一些人过度使用印象管理技巧，使之演变成为虚伪和欺骗行为，甚至有玩弄权术之嫌。因此，领导干部在适度自我印象管理的同时，也要注意对下属的过度印象管理行为进行准确识别、合理应对，确保识人用人的科学、公正和公平。

（1）区分下属的自我宣传和真实能力。在印象管理中，适当的自我宣传和能力展示是必要的，但是过度的甚至是虚假的宣传就值得警惕了。个别"形象工程""政绩工程"现象，从印象管理的角度分析，是印象管理过度的表现，只有透过这些表象洞悉事物的本质，才能客观地评判领导干部真实的能力和政绩。

（2）识别下属频繁的讨好行为。学者发现，尽管印象管理的策略很多，但是下级在试图给领导留下积极印象并获得所期望的回报时，采用较多的仍是讨好策略。所以，领导干部要警惕下属的"糖衣炮弹"。

（3）注意下属责任最小化的降级防御策略。下属责任最小化的策略主要包括解释、道歉和置身事外等。例如，在对下属进行考核时，本来其业绩不好，甚至十分糟糕，但他可能找来一大堆借口，并充分地进行辩解，还申诉说他早已表示过没人能顺利完成任务。通过这些努力，业绩表现差的下属得到了领导干部的原谅，其业绩考评的结果往往会比实际表现好。一些下属还会采取示弱行为，故意表现出弱者姿态，以取得同事工作上的帮助，减轻自己的工作任务或逃避自己不擅长和厌恶的工作。对此，领导者必须加以明察。

（4）注意下属责任最大化的晋升促进策略。下属在追求晋升时，可能会采取责任最大化的策略，通过夸大自己在团队中所起到的关键作用和贡献，以获得更多的注意和认可。这种策略往往包括下属过度突出自己的成绩，甚至借助他人或团队的成就来展示自己的能力，或是强调自己在决策中的重要性。在晋升过程中，下属可能会通过自我宣传、虚构成绩或利用人际关系等手段让领导产生错觉，认为其是不可或缺的候选人。领导干部应警惕这种行为，避免被虚假的信息和表象所迷惑，要更加注重下属的实际贡献和长期表现，确保晋升决策的公正和合理。

（5）预防社会一致心态的陷阱。人们内心追求社会一致性的心理需求，会导致一些典型心理效应，其中包括门面效应和登门槛效应。门面效应指的是，当一个自我形象良好的个体拒绝一个较大的请求后，意识到这可能损害自己的形象，便会接受一个较小的请求，以保持社会一致性。登门槛效应是指，一旦个体同意了他人一个无关痛痒的小请求，往往会接受第二个较大且可能不太令人满意的请求。在职场中，下属常常会利用领导寻求社会一致性的心理，采用"先难后易"或逐步递进的方式向领导提出不合理的要求，以达到自己的目的。领导干部需要预防并注意这种情况的发生。

5.1.2　领导与下属的政治技能

1. 什么是政治技能

不论是政治舞台、战场、外交还是职场，政治技能（political skill）都是普遍存在的，并在社会互动中扮演着重要角色。政治技能类似于权谋、策略、权术等概念。在古代汉书的《汉书·志·艺文志》中有提到，"权谋者，以正守国，以奇用兵，先计而后战，兼形势，包阴阳，用技巧者也"。我国古典文化著作如《孙子兵法》《六韬》《三略》《韩非子》《鬼谷子》《反经》也都对政治技能进行了讨论。在国外，政治技能也广泛应用于实践和理论之中。将政治技能引入组织管理研究领域，得益于菲佛（Pfeffer）关于组织权力斗争的研究。Mintzberg（1983）指出，组织是一个政治竞技场，要在这种环境中取得成效，组织成员不仅需要有从事政治行为的意愿，还需要具备有效执行政治行为所需的技能，这就是政治技能。Pfeffer 在 20 世纪 80 年代提倡要以政治视角分析组织行为，并最早提出了"政治技能"这一概念，之后众多学者对这一概念进行了界定。纵观现有文献，学者大致从三个方面来解释政治技能。

首先，许多学者认为政治技能是一种人际能力。该观点认为政治技能指通过劝说、感化和控制等人际策略来影响他人的能力。政治技能是个体与他人有效互动的一种特殊能力。在职场中，具备政治技能的个体能通过非正式社交网络避开组织正式结构的束缚，从而为自己获取利益。Douglas 和 Ammeter（2004）将政治技能定义为个体成功驾驭组织所需具备的社会技能和交际能力。

其次，一些学者认为政治技能是一种人际风格。比如，Ferris 等（2000）将政治技能定义为一种人际风格，认为政治技能高的人能够根据情境需要展现自身的信心、信任、真诚等魅力性人格。在工作中，政治技能高的人不仅知道在不同的社会情境下该做什么，而且知道怎样用一种看似真诚的方式去掩盖潜在的操控动机。

最后，还有学者认为政治技能是一种个人资源，如 Ferris 等（2007）以资源保存理论为基础，指出政治技能是一种个人资源。当个体面临组织环境威胁或机会时，政治技能可以帮助其获得有价值的组织资源。

虽然学者从不同的研究角度，对政治技能这一概念进行了不同的界定，但是现有研究一般倾向于采纳 Ferris 等（2005）对政治技能的定义，即政治技能是个体的一种能力，它使个体可以在工作中有效理解他人，并运用这种理解去影响他人，从而使他人按照有利于实现组织或个体目标的方式行动。

众多学者将政治技能界定为一种人际能力，但 Ferris 等（2005）认为政治技能与社会自我效能、人格特质等概念可能存在重叠。为更好地理解政治技能，我们从其与相关概念的不同特点来对它们进行区分。表 5-1 总结了政治技能与自我监控、社会智力、情绪智力、逢迎、社会效能等相关概念的区别。

表 5-1　政治技能与相关概念的区别

与政治技能相关的概念及其特点		政治技能的特点
相关概念	特点	
自我监控	聚焦于有效展示符合社会情境要求的行为	不仅能实施符合特定情境的行为，而且能够掩藏自我服务的动机
社会智力	理解和管理人的能力	在工作环境或组织环境中理解和管理人的能力
情绪智力	情感方面的人际效能、影响力和控制力	合并了情感以外的知识和能力
逢迎	是一种社会影响行为	是员工实施影响行为时的一种能力
社会效能	社会交际情境中的个人判断能力	只关乎组织这种独特的交际情境

资料来源：根据相关文献整理

学者还对政治技能与相关概念的关系进行了实证研究。Ferris 等（2005）的实证研究表明，政治技能与自我监控（$r=0.33$）、情绪智力（$r=0.47$）、政治觉悟（$r=0.53$）有着一定的正相关关系；Treadway 等（2007）研究发现，政治技能与奉迎行为呈正相关，但相关系数较小（$r=0.14$）。同时，实证研究发现，政治技能具有良好的区分效度。而在理论上，其他社会效能更侧重于个体的一般技能和在日常生活中的交际能力，政治技能则侧重于组织情境下的人际能力。

2. 政治技能的结构与本土化的维度划分

对政治技能结构的认知与测量是一个逐步深入的过程。在 1999 年，由费里斯（Ferris）团队开发的政治技能单维度量表对于政治技能的关键方面，如理解和影响他人的能力，进行了初步的探索。这份量表显示出较高的信度估计 α 系数，均在 0.7 以上，并支持单一因素结构，与其他社交技能概念的相关性较低。此外，其他研究也对该量表进行了评估，同样支持了单一维度结构。

随着学者对政治技能概念认知的深入，Ferris 等（2005）进一步提出了政治技能的四维结构，包括社会机敏性、人际影响、交际能力和显性真诚。通过实证分析，他进一步确认了这四个维度与其他社交技能的关系，包括社会机敏性（social astuteness）、人际影响（interpersonal influence）、交际能力（networking ability）和显性真诚（apparent sincerity）。他经过实证分析进一步确认了这四个维度还受到如下技能的影响：洞察力（perceptiveness）、控制（control）、亲和力（affability）、主动影响（active influence）和发展经验（developmental experiences）。具体来说，洞察力中的自我控制和尽责性与政治技能中的社会机敏性维度呈显著正相关关系；控制中的心理控制源和自我效能与政治技能中的人际影响维度呈正相关；亲和力中的外向性和积极情感能够正向预测政治技能的四个维度；而主动影响中的积极人格与政治技能呈正相关关系。政治技能的研究最初源自西方，目前广泛采用的是 Ferris 等（2005）开发的四维度共 18 个条目的政治技能量表。

然而，两者之间的区别在于，本土维度更强调对形势的预测和行动前的准备，这反映了东方文化传统中的严谨性，而西方文化的社会机敏性则更强调自然感知，不强调过多地审时度势。对比本土政治技能量表与西方政治技能量表的不同维度，可以看出它们之间存在一些共同点和差异。这些差异可能在一定程度上反映了东西方文化的价值观和传统文化。在研究中，需要充分考虑文化背景对政治技能的影响，以确保测量工具的有效性和准确性。

首先，本土量表中的"面子经营"和"权术运用"与西方量表中的"显性真诚"之间存在一些共同点。它们都强调通过表面上的和谐和真诚来让周围的人感到舒适，都认为在人际交往中保持良好的表面形象是至关重要的。然而，它们之间的不同在于，"面子经营"强调根据情境和氛围需要灵活地展示不同的表面工作，而"权术运用"则指的是以一种和谐或真诚的外表掩盖内心可能存在的不一致或战略性思考。相比之下，"显性真诚"更注重内外一致，即在内心真诚的基础上，通过言行传达出真实的意图，让周围的人感知到内在的真诚。

其次，"能力型社交"与"交际能力"也有一些共同之处和差异。它们都强调发展人际关系网，认为在职场竞争中，良好的人际关系是一项重要的优势。然而，两者的区别在于，本土的"能力型社交"更注重与那些对自身有利但尚不熟悉的人建立联系，可能因特定的需要而与尚不熟悉的人进行交往，这反映了在我国文化背景下，建立人际关系更加注重实际效益。而西方的"交际能力"更强调与那些和自己在工作中保持良好关系、愿意与之发展友谊的人建立联系，更侧重于西方文化中的自由交往和人际互动。

3. 领导和下属的政治技能效果

有关政治技能作用机制的实证研究主要有两种研究模式：一种是将政治技能作为自变量，探讨其对结果变量的影响；另一种是将政治技能作为调节变量，考察其在相关变量之间的调节效应。

1）作为自变量的政治技能研究

学者在政治技能对工作绩效影响的研究方面进行了广泛的探讨。Ferris 等（2005）的研究发现，政治技能与上级评定的工作绩效之间存在正向预测关系。Ahearn 等（2004）的研究则发现，领导者的政治技能能够积极预测团队的绩效表现。Douglas 和 Ammeter（2004）的研究则揭示了下属对领导者政治技能的感知与领导有效性之间的正向关联，这种有效性在客观的团队绩效和下属对领导绩效的感知中都得到体现。进一步地，Ferris 等（2007）再次指出，政治技能在不同方面对绩效的预测具有差异，它在关系绩效预测方面的作用更为显著，相较于任务绩效，政治技能对关系绩效的预测效果更强。Semadar 等（2006）则进行了更加广泛的研究，比较了政治技能、自我监控、情绪智力与领导效能对管理工作绩效的影响，结果发现，政治技能在预测工作绩效方面具有最强的预测能力，能够有效区分出优异绩效和普通绩效之间的差异。综合来看，这些研究一致证实了政治技能对工作绩效有着积极的预测作用。

另外，学者对政治技能对于非绩效变量的影响也进行了探讨。Kolodinsky 等（2004）的调查研究了个体的政治技能与工作满意度以及工作紧张感之间的关系。他们发现，政治技能与工作满意度呈现倒"U"形曲线关系，即在政治技能处于中等水平时，个体的工作满意度最高，而与工作紧张感呈现"U"形曲线关系，意味着政治技能水平过高或过低都与较低的工作满意度和较高的工作紧张感相关。此外，Ferris 等（2005）也指出，高政治技能的个体能够获得他人的信任，能够传递积极的形象信号，从而在社会中获得更高的声望评价。而 Liu 等（2007）的研究支持了这一观点，发现政治技能正向预测上级对个体的声望评价。过去的研究很少考虑政治技能对结果变量的影响过程中可能存在的中间因素。然而，Treadway 等（2004）团队的研究不仅揭示了领导者的政治技能如何影响下属的反应和工作结果，还发现下属感知到的组织支持（perceived organizational support，POS）在这一过程中起到了中介作用，而且是完全中介作用。换句话说，领导者的政治技能通过影响下属对组织支持的感知，进而影响他们的反应和工作结果。另外，Liu 等（2007）采用了多重研究设计，以提高研究结果的可信度。他们在不同的研究中使用了不同的核心变量测量工具和测量方法，分别采用自我评价和上级评价来获取一致的结果。他们的研究发现，声望在政治技能与工作绩效之间的关系中起到了完全中介的作用，也就是说，政治技能通过提高个人的声望来积极影响工作绩效。

2）作为调节变量的政治技能研究

将政治技能作为调节变量来研究相关变量之间的关系已经产生了许多有价值的研究结论。首先，很多研究已经证实了政治技能在调节压力源与紧张之间关系的作用。例如，Harvey 等（2007）的研究揭示了政治技能对感受的社会压力源对职业满意度和工作满意度的影响具有调节作用。研究发现，个体自我报告的政治技能水平可以减弱社会压力源对这些结果变量的负面影响。Ferris 等（2005）认为，政治技能对压力源与紧张之间的调节作用是通过自我评价产生的。高政治技能的个体感知到对周围环境具有一定程度的可控性，因此会产生自信心，将压力源感知为较小的压力，从而中和了其对紧张的不利影响。后来的研究还涉及了政治技能在调节一些变量与绩效之间关系方面的作用，这表明政治技能不仅可以直接影响工作绩效，还可以通过调节其他变量与绩效之间的关系，间接影响工作绩效。Hochwarter 等（2007）的研究揭示了政治技能对工作紧张与工作绩效之间关系的调节作用。研究发现，政治技能可以减轻工作紧张对工作绩效的负面影响。这意味着政治技能可以帮助个体更好地应对工作压力，从而保持较高的绩效水平。Harris 等（2007）的研究则关注政治技能在印象管理策略与上级绩效评定之间的调节作用。结果显示，拥有高政治技能的个体在使用印象管理策略时获得更多令人喜欢的上级评定。这表明高政治技能的个体在印象管理方面更具优势，能够有效地塑造上级对其的正面印象，从而提高绩效评定。Breland 等（2007）研究发现政治技能在领导-成员交换关系与个人职业生涯成功之间的关系中具有调节作用。在低质量的领导-成员交换情境中，高政治技能的个体更可能实现更高的个人职业生涯成功。这强调了政治技能在改善领导与下属关系，从而对职业发展产生积极影响方面的作用。Treadway 等（2004）的研究中则探究了政治技能在政治行为与情绪劳动之间关系中的调节作用。高政治技能的个体在进行政治行为时，能够中和政治行为对情绪劳动的负面影响，从而减轻情绪劳动的压力。最后，Treadway 等（2007）的研究指出，下属的政治技能可以调节下属自我报告的逢迎行为与上级评定的逢迎行为之间的关系。低政治技能的下属在大量运用逢迎行为时，更可能被上级认定为逢迎行为，而高政治技能的下属在这方面具有更大的灵活性。

邹忌讽齐王纳谏——高政治技能的下属如何影响领导者

邹忌身高八尺多，形体容貌光艳美丽。

一天早晨，邹忌穿戴好衣帽，照着镜子，对他的妻子说："我同城北徐公比，谁漂亮？"他的妻子说："您漂亮极了，徐公哪里比得上您呢？"城北的徐公，是齐国的美男子。邹忌不相信自己会比徐公漂亮，就又问他的妾："我同徐公比，谁漂亮？"妾说："徐公怎么能比得上您呢？"第二天，有客人从外面来，邹忌同他坐着闲聊，邹忌又问他："我同徐公比，谁漂亮？"客人说："徐公不如您漂亮。"

又过了一天，徐公来了，邹忌仔细地看他，自己觉得不如徐公漂亮；再照镜子看看自己，觉得自己远远不如徐公漂亮。晚上躺着想这件事，说："我的妻子认为我漂亮，是偏爱我；妾认为我漂亮，是害怕我；客人认为我漂亮，是有求于我。"

于是邹忌上朝拜见齐威王，说："我确实知道自己不如徐公漂亮。可是我妻子偏爱我，我的妾害怕我，我的客人有求于我，他们都认为我比徐公漂亮。如今齐国有方圆千里的疆土，一百二十座城池，宫中的妃子、近臣没有谁不偏爱您，朝中的大臣没有谁不害怕您，全国范围内的人没有谁不有求于您。由此看来，大王您受蒙蔽很深啦！"齐威王说："好！"就下了命令："大小官吏、百姓能够当面指责我的过错的，受上等奖赏；书面劝谏我的，受中等奖赏；能够在公共场所批评议论我的过失，并能传到我的耳朵里的，受下等奖赏。"命令刚下达，许多大臣都来进谏，宫门前庭院内人多得像集市一样；几个月以后，还不时地有人偶然来进谏；满一年以后，即使有人想进谏，也没有什么可说的了。

4. 政治技能的影响因素

关于政治技能影响因素的实证研究相对较少。Ferris 等（2000）提出了一些可能影响政治技能的因素，并指出社交技能，如社会智力、情绪智力、自我监控、社会自我效能和实践智力等，可能会对政治技能产生影响。尽管有一些研究基于这些因素探讨了与政治技能的相关性，但相对来说研究数量较少。Ferris 等（2007）进一步从政治技能的内涵出发，提出了政治技能影响因素的模型。根据他们的观点，影响政治技能的主要因素包括：洞察力、控制、亲和力、主动影响及发展经验。

1）洞察力

洞察力作为一种能力，代表着个体对社会情境的敏感性和理解能力，以及调节自己行为的能力。它在政治技能的研究中扮演着重要的角色，特别是与社会机敏性和交际能力这两个维度相关。洞察力的核心在于个体能够敏锐地感知和理解周围的社会情境，包括人际关系、情感氛围和社交动态。在政治技能的背景下，洞察力能够帮助个体更好地理解组织中的权力结构、人际关系网络以及不同利益方之间的互动。这种理解有助于个体调整自己的行为，以适应不同的社会情境，从而更有效地运用政治技能。在洞察力的不同方面，自我控制尤为重要。自我控制是个体观察、调整和管理自己在社会互动中的表现的能力。具有较高自我控制能力的个体能够敏感地察觉自己在不同情境中的行为，以及这些行为可能对他人产生的印象。这与社会机敏性的概念有很大的联系，因为社会机敏性强调个体对他人的行为和情感的敏感性，以及在相应情境下做出调整。Ferris 等（2007）的研究支持了洞察力与政治技能之间的关系。早期的研究发现自我控制和尽责性与政治技能呈正相关。随后，他们进一步使用更广泛的政治技能量表，发现自我控制和尽责性与政治技能中的社会机敏性维度显著呈正相关。这些研究结果强化了洞察力在政治技能中的作用，特别是在理解和适应社会情境方面的作用。

2）控制

控制即个体对自身及周遭环境的操控程度，包含了心理控制源和自我效能。心理控制源描述了个体对于奖惩的一般预期，即个体是否认为这些奖惩源于个人的操纵，还是由外部他人或纯粹的运气主导。自我效能则体现了个体在何种程度上相信自身有能力策划和实施某一行为以达成特定成果，同时也体现了对环境的操纵感受。个体对于自己能够影响他人和环境的信念，源自对结果的期待以及过去的成功经验。正是有了这种信念，个体会在参与活动时投入更多资源，从而有助于人际影响方面的成功以及交际能力的增强。

3）亲和力

亲和力折射出个体友好、受欢迎和在人际关系中令人愉快的倾向。这种特质表现在外向性、宜人性以及积极情感上。通过对亲和力的观察，我们可以推测个体在人际互动中表现出的倾向，进而预测其在政治技巧方面的人际影响、交际能力以及显性真诚维度。因此，研究认为亲和力能够预测政治技能中的人际影响、交际能力以及显性真诚。Ferris等（1999）研究发现，积极情感和外向性与政治技能呈显著正相关。Kolodinsky等（2004）也发现，积极情感与政治技能之间存在显著的正相关。Liu等（2007）的研究则表明，外向性能够积极预测政治技巧水平。

4）主动影响

主动影响体现了个体强烈的行动倾向特征，这些个体愿意积极采取主动行动来实现目标，其中包括主动性和行动导向两个方面。主动性揭示了个体对于主动行为的人格特质，或者说个体在多大程度上愿意主动采取行动来对环境产生影响。主动性与政治技能中的人际影响和交际能力之间存在显著的正相关关系。行动导向则代表个体通过调节认知和行为来实现目标的能力。高度行动导向的个体能够有效地过滤无关的思想和冲动，将注意力集中在对实现目标有意义的行动上。这种行动导向有助于有效促进目标导向的行为，因此与人际影响和交际能力之间有强烈的关联。Liu等（2007）的研究表明，主动人格可以（proactive personality）积极地预测政治技能水平。

5）发展经验

上述四个影响因素主要涵盖了人格特质方面的要素，然而，政治技能并非仅限于人格特质的结合，它还可以作为一种可培养的习得行为表现。个体有能力通过特定的培训或相关经验来提升政治技能水平。例如，角色模仿和指导能够对政治技能的四个维度产生影响。

5. 政治技能的开发

如何基于政治技能在组织中的作用提高政治技能？Ferris等（2000）的研究中认为虽然政治技能在一定程度上是一个人身上固有的，但同时也是可以发展和塑造的，政治技能的发展将是一种潜在的新领域，并指出发展政治技能应分三步进行。第一步是自我评估和理解，即个体搜集在组织情境中自己的行为被他人知觉成什么样的信息。政治技能低的个体常常没有意识到他们的行为是无礼的、不老练的或被人认为是粗鲁的。因此应该最先自我评估和理解。第二步是通过指定的学习方法对政治技能进行塑造和发展。第三步，对个体政治技能方面的进步做出评估，他人如上级、同事、客户甚至是配偶都可以提供必要的反馈，基于这样的评估，个体可以调整目前的学习或进行新的学习。Ferris等（2000）提到四种政治技能的开发方法，分别是实践练习（practical exercises）、替代学习（vicarious learning）、沟通技能训练（communication skills training）以及戏剧法（dramaturgy）。

实践练习在课程中具有重要地位，其包括角色扮演和情境模拟等形式。在角色扮演环节，参与者被要求扮演在困难情境中的角色，如向上级表达对其决策的不同意见。此外，我们还能够在现有情境中引入新的因素或情节，以进一步拓展模拟情境，从而延长角色扮演的时间。通过这样的角色扮演练习，参与者能够在一段时间内亲身体验他们的行为对结果产生的影响。除了角色扮演，参与者还有机会进行情境模拟。在情境模拟中，一个场景会被描述出来，其中涉及一个政治技能较弱的个体。这一情境可以与另一个情境进行对比，后者则涉及一个具备高政治技能的个体。通过对比这两种情境，参与者能够更好地理解政治技能的重要性，并从中获取实际经验。这些实践练习不仅使参与者能够更好地应对各种挑战，还能够加深他们对政治技能的理解。通过亲身参与和观察情境模拟的发展，参与者能够获得有关行为与结果之间关系的深刻认识，从而在实际情境中更加自信地运用所学的技能。

替代学习，即通过观察他人的行为而获得知识，是培养政治技能的另一种方法。特别地，令受训者与在政治技能方面表现出色的导师或教练进行合作，可以促进受训者的政治技能发展。这可以通过将个体置于由导师领导的任务小组中，或者将个体纳入由政治技能高超的个人主导的计划中来实现。高水平政治技能的导师通过语言、面部表情、体态和手势等方式，向观察者传递有关影响产生方式的信息。关键在于确保个体能够与那些具有丰富政治技能和社会影响力的导师一同工作，并为他们提供充分的机会来探讨各种社会影响活动。因此，高效的导师不仅仅要参与政治技能影响活动，以便新手可以通过观察获得学习机会，还需要花时间深入讨论各种社会互动，以使新手充分理解导师采取特定方式行事的原因。这种交流和讨论可以帮助新手逐步掌握政治技能，从而在实践中更加自信和熟练地应用政治技能。

沟通技能训练是塑造政治技能的另一种有效方法，它将交际风格融入政治技能的运用中，将交际能力与政治技能有机结合，通过培养出色的交际能力来提升政治技能水平。领导者不仅关注他们所传达的内容，还注重如何传达内容、受众的感受以及信息的解释方式。作为组织的典型代表，领导者高度重视并关心他们所传递的形象，这是因为通过演讲、报纸杂志等媒体渠道，领导者的形象可以得到展示。因此，他们愿意在练习如何表达和展现良好形象方面投入大量时间与精力。戏剧法是一种为参与者提供从戏剧训练中获得学习经验的方法。通过戏剧训练，参与者有机会学习如何出色地表达情感，以及其他有效地扮演角色所需的行为。这种训练方式可以通过演练或戏剧班的形式，培养个体向他人传递信息、给人留下真诚印象的能力。

Ferris 等（2000）进一步强调，政治技能的运用不再局限于传统的"面对面"交往方式。科技的不断发展已经推动了一些交际工具的创新，如电子邮件和语音邮件等。那些具备高水平政治技能的个体，能够以真诚而具有说服力的方式，通过电子形式与他人进行交流。

5.2　领导向下管理

5.2.1　激励理论

1. 领导激励的概念与激励的功能

激励是领导工作中非常重要的一个环节。凯兹提出每个组织都须满足三项行为要求：一是不仅必须吸引人们参观组织，还要使他们留下来；二是人们必须完成本职工作；三是人们在工作中不只是例行公事，还必须表现出创造性和革新精神。这三个目标的实现，都离不开领导者对员工的激励。有专家研究发现：人具有很大的潜力，人们表现出来的潜能仅占一个人能力的 30%，还有 70%的潜能未能发挥出来。各级领导的重要责任之一，就是充分地开发和利用人的潜能，这就必须研究激励的方法与艺术。

1）领导激励的概念

激励是指领导者从组织目标和被激励者的需要出发，运用一定的手段方法，激活其行为动机，产生持续有效的行为，在满足被激励者自身需要的同时实现组织目标的过程。

领导激励就是领导者从领导活动的目标出发，通过一系列行之有效的方法和艺术手段来激励被领导者产生行动的动机或愿望，从而推动被领导者为达到领导活动的目标而采取积极的心态和积极的行动的一种领导行为。

从上面的定义可以看出，领导激励活动是以激励被领导者的动机为起点的，从而达到激励的目的。那么什么是动机呢？管理学家斯蒂芬·罗宾斯将动机定义为：个体希望通过高水平的努力来实现组织目标的愿望，其前提条件是这种努力能够满足个体的某些需要。而需要是指一种内部状态，它使人感到某种结果具有吸引力。需要未被满足时就会产生紧张感，进而激发个体的内驱力，这种内驱力会导致个体寻求特定目标的行为。如果最终目标实现，则需要得以满足，紧张得以解除。根据需要、动机、行为之间的相互关系，心理学家将激励的过程理解为：人的一切行为都是由某种动机引起的，而人类有目的行为的动机都是出于对某种需要的追求。未满足的需要是产生激励的起点，进而导致某种行为。行为的结果可能使需要得到满足，之后再发生对新需要的追求；行为的结果也可能是失败，追求的需要未得到满足，由此产生积极的或消极的行为。积极的行为是把未得到满足的需要作为重新努力的动力，分析原因、总结教训，通过主观的努力，克服障碍达到目标。消极的行为则表现为屈服、撤退。

2）激励的功能

正确、完善的激励机制可以使人变消极为积极，最大限度地发挥自身的聪明才智，保持工作的有效性和高效率。任何人都需要激励，如果没有激励，人的积极性就会因得不到必要的补偿而被削弱直至完全丧失。而没有积极性，就没有创造力，就没有工作效率，也就没有队伍战斗力。可见，激励具有以下功能。

（1）鼓舞员工士气。激励的最直接体现就是精神面貌的改善，原有的因需要未满足或工作失误等而产生的紧张心态也随之消失。不仅如此，在很多情况下，有效的激励还可以唤起员工更强烈的使命感，对其积极性的调动有着极为重要的影响。松下幸之助在陪同客人参观时，常常会这样郑重地介绍自己的员工："这是我最信任的员工。"美国著名企业玫琳凯有一段经验之谈，她说："你要是能使一个人感到他十分重要，他就会欣喜若狂，就能发挥冲天的干劲，小猫就会变成大老虎。"这一点很值得思考和践行。

（2）提高员工素质。个体为实现目标，不但能改变其手段，而且能通过学习提高其素质。学习与实践的方式是多种多样的，但激励是其中最能发挥作用的一种，通过激励来控制和调节人的行为趋向，会给学习与实践带来巨大的动力，能使人的自身素质不断提高。

（3）加强组织的凝聚力。激励能够满足员工得到尊重、社交等多方面的心理需要，协调人际关系，进而增强组织的凝聚力。例如，西门子公司通过公司领导与职工谈心的方式，加强思想沟通，让公司的员工感受一种"家庭式"的关怀，从而获得员工对组织的向心力和凝聚力。行为科学家通过调查研究发现：对一种个体行为的激励，会消除某种群体行为的产生。也就是说，激励不仅仅作用于个人，而且还间接影响其周围的人。激励有助于形成一种竞争气氛，对整个组织都有着至关重要的影响。

（4）提高组织绩效。员工的需求往往同组织的需求结合在一起。个人需求的满足是员工行为的基本动力，它们与组织的需求之间既有一致性，又存在着诸多差异。组织进行激励的目的正是希望通过员工的满足、素质的提高、凝聚力的加强，使员工的个人目标与组织目标统一，实现组织绩效的飞跃提升，这也是激励的预期目标。

2. 马斯洛的需要层次理论

1943 年，马斯洛在其《人类动机理论》中提出了"需要层次理论"。1954 年又发表了《动机与人格》，使需要层次理论更加成熟，宣告了人本主义心理学的诞生。这引起了美国心理学界的广泛关注，产生了不小的冲击和震动。需要层次理论的基本内容如图 5-1 所示。

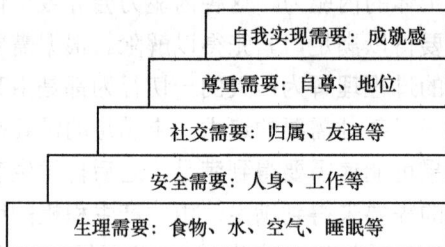

| 自我实现需要：成就感 |
| 尊重需要：自尊、地位 |
| 社交需要：归属、友谊等 |
| 安全需要：人身、工作等 |
| 生理需要：食物、水、空气、睡眠等 |

图 5-1　马斯洛的需要层次理论

（1）生理需要。生理需要是人类最原始的、最基本的需要，是人类生存与繁衍的基础。包括食物、水、空气、睡眠等。马斯洛认为，除非人的这一需要获得持续的和实质的满足，否则就不会有发展其他需要的机会。当一个人为生理需要所困时，其他一切需要都要退居次要的地位。领导者只有建立合理的薪酬和福利待遇体系，使员工寝食无忧，并创造良好的工作环境和工作条件，员工才能够全身心地投入工作。

（2）安全需要。保护自己免受生理和心理伤害的需要，包括对人身安全、生活稳定以及免遭痛苦、威胁或疾病等的需要。从时间上划分，可以分为两类：一类是现在的安全的需要，即要求自己现在的社会生活的各个方面都有所保证；另一类是对未来安全的需要，即希望未来生活能有所保障。与生理需要一样，在安全需要没有得到满足之前，人们唯一关心的就是这种需要。这种需要包括人们对劳动安全、职业安全的要求，以及希望生活稳定、免于灾难、未来有保障，如员工要求劳动防护、社会保险、建立退休金等。假使一个人的生理需要已基本上获得满足，接下来就会出现新的安全需要。领导者为员工建立一个相对安全、稳定的工作大环境，就能稳定员工队伍，激励员工产生向上的情绪和心态。

（3）社交需要。社交需要，也被称为归属与情感需要，是个体对归属感和情感联系的需求。作为社会中的个体，在基本的生存需要得到满足之后，社交需要成为一种强烈的内驱力。个体渴望被爱，愿意与同事建立友谊，渴望获得领导的信任，同时也渴望找到自己的归属感，成为一个群体的一员。人们常常希望获得情感上的满足，愿意与他人建立深入的情感联系，这有助于满足他们对爱与亲密关系的渴望。此外，个体也渴望在工作环境中获得认同和被重视的感觉，这有助于建立积极的合作关系。通过与同事、领导以及其他社会团体建立联系，个体可以获得归属感，从而更好地融入社会结构。人们参与各种党派、团体，甚至是同学会、同乡会等组织，正是对社交需要的一种体现。

在马斯洛的需要层次理论中，这一层次与前两层次截然不同，代表了更高层次的需要。前两个层次的需要主要关注物质激励因素，而这一层次则强调对精神激励的追求。这些需要的满足与员工的精神状态和工作态度密切相关。例如，如果员工的社交需要得不到满足，可能会导致对上级领导的不满，从而影响工作效率、降低工作积极性，甚至可能引发辞职。为了满足组织成员的社交需要，领导者需要创造一种相互协作、互相尊重的工作氛围。这可以通过建立良好的沟通制度来实现，从而促进成员之间的交流和沟通。

（4）尊重需要。内部尊重因素（如自尊、自主和成就）、外部尊重因素（如地位、认可和关注）既包括对成就或自我价值的个人感觉，也包括他人对自己的认可与尊重，这些都是"健康人"所具有的一种更高层次的自我肯定性的需要。领导者讲究激励艺术就要营造尊重的氛围，既要帮助员工树立正确的尊重观，又要及时地给予员工适当的认可，使其认识到自身在组织中的重要地位，从而起到有效激励的作用。领导者一方面要通过提供有挑战性的工作、使工作内容丰富化等方式来满足员工内部尊重需要；另一方面，要通过晋升、授予个人荣誉等方式来满足员工外部尊重需要。

（5）自我实现需要。自我实现是人在满足前四种需要之后所产生的最高层次的人性动机和欲望，它的本质就是人性的充分实现，是人的天赋、潜能、才能等人性力量的充分实现或人成为人的完成，也就是"一个人越来越成为独特的那个人，成为他所能够成为的一切"。因此，自我实现是一种追求个人能力的内驱力，表现为一个人希望发挥自己的全部潜能。处于自我实现需要层次的员工一般希望自己独立解决问题，认为自己有这种能力，他不需要公司规章制度管制就能积极地为组织工作，自觉性非常高。在这种情况下，有很多处于自我实现需要层次的人可能过分关注这种最高层次的需要的满足，以至于自觉或不自觉地放弃满足较低层次的需要。领导者对这种员工要以潜能开发激励为主，通过各种方式培养他们，适当地授权，并根据个人特点委以重任，为他们搭建自我实现的平台，员工就会全力以赴地去工作，并发挥出很大的潜力和创造力。

1）各需要层次间的关系

马斯洛认为人类价值体系中存在着两类不同的需要，一类是沿着生物谱系上升方向逐渐变弱的本能和冲动，称为低级需要和生理需要。这部分位于层次底部的需要比上部的需要更为有力、更为强烈，这与动物所拥有的需要更加类似。另一类是随生物进化而逐渐显现的潜能和需要，称为高级需要，是人类所特有的。他估计在现代文明社会中，五个层次的需要占比为：生理需要为85%，安全需要为70%，社交需要为50%，尊重需要为40%，而自我实现需要为10%。

这五种需要从低到高顺序排列，但这种顺序不是完全固定的，可以有变化，也有例外情况。我国古代的"廉者不受嗟来之食"，就突出地表现出需要层次的这种顺序变化。

但在通常情况下，需要的发展遵循"激活律"。一个层次的需要相对得到满足之后，就会向高一层次发展。对一个个体来说，这五种需要不可能完全满足，越到上层，满足的百分比越小。

在同一时期内，可能同时存在几种需要，因为人的行为是受多种需要支配的。正如任何人都要吃饭穿衣一样，任何一种需要并不会因为下一个高层次需要的发展而消失，各层次的需要相互依赖与重叠，高层次的需要发展后，低层次的需要仍然存在，只是对行为影响的比重减轻而已。但是，每一时期内总有一种需要是占支配地位的。领导者的激励工作应该主要针对占支配地位的主导需要来采取措施。例如，有些企业针对其员工重视社交需要的特点，选择在员工过生日时发给其家里真正需要的东西作为奖品。

自我实现需要的产生有赖于前面的生理需要、安全需要、社交需要和尊重需要的满足，马斯洛把这些需要得到满足的人叫作基本满足的人，这种人具有最充分、最旺盛的创造力。应该注意的一点是，一种需要得到满足之后，就不再是一种激励力量。

2）马克思主义中的需要层次

马克思主义认为，人的需要是客观性的多层次、多因素的系统。人的需要是层见叠出、多种多样的，分析人的需要的内在结构，可以对其分门别类。从起点区分，人的需要可分为自然性需要和社会性需要。自然性需要是人类从生物进化、遗传而来的生物性需要，是人类存身活命、繁衍生息的本能。譬如，与一切有机生命相同，人与生俱来地需要占有阳光、空气、水分和食物。但是，与其他生物体不同，即便这种生物性需要也是人的需要。人吃饭不仅为果腹，穿衣不仅为蔽体，人还要追求珍馐美馔、锦衣华服。人的自然性需要是中性的，不好也不坏，是人类无限丰富和无限发展的需要的物质前提。社会性需要是基于人的本质而产生的社会对人的要求在人的需要上的直接体现。例如，社会交往、劳动实践、民主权利、组织归属等。社会性需要是人类独有的，是将人与动物区别开来的本质规定性之一。

马克思既从社会历史的普遍联系中去认识人的需要，又把人的需要作为剖析历史与现实的切入点，从而将人的需要划分为三个层级：生存需要、享受需要、发展需要。生存需要是人类为了保持生命的存活与延续而产生的最本初、最根本的需要。享受需要是人类优化生存状况，提升生活品质，对更加安逸、怡情和舒坦的生活的需要。发展需要是人类延展和体现自身生命力，挖掘和展示自己体力与智力的潜能，以不断提高的素质推动人类社会进步的需要。生存需要是享受需要和发展需要的根基，人类是在生存需要获得大体和比较稳固的满足的基础上派生出享受需要和发展需要。但是享受需要与发展需要并不是生存需要的附庸，三者各自有其独立的功能，并且构成一个密切相连、不可割裂的统一系统。三种需要并不是泾渭分明的机械排序，在一定条件下，个体需要的产生并非循序而进，不同层次的需要也可能同时存在。

3. 赫兹伯格的双因素理论

赫兹伯格（Herzberg）建立了另一种流行的基于需求的激励理论，被称为双因素理论。赫兹伯格采访了数百名员工，询问他们在工作中被高度激励的时刻，以及感到不满、没有受到激励的时刻。他的研究发现，与不满相关联的工作性质和那些与满意相关联的工作性质存在很大区别，这促使他得出了两个影响工作激励的因素。

赫兹伯格认为，两个完全独立的维度影响着员工在工作中的行为。第一个维度称作保健因素，包括工作中不满因素存在与不存在的状态，如工作条件、报酬、公司政策和人际关系。当缺乏保健因素时，工作就会令人不满。这一点与马斯洛的缺失性需要相似。好的保健因素能够消除不满，但它本身并不能使人们达到高满意度并在工作中受到激励。

第二个维度是影响工作满意度的因素。激励因素能满足高层次需要，例如，成就感、认同感、责任感和成长机会。赫兹伯格认为，当激励因素存在时，员工会被高度激励，并且得到满足。因此，保健因素和激励因素代表着两种影响激励的不同因素。保健因素作用于低层次需求，它的缺乏会引起员工的不满，但即使纠正了这些情况也不能带来高水平的工作热情与满意度。高水平的激励因素，如挑战性、责任感和认同感得到满足，员工才能被高度激励。玛氏公司（Mars Incorporated）的领导者成功地运用双因素理论为员工提供保健因素和激励因素，因此同时满足了员工的低层次与高层次需要。

4. 弗鲁姆的期望理论

期望理论是过程型激励理论中的一个主要流派，起源于心理学家阿特金森（Atkinson）的研究。然而，在 1964 年，心理学家弗鲁姆（Vroom）在其著作《工作与激励》中对这一理论进行了进一步发展和完善，从而使其成为一个正式的过程激励理论。期望理论着重分析人们的努力行为与所获得的最终奖励之间的因果关系，以此解释激励过程，并提出人们选择适当行为以实现最终奖励目标的理念。期望理论认为，在理性个体的前提下，行为倾向的强度取决于两个关键因素：对该行为可能结果的期望程度以及这些结果对行为者的吸引力程度。换句话说，激励水平由员工对于通过付出努力可能达到某种结果的可能性的预期强度，以及实现这些结果对满足个人需要的吸引程度共同决定。激励力量（motivation）= $\sum$ 效价（valence）×期望值（expectancy），用符号表示为 $M = \sum V \times E$。

1）效价

效价是指个体对其从事的工作或行为所要达到的目标的估价，也可以被理解为被激励对象对于行为结果的重视和渴望程度。效价受多种因素影响，其中包括目标对被激励对象的重要性以及被激励对象所处的环境等。具体而言，某人对于实现某种结果的渴望程度可被称为目标效价，其数值范围在–1 与 1 之间。当某个结果对某人极为重要时，其效价接近 1；而当某个结果对某人不太重要或者他对其漠不关心时，其效价接近于 0。如果某人对某个结果感到担忧或害怕，那么其效价可能为负值。例如，如果一个人不愿意旅游，而组织给他的奖励是免费旅游，那么对于这个人来说，旅游的效价就是负值。

2）期望值

期望值是指个人主观判断达成目标并能导致某种结果的概率，是个人对某一行为导致特定成果的可能性或概率的估计与判断。一般用概率来表示，其数值位于 0～1。这种主观概率受每个人的个性、情感、动机的影响，所以人们对这种可能性的估计也不一样。个体认为可能性越大，吸引力就越大；反之则越小。显然，只有当人们对某一行动成果的效价和期望值同时处于较高水平时，才有可能产生强大的激励力量。

3）激励力量

激励力量是直接推动或使人们采取某一行为的内驱力，是调动人的积极性、激发人的潜力的程度。通俗地讲，激励力量是反映个体受到激励的强度，即激励有效性的大小。由于激励力量的程度取决于效价（V）和期望值（E）组合，因此大致会出现以下几种情况。

（1）V 高×E 高=M 高。

（2）V 中×E 中=M 中。

（3）V 低×E 低=M 低。

（4）V 低×E 高=M 低。

（5）V 高×E 低=M 低。

由此可知，要想 M 高，则 V 和 E 都需要高，否则这件事对被激励对象来说就缺乏激励力量。

4）应处理好的三种关系

（1）努力与绩效的关系。人们总是希望通过一定的努力实现预期的目标。如果个人主观认为实现目标的概率很高，就会有信心，并激发出很强的工作力量；反之，如果他认为目标太高，付出努力也不会有很好的绩效时，就失去了内在的动力，导致工作态度消极。所以，领导者在实施激励之前，应该对"如果我付出了最大努力，能否在绩效评估中体现出来？"这一问题做出明确的回答。另外需要指出的是，能否达到预期的目标不仅取决于个人是否努力，还取决于环境的影响，这是由主观条件和客观条件相互作用而决定的一个函数。

（2）绩效与奖励的关系。人总是希望取得成绩后能够得到奖励，当然这个奖励也是综合的，既包括物质上的，也包括精神上的。如果他认为取得绩效后能得到合理的奖励，就可能产生工作热情，否则就可能没有积极性。"如果我获得了好的绩效评估，能否得到组织奖励？奖励是否必然与绩效有关？"领导者对这一问题的基本态度直接影响着激励水平。

（3）奖励与满足个人需要的关系。人总是希望自己所获得的奖励能满足自己某方面的需要。由于人们在年龄、性别、资历、社会地位和经济条件等方面都存在着差异，因此他们对各种需要要求得到满足的程度就不同。因此，对于不同的人，采用同一种奖励办法所能满足的需要程度不同，能激发出的工作动力也就不同。"如果我得到奖励，我是否认为它们对我具有吸引力？"得到的奖励和希望得到的奖励是否一致，也直接影响着激励水平。

弗鲁姆的期望模型如图 5-2 所示。

努力与绩效的关系	绩效与奖励的关系	奖励与满足个人需要的关系

个人努力	取得绩效	组织奖励	个人需要

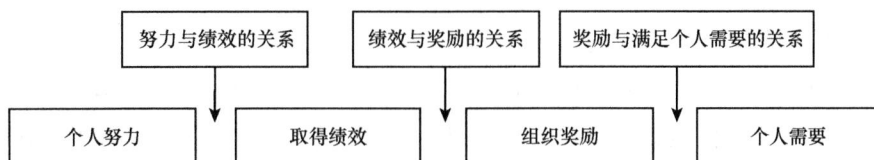

图 5-2　弗鲁姆的期望模型

下面是 MTW（The Manitowoc Company，马尼托沃克公司）和员工签订"期望协议"的案例，从案例中我们可以看出 MTW 是如何通过提高结果的个人价值，来激励员工更加努力工作的。

MTW 的销售额从 1996 年的 700 万美元跃升到 2000 年的近 4000 万美元，并建立了以人为本的文化，使公司从当初的 50 人发展到 215 人，人员流动率约为行业标准的 20%。公司总裁兼 CEO 认为：MTW 成功的基石在于公司和每位员工签订的"期望协议"。

"期望协议"的价值在于"换位思考"。在此过程中，每一方都说出他的目标，然后由他人再次重复目标。加入 MTW 的每一位员工都要签订一份"期望协议"，MTW 鼓励新员工提出所有的期望。这个过程让员工说出他心目中最重要的东西。比如，人们想灵活地处理家庭事务，照顾上了年纪的父母或者需要特殊照顾的孩子。

在 MTW，"期望协议"是一个双向的、伴随员工的职业发展不断改进的方案，大约每六个月就要对它进行一次回顾，并进行修改。人们有较清晰的使命感，"公司知道你的职业发展，你也知道公司发展的方向"。

5. 亚当斯的公平理论

亚当斯（Adams）从认知失调理论出发，对工资报酬分配对职工积极性的影响进行了长期的研究。他提出了一种新颖的激励理论，即公平理论。该理论侧重于研究工资报酬分配的合理性、公平性及其对职工生产积极性的影响，其内容如下。

1）公平是激励的动力

公平理论认为，人能否受到激励，不仅由他们得到了什么而定，还要由他们所得的与别人所得的相比是否公平而定。

2）参照物的选择

参照物在公平理论中是一个重要的变量。根据公平理论的观点，员工选择的参照物并不一定是单一的，他们可能会选择以下四种不同类型的参照物。①自我-内部：员工会将自己在当前组织内不同岗位上的经验和付出作为参照物。他们可能会比较自己在不同职位上的工作情况，来评价工资分配的公平性。②自我-外部：员工可能会将自己在当前组织外部的职位或情境中的经验作为参照物。他们可能会与其他行业、组织或地区的工资水平进行比较，来判断自己的工资是否公平。③他人-内部：员工可能会将同一组织内其他个体或群体的工资和待遇作为参照物。他们可能会与同事、同岗位的人员或其他团队进行比较，以确定自己的工资是否与同事相当。④他人-外部：员工可能会将组织外部的其他个体或群体作为参照物。

3）公平方程式

亚当斯认为，一个人对其所得到的报酬是否满意，不只是看其绝对值，还要看相对值，即每个人把个人的报酬与贡献的比率同他人的比率作比较。若比率相等，则认为公平合理，感到满意；否则，就会感到不公平，产生不满情绪，从而影响工作。为此，员工会进行种种比较来确定自己所获报酬是否合理，具体说，存在两种比较。

一种是横向比较，即他要将自己获得的报酬（不仅指薪酬、物质待遇等，也包括地位、声望、尊重、工作的整个环境等）与自己的付出（包括教育程度、所付出的努力，用于工作的时间、精力和其他无形损耗等）的比值与组织内其他人作比较，只有相等时他才认为公平。

另一种是纵向比较，即把自己目前付出的努力与目前所获的报酬的比值，同自己过去付出的努力与过去所获报酬的比值进行比较，只有相等时才认为公平。

横向比较为

$$\frac{当事者所得报酬}{当事者所作付出} = \frac{参照者所得报酬}{参照者所作付出}$$

纵向比较为

$$\frac{当事者现在所得报酬}{当事者现在所作付出} = \frac{当事者过去所得报酬}{当事者过去所作付出}$$

在进行横向比较时，若"="变成"<"，他可能要求增加自己的收入或减少自己今后的努力程度，以便使左边增大，趋于相等。若"="变成">"，他可能要求减少自己的报酬或开始自动多做些工作，久而久之，他会重新估计自己的技术和工作情况，直至终于觉得确实应当得到那么高的待遇，达到公平的心理平衡状态。

在进行纵向比较时，若"="变为"<"，他会觉得不公平，除非给他增加报酬，不然，他的工作积极性会下降。若"="变为">"，一般来说，他不会觉得所获报酬较高，因为他可能认为自己的能力和经验已提高，其工作积极性不会因此而提高。

需要指出的是，亚当斯认为，当事者能察觉和体验到不公平（无论委屈还是内疚），当事者与参照者的公平指数之差必须达到或超过某一心理学上称为阈限的临界值，低于此阈限，当事人则认为是公平的或是可以忍受的。

在我国的具体实践中，我党也充分发挥了公平理论对人民群众的激励效果——改革开放后，我国没有采用更理想的按需分配的制度，而是施行以按劳分配为主体、多种分配方式并存，并以初次分配、再分配、第三次分配协调配套的制度；没有沿用更均等的平均主义，而是引进竞争机制；没有因袭单一的全民所有制，而是实施公有制为主体多种所有制经济共同发展的所有制制度。原因何在？就是要建立更高效、更全面的激励机制，以此"充分激发全体人民的积极性主动性创造性"[①]这个核心动力。

6. 波特-劳勒的综合激励模型

波特（Porter）和劳勒（Lawler）以期望理论为基础，开发出了一个更全面的激励模

---

① 《十四届全国人大一次会议在京闭幕》，https://www.gov.cn/xinwen/2023-03/13/content_5746528.htm，2023年3月13日。

型，如图 5-3 所示。

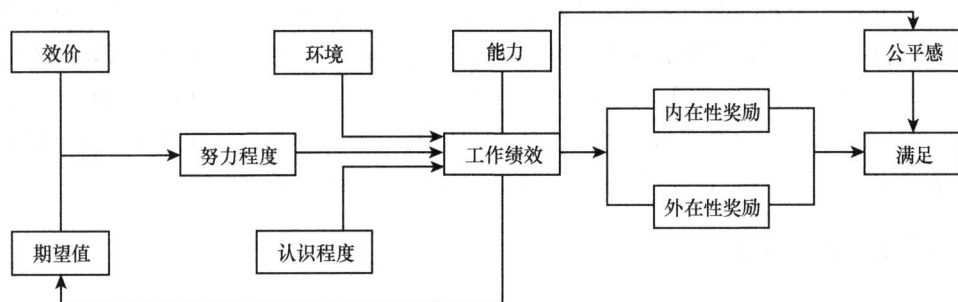

图 5-3　波特-劳勒的综合激励模型

如图 5-3 所示，一个人的努力程度（激励的强度和发挥的能量）取决于效价（报酬的价值）和期望值（通过努力达到高绩效的可能性及该绩效导致特定结果的可能性）。个人实际能达到的绩效高低不仅取决于其环境和努力程度高低，还受到个人能力的强弱以及对任务认识程度深浅的影响。个人所应得到的奖励应当以实际达到的绩效为前提。因工作绩效带来的奖励有些是内在性奖励(如成就感或自我实现感)，有些是外在性奖励(如工作条件和地位)。个人对于所受的奖励是否满意以及满意的程度如何，取决于受激励者对所获报酬的公平感。如果认为报酬是公平的，将导致个人的满足；否则，则相反。个人是否满意以及满意的程度将会反馈到其完成下一个任务的努力过程中。

波特和劳勒根据这个模型，提出了以下七个步骤来改进管理人员的激励工作：①判断出每个人想要的结果；②确定组织目标需要怎样的业绩表现；③确认这个业绩是可以达到的；④将个人想象的结果和组织所需的工作表现相联系；⑤对各种冲突、矛盾的预期情形进行全面的分析；⑥确保优厚的报酬；⑦确保整个制度的公平性。

波特和劳勒的激励模式是迄今为止一种比较全面的激励模型，是对激励系统比较全面和恰当的描述，它告诉人们：激励和绩效之间并不是简单的因果关系。要想激励能产生预期的效果，必须考虑到奖励内容、奖励制度、组织分工、目标设置、公平考核等一系列的综合性因素。

7. 麦克利兰的成就需要理论

心理学家麦克利兰（McClellan）研究人的高层次需要与社会性的动机，提出了成就需要理论。他认为，人的高级需要主要是成就需要、权力需要和归属需要，并以成就需要为主导。

（1）成就需要。争取成功并希望做得最好的需要。成就需要较高的人，对工作的胜任感和成功有强烈的要求。

（2）权力需要。影响和控制他人的需要。权力需要较高的人喜欢支配、影响他人，喜欢对别人发号施令，注重争取地位和影响力。权力需要是成功管理的基本要素之一。

（3）归属需要。建立友好亲密的人际关系的需要。高归属需要者渴望友谊，喜欢合作而不是竞争的环境，希望彼此理解。麦克利兰指出，注重归属需要的管理者容易因为讲交情和义气而违背或不重视管理工作原则，从而导致组织效率下降。

在大量研究的基础上，麦克利兰对成就需要与工作绩效的关系进行了十分有说服力的推断。首先，高成就需要者喜欢能独立负责、可以获得信息反馈和中等冒险的工作环境；其次，高成就需要者并不一定就是一个优秀的管理者，尤其对规模较大的组织而言；再次，归属需要和权力需要与管理的成功密切相关，最优秀的管理者是权力需要很高而归属需要很低的人；最后，可以通过训练来激发员工的成就需要。

8. 斯金纳的强化理论

强化理论是由心理学家斯金纳（Skinner）提出的。该理论认为，为了达到某种目的，主体会采取一定的行为，这种行为将作用于环境，当行为的结果对其有利时，这种行为就会重复出现；当行为结果不利时，这种行为就会减少或消失。这就是环境对行为进行强化的结果。因此，管理者要采取各种强化方法，使员工的行为符合组织的目标。

根据强化的手段和性质的不同，可分为以下三类。①正强化，即奖励那些组织需要的行为，从而使其重现。②负强化，即惩罚那些与组织不相容的行为，从而减少这种行为。③自然消退，即取消正强化，对某种行为不予理睬，以表示对该行为的轻视或某种程度的否定。实践表明，一种行为长时期得不到正强化，会逐渐消失。

强化理论在具体应用中应遵循以下原则：①要有目标体系，遵循目标强化的原则；②分阶段设立目标，并对目标予以明确的规定和表述；③要依照强化对象的不同采用不同的强化措施；④贯彻及时反馈、及时强化的原则；⑤遵守正强化与负强化相结合、连续强化与间断强化相结合的原则；⑥贯彻公开、公平、公正的强化原则。

强化理论有助于对人们行为的理解和引导，但它的缺点是只讨论了外部因素或环境刺激对行为的影响，忽略了人的内在因素和主观能动性对环境的反作用，具有机械论色彩。

9. 归因理论

归因理论是由心理学家海德（Heider）首先提出的，后由凯利（Kelley）、维纳（Weiner）等人予以完善。归因理论认为，人们对过去的成功和失败常作以下四种归因：①努力程度；②能力大小；③工作任务的难易程度；④运气与机会的好坏程度。以上四个因素按照内因与外因、稳定与不稳定划分，如表 5-2 所示。

表 5-2 归因理论四因素的划分

稳定性	内在性	
	内因	外因
稳定	能力大小	工作任务的难易程度
不稳定	努力程度	运气与机会的好坏程度

归因理论认为，如果把失败的原因归于稳定的内外因素，就会使人信心动摇，努力程度就会降低；而如果把失败原因归于不稳定的内外因素，行为者就会增强信心，继续保持努力行为，争取成功的机会。归因理论的启示是，领导者应该在下属工作遭受失败

后，帮助他们寻找原因（归因），引导他们继续保持努力行为，争取下一次行为的成功。

10. 奥尔德弗的 ERG 理论

ERG[①]理论是由奥尔德弗（Alderfer）于 1972 年提出的。该理论是一种与需要层次理论密切相关而又有所不同的理论。他把人的需要分为三类。①生存需要。这类需要关系到机体的存在或生存，包括衣、食、住以及工作组织为使其得到这些因素而提供的手段。这类需要相当于需要层次理论中的生理需要和安全需要。②关系需要。这是指发展人际关系的需要。这种需要通过工作中或工作以外与其他人的接触和交往得到满足。它相当于需要层次理论中的尊重需要中的外在部分。③成长需要。这是个人自我发展和自我完善的需要。这种需要通过个人的潜力和才能的发挥得到满足。这相当于需要层次理论中的尊重需要的内在部分和自我实现需要。

ERG 理论并不强调需要层次的顺序，它认为某种需要在一定时期内对行为起作用，而当这种需要得到满足后，可能去追求更高层次的需要，也可能没有这种更高的追求；ERG 理论认为某种需要在得到基本满足后，其强烈程度不仅不会减弱，而且可能会增强；ERG 理论包括挫折–倒退维度，当较高层次的需要受到挫折时，主体可能会退而求其次。

ERG 理论在需要的分类上并不比需要层次理论完善，对需要的解释也并未超出需要层次理论的范围。如果认为需要层次理论是带有普遍意义的一般规律，那么，ERG 理论则偏重带有特殊性的个性差异。

ERG 理论在监狱中得到了广泛的应用。监狱企业、监狱企业集团公司及其分公司、子公司是改造罪犯工作的组成部分，其主要任务是为监狱改造罪犯提供劳动岗位，为改造罪犯服务，不同于以营利为目的的社会企业，要讲效益。这进一步明确了监狱企业的性质是一种特殊的国有企业。针对监狱企业，ERG 理论激励模式在监狱企业中的工作原理就在于对罪犯的各种需要进行分类归纳，以此为据采取多样化的、有针对性的激励措施，保证罪犯的需要与监狱企业的目标达成一致。

从生存需要来说，监狱企业罪犯的生存激励因素主要包括加餐、生活用品奖励、劳动报酬等有利于罪犯改善生活条件的物质性和经济性激励。从关系需要来说，关系激励因素在监狱企业中的主要表现方式为情感关怀和家庭支持系统。从成长需要来说，成长激励因素主要体现在对罪犯的减刑、假释、记过、表扬、积极分子评定、教育培训等可以帮助罪犯早获新生或是实现再社会化的措施。无论他们的服刑时间是多久，最终的愿望都是早日获得新生。ERG 理论激励模式的目的在于促进监狱企业获取经济效益和改造罪犯双重目标的实现，因此，在其实施过程中，应关注罪犯、民警和监狱企业三者目标的一致性。对监狱企业而言，民警的积极参与使得监狱企业的罪犯管理回归人本理念、尊重人性，这种做法在一定程度上消除罪犯被强制改造、强制从事劳动生产的排斥心理，使得监狱企业生产中的罪犯更加愿意通过自己的付出来满足自身的需要。与此同时，在对罪犯需要进行搜集和分析时，对罪犯的目标需要进行引导和管理，使得 ERG 理论激励

---

①生存（existence）需要、关系（relatedness）需要和成长（growth）需要。

模式在发挥作用时可以做到对症下药，避免管理手段的单一导致管理效果的适得其反，形成"需要—行为—目标"之间的良性循环。

5.2.2 领导力反馈

1. 领导力反馈的内涵

在组织中，反馈就是指来自领导或者同事的评价性信息。据一家管理咨询公司的调查，39%的员工声称他们在工作中感受不到认可；定期对员工反馈的公司，员工流动率相比于其他公司要低14.9%；如果员工感受不到管理者的重视，那么他们丧失工作积极性的概率会增加一倍；如果管理者能够聚焦于员工的长处，那么员工的敬业度会提升30倍；98%的员工在得不到足够反馈或没有反馈的情况下会产生消极感受或挫败感；69%的员工表示，如果自己的努力能得到认可，工作上会更认真、更投入；78%的员工表示，受到认可能激励自己在工作中表现得更好。

积极反馈是指领导认为员工的工作行为与想法比规范标准更具创造力而给出的相对认可性、支持性的反馈，而消极反馈就是指领导认为员工的工作行为与想法的创造性低于规范标准而给出的否定性、不支持性的反馈。

基于前人研究，我们将领导力反馈定义为：将个体创造力与规范或者情境标准相比较，员工收到来自领导层面的通过言语、行为或者其他方式表达的正面结果或者负面结果。

领导力反馈研究在我国尚未全面展开，但是已有学者开展了相关概念的研究，因此，有必要厘清领导反馈与相关概念的不同点，具体比较如表5-3所示。

表5-3 领导力反馈与相关概念比较

概念	定义	区别于领导力反馈
发展性反馈	领导为员工提供具有发展性、旨在提高员工的知识技能和工作绩效的一系列反馈信息的行为	领导反馈既包括积极的，也包括消极的；而发展性反馈尽管有时可能包含负面信息，但是它仍然是以未来为导向和以信息为本质的，仍然带着积极属性
上级认知信任反馈	上级认知信任反馈指员工接收到和感知到的上级对自己工作能力、技术和相关知识的信任	领导力反馈着重于领导提供的反馈方式以及信息的不同性质；上级认知信任反馈可以作为一种状态变量，侧重于通过反馈提升个体的认知信任水平
反馈环境	日常工作环境中领导与员工、同事与同事之间的反馈情境，而不是组织定期的正式的绩效反馈行为	领导力反馈着重于反馈行为本身，而反馈环境是从另一个角度强调与反馈相关并能影响反馈行为效果的所有环境因素

2. 领导力反馈的相关研究

国外研究主要聚焦于解释组织成员工作绩效、个体动机、行为策略等方面。首先，在工作绩效方面，Harackiewicz 和 Larson（1986）最早提出当领导在反馈内容中表现出更多的对员工能力的肯定时，可以有效激发下属的内在动机，从而提高下属的工作兴趣。随后 Jaworski 和 Kohli（1991）通过实证研究验证了领导反馈对销售人员的绩效以及满意度具有显著的效果，根据反馈的轨迹将反馈分为输出与行为，根据反馈的效价分为积极和消极，以此形成四种反馈类型，其中积极的输出反馈总体效果最强，而积极的行为反馈对员工满意度效果最佳，但是，消极的输出反馈以及消极的行为反馈并没有减少销售人员的业绩，也没有降低员工对领导的满意度。Moss 和 Martinko（1998）通过模拟验证了领导者对绩效差的员工的反馈意见受到绩效归因和结果依赖的显著影响。Gaddis 等（2004）发现员工们相比积极的领导，通过消极的领导会感知到更低的领导有效性以及更低的团队任务的绩效质量，这表明，预防性目标相比促进型目标会更强烈地受到消极领导的影响。Idson 和 Higgins（2000）也验证了这一点：将反馈的结果分为成功和失败，成功反馈更能激发个体促进型调节焦点的员工在后续工作提升绩效，而失败反馈则更能有效地促进防御型调节焦点的员工在后续工作中提升绩效，因此，成功反馈与失败反馈对个体绩效的作用机制不一样，但是效果一致。

其次，在个体动机方面，Forster（福斯特）等在 2001 年的研究发现：成功反馈与成就型动机正相关，而失败反馈与避免性动机正相关。van-Dijk 和 Kluger（2004）基于调节焦点理论揭示了反馈效价（积极和消极）对个体动机的影响过程。

最后，在行为策略方面，Belschak 和 den Hartog（2009）进行了研究，探讨了领导反馈的效价（积极和消极）、反馈途径（私人和公开）以及二者之间的交互对员工情绪反应、公民行为、反生产行为、离职倾向和情感承诺等因素的影响。另外，Kacmar 等（2003）结合领导印象管理和反馈，研究了这些因素对员工态度和行为的影响。研究结果显示，相对于积极反馈，消极反馈更可能导致员工对领导产生负面评价，对绩效评估做出负面反应，并对领导的反馈意图产生负面评价。我国研究相对较少，主要都是用模拟情境模拟不同类型的领导反馈以此考察对下属行为的影响。王永丽和时勘（2003）通过模拟情境考察了领导反馈效价（积极和消极）和反馈途径（私人和公开）在我国情境下对下属积极整合行为、冲突行为以及中立行为的影响。李东方等（2013）根据不同效价的领导反馈探索对员工创造力的影响模型，领导积极反馈可以通过心理资本正向促进员工的创造力水平，而领导消极反馈也可以通过心理资本负向影响员工创造力。此外，李磊等（2012）通过模拟研究，也验证了领导反馈效价、反馈风格和下属调节焦点对个体的创造力的交互作用显著。李圭泉等（2014）研究发现领导反馈通过调节焦点不仅可以影响个体创造力水平，还对员工的知识共享行为起中介作用，成功绩效信息（积极反馈）和促进型反馈风格正向影响员工知识共享行为，反之失败绩效信息（消极反馈）与防御型反馈风格负向影响员工知识共享行为。

3. 领导力反馈的影响力

1）领导力反馈与知识共享

《论语·述而篇》有一段话，"志于道，据于德，依于仁，游于艺"，体现出作为领导者应该具备的能力和行为，同时领导者的能力和行为在很大程度上影响着下属。领导者在组织中扮演着重要的角色，对员工的行为产生着显著影响。而领导力反馈则是一种具体的领导行为，对员工的动机和行为产生着直接的影响。领导者通过反馈的方式，能够深刻地影响员工在特定任务或工作环境中的认知、情绪以及动机等心理状态，进而对他们的行为产生作用。由于知识技能的私有性，知识共享不可能被强制进行，而必须通过特定方式进行鼓励，以促进其发生。在这个过程中，知识共享对于员工个人而言更像是一种"冒险"行为，因为他们可能会面临丧失独特知识技能优势而未能得到预期回报的风险。然而，值得注意的是，成功的绩效信息实际上是对员工能力和表现的认可，这有助于增强员工对自身行为的信心，进而鼓励他们采取更为积极主动的行为策略。在这种情况下，企业员工更可能通过知识共享来实现工作目标。同样，促进型的反馈风格有可能激发员工对于理想、价值观以及自我成长的追求。这会使员工更加关注个人的成长与发展，注重实现自身价值。这种情况下，员工更有可能采用开放的行为方式，包括更积极地进行知识共享。因此，综上所述，知识共享的促进需要通过肯定员工的能力和表现，以及采用促进型的反馈风格，激发员工的积极性和主动性。这样的环境和氛围有助于员工更愿意分享自己的知识，以实现个人成长和组织目标。失败的绩效信息往往会对员工自身的能力和表现产生否定影响，从而可能导致员工对自己的能力、表现以及之前的行为产生不自信感。这种不自信可能会影响员工在接下来的工作中采取更为谨慎和保守的行为策略。在这种情况下，员工可能会避免采取冒险的知识共享行为，因为他们担心自己的知识共享可能会被认为是不成功的。类似的，防御型的反馈风格可能会引发员工对于责任、义务和自我保障等方面的追求。他们可能会极力避免出现负面结果，因此会更多地考虑自己的责任和义务，采取保守的行为方式，以防止出现不利的结果。这种情况下，员工可能会表现出较低的知识共享水平，因为他们担心知识共享可能会导致不利的后果。因此，失败的绩效信息和防御型的反馈风格可能会影响员工的自信心和行为策略，使他们更倾向于采取保守和谨慎的行为方式，从而减少了他们选择知识共享的可能性。

2）领导力反馈与员工主动行为

领导与员工之间的社会互动对员工的行为绩效产生着重要影响。上级提供的发展性反馈作为一种互动形式，不仅为员工提供有价值的工作信息和指导，还促进了员工的学习和能力提升，深化了他们对知识、技能、经验和组织情境的理解，从而进一步提升了个体的绩效和创新能力。

从社会交换理论的角度来看，上级提供发展性反馈可以被视为一种资源的交换。员工在这种关系中会以回报的方式回应上级提供的反馈，通过在工作中展现超出预期的主动性行为来回馈领导提供的信息资源。这种交换关系不仅加深了员工与领导之间的联系，还激励员工采取更加主动的行为。

另外，这种互惠性交换会逐渐扩大，形成更积极的状态。员工在获得发展性反馈后会回馈上级信任和感激，进一步增强双方的情感联系。这种高质量的交换关系不仅有利于员工的绩效提升，还促进了情感式交流，加强了员工的归属感和获得感。

在这种情境下，上级的发展性反馈不仅会促进员工的心理状态转变，减少了行为风险的担忧，还创造了轻松的工作环境。员工将工作任务和过程视为挑战和乐趣，将工作看作提升自我的机会，从而培养了积极情绪。积极情绪能够促使员工更有效地履行角色要求，以及愿意从事有益于他人和组织的事情，进一步促进员工的主动行为。

3）领导力反馈与员工创造力

领导力反馈可以根据其效价分为积极反馈和消极反馈。积极反馈是指来自领导的认可或支持性评价信息，而消极反馈则是来自领导的否定或不支持性评价信息。这两种反馈对员工的影响是不同的。

积极反馈有助于提升员工的改进能力，尽管可能对当前工作影响有限，但在未来的工作表现中会逐渐显现出来。员工收到来自领导的积极反馈会产生成就感，这种成就感有助于激发创造性思维。当员工得到积极反馈时，他们通常会感到满意，并接受这种反馈，这有助于他们在工作中保持积极的态度和高效的执行。相反，当领导提供的反馈低于员工的预期时，员工可能会感到挫折和不满，这可能导致一些消极的情绪和行为，如口头攻击或给领导负面评价，而不会对员工的改进和创造性产生积极的影响。

有研究通过模拟实验发现，员工在接收积极反馈时表现出更高的创造力。例如，一项模拟实验要求被试扮演公司主管角色，解决一系列问题，结果显示，在接收积极反馈的小组中，个体表现出更高水平的创造性思维。这说明领导的积极反馈有助于激发员工的创造性潜力。

4）领导力反馈的应用

反馈作为激励员工、促进其发展的重要管理方式并不是一个简单的过程，在理论领域，有关反馈的研究更应该从动态角度，全面地研究反馈的作用机制。在实践应用领域，管理人员运用反馈时要注意以下几点。

第一，管理人员应认识到反馈信息并不是原封不动被员工完全接受，他们常会误解或按照自己的理解来认识信息，甚至不接收这些信息。所以，要想使反馈起到积极的作用，管理人员应该考虑怎样促进员工去理解信息，只有当其理解了信息，所发出的指令才会起作用。

第二，批评（负面反馈）比表扬（正面反馈）更容易被误解，但并不是说负面反馈是不能使用的。在对员工进行批评的时候，一定要具体描述员工的行为，陈述所造成的后果，对事不对人，要避免反馈的情绪化；要多听，多提供让员工表达自己意愿的机会；并为员工的改进提出具体改进的目标和建议。这样，就会使负面反馈收到良好的效果。

第三，上级对下属的反馈次数不要太多，以免使员工产生被监控感。要使员工感到，能够得到上司的反馈是自己被重视的表现。员工自己有能力、有自由控制自己行为的空间。

第四，管理者要充分认识到员工的个人差异对接受反馈效果的影响。为此，需要了解员工的人格特征的差异，并根据个体差异采用不同的反馈策略。

5.2.3　上级偏私倾向

1. 偏私的概念

在《现代汉语词典》（第 7 版）中，偏私被解释为"照顾私情"。根据人际优势效应（interpersonal superiority effect）和内群体偏私（in-group favoritism）的概念，偏私行为（favoritism behavior）可以被定义为：在与自我相关性高（如朋友）和自我相关性低（如陌生人）的个体或内群体成员和外群体成员之间，个体所做出的有利于前者的行为，如分配更多资源或给予更多帮助。

生活中，人们常常会做出为自己的家人、朋友谋求利益的行为，即使有些时候这样的行为会损害他人的利益。当人们作为第三方对这一行为进行评价时，往往持以谴责的态度，即在偏私行为上，人们存在态度与行为的不一致现象。"偏私"往往损害公平，如果这一行为是偏向关系更近的人，就可能会引发人们更强烈的不公平感，从而对这一行为进行更强烈的谴责。但是，照顾关系更近的人符合人们的道德直觉，因此对偏向关系更近的人的行为又有可能得到更多的宽容。

2. 上级偏私倾向的理论基础——差序式领导

在组织中，部分领导者会根据员工与自己的关系的亲疏程度来分配资源或奖励，这可能导致自己下属获得更多的奖赏或更快的晋升。在我国企业，部分领导者会根据员工与领导的关系亲疏、员工的忠诚度以及员工的才能优劣这三个标准将员工分为"自己人"和"外人"，并给予自己人更为偏私的待遇。过去的研究支持了这三个标准对员工分类的解释。然而，员工的分类并不是固定的。当员工的表现不符合领导者的期望，或者当员工通过表达忠诚或提升工作才能时，他们的分类可能会发生变化，如从自己人转变为外人或从外人转变为自己人。通过这种分类过程，一方面领导者可以通过自己人下属提高工作效率和质量，另一方面，领导者也可以激励外人下属努力争取成为自己人。这种根据员工特性进行差异对待的领导方式被称为差序式领导。然而，在差序式领导理论初期，对于差序式领导和员工分类这两个概念没有进行有效区分，有时会混淆在一起，导致差序式领导的研究受到一定的限制。直到姜定宇和张菀真（2010）指出，员工分类和差序式领导并不是同一个概念。员工分类强调主管采用何种标准对员工进行分类，是从领导者角度考察对员工的差异对待；而差序式领导则是指在人治主义的氛围下，领导者会对那些更受偏爱的员工采用更多的偏私领导风格，这是从员工角度感知的差异对待。

3. 偏私的行为表现

偏私行为既可以表现为个体水平的人际优势效应，也可以表现为群体水平的内群体偏私，即人们对个人相关性高的个体或内群体给予更积极的评价，对其更加宽容和同情，会分配更多的资源给个人相关性高的个体或内群体，或对其有着更高的帮助意愿。

1）个体偏私

人们往往会在无意识的情况下对自己产生更积极的评价，这也适用于对自己亲近的人的评价，这种现象被称为人际优势效应。研究发现，与个人的相关性会影响人们的判断。具体而言，研究发现，与个人的相关性会影响人们的内隐判断，但不会影响人们的外显判断。学者采用了探测词再认范式（sentence probe recognition paradigm）来检验个人相关性对公平推理的影响，研究结果显示，在公平和不公平情境下，个人相关性会影响人们对公平的隐含推理。在研究中，被试阅读了关于自己、朋友（高个人相关性）以及陌生人（低个人相关性）遭受公平或不公平待遇的描述。结果显示，当被试阅读关于自己或朋友遭受公平或不公平待遇的描述时，对于公平类探测词的反应时间更短，这表明高个人相关性的描述会引发被试更强烈的自发公平推理。然而，在外显公平推理上，并没有观察到显著差异。这一效应体现了自我中心偏差（ego-centric biases），对高个人相关性的个体有与自我中心偏差相似的效应也是这一偏差的延伸。学者还发现，在需要付出高成本的情况下，个体对他人的帮助意愿随关系亲密程度的降低而降低。

2）群体偏私

在群体关系中偏私行为体现为内群体偏好，有时还体现为外群体歧视（out-group discrimination），即人们在对内群体更好的同时，还会对外群体表现出更差的态度与行为。人们对内群体成员的评价更积极，也会给其分配更多的资源。内群体偏好也是偏私行为的一种表现。学者让被试观察做相同任务的两个人并对其做出评价和给予报酬，结果发现，如果其中一个人是他的内群体成员，则会高估内群体成员的绩效，并给予其更高的报酬。

对群体层面偏私行为的解释主要有两个方面。其一是社会认同理论（social identity theory），该理论基于群体分类和人们满足自尊的需要，认为人们可以通过内群体的偏私行为来进行自我提升。其二是群际竞争理论。该理论认为，偏见来源于群体争夺有限资源的冲突。

4. 是什么导致了上级偏私倾向

以往对偏私行为的研究主要聚焦在行为主体层面，探究影响其偏私行为的因素。相较之下，对人们作为第三方对偏私行为的观点的研究较为有限，而主要关注偏见的可接受性。此外，已有研究主要集中在组织内部群体偏好方面，较少考虑个体层面，这可能与西方社会的"团体格局"有关。

在个体层面，少数研究探讨了人际关系的亲疏与偏私行为的关系。颜志雄等（2015）发现，在电车困境中，被试对父亲、叔父和熟人的救助比例逐渐降低，反应时间逐渐增加。卞军凤（2015）的研究发现，在两难问题的情境下，人们可能更倾向于为了与自己亲近程度较高的人或"圈内人"损害他人利益。

在群体层面，学者考察了群体性质与偏私行为的关系。Effron 和 Knowles（2015）的研究发现，在零和博弈中，即外群体对内群体构成威胁的情境下，高实体性群体（即具有相似性和共同目标的群体）更容易表现出偏见，这可能因为实体性为偏见提供了合理性。

在管理学领域，郑伯埙（2004）提出了差序式领导的概念，即我国组织的部分领导者根据下属与自己的关系亲疏、下属忠诚度和才能将其划分为"自己人"下属和"外人"下属，对"自己人"下属更为偏私对待。领导–成员交换理论也表明，部分领导会与不同员工建立不同的交换关系，对"圈内人"员工更为照顾，分配更多资源。

姜定宇和张菀真（2010）的研究对领导在沟通照顾、宽容亲信和提拔奖励方面的偏私行为进行了研究。另外，有学者认为，在华人群体中，差序式领导具有文化适应优势，

"外人"下属可能更容易接受这种行为，不会产生较强的不公平感。

5. 不偏私——我国当代领导的职业道德

每一种职业都有其道德，对领导干部，也必然有与其相应的道德要求。领导干部的职业活动主要是在党群组织、政府部门和事业单位中进行的，在社会中领导干部是管理者、引领者，是组织中的"关键少数"，地位重要，责任重大，他们所发挥的作用具有全局性和示范性，所以，领导干部的职业活动具有强烈的道德价值要求，对他们的道德要求明显高于一般群众。领导干部能否践履政治伦理原则和规范，切实履行行政职责，自觉提高道德修养，培养行政伦理美德，坚决杜绝利益冲突，就关涉到党的执政基础是否牢靠，党和国家的事业能否健康发展，社会风气能否得到引领，关涉到民心向背、人民的福祉能否得到促进，意义十分重大。

党的好干部中，焦裕禄书记无论何时都是榜样之一！焦裕禄，已经离开半个多世纪了，但他的事迹和精神依然在流传。生前的焦裕禄是艰苦朴素的，拒绝物质享乐和特殊化，他这样要求自己，也这样要求家人。

在物质方面，焦裕禄对自己要求非常严格，衣服、被褥缝缝补补，他用过的一条被子有40多个补丁。他对家人要求同样严格，他的工资虽然不低，但却没有让家人享受宽裕的物质生活，而是常去贴补困难的家庭。

生前，焦裕禄没有给孩子宽裕的生活，死后，也没有留下什么像样的遗产。但在生活中，焦裕禄用他的一言一行为孩子们攒下一笔巨大的精神财富，在他的教育和引导下，他的孩子们学会了如何在"风光"中低调做人，踏实做事，勤勉工作。

从以上的分析与事迹中不难看出，第一，领导的职责是依法依规地进行公共利益的创造，公开公平公正地分配公共利益，在这个过程中，就必须对自己加以严格的约束，杜绝任何形式的偏私立场，不能出于个人私利、私情、私欲的考虑来决定自己的行为准则。对领导干部而言，公与私被界定得非常清楚。公私之辨，此乃官德第一义。第二，领导干部，有职就有权，有权就有责，权力越大，责任就越大。从行政制度的设计来说，其伦理价值的基础就是，职权与其私人利益是没有关系的，职权只能是用于谋求公共利益、人民的幸福的权能。如果不能斩断权力与私人利益的关系，就会导致公权私用。第三，从伦理上说，领导干部应该认识到这种伦理关系的本质。其实，即使是普通人，通过反省都能认识到，公权私用在道德上是错误的，领导干部更能认识到这一点。领导干部在履行职务过程中，内在要求让人民群众的人格尊严得到尊重，基本权利得到实现，更加公平地共享社会发展的成果。

领导干部的职业道德的根本就是纯真的理性原则，即一种为公的道德。明乎此，则领导干部就能做到"不患位之不尊，而患德之不崇，不耻禄之不夥，而耻智之不博"。培养明察道德之知，愿行道德之情，必践道德之志，把贪腐、谋取私利之念看作反趣味的，这才是领导干部该有的职业道德。只有道德原则高悬于前，成为领导干部履职尽责的最根本原则，领导干部才能一心一意地锐意创新，担当实干，为民谋利，做出无愧于这个伟大时代的光荣业绩。

5.3　下属向上管理

5.3.1　向上管理

美的集团的"90 后"导师

从 2018 年 10 月开始，美的集团开始了一个史无前例的、为期 10 个月的项目：从集团内部选拔 30 名"90 后"的员工作为公司 17 名高管的逆向导师，每名高管被分配 3 名年轻导师，一名年轻导师对接两名高管，这 30 名导师来自美的集团的不同事业部，17 名高管包括方洪波在内。

这一项目被美的集团命名为"创造 030"项目。最初的想法由方洪波提出。上述企业文化经理曾向经济观察网记者介绍，选拔年轻导师时，除开年龄上必须是"90 后"外，人力还希望选到的年轻人对社会潮流感兴趣且熟悉、敢于向高管表达自己的看法。

人力资源部不会限定高管与导师们的见面时间、讨论主题或者活动方式，这两个群体之间的互动很自由，可以很正式地坐下来在会议室里用 PPT 展示自己的想法，也可以约个饭聊聊天，甚至可以周末一起徒步，主题也是由高管与导师之间商定。不过，人力资源部希望他们每个月至少碰面两次。

在绝大多数职场人士来看，"90 后"员工，意味着缺乏工作经验，他们才是被教育、指导的群体，但在美的集团，这批人被看成可以给高管们打开一扇观察当代年轻人价值观、生活习惯窗口的引路人。

美的为什么要推行这样的内部改革？新人究竟对上级领导者是否真的有指导力？

本节将关注下属的向上管理，为理解美的内部改革提供一定的视角。

1. 追随的艺术——学习向上管理

领导力和追随力是密切联系的。那些认为领导力是组织成功的唯一依赖的观点并不正确，并且会对人们在组织中主动承担责任或做出积极有价值的贡献产生消极的作用。任何群体或组织想要成功，就必须要有人自愿并有效地担当追随者和领导者。此外，领导者和追随者是两个基本角色，在一定条件下二者相互转换。所有人——包括领导者在内都有扮演追随者的时候。事实是大多数人，甚至是那些处于权威地位的人，大多数时候是追随者而不是领导者。因此，学习如何进行有效的向上管理和向下管理很重要，如图 5-4 所示。

向上管理意味着有意并主动与你的直接上级发展一种有意义且相互尊重的工作关系，向他们提供信息、指导，并向他们展示你的主动性，在必要的时候要质疑你的上级以使团队成员更好地为组织工作。只有可以进行有效的向上管

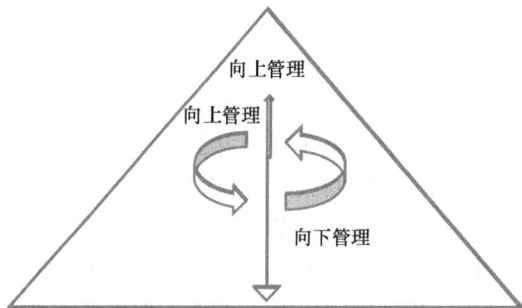

图 5-4　好的领导者会进行向上管理和向下管理

理和向下管理的人才能获得更大的成功。组织中越高层的领导者越依靠他的下属提供信息、支持和帮助来完成组织的目标，所以，你的上司需要你进行向上管理。此外，追随者依靠你的帮助从更高的层面获得信息、资源、支持。人们喜欢为对其下属有影响的领导者工作，因为这样做会提高他们在组织中的地位，并且获得更好地完成工作的有利条件。如果不能像管理追随者一样实行向上管理，就不是真正好的领导者。

向上管理在中国古典文学中有一个十分突出的例子。《红楼梦》中有一节，小丫鬟小红抓住了一次替王熙凤捎话的机会，通过干脆利落的言语，出色地完成了汇报工作，充分展示了自己的能力，因而被王熙凤看上，一跃成为王熙凤的贴身丫鬟。小红善于把握机会，利用一次汇报完成了身份的越级。这次汇报中，小红成功地赢得了王熙凤的赏识。汇报工作是非常考验能力的，如果你能做出好的工作汇报，就能让上司肯定你的能力，进而对你刮目相看；如果你在汇报中表现得不够好，上司就会把你归入"无能之人"的行列。

2. 向上管理目前的挑战

很多刚刚成为领导者的人对于向上管理很不适应。对他们来说，最重要的是取悦他们的上司。因此他们很少传递那些可能会使上司感觉不好的信息，并且他们不会质疑上司的假设、想法和决定。长此以往，这些领导者的自我保护策略对员工、老板和组织都会产生不利的影响。

向上管理比较难的其中一个原因在于我们不能像控制和下属的关系一样控制与上司的关系。在没有把握的关系中采取自我保护策略是很自然的行为。然而，事实是在和上司的关系中我们不像自己想象的那样没有把握。上司为了更好地完成工作需要我们的支持，包括我们的智慧、信息、想法和正直的态度。正如我们为了更好地完成工作需要上级的支持一样。领导者如果能像向下管理一样进行有效的向上管理，所有人都将受益。

3. 领导者对追随者的期待

虽然不同的领导者和组织各有差异，但有一些追随者的素质却是受到所有领导者青睐和欢迎的。以下几点就对提高工作效率和改善领导者与追随者的关系有益。

1）一切皆有可能的态度

领导者不喜欢听借口，他们重视结果。如果追随者积极向上，充满工作激情，能独立、出色地完成任务，而且十分有责任感，那么领导者的工作就会变得相当顺利。领导者欣赏那些能发现问题并主动解决问题的人。例如，一天晚上，FAVI（一家法国铜合金铸造厂）的清洁工在打扫卫生时接到一个电话，其得知一位重要的来访者被滞留在机场并且没有人接他回旅馆（FAVI 的 CEO 在这位来访者没能按时到来时就离开了机场）。这名清洁工驾驶公司的车用了 90 分钟将这位来访者送回旅馆。随后，其返回公司完成 3 小时前被中断的清洁工作。虽然这些不是其工作任务，这家公司的老板欣赏并奖励了像清洁工一样那些能主动承担责任积极做事的员工。

2）通力合作的意愿

领导者在整个组织中所担负的责任远超过对任何追随者个人的关注点、情绪和表现负责。每个追随者都是大局中的一部分，所以他们应该认识到自己的一言一行都会对整个组织产生影响。拉里·博西迪（Larry Bossidy）曾任美国联信公司（AlliedSignal）和霍尼韦尔公司（Honeywell）的总裁兼 CEO，他讲述了曾发生于生产部经理和市场营销部经理间的争端：由于两个部门经理间缺少沟通，库存总是出现状况，因此拉里·博西迪不得不同时解雇了两人，因为两个部门经理的不配合已经损害了整个公司的利益。后来两人共同致电公司，表明自己已意识到了错误并承诺加以改正，才得到了复职的机会。

3）与时俱进的精神

领导者期望追随者了解公司或他们所从事领域的近况。此外，领导者希望追随者对客户和竞争对手的情况了如指掌，并能预见科技进步和国际事件将对组织产生怎样的影响。大多数人希望学习该领域涉及的所有知识，但常常因此而过度自满，与工作范围以外的大环境脱节。

4）自我提升的热情

同样，领导者青睐那些主动提升自我而非完全依赖领导者助力的人。任何有助于个人与他人沟通或接触新思想的事物都有可能帮助个人在人际交往和专业领域有所发展。例如，追随者在组织内外都积极与他人沟通联络；追随者主动承担棘手的工作，表现出他们敢于面对挑战的勇气、打破自身局限的意愿及乐于学习的热情。

4. 向上管理的策略

越来越多的人认识到追随者如何管理领导者和领导者如何管理追随者一样重要。向上管理的两个方面：一是理解领导者；二是使用特殊的策略来增进领导者和追随者的关系。

我们常常花时间和精力去了解那些对我们来说很重要的人，同样的道理，如果想要和自己的领导建立一种高效的工作关系，你就需要花时间和精力去了解自己的领导者。需要主动去了解你的领导者的工作目标、需要、优势和弱势，以及组织的约束。

另外，高效的追随者学习他们领导者喜爱并且适合他们自己的工作方式。通过采访高级领导者我们确信这种策略是一种既高效又适合的建立良好的领导者和追随者的关系的策略。你可以从下面这些领域对领导者的行为进行密切的关注，从而来学习如何成为一个更高效的追随者。

多数追随者在一定程度上会抱怨领导者的某些缺点，例如，不善于倾听或鼓励、不能认识到追随者的努力等。然而有些时候，在将这种令人失望和没有效率的关系归咎于领导者之前，我们需要自省。为了追求高效率，追随者需要和领导者发展一种有意义的、任务相关的关系，这种关系能使双方即使在意见不统一时也能为组织贡献价值。追随者也应该意识到某些行为会触怒领导者，损害彼此的良好关系。

领导者和追随者之间的关系大多以权威和服从为基础，以情感和行为的方式呈现。领导者是权威人物，可能在追随者心目中扮演强大到不合乎常理的角色。图 5-5 呈现了四种令追随者克服以权威为基础的关系并和领导者发展成一种高效、互相尊重关系的策略。

成为领导者的资源	帮助领导者成为更好的领导者
• 了解领导者的需求	• 征求意见
• 配合领导者	• 告诉领导者你的想法
• 让领导者了解你	• 找机会向领导者表示感谢
• 自我调整以适应团队目标/愿景	
与领导者建立关系	**理智地看待领导者**
• 询问领导者如果处在你的水平/地位会怎么办	• 停止将领导者理想化
• 欢迎领导者的反馈和批评，例如"是什么经历使你产生了这种想法"	• 不要隐瞒
	• 不要对别人批评你的领导者太在意
• 请领导者给你讲公司的故事	• 偶尔发表反对意见

图 5-5　影响领导者的方法

1）成为领导者的资源

有效追随者将自己和组织的目标与愿景联系起来。追随者通过理解组织的目标和愿景使自己成为领导者汇聚力量与支持的源泉。有效追随者可以用自己的优势弥补领导者的弱势。同样地，有效追随者能够展示个人目标和自己能给组织带来的资源，也能够把自己的想法、观念、需要和受到的约束告诉领导者。领导者和追随者越能了解对方的日常工作，就越能成为彼此的资源。在一个组织中，一些残疾人利用董事会开会的机会，提出为成员租用轮椅的请求，这样他们就能坐在轮椅上在工厂内活动。董事会了解到员工面临的问题，立即改善工厂内斜坡的路面状况，使残疾员工能更好地工作，从而成为公司更好的资源。

2）帮助领导者成为更好的领导者

追随者对领导者的影响能够提高突出领导者的优点。好的追随者向领导者征求建议，并在领导者的帮助下提高自己的技能、能力，为组织创造更大的价值。他们直白地告诉领导者，他们需要什么来帮助领导者变得更好。

如果领导者认为追随者看重自己的建议，就更倾向于给出建设性的指导意见而不是毫不留情的批评。领导者可以通过追随者对领导者有益行为的称赞和感谢变得更优秀，例如，倾听、奖励追随者的贡献，与追随者共同分享成绩。另外，追随者能够为领导者提供支持，但是还没有到追随者对于自己的领导者没有职业道德并且对组织的目标或价值有威胁而不能保持公正的那种程度。追随者帮助领导者进行有必要的改变或者防止道德问题的发生是领导者最大的利益。在《领导者的书架》中有进一步的描述，好的上司喜欢愿意在必要的时候提供重要反馈信息的追随者。

无能的向上管理

美国国家金融服务公司（Countrywide）、房利美（Fannie Mae）和印地麦克银行（IndyMac）等一些次贷巨头的高管纵容次级贷款（有时称为"骗子的贷款"）大肆发放，导致成千上万人难以偿还抵押贷款而无家可归。然而这些高管并非唯一的责任者，那些盲目听从上级指示的管理者及职员也难辞其咎。美国国家金融服务公司的前总经理亚当·迈克尔森（Adam Michaelson）在《美国丧失了抵押品赎回权：美国国家金融服务公司房贷的兴衰、次贷危机与美国梦的破灭内幕》（*The Foreclosure of America：The Inside Story of the Rise and Fall of Countrywide Home Loans，the Mortgage Crisis，and the Default of the American Dream*）一书中指出群体思维和盲目从众扫清了阻力，导致人们赞同公司的行为，即使他们认为公司错了。

3）与领导者建立关系

有效追随者努力与自己的领导者建立真诚的关系，包括培养信任感，并在信任的基础上讲真话。通过与领导者建立关系，追随者可以使每次沟通都变得对组织更有意义。此外，这种关系中更多的是相互尊重，而不是权力和服从。百通公司的 CEO 约翰·斯特鲁普（John Stroup）说他通过之前在丹纳赫集团的工作中学到了这一点。

其他领导者同样意识到了和上司建立一种积极、互相尊重的关系是使重大变革顺利实施的最好的方法。追随者可以通过向领导者提问题来培养尊重感，例如，询问领导者在做下属时的经历，或者积极寻求反馈，并请领导者给出某反馈与批评的依据。通过这样做，追随者可以摆脱顺从的局面，领导者会明白要对自己的批评负责，考虑追随者的立场，分享双方在同一组织内服务的共同经历。

4）理智地看待领导者

追随者对领导者抱有的不现实的期望是建立有效的领导者–追随者关系的最大障碍。然而期待你的上级是有能力的是合理的，期待他们是完美的则是天真和不切实际的。一旦我们接受了领导者易犯错误并且会做很多错事，我们就打开了建立平等的关系的一条路。追随者应该视领导者为他们真正的样子，而不是追随者认为他们应该是的样子。

类似地，有效追随者也会呈现完全真实的自己。他们不会试图隐瞒自己的弱点或遮掩自己的过失，更不会向他人批评自己的领导者。掩盖事实是循规蹈矩者和被动追随者的特征，那些浪费时间诋毁自己的上级和公司的追随者只会强化隔阂并且加强不合群的追随者的思维模式。这些不合群的和被动的行为可能对领导者、追随者以及组织产生消极的甚至是灾难性的影响。在关系到部门或组织的工作的情况下，坦率地反对领导者远比向别人批评自己的领导者更有建设性。

下述案例就体现了什么是成功的向上管理。

成功的向上管理

吴晓滨在惠氏（WYETH）刚刚上任的时候，总部授权他在中国找一位懂中文、懂中国市场的首席财务官。他认为一定要从总部派过来。他要求首席财务官满足三个条件：首先，这个人要在总部有很好的影响力，有很长的工作时间，充分熟悉总部的运作系统，能够和总部高管很好地沟通，能够帮助中国的领导团队获得总部的信任；其次，他希望这位首席财务官是一个足够"强势"、能够对总部说"不"的人；最后，首席财务官还能够对他说"不"。符合这种条件的人很难找，但是在他的一再坚持之下，总部花费了很大精力，终于找到一位基本符合条件的首席财务官。

　　他来到中国之后，吴晓滨把他所有的信息都向这位首席财务官开放，让他充分了解中国市场的全部情况，以及他个人的财务情况，从而赢得了总部的信任。后来，总部要做一个重大的在亚洲投资的决策，这是一个投资20亿元人民币建立生产基地的项目，原本是准备放在另外一个国家的。原本这是一个非常不容易推翻的决定，因为这个决定已经做出来了。在吴晓滨和首席财务官的努力之下，总部的董事认识到，将该投资放在中国对亚洲市场是最有利的。最后，董事会决定把这个项目放在苏州工业园区，建立了全球最大的婴幼儿配方奶粉生产基地。

　　从这个案例中我们可以看到，吴晓滨深谙在跨国公司中向上管理的重要性，他善于主动、积极和坦诚地与总部进行沟通，赢得总部的信任、理解和支持，从而成为跨国公司中最成功的职业经理人之一。

5. 向上管理的能力和勇气

　　几乎每一个组织都有追随者提醒我们领导力有时是多么空洞，并且追随力有时是多么英勇。拥护上级并不容易，但是当你意识到领导者是多么依赖追随者的时候，寻找有效地进行向上管理的勇气就变得容易了。事实上，我们的上级比我们拥有更多的能量，然而下属拥有超过人们想象的更多的能量。

　　表5-4概述了追随者向上管理的能力的一些来源。

表5-4　向上管理的能力的来源

个人的信息来源	地位来源
·知识、技能	·正式地位
·专门技术	·信息流
·努力	·中心位置
·说服力	·关系网

　　（1）个人的信息来源。一条向上管理的个人的信息来源是对组织有价值的追随者的知识和能力。拥有有价值的学识的追随者对领导者来说十分有利，而他的离开将会是损失。另外，拥有被证明的表现良好的记录的人常常发展专业技术，并用这种方法影响上级的决定。成功的记录和历史贡献可以使追随者获得专家的地位。当一个人被认为是专家，这个人常常可以影响活动，因为他对领导者来说已成为一种不可或缺的资源。影响领导者的能力同样和追随者的努力联系起来。人们可以通过证明自己愿意学习、接受困难的或者不受欢迎的任务、发起一个活动并付出远远超过预料的努力这些方式来增加影响领导者的能力。

　　向上影响的另一个方法是说服，指的是直接向上级呼吁期望的结果。当尝试向上管理时，使用事实和理由的理性说服是典型的最有效的方法。然而，追随者能够使用哪种影响策略，取决于他们的个人特征、风格、偏好和领导者的风格。

　　（2）地位来源。追随者的正式地位也能够提供能力来源。例如，某些工作或实际位置能够使追随者面对众多的人员。处于信息流关键位置的工作人员尤为重要，因此他们对于需要这些信息的人来说也就非常有影响力。中心位置带来影响力是因为该位置的追随者能够认识许多人并且能够帮助到这些人的工作。在一个组织内如果能够多多接触到人员和信息的话，也就掌握了与组织内外众多人员建立关系的方式。而当拥有了关系网之后，追随者也就在领导者面前有更大的影响力，以及有更强的说服力和做出重大贡献的机会。

一些人会思考："我凭什么向 CEO、主管、团队的领导者发出挑战？"然而领导依靠愿意走进领导者和挑战领导者的追随者，前提是要符合组织的利益。好的追随者不是唯命是从的人。他们是独立思考并完成工作、有勇气和正直的人。为了成为有效的追随者，他们必须了解自己的立场并愿意向领导者表明自己的想法和意见，即使这样做可能会使他们丢掉工作、被降职或觉得自己能力有限。有效追随者有勇气承担责任、挑战权威、参与变革、为组织的需要服务，并适时隐退。

（1）承担责任的勇气。有效追随者对组织及其使命富有责任感和主人翁精神，因此勇于为自己的行为及其对组织的影响承担责任。有效追随者并不认为领导者或组织有义务为其提供安全感、行动许可证或个人成长机会；相反，他们主动寻找机会来促成个人发展，训练个人潜能，并为组织发挥他们的最大能力。埃米利亚纳·巴雷拉（Emiliana Barela）在位于科罗拉多的一家滑雪旅行社当了 32 年的清洁工。她以自己的工作为荣，因为她的辛勤工作能让客户更舒适。巴瑞拉认为自己有义务去了解客户，并把他们的利益和需求放在第一位。

（2）挑战的勇气。尽管有效追随者服务和支持他人，但他们绝不会为了保持团队和谐而牺牲个人的正直或组织利益。如果领导者的行为和决策与组织的最高利益相冲突，有效追随者就会站出来指正。举例来说，服从在军队中被认为是最高美德，但是美国的军队教育士兵他们有责任不遵守非法的和不道德的命令。好的领导者期望下属敢于为了组织的利益向自己发起挑战。泰科国际有限公司（Tyco International Ltd.），是一家在 2000 年被卷入财务丑闻并成功地恢复名誉的大公司，"（今天）唯一会让事业终结的行为是不把坏消息往上汇报"，在人力资源部门任高级副总裁的劳里·西格尔（Laurie Siegel）说。对那些在泰科国际有限公司的领导者来说这是一条有指导意义的原则，来使围绕他们的人能大声说话并让他们负责。管理者的领导行为每年被评估，评估内容包括他们是否愿意在必要的时候挑战他们的上级。

（3）参与变革的勇气。有效追随者把组织的改变和变革看作所有人共同经历的过程。当组织处在艰难的转变时期时，有效追随者能支持领导者和组织。他们并不怕面对在重塑组织的过程中产生的工作和改变。大卫·奇斯利特在帝国石油一家炼油厂工作时，就曾面临这种考验。该炼油厂是行业里最低效的，董事会给工厂管理者九个月的时间来扭转这种局面。作为工厂变革战略的一部分，奇斯利特被上司要求放弃自己的管理职位，重新从基层做起。奇斯利特同意了这项变动，为整个工厂的变革做出了自己的贡献。

（4）服务的勇气。有效追随者了解组织的需要并积极行动去满足这些需要。前面我们谈到了领导者可以服务他人，追随者也同样如此。追随者可以通过支持领导者的决策，在组织中做一些对领导者职位有利的工作来帮助领导者。通过展示为他人服务的意愿，追随者能够为实现组织的目标积极行动，他们具有的激情绝不亚于领导者。

（5）离开的勇气。有时追随者不得不因为组织与人事的变动而从某种领导者-追随者关系中抽身。例如，当追随者发现自己需要新的挑战，即使对他来说离开一个有很多好朋友和重要同事的工作环境实在很艰难，但如果追随者发现他的领导或组织不愿意做出必要改变，此时追随者就应该果断离开，另谋高就。还有一种情况是：追随者和领导者之间存在严重的意见分歧，追随者意识到自己不可能再支持领导者了，因此有道德义务离开。

5.3.2　建言、直言与纳谏

1. 建言、直言与纳谏的概念辨析

在现代汉语中，"建言"一词指的是对上级、长辈或朋友陈述主张或意见。在我国几千年的历史长河中，建言的重要性传承不衰，其中最典型的案例莫过于魏徵对李世民的建言。随着知识工作者的崛起，管理的精细化发展和经济内涵式增长对创新的要求不断提高。为了保持竞争优势，组织必须持续改进产品、流程和服务，这需要灵活性和创新性。因此，理论界开始越来越重视员工主动性行为，"建言行为"就是其中之一。

"建言行为"的研究与角色外行为的研究一同兴起。近年来，组织公民行为、周边绩效和建言行为等作为角色外行为的代表逐渐引起了广泛关注。与角色内行为不同，角色外行为是自愿的、非岗位要求的，不会受到正式奖励或惩罚。由于动态复杂的工作环境难以精确定义员工的职责，角色外行为在促进组织内部员工的协作交流方面扮演了重要角色，如同"润滑剂"一般。这种行为不仅有助于构建组织的"社会子系统"，还对提高组织效能发挥着重要作用。

国外关于"建言行为"的研究最早可以追溯到 Hirschman（1970）的研究。他认为，在工作满意度较低时，员工会做出两种反应——建言或退出，而忠诚度较高的员工更倾向于选择建言而非退出。随后的研究不断发展，形成了退出、建言、忠诚和忽视 EVLN（exit，voice，loyalty，neglect）模型。其中，建言和忠诚被认为是建设性的、主动的行为，对组织有益。而组织公民行为中的"公民道德"维度可以进一步划分为亲和型和挑战型，而建言行为则属于后者。

国外对员工建言行为的研究主要分为两个流派。其中一派关注退出、建言、忠诚和忽视等行为。Hirschman（1970）最早提出了"建言行为"的概念，将其定义为"员工在对现实感到不满时为从根本上改变现状而付出的各种努力"。这个流派认为，建言行为是员工对工作不满和组织问题的建设性回应，代表了改善组织现状的有益举措。另一派则从角色外行为的角度研究"建言行为"。他们认为，建言行为是一种挑战性、自发的行为，可以提高组织效能，不一定源于不满。他们的研究主要侧重于定义建言行为并将其与其他行为进行区分。

虽然这两个流派在分析员工建言行为时的视角不同，但它们都认为建言是一种组织应该鼓励的积极行为。角色外行为的流派主要定义了建言行为，为进一步研究提供了基础。学者从不同的视角和维度对建言行为进行了定义及划分。例如，一些研究从心理学的角度出发，将建言行为划分为促进型和抑制型两个维度。从以上的概念和定

义来看，建言行为被广泛认为是一种积极的组织公民行为，学者从不同的角度对其进行了深入研究。

2. 建言的目的、效用与影响因素

1）建言的目的

建言的目的在于改进，所以它不同于批评；短期内它有可能会导致人际冲突，就是忠言逆耳，因此也不同于助人行为，助人行为不会破坏人际关系；同时它也不同于抱怨，抱怨仅是一种发泄行为而不具有改进的目的；它还有别于检举（whistle blowing），检举行为是对组织内的不道德行为的揭露。建言行为的维度也不是单一的，它可以是循规蹈矩的，也可以是大胆创新的；可以是指向同事的，又可以是指向领导的；从建言的利益出发点来看，可分为众利的和自利的等。下述案例就体现了对领导的建言。

李煜与萧俨

南唐后主李煜是大家熟悉的历史人物，他的"问君能有几多愁？恰似一江春水向东流"的词句脍炙人口，无人不知。

李煜初即位时，经常与嬖妾、幸臣在一块儿下棋。一次，大理寺卿（官名）萧俨入宫禀报事情，见李煜正同人下棋，就抓起棋盘掷在地上。后主大怒道："你与唐代的魏徵谁更高明？"萧俨从容笑道："我若不是魏徵，陛下您也就不是唐太宗了。"后主默默不语，从此不再下棋了。

萧俨为人方正刚直，指斥弊端，议论朝政，从不阿谀奉承。高官贵戚见到他时，都要整饰衣襟，以免遭到他的指责。

2）建言的效用

在新的时代背景下，对建言行为的研究紧密契合了知识管理等新型管理理念的需求。我国古语"兼听则明，偏信则暗"也凸显了建言的重要性。Gino 和 Schweitzer（2008）的模拟研究进一步验证了这一观点，他们发现对建言持有高度接受态度的人会增强判断的准确性。此外，建言作为员工参与管理的一种形式，与"以参与管理为主"的理念相一致，有助于提升员工的主人翁意识，激发主观能动性，从而促进工作控制感和自我效能感。Whiting 等（2012）的研究结果表明，积极建言的员工往往获得更高的绩效评价，而这可能是通过互惠规范和内隐绩效的激活等机制实现的。

3）建言的影响因素

建言行为的影响因素备受理论界关注。LePine 和 van Dyne（2001）的研究揭示，个体的大五人格特质与建言行为密切相关。研究结果表明，外向、责任心强的员工倾向于更积极地提出建议，而易于顺从他人意见以及情绪稳定性较差的员工则相对较少进行建言。段锦云和凌斌（2011）的研究进一步加强了这一观点。此外，研究还显示，接受过良好教育的年轻员工更倾向于表现出更多的建言行为。

Janssen 等（1998）探究了员工的认知风格对建言行为的影响，发现具有创新型认知风格的员工更容易提出独创性的观点，而适应型认知风格的员工则更倾向于提供传统的

意见。Tangirala 和 Ramanujam（2008）的研究关注个体控制感对建言行为的影响，发现二者呈现"U"形关系。当个体控制感较低时，可能会出于不满而提出建议，而当个体控制感较高时，则更有可能因期望效用而进行建言。然而，个体控制感处于中等水平时，建言行为最少。此外，组织认同对个人控制和建言行为之间的关系产生正向调节作用，具有一定影响。

Hagedoorn 等（1999）将建言行为分为众利和自利两类，研究结果显示，工作满意感有助于众利型建言的发生，但对自利型建言产生了抑制作用。Turnley 和 Feldman（1999）研究发现，违背心理契约可能增加建言行为的发生。段锦云和凌斌（2011）的研究认为，营造公平的组织氛围有利于建言行为的产生。此外，员工在心理上感到安全时，才会更愿意进行建言行为。

上级领导是影响建言行为的重要因素。善于广开言路、表现出正直公平的上级能够激发员工的建言行为。然而，如果上级过于顽固、心胸狭窄，可能会不利于员工的建言。当员工认为自己的上级能够有效地管理建言时，他们会表现出更多的建言行为。Burris 等（2008）的研究发现，领导行为通过心理脱附对建言行为产生了负面影响，而不是通过心理依附促进建言行为的发生。同时，情感承诺对建言行为没有直接关系。在中国背景下的研究显示，员工对领导的信任比对组织的信任更会影响员工的建言行为，从而凸显了领导在中国背景下更强大的现实影响力。

下述案例就体现了不同上级对于建言行为的影响。

齐景公与弦章

齐景公爱喝酒，连喝七天七夜不停止。大臣弦章上谏说："君王已经连喝七天七夜了，请您以国事为重，赶快戒酒；否则就请先赐我死了。"

另一个大臣晏婴后来觐见齐景公，齐景公向他诉苦说："弦章劝我戒酒，要不然就赐死他；我如果听他的话，以后恐怕就得不到喝酒的乐趣了；不听的话，他又不想活，这可怎么办才好？"晏婴听了便说："弦章遇到您这样宽厚的国君，真是幸运啊！如果遇到夏桀、殷纣王，不是早就没命了吗？"于是齐景公果真戒酒了。

总结来看，建言行为的形成机制包括三个层面，一是个体影响，包括个性、人口统计变量、认知风格、个人控制等；二是组织情境影响，包括团队构成特征、工作满意感、组织承诺、心理契约、组织公平、心理安全感等对组织的心理认知和组织创新氛围；三是领导行为的影响，包括领导的管理开放性，领导-成员交换、变革型领导等，领导行为主要通过员工的心理安全或认同感来影响建言行为。建言尤其是对组织提供的建言机会的知觉，有利于公平感的产生，接受建言有利于提高判断精确性，员工建言还有利于提高组织对自己的绩效评价。因此，建言行为对员工个人和组织效能都起着重要作用。

3. 建言的结构划分

然而，相对于国外，中国背景下的建言研究还较为单薄，尤其是以我国组织情境为基础的实证研究尚比较匮乏。西方的研究结论并不能完全直接应用于我国管理实践，这就需要我国的学者进行植根于本土概念的研究。目前建言的前因变量研究中，大部分集中在员工特质、态度和组织情境等议题上。

员工建言（employee voice）是一个广泛使用的术语，不同领域的学者对其进行了不同的定义。对于个体员工的建言研究起源于经济学家 Hirschman（1970）提出的"离职（exit）-建言（voice）-忠诚（loyalty）"模型。Hirschman（1970）将员工的态度视为影响员工向上提出建议的主要决定因素，他认为员工对工作的不满可以通过离职或抱怨的方式来表达，而选择这两种行为方式取决于员工对组织的忠诚程度。随后，Hirschman（1970）进一步完善了自己的理论，认为员工建言是指，一旦员工对组织感到不满，无论是出于维护个人利益还是改善组织利益的目的，员工都倾向于通过采取行动来改变现状，而不是回避问题。这种行动可能是通过在组织内部提出建议来实现，以此达到改善原有不满情况的目的。

van Dyne 等（2003）将建言引入了角色外行为的研究范畴，她认为员工建言是指"基于合作目的，为了改善现状，表达与工作有关的观点、想法和信息"的行为。作为一种具有挑战性和促进性的角色外行为，员工建言可以包括提出建设性意见，以改进组织流程，也可以涉及针对组织的产品创新、技术创新等方面的有创造性的建议和思路。与 Hirschman（1970）的理论相比，van Dyne 等（2003）认为员工建言不仅仅是对不满状况的批评或抱怨，更是通过积极、有建设性的意见表达来实现改变现状或提高组织效能的目标。van Dyne 等（2003）提出的员工建言定义得到了学术界的广泛认可，并被广泛引用。

在 van Dyne 等（2003）的理论基础上，Liang 和 Farh（2012）进一步提出了一个二维的建言行为模型，分为促进性建言（promotive voice）和抑制性建言（prohibitive voice）。首先，促进性建言是指员工积极地提出创新性观点和思路，旨在改善组织的运作效率，使其更加有效地运行。这些观点通常具有高度的创新性，提出相对明确的解决方案，目的在于改进组织的现状并为整个组织带来益处。由于这些改进可能对整个组织产生积极影响，通常会受到组织高层的鼓励和认可，员工建言者也相对不需要承担过多的风险。其次，抑制性建言是指员工对组织内存在的实际问题，如有害行为、低效程序、规则或政策等，进行大胆质疑和批评的行为。这种批评可能被视为员工的不满或抱怨，但并不一定伴随明确的解决方案。这样的批评可以针对他人（如指出组织内他人的错误行为）或组织权威（如质疑组织内的政策制定或低效程序）。尽管这种批评出发点是为了改进组织内存在的问题并减轻负面影响，但它可能会影响人际和谐，甚至引发争端。对于建言者而言，这也意味着可能会引起人际冲突，甚至承担因挑战现状或让上级感到尴尬而带来的风险。

4. 中国文化背景下员工建言行为研究

1）中庸思维

中庸是我国传统儒家文化的核心思想，其基本含义及精神在于"执两用中，守中致和"。这一思想包括"中"与"和"两个方面，其中"中"指追求恰如其分，避免极端；"和"则体现在从整体出发，谋求行动的和谐共处。最早，杨中芳（2001）将中庸构建为一套"元认知"的"实践思维模式",这在日常生活事件处理中为人们提供了决策、执行和修正具体行动方案的指导。

在组织环境中,高中庸思维的个体注重"和",更倾向于从整体角度看待局势,能够兼顾内外因素。这种态度有助于促进那些既有利于组织也不会损害他人利益的建言行为。然而,他们可能会抑制那些对自身有利但可能对他人造成损害的建言行为。举例来说,段锦云和凌斌(2011)的研究发现,中庸思维与员工的顾全大局式建言(基于整体利益)呈正相关关系,与自我冒进式建言(基于个体利益)呈负相关。

中庸者不仅关注是否建言,还关注建言行为前后的变化。这种特点使得中庸思维可以调节其他变量与建言行为的关系。例如,何轩(2009)的研究发现中庸思维可以显著影响互动公平对员工沉默行为的作用。对高中庸思维者而言,提高互动公平可以降低忽视性沉默;而对于低中庸思维者,可以降低称赞性沉默。

此外,中庸思维与西方文化中的自我监控(self-monitoring)有相似之处。例如,Premeaux 和 Bedeian(2003)的研究发现,在内控、自尊、领导开放和对领导信任的条件下,低自我监控者比高自我监控者更倾向于进行建言行为。因此,在这些条件下,低中庸思维可能更有利于员工表达建言行为。

综合已有研究,我们可以发现中庸思维对基于整体利益的、促进性的建言有促进作用,但可能抑制基于个体利益的、抑制性的建言的表达。因此,中庸作为一种独特的思维体系,其中的整体观可能成为员工不愿意进行、可能引发冲突的自我冒进式/抑制性建言的文化根源之一。因此,中庸思维对建言行为的影响需要进一步深入和细致的研究。

2)集体主义

Hofstede(1993)指出,我国是一个具有高度集体主义文化特征的国家。这种文化特征可以追溯到我国长期的农耕经济以及儒家文化中的"群体本位"思想。在集体主义文化下,个人之间相互依赖,将集体目标置于首位,按照共同的规则行事,表现出相对一致的行为方式。他们注重维护人际关系,倾向于情境性归因,保持谦逊,不喜欢过于突出自己。

集体主义文化对建言行为的影响是复杂的。一方面,集体主义者重视集体利益,在个人利益与集体利益相冲突时,倾向于采取有利于集体的行为,因为建言行为有助于提升组织绩效,所以在这种情境下,建言行为较容易发生。Chow(乔)通过对澳大利亚(英美文化)和我国(中国文化)企业的中层管理者进行访谈,证实了这一点。他们发现,由于我国中层管理者对组织成员的集体责任感,他们倾向于表达对自己可能不利但对组织有利的观点。另一方面,集体主义者关注集体成员的利益和集体和谐,建言行为可能会直接或间接地挑战上级或危害集体成员的利益,这可能破坏组织和谐,因此建言行为在这种情况下不容易发生。过分强调和谐也可能导致行为扭曲。黄丽莉(2007)将中国人的和谐分为实质性和谐和虚拟性和谐两种,虚拟性和谐指的是在表面上维持和谐,但实际上存在不和谐的情况。

从资源保存(conservation of resources,COR)理论的角度来看,重视表面和谐的人可能会害怕与上级的关系破裂导致个人资源的损失,因此可能不太愿意进行建言。魏昕和张志学（2010）的研究已经证实，员工关注表面和谐会导致他们对建言结果持负面预期，从而抑制建言行为的表达。

总的来说，集体主义文化对组织中员工的建言行为产生了复杂的影响，具有两面性。一方面，在集体主义文化中，员工可能因为关注集体利益而倾向于进行建言，但另一方面，他们也可能因为过分强调和谐而抑制建言行为，特别是涉及可能破坏关系和谐的抑制性建言。因此，集体主义文化可能是影响员工不愿意进行抑制性建言行为的文化根源之一，但对于促进性建言可能具有促进作用。

3）权力距离

当探讨文化对员工的建言行为所产生的影响时，不得不提及权力距离。在此概念中，权力距离可被视为组织内部权力分配的不平等程度，它深刻地影响着员工的言论行为。Hofstede（1993）指出我国在权力距离方面具有显著的距离差异。这种文化现象的源起可以追溯到儒家文化所倡导的"三纲五常"思想，如尊卑有序、忠孝、尊贤等，这在我国权力距离较大的特征中有所体现。在这种文化的潜移默化下，人们更易接受集权领导与官僚结构，上下级之间存在着强烈的约束关系，上级领导的观念与意见对下级产生深远影响。

从领导者角度观察，高权力距离文化中的中级管理者倾向于采用独裁式统治方式来巩固自身权威，而不太倾向于通过授权或团队建设的方式下放权力，这导致他们与员工间的交流较少。另外，员工层面的观察结果也呼应了这一点。Chow 等（1999）的研究发现，高权力距离的情境下，相较于权力距离较小的情境，中层管理者更加敏感于等级问题，更少地表达对现状的质疑或相反观点。

Brockner 等（1997）的研究则进一步阐释了权力距离对员工建言行为的影响。他们发现，在权力距离较大的国家中，员工对于自身在组织决策中发表建言所持有的消极反应较少，相较之下，权力距离较小的国家（如美国）中员工则更倾向于积极参与建言。后来的研究也表明，由于建言行为与文化价值观的不协调，高权力距离背景下的员工往往持有负面的建言预期，他们不太愿意对权威提出质疑或挑战，更倾向于保留自身观点与见解。可见，权力距离与建言行为之间呈现出负相关关系。

传统性作为一种本土特色，对于员工的建言行为也产生了一定的影响。Farh 等（1997）聚焦于传统性中的遵从权威维度，并考察了权力距离与传统性和组织支持认知以及员工组织公民行为的关系。他们的研究发现，权力距离与传统性均在这一关系中发挥调节作用，然而，与传统性相比，权力距离在这一调节关系中扮演更为显著的角色。这也可解释为权力距离是更具组织相关性的度量指标，而传统性则在更广泛的社会背景下产生影响。

周浩和龙立荣（2012）的研究则强化了传统性对建言行为的影响。他们发现，员工越具备传统性特征，组织心理所有权对建言行为的积极影响越小。这主要源于在组织环境中，传统性强的员工更加坚守"上尊下卑"的角色关系与责任，因此不太容易超越界限，即使是面对上级管理的辱虐也会有较高的忍耐度。可以认为，权力距离作为遵从权威传统性在组织环境中的具象，二者在本质上具有一定的相通性。

综合而言，无论是权力距离还是遵从权威的传统性，均不利于组织中建言行为的发生。权力距离以其明确且聚焦的特性，直接抑制了建言行为的展现。权力距离的影响主要通过两个方面体现：首先，高权力距离文化中的领导更倾向于独裁统治而非委托，他们不愿与员工进行充分交流；其次，高权力距离文化中的员工由于下级角色定位，更倾向于被动接受组织决策，不太会质疑现状或表达个人见解。传统性由于其广泛的背景性质，较少直接影响建言行为，而是充当了调节变量的角色，抑制了前因变量对建言行为的积极作用。

4）长期观念

Hofstede（1993）在其研究中指出，我国社会表现出显著的长期观念倾向。长期观念是人们对待未来生活的态度的体现。在长期观念较为强烈的社会中，人们倾向于保持节俭、积累财富、宽容传统，并追求长期的稳定和高水平的生活，他们的目标不仅限于眼前，更注重未来。

综上所述，我国文化背景下的员工长期观念可能是抑制建言行为的文化根源之一。员工在面对建言机会时，可能会因为保存个人资源的顾虑，更倾向于忍让和顺从，而不是表达自己的观点。然而，"长期观念是员工不愿意建言的文化根源之一"这一命题仍需未来实证研究的支持。

5.4 思 考 题

1. 印象管理动机是什么？
2. 印象管理的模型和测量工具有哪些？
3. 印象管理策略有哪些？

5.5 测 评 工 具

下列各题中 1～5 分值代表的含义分别为：总是如此；时常如此；有时如此；很少如此；从不如此。请根据实际的感受逐项回答，在每个题项最符合的选项上打√，具体的测量量表如表 5-5 所示。

表 5-5 印象管理量表

序号	题项	分值				
1	我同意领导的大部分想法	1	2	3	4	5
2	我会赞扬直接领导的成就	1	2	3	4	5
3	我会在领导面前表现得很有礼貌	1	2	3	4	5
4	我会在领导面前表现得像模范员工，如午餐用时不超过规定时间	1	2	3	4	5
5	我会主动帮助领导完成某个任务	1	2	3	4	5
6	我不同意领导的大部分决定	1	2	3	4	5
7	当我知道工作成果会被领导看到时，我会努力工作	1	2	3	4	5
8	我会在办公室工作到很晚，表现自己很勤奋	1	2	3	4	5

续表

序号	题项	分值				
9	即使心里并不赞同,我也会在表面上赞同领导大部分意见	1	2	3	4	5
10	我会让领导注意到自己的成就	1	2	3	4	5
11	我会为领导提供一些私人的帮助	1	2	3	4	5
12	我会提早到达办公室以便给领导留下好印象	1	2	3	4	5
13	我会称赞领导的衣着或容貌	1	2	3	4	5
14	我会在领导面前表现得比较友好	1	2	3	4	5
15	我会对领导的个人生活感兴趣	1	2	3	4	5
16	我会试图为我所在的工作小组中发生的积极事件负责	1	2	3	4	5
17	我会试图让某个我负责的积极事件看起来比实际情况更好	1	2	3	4	5
18	我会让领导知道我很努力地去做好自己的工作	1	2	3	4	5
19	我会主动为上级做一些不要求我做的事,即我会为他提供一些私人帮助	1	2	3	4	5
20	我会为一些消极事件负责,即使责任不全在我身上	1	2	3	4	5
21	我会让领导觉得我是个"好人"	1	2	3	4	5
22	我会试图让我所负责的消极事件看起来没那么严重	1	2	3	4	5
23	我会为一些积极事件负责,即使责任不全是我的	1	2	3	4	5
24	我会强调让我受到好评的积极事件的价值	1	2	3	4	5

资料来源:Wayne 和 Liden(1995)

下列各题中 1~5 分值代表的含义分别为:总是如此;时常如此;有时如此;很少如此;从不如此。请根据实际的感受逐项回答,在每个题项最符合的选项上打√,具体的测量量表如表 5-6 所示。

表 5-6　政治技能量表

序号	题项	分值				
1	我能够很好地理解他人	1	2	3	4	5
2	我特别善于察觉他人的动机和意图	1	2	3	4	5
3	我在把自己展现给他人方面有着良好的直觉和悟性	1	2	3	4	5
4	我似乎总是出于本能地知道该说什么或做什么来影响他人	1	2	3	4	5
5	我非常密切关注别人的面部表情	1	2	3	4	5
6	我能够让身边的多数人都感到轻松和愉悦	1	2	3	4	5
7	我能够容易并有效地与他人进行沟通交流	1	2	3	4	5
8	对我来讲,与大多数人和谐相处很容易	1	2	3	4	5
9	我善于让他人喜欢我	1	2	3	4	5
10	在工作中,我花费大量的时间和精力与他人建立关系网络	1	2	3	4	5
11	在工作中,我擅长与有影响力的人物建立关系	1	2	3	4	5
12	当我真的需要帮助时,能够从与我建立良好关系的同事和朋友中获得支持与帮助	1	2	3	4	5
13	在工作中,我认识很多重要人物并和他们保持良好关系	1	2	3	4	5
14	在工作中,我花费了很长时间与他人建立关系	1	2	3	4	5
15	在工作中,我很擅长运用我的关系和网络使事情得到解决	1	2	3	4	5

续表

序号	题项	分值				
16	与他人沟通交流的时候，我尽可能在言语和行为上表现得很真诚	1	2	3	4	5
17	让人们相信我言与行的真诚性，这一点很重要	1	2	3	4	5
18	我尽力对他人表现出诚挚的关心	1	2	3	4	5

资料来源：Ferris 等（2007）

下列各题中 1~5 分值代表的含义分别为：总是如此；时常如此；有时如此；很少如此；从不如此。请根据实际的感受逐项回答，在每个题项最符合的选项上打√，具体的测量量表如表 5-7 所示。

表 5-7 上级偏私倾向量表

序号	题项	分值				
1	对于下属的提拔，我通常只会考虑那些我所赏识的下属	1	2	3	4	5
2	如果有什么好处或奖励，我会优先给予那些我所赏识的下属	1	2	3	4	5
3	我倾向于将信息无保留地告诉那些我所赏识的下属，而对其余下属，我则会有所保留	1	2	3	4	5
4	当资源不够丰富时，我会优先照顾那些我所赏识的下属，以保障他们获得足够的资源	1	2	3	4	5
5	我通常会将"油水较多"的任务安排给那些我所赏识的下属	1	2	3	4	5

资料来源：Prendergast 和 Topel（1996）

5.6 场景模拟

无领导小组讨论

激励理论分别适用于什么情境？

激励在企业管理中的作用是什么？

请同学们以 4~5 人为一组展开讨论，时间为 15 分钟，最后由老师打分。

第6章　领导者与团队

引例：华为的团队学习与知识共享文化

内部开放的学习平台：华为公司倡导学习与知识共享，为此创立了"华为大学"这一内部开放学习平台。这个平台不仅仅是一个在线课程库，更是一个鼓励员工自主学习、分享经验和讨论问题的社区。员工可以自由地跨越部门和地域的限制，分享他们的知识和学习经验，这样的开放性环境促进了跨团队交流和多元思维的碰撞。

领导力培训和教练机制：华为深知领导力在组织成功中的关键作用，因此特别关注对中高层管理人员的培养。通过一系列领导力培训项目，公司致力于培养出优秀的领导者。此外，华为实施了教练机制，这使得资深领导者和专家能够为新员工提供个性化的指导，将企业价值观和专业知识传承下去。

跨部门和跨地区的合作：华为明白不同部门和地区之间的协同合作有助于知识的共享和创新的产生。因此，公司鼓励不同团队跨部门合作，共同完成项目。这样的合作模式有助于不同团队成员之间的互相学习，从不同视角汲取灵感，进而实现共同的成长。

奖励和激励机制：为了进一步激发员工的学习和知识分享的热情，华为建立了完善的奖励和激励机制。那些在项目中脱颖而出、在知识平台上积极参与分享的员工，将会得到公司的认可和奖励，从而增强他们的动力。

强调实践和反思：华为鼓励员工不要仅停留在理论学习，而要将所学知识投入实际实践。公司鼓励员工在工作中勇于尝试新方法和思路，然后通过反思这些实践的结果，实现知识的巩固和经验的积累。

全球化的知识网络：随着业务的国际化扩张，华为构建了全球性的知识网络，与全球多个研究机构、大学以及行业合作伙伴共同分享知识和资源。这种合作不仅为华为丰富了学习资源，也为公司引入了全球领先的技术和管理经验，从而推动了其创新和成长。

华为公司的团队学习和知识共享文化，通过内部开放的学习平台、领导力培训和教练机制、跨部门和跨地区的合作、奖励和激励机制、实践和反思以及全球化的知识网络的实践，有力地推动了团队的学习和知识分享。这一实践范例向其他企业展示了如何通过积极的领导和创新的管理方法，促进整个组织的不断学习和共同成长。这种学习文化不仅有助于员工的个人成长，也为公司的创新和竞争力提供了坚实的基础。

资料来源：作者根据相关资料整理而成。

在学习本章内容之前，请大家思考以下问题。

1. 华为在建立学习型组织方面的做法是否可以被其他行业或企业借鉴？

2. 华为在建立学习型组织时会遇到哪些挑战？这些挑战可能如何影响知识共享的效果以及团队之间的协作？

6.1　团队学习

近年来，随着知识经济的不断发展，组织为了在全球竞争的激烈环境中立于不败之地，必须不断调整或重新构想自身结构，以适应不断变化的内外部条件。组织的适应能力在很大程度上取决于其对外部信息和知识的获取、开发、利用与创新能力，也就是组织的学习能力。在组织学习的基础上，团队学习扮演着关键角色，它不仅有助于提升组织的学习能力，提高组织的绩效，还能帮助组织应对不断变化的外部环境。因此，团队学习作为组织学习的基石，受到了越来越多理论界和实践界的关注。同时，团队作为组织的核心工作单元，对于组织的学习效果有着深远的影响，团队学习的成效直接影响着组织的创新绩效。在这一背景下，如何倡导团队学习、促进团队学习行为、提升团队学习成效，从而使得组织获得持久的竞争优势，已经成为组织人力资源管理所面临的重大问题。海尔非常强调团队学习的重要性。海尔人认为，如果每个班组、每个车间、每个工厂都能够成为活跃的互动式学习团队，那么整个集团就能成为充满活力的互动整体。海尔在培训工作中遵循着实际需求缺什么补什么的原则，实现了学以致用、迅速见效的培训效果。

6.1.1　团队学习的定义

团队学习（team learning）又被称为群体学习（group learning）或基于团队的学习（team based learning），其最早的概念可以追溯到圣吉（Senge）的著作《第五项修炼——学习型组织的艺术与实务》。在这本著作中，团队学习被视为创建学习型组织的五项修炼之一。Senge 认为，团队是组织学习的基本单元，团队学习是组织学习的最重要形式，也是发展团队成员整体协同和实现共同目标能力的过程。企业只有通过不断学习和创新，才能在复杂多变的环境中生存和发展。

自从 Senge 提出团队学习的概念以来，有关团队学习的研究逐渐深入。在对团队学习概念进行界定的研究中，学术界主要有三种取向。①行为取向。这种取向认为团队学习是组织中团队成员的互动行为，包括数据分析、问题发现、自我调整和改进等活动。在团队学习中，成员相互交流信息、提出意见、做出选择并达成共识。②信息加工取向。这种取向强调团队学习是在团队成员之间进行的信息处理过程，涵盖信息获取、分配、收敛、发散、存储和再利用等环节。③结果取向。这种取向强调团队学习是团队成员之间知识转移的结果，包括团队成员经验的共享和团队水平上相对稳定与持久的知识和技能变化。团队学习包括结果改进、绩效控制和组织加工等方面。

通过对这三种取向的分析可以发现，虽然不同学者对团队学习内涵的理解有所侧重，但它们各自都有可取之处。因此，综合考虑这三种取向的观点，对于全面理解团队学习非常必要。总结以上三种取向，团队学习是团队成员通过互动不断地获取、整合和分享知识，然后在此基础上改进行为、优化团队体系，提升组织的适应性以实现组织目标的过程。

6.1.2　团队学习的理论基础

1. 组织学习理论

组织学习的起源可以追溯到 1963 年，当时西尔特（Cyert）等对政府部门改革进行研究，强调学习再造是政府改革的核心。随后，阿吉里斯（Argyris）在 1978 年发表的论文《组织学习：观察理论的视角》中正式提出了组织学习的概念。他认为，组织学习是组织通过发现错误并运用新的使用理论（theories-in-use）进行改革的过程，这标志着组织学习理论的兴起。目前，组织学习被普遍视为现代组织生存的一项关键策略，而团队学习研究则在组织学习研究的基础上进行，成为其重要补充。

基于这一理论基础，团队学习被视为组织学习的重要组成部分，主要关注个体学习、团队学习和组织学习之间的关系，以及团队学习在组织学习中的功能和作用。同时，团队有效性研究将团队学习视为一个独立的研究领域，深入探讨团队学习的特征、过程、作用以及影响因素。Yorks 和 Sauquet（2003）指出，团队学习作为组织学习的重要方面，有助于推动组织学习，使其适应不断变化的外部环境。在一个不断变化的世界中，组织必须不断学习才能取得成功。

2. 知识分享理论

自 20 世纪 90 年代中期以来，知识分享已成为西方知识管理理论研究的热点议题。目前，知识分享的定义可以分为广义和狭义两种。广义的知识分享涵盖了为了缩小个体或组织之间的知识差距而进行的各种活动和过程，包括知识传播、知识扩散和知识转移。狭义的知识分享则特指在特定环境下，个人有意识地将私有知识分享给他人，以实现知识被他人拥有和利用的过程。当前的研究主要从狭义的角度探讨，即员工之间相互交流知识，将个人经验的知识扩散到组织层面的过程。

从知识分享的定义可以看出，知识分享与团队学习有很多相似之处：①它们都发生在一定的情境中，如在组织内；②都是有意识的知识分享和传递行为；③受个体和组织因素的影响；④都对组织绩效产生影响。然而，知识分享与团队学习的区别在于，团队学习是发生在团队内部的行为，可能是非自愿和非主动的行为；而知识分享更强调个人与组织其他成员之间的交流，具有较高的自愿性和主动性。另外，知识分享可以看作团队学习的一个具体行为，即知识分享为团队学习提供了基础。

3. 人际沟通理论

沟通（communication）一词源于拉丁语 communis，具有分享或建立共同看法的含义。对人际沟通的学术研究始于 20 世纪 60 年代，当时主要关注小组内部的相互说服和社会影响活动。到了 20 世纪 60 年代末 70 年代初，研究重点逐渐转向了社会交互作用中的人际吸引、关系发展和非语言沟通。20 世纪 70 年代中期，人际沟通理论开始研究工作中的关系发展过程，与之相关的社会解释复杂性、社会交互作用有效性，以及工作中的相互交流和沟通都成为学者关注的焦点。目前，人际沟通理论的研究主要围绕以下五个方面展开：①面对面沟通过程中，个体语言和非语言的调整与适应活动；②关注信息产生的过程；③将怀疑视为组织构建的一部分；④解释各种欺骗性沟通；⑤新沟通技术对传统人际沟通和媒介沟通的挑战。

在组织管理中，人际沟通涵盖了沟通环境、沟通障碍、沟通氛围、沟通技能和沟通效果这五个方面。其中，沟通环境包括自上而下的沟通和自下而上的沟通；沟通障碍包括个人因素、人际因素和结构因素；沟通氛围包括横向人际沟通氛围和纵向人际沟通氛围；沟通技能包括言语表达技能和非言语表达技能。这些方面相互交织，最终影响着沟通效果。

通过分析可以得出，人际沟通与知识分享一样，也是团队学习不可或缺的条件。团队成员之间的顺畅沟通有助于分享获取的知识，提升团队整体的知识水平和学习能力，从而提高团队绩效，为企业创造经济和社会效益。

6.1.3　团队学习的影响因素及作用机制

1. 个体因素

团队成员的个体因素（人口统计学特征）是影响团队学习的重要变量，目前团队学习的个体影响因素研究主要包括以下几个方面：团队成员的认知水平、能力、个性特征、个体差异、性别、宜人性以及开放性等。例如，Senge 指出习惯性防卫（defensive routines）是个体根深蒂固的习性，用于保护自己和他人免受因说出真实想法而感到尴尬或受到威胁。这种心理障碍成为学习的主要阻碍，导致组织成员无法审视自己的心智模式，从而无法实现共同学习，最终导致"熟练的无能"（skilled incompetence）。Ellis 等（2003）的研究也发现，团队成员的认知水平与团队学习呈正相关关系，团队成员的个性特征中的宜人性和开放性等因素与团队学习也存在显著正相关关系。Hirst 等（2009）的研究还发现，个体的目标取向（goal orientation）也是影响团队学习的重要前置变量。

2. 团队因素

影响团队学习的团队因素包括团队凝聚力、团队心理安全、团队信念、团队目标、团队授权、领导风格、团队规模以及团队学习的技术条件等。团队成员的心理安全感对团队学习的效果具有重要影响，只有在感到心理安全的情况下，团队成员才会勇于公开讨论失误和存在的不足，从而更好地从经验中学习。领导风格、初始目标结构和领导在组织中的地位等因素都对团队学习产生显著影响。团队领导者的领导风格（变革型、交易型、民主型）不仅影响团队凝聚力，还会影响团队成员的学习态度和学习相关行为表现。因此，团队领导者需要关注自身的领导风格以获得理想的团队成效，这一结论在国内外相关研究中也得到了验证。同时，Zellmer-Bruhn 和 Gibson（2006）研究发现团队被授权的程度越高，团队流程创新的程度也越高。相反，拥有较少自主权的团队更可能遵循既定做法，较少表现出学习行为。此外，团队的规模、团队凝聚力、团队任务冲突、团队的技术条件、关系品质等变量也都是影响团队学习的重要因素。

3. 组织因素

研究发现，影响团队学习的组织因素涵盖了多个方面，包括组织环境、组织结构、组织文化、人员轮岗、培训、绩效管理、知识管理系统、管理体系的规范化和系统化等。早期研究指出，工作轮岗有助于个体知识在不同群体间有效传播与应用，对团队学习有积极影响。组织中的标准和规章制度被组织成员接受后，企业文化能够促进团队学习行为，从而持续提升组织绩效。当团队的绩效管理由外部团队管理者执行时，团队学习效果会更显著。研究还发现，宏观环境对跨国组织团队学习也有影响。Zellmer-Bruhn 和 Gibson（2006）发现在全球化的组织环境下，团队学习行为可能会减少，但如果组织环境强调反应能力和知识管理，反而会增加团队学习行为。

4. 社会因素

团队学习，作为一种重要的社会活动形式，在其本质中呈现出鲜明的社会属性。不容忽视的是，团队学习的实践并非孤立于组织和团队内部因素之中，外部社会环境同样在其中扮演关键角色。卢小君等（2010）通过深入研究发现，社会文化方面，如低权力距离、低不确定性规避、集体主义、柔性倾向以及长期导向等，都在积极地影响着团队学习行为的形成和发展。此外，彭灿和李金蹊（2011）在研究中发现团队的外部社会资本，包括互动频率、网络密度、信任关系以及共同语言等因素，也显著地塑造了团队学习能力。

综上所述，我们通过宏观、中观和微观层面的多角度分析，全面揭示了影响团队学习的诸多要素。而实际上，这些要素之间常常相互交织，共同产生合力。社会因素、组织因素、团队因素以及个体因素等层次元素，齐头并进地推动和限制着团队学习的进程，共同协作以呈现多维效果。这些因素的作用会随着时间和空间的变化而异，呈现出复杂而多样的特征。通过对团队学习影响因素的深刻解析，有望为打造有利于团队学习和成效提升的良好环境奠定坚实基础。

6.1.4 团队学习的作用结果

研究发现，团队学习对结果变量影响的效应模型主要有三种——主效应模型（main effect model）、调节效应模型（moderate effect model）和缓冲效应模型（buffering effect model），研究脉络如图 6-1 所示。

1. 主效应模型

主效应模型强调团队学习对相关结果变量的直接积极影响，且这种影响独立于其他变量的作用。近期的实证研究发现，主效应模型在探究团队学习效应时占据主导地位。毛良斌和郑全全（2010）的研究结果证实了团队学习对团队的多方面积极影响，如提升团队在变化环境中的适应能力，持续创新工作方式和流程，改善团队内部的学习氛围，提升团队成员之间的互动质量与团队关系满意度。这种影响还体现在生产效率的提升以

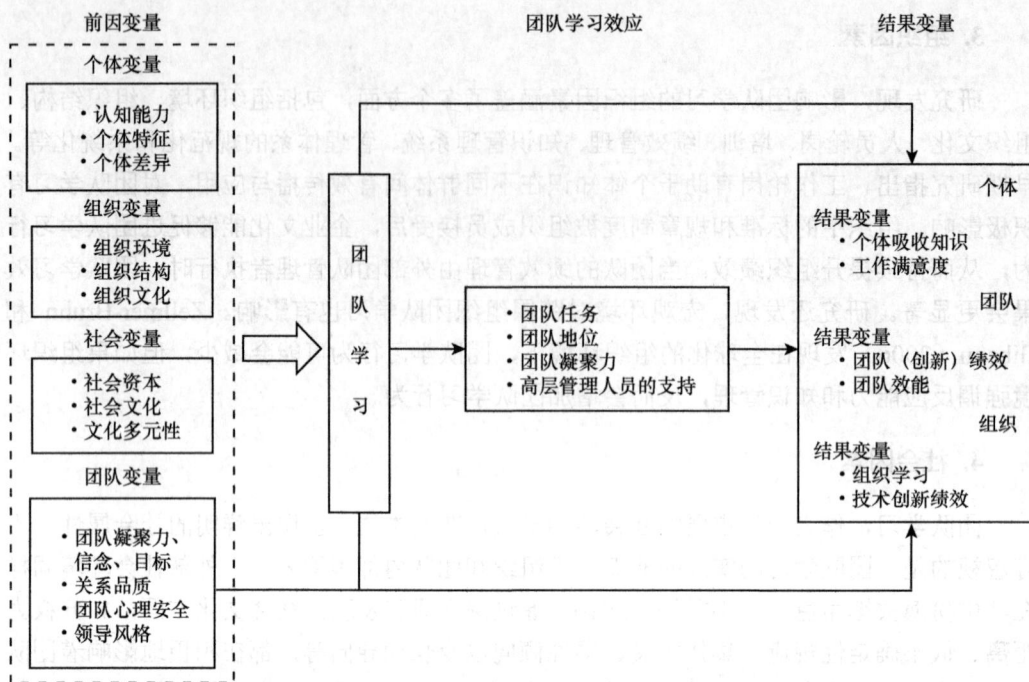

图 6-1　团队学习影响因素与作用机制研究脉络

及团队整体绩效的增强，进一步强调了团队学习在实际应用中的重要性。

2. 调节效应模型

有学者认为，团队学习对结果变量的影响是通过调节作用来实现的。Lynn 等（1999）的研究显示，团队学习在调节变量方面发挥作用，影响团队成员对客户需求的认知以及团队绩效的实现。此外，在创意交流过程与创新绩效之间的关系中，Paulus 和 Yang（2000）发现团队学习发挥了调节作用，团队学习水平越高，知识处理效率对创新绩效的促进作用就越显著。Edmondson（2002）研究发现团队学习在个体成员之间的互动和团队绩效之间也扮演调节角色，具体来说，团队学习推动团队不断获取新知识或采取新行动，从而促进团队绩效的提升。

3. 缓冲效应模型

缓冲效应模型强调，团队学习对结果变量的影响是通过影响一些中介变量来发挥间接作用的，即团队学习与结果变量之间的联系可能并非直接，而是通过中介途径实现的。研究发现，在团队任务具有非常规特征时，团队任务在团队学习与团队绩效之间充当中介角色。另外，莫申江和谢小云（2009）研究得到团队学习还通过对交互记忆系统的影响，显著地影响着团队绩效。

此外，一些学者认为，团队学习不仅通过主效应、调节效应和缓冲效应对结果变量产生影响，而且相对于团队内外环境变量对个体、团队和组织变量的影响而言，团队学习行为本身也具备中介作用。

6.2　团队反思

6.2.1　团队反思的定义

1996 年，韦斯特（West）首次引入了团队反思的概念，并将其定义为"团队成员对团队目标、策略（如决策）与程序（如沟通）进行公开反思，以适应当前或预期的环境变化"。团队反思被认为是团队学习不可或缺的条件，通过团队成员之间的反思和行动相互交织，团队能够实现知识的创新，评估和提升自身的能力。目前，关于团队反思的研究文献主要认为，团队反思是一种工作方式，不容易通过短期培训等手段来培养。当然，也存在例外情况，如 Gurtner 等（2007）认为，可以通过引导和干预团队成员的反思活动，帮助团队制定适当的策略。

国际学界普遍认为，团队反思是一个团队层面的概念，它代表着一种集体的过程，一经提出即引起了学术界和实际界的广泛关注。West 和 Anderson（1996）认为，在高水平的反思团队中，团队成员倾向于制订详细的计划，关注长期绩效，并积极应对环境变化；相比之下，反思水平较低的团队成员可能对团队目标、战略和外部环境缺乏关注，更倾向于被动适应而不是主动应对，仅仅以防御性的方式应对环境变化。Tjosvold 等（2004）认为，反思有助于团队及其成员及时发现问题，如当前的工作方法可能由于环境的变化而变得不再适用。学者普遍认为，在高水平团队反思的氛围下，团队能够充分考虑和处理正反两方面的意见，团队成员的思维也变得更加创新、广泛和具有批判性。在制订计划或做出决策时，团队成员会公开、深入地讨论各种方案，并选择有利于整体团队利益的选项，从而提高团队的决策质量。

6.2.2　团队反思的内容

团队反思是将认知过程与执行过程相融合的核心，一个完整的团队反思过程包含了反省、计划和行动/调整这三个关键要素，这些要素在交互中相互影响和交织。

反省在团队反思中扮演着至关重要的角色，当前团队反思的测量往往从反省角度进行。团队反省涵盖多种行为，如询问、计划、探索性学习、多视角探索、专业知识运用、对工作的评估、元学习（将不同甚至相互矛盾的知识进行同步整合）以及以新的思维方式思考问题等。反思可分为不同程度的反思，包括轻度反思、中度反思和深度反思。轻度反思是初级阶段，关注与当前工作直接相关的问题，类似于单环学习；中度反思以更批判的方式审视任务、目标、策略和程序，类似于双环学习；深度反思涉及对团队或组织的规则和价值观进行质疑，这些规则和价值观对功能的影响也会被公开讨论，类似于再学习或三环学习。

West 和 Anderson（1996）认为"反思"引发团队不确定性，而"计划"是应对不确定性的手段，团队需要制订行动计划以适应环境变化。周密的计划需要考虑可能遇到的问题，同时兼顾长期目标和短期目标。Gollwitzer（1999）指出详细的计划往往催生新的创新，因为它将团队成员的注意力和行动引导到了创新实施上。

行动/调整同样是团队反思的关键环节，因为仅仅反省和计划是无法引发实质变化的。West 和 Anderson（1996）认为，行动/调整指的是"团队为实现反思阶段所设想的关于团队目标、策略、程序、组织或环境的变化所采取的行动"。团队的行动/调整行为能够产生新信息，引发新的反省、计划和行动/调整行为，从而形成一个持续的反思循环。

6.2.3　团队反思的影响因素

1. 团队结构与设计

Schippers 等（2003）研究发现，团队的多元化程度、团队成立时间和工作结果依赖性都会对团队反思水平产生影响。

在多元化团队中，团队成员在工作结果依赖性与团队反思水平之间呈正相关关系。这意味着，团队成员在工作中相互依赖程度越高，就越倾向于进行反思。因此，通过确立共同的团队目标来增强团队成员之间的工作结果依赖性，可以提高多元化团队的反思水平。相反地，如果团队缺乏共同的目标，导致工作结果依赖性下降，那么在多元化程度低的团队中，可能会表现出更高的反思水平。这是因为多元化程度较低的团队通常更容易确定共同目标，团队成员相互了解，对团队目标有清晰的认识，即使在缺乏充分沟通的情况下，仍能保持一定的工作效率，因此不太需要进行过多的沟通和反思。但如果团队多元化程度较低且缺乏共同目标，那么即使团队成员相互了解，由于目标不明确，仍需要进行充分的沟通和反思。

团队成立时间在团队的多元化程度和团队反思之间起到调节作用。在多元化程度较低的情况下，成立时间较长的团队往往比成立时间较短的团队表现出更高的反思水平。在多元化程度较高的情况下，情况则相反，成立时间较短的团队往往表现出更高的反思水平。这是因为多元化程度较低的团队可以持续加强成员之间的互动和沟通，从而提高反思水平。而多元化程度较高的团队由于需要考虑成员的不同观点，可能在成立之初就表现出较高的反思水平。然而，如果多元化程度较高的团队成员观点相互不一致，团队的反思水平可能会随着时间推移而下降。

综上所述，多元化团队可以通过增强工作结果依赖性来提高团队反思水平，如采用基于团队绩效的薪酬制度。同时，多元化团队应意识到团队反思水平可能会随着时间的推移而逐渐下降，因此必须持续加强反思、计划和行动的训练。

2. 团队冲突管理

一些学者认为，适度的团队冲突和有效的冲突管理有助于促进团队反思，提升团队绩效。事实上，有效的冲突管理，而非冲突本身，对于团队反思和管理至关重要。Michael 等（1996）认为，对于知识多元化程度高的团队来说，如果能够持续进行任务反思，就能够增强创造力。类似地，de Dreu（2002）认为如果团队能够容忍不同的意见，在任务反思中对自身工作进行审视，就会变得更加高效，并且提升创造力。

合作性目标与合作性冲突管理有助于提升团队的反思水平，而竞争性目标、独立性目标以及竞争性和回避性冲突管理则可能抑制团队反思。团队成员对于共同的目标持支持态度时，往往会积极关注和讨论团队问题，从而强化团队的反思能力；然而，如果团队成员对于共同目标持不同意见，可能会导致团队成员不太积极地讨论团队问题，进而减弱团队的反思功能。

在将合作性目标与反思联系起来时，关键在于对反对意见的开放式讨论。研究发现，支持合作性目标的决策者会表达自己的不同意见，甚至是征求反对意见，并在确定解决方案时充分考虑这些意见。因此，规范合作性冲突管理的流程，提升合作性冲突管理的能力，并采用合作和开放的方式来处理冲突，都有助于显著提升团队的反思水平和绩效。

3. 团队成员的技能

Hoegl 和 Parboteeah（2006）对德国软件开发团队的实证研究发现，团队成员的社会技能和项目管理技能在提升团队反思水平方面起到了积极作用。社会技能体现为团队成员理解和尊重他人意见的能力，这反映了团队成员的交际、沟通和移情能力。拥有高水平社会技能的团队成员通常具有较强的自我反省和反思能力。高水平的社会技能有助于团队成员更好地协调彼此需求，在交际中尊重不同风格的人，提升团队成员以建设性方式处理批评意见的能力，进而提高团队的反思水平。

团队成员的项目管理技能同样有助于提升团队的反思水平。团队反思的关键在于明确目标，并制订有效的计划来实现这些目标。拥有良好项目管理能力的团队通常能够有效制订和执行计划，并评估计划执行的结果，因此具备较强的团队反思能力。Frese 等（1999）也指出，团队反思水平的提升需要团队拥有考虑潜在问题，制订长期和短期计划，并详细说明计划的能力。团队的项目管理技能有助于增强这些方面的能力，为团队创造更有利于反思的条件。

4. 团队领导等因素

Somech（2006）对 140 个医疗保健团队的实证研究发现，参与型领导有助于提升团队反思水平，而指示型领导只有在多元化程度低的团队里才能够提升反思水平。变革型领导、团队成员的心理安全和理性都有利于提高团队的反思水平：变革型领导有助于激发讨论和评价行为，打造一种反省文化；心理安全有利于创造团队成员自由发表意见的氛围，从而推动团队反思；而理性的团队成员倾向于对过去与当前的情况进行反思。

6.2.4 团队反思的作用结果

1. 对团队成员行为的影响

在反思水平较高的团队中，团队成员倾向于制订详细的计划，注重长期绩效，并积极回应环境变化。相反，反思水平较低的团队中，成员往往忽略团队目标、战略和外部环境，当环境变化时，他们通常是被动应对，而不是主动适应。频繁的反思使团队紧密关注行动的影响，紧密注视所处环境，团队成员更积极主动。通过经常的反思和评价，团队成员会不断重新认识团队目标、战略和环境，对团队和个人的责任有新的认识，努力提高适应新环境的能力；而不经常反思的团队只会勉强履行职责，不考虑行为可能产生的后果，团队成员也不会有积极进取的态度。反思有助于团队及时发现问题，例如，当前的工作方法可能因环境变化而变得过时。

由此可见，在高水平的反思环境中，团队会充分考虑和处理正反两面意见，团队成员的思维更具创新性、广度和批判性。他们对于计划和决策方案能够做出有效选择，因此提高了团队的决策质量。

2. 对团队学习的影响

在有关团队学习的研究文献中，一般认为反思是团队学习不可或缺的组成部分。团队学习涉及团队成员根据团队绩效反馈的信息采取行动，进行调整、改进或变革的动态互动过程。通过团队成员之间的反思与行动的相互作用，团队能够实现知识创新，正确评估和提升自身的知识水平与能力。反思和行动被视为团队学习的两个关键要素。反思有助于促进团队成员共享团队信息，寻找围绕团队绩效的反馈信息，共同讨论存在的问题或不足，并积极寻求新的解决方法。而行动则将反思的成果付诸实际，从而推动团队的变革。行动在这里指的是做出决策、改善绩效、推广模拟结果、传递个人知识等方面。

Ennabih（2013）的实证研究发现，在新产品开发团队中，团队反思有助于促进开发性学习与探索性学习，进而影响新产品开发团队的绩效。另外，Edmondson（1999）指出，团队学习过程失败的四个主要原因是缺乏反思过程、讨论过程没有成果、缺乏行动以及权力过度集中。如果团队无法进行反思和采取行动，就无法向组织提供新的知识和工作方法，进而组织也无法根据环境变化做出适当的调整和修正。

3. 对团队创新与团队效能的影响

团队反思对于团队创新与效能的影响机制目前尚不明晰。一些学者主张，团队反思直接影响着团队的创新和效能。然而，也有学者提出，团队反思与创新、效能之间的关系并非直接存在，甚至可以说，直接影响可能并不显著；在某些情境下，团队反思可能在前因变量与团队绩效之间扮演调节的角色。

就其直接影响而言，频繁对过去进行反思的团队更可能勇于探讨和应对由环境变化引发的挑战。这种积极的努力有助于团队更为深入地理解并妥善处理涉及创新的问题。此外，团队成员通过持续不断的反思，能够相互洞察各自的专业领域，进而促成团队内部互动记忆体系的形成，进一步推动各成员在团队中充分发挥各自的专业特长。Carter 和 West（1998）对英国广播公司节目制作团队的实证研究表明，团队反思在预测团队效能方面比团队创新氛围和团队结构更具有显著影响力。虽然团队氛围能够预测团队成员的心理健康状态，但却未能有效预测团队成员的实际效能。此外，Schippers 等（2003）对 60 个团队的实证研究结果显示，团队反思直接影响团队产出，包括满意度、承诺和绩效等方面，然而这种影响会在团队成立时间和工作结果依赖性方面产生调节作用；而团队反思在团队多元化与团队产出之间充当了中介的角色。同样，Tjosvold 等（2004）针对 100 个我国团队进行的实证研究显示，在能够对团队程序及执行改进方案进行反思的团队中，其创新绩效在主管评价中得到了较高的评价。Hoegl 和 Parboteeah（2006）的实证研究同样支持团队反思与团队效能之间存在正相关的假设。Facchin 等（2011）的实证研究则显示，任务反思（即对团队任务目标、执行策略和程序进行反思）有助于提高团队效能，尤其在决策程序较为复杂的团队中,其影响较为显著。同样,社会反思(即审视团队成员之间的互动和处理团队冲突的能力)也对团队效能产生积极影响,而这种影响不受任务类型的影响。

可以推测,团队反思很可能在调节团队创新与团队效能关系的过程中起到了重要作用。de Dreu(2002)的实证研究结果显示,高质量的少数派不同意见有利于促进创新行为和提高团队效能,但前提是进行高水平的团队反思。这意味着反思能够调节少数派不同意见与团队创新之间的关系,因为反思有助于促使少数派发表不同意见,并且妥善处理他们提出的意见。同样地,de Dreu 和 Gelfand(2008)还指出,在工作结果依赖性和团队效能之间,团队反思也发挥着调节作用。在团队反思水平较高的条件下,合作结果依赖性有助于促进团队创新、团队学习以及提高团队效能,团队反思的 I-P-O(input-process- output,输入–过程–输出)模型如图 6-2 所示。

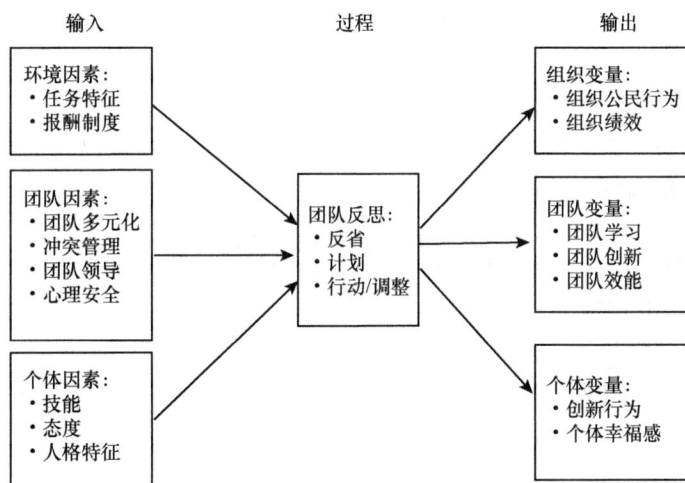

图 6-2　团队反思的 I-P-O 模型

资料来源:张文勤和石金涛(2008)

4. 对组织公民行为的影响

Tjosvold 等(2004)通过对我国团队的实证研究,考察了任务反思对角色内绩效与角色外绩效的影响。结果表明,团队反思除了对角色内绩效产生显著的积极作用以外,还对角色外绩效(即组织公民行为中的组织认同)具有显著的积极作用,对组织公民行为中的利他主义与责任心同样产生积极的作用(但不显著)。此外,Carter 和 West(1998)研究发现,任务反思与决策参与、团队目标清晰表达以及个体主观幸福感等呈正相关关系,但他们没有说明这些变量之间的作用机理。

6.3　团 队 互 动

6.3.1　团队互动的定义

越来越多的组织发现,团队工作提供了一种协助组织解决问题、增强员工的组织认同感、发挥员工工作潜能和快速应对环境变化的有效方法。随着组织越来越意识到团队工作的重要性，越来越多的组织采用团队工作的形式来完成企业的任务，进而达成组织目标。"众人拾柴火焰高"在以往体现的是人员的数量优势，而在当今日益重视脑力知识的时代，这句话更暗含了人员的质量优势。选择适合的团队不仅能使组织的任务得到高效率、高质量地完成，更能促进团队成员显性知识和隐性知识的传播、提高团队士气，进而为组织节约人力成本，促进组织目标的达成。

在一个团队中，信息、知识和情感等要素的传递离不开组织成员之间的互相沟通、互通有无，这个过程即团队互动过程。关于团队互动的定义，国内外学者一直未达成一致意见。有学者认为，团队互动过程无非就是团队成员互相沟通，甚至有时互起冲突的过程；也有学者将该过程延伸到环境因素，认为团队互动不仅是团队成员之间，而且是其与外部环境要素相互作用的结果；陈国权和赵慧群（2009）则从团队成员认知角度的差异出发，指出团队互动行为分为两种，一种是事实导向的行为，另一种是情感导向的行为。

纵使国内外学者对团队互动的定义及相关的研究结果尚无清晰结论，但近年来学术界对于该领域的深入研究逐渐让团队互动的神秘面纱褪去。梳理以往文献，团队互动相关的内容可以总结为以下观点，如表 6-1 所示。

表 6-1　团队互动的定义

学者	观点
McGrath（1964）	不同的个人特质相互融合的过程，包含了最为重要的沟通与冲突两大方面，而有效的团队互动能够降低团队成员之间的竞争对团队产出的不良影响
Hackman（1987）	团队互动即团队成员相互之间，以及其与外部的环境要素相互作用的结果
Ancona（1990）	团队能否发挥功能取决于团队内部成员之间的互动以及团队与外界环境之间的关系，在外界环境给定的情况下，其内部的互动对于提高团队绩效的作用就更加重要了，即通过团队互动，可以对团队绩效产生显著的影响
Cohen 和 Bailey（1997）	团队互动是发生在团队成员之间以及团队成员与外部环境之间的交互作用
Mathieu 和 Zaccaro（2001）	团队成员之间以认知的、语言的以及动作的形式将输入转换成结果，指团队成员在进行这一系列相互依存的活动时受到组织任务的导向，力图实现团队的整体目标
王海霞（2008）	团队互动是指团队成员为共同任务目标奋斗过程中出现的所有认知、所有行为等，团队互动的最终目的是达成组织的目的
陈国权和赵慧群（2009）	团队互动行为可以按照团队成员认知角度的不同划分为两大部分，即事实导向与情感导向

通过以上内容可知，团队互动实际上就是团队成员互相交换知识、信息、情感等要素的过程。其中，知识和信息可以是关于工作的，也可以是非工作的；情感可以是积极的合作、支持和信任，也可以是消极的冲突、矛盾等情感。

6.3.2　团队互动的维度

由上面对团队互动的定义可知，团队成员互动过程中，不仅交换有关工作内容的信息（如工作程序、团队决策、完成任务所需的专业知识和技能），而且很容易就情感、思想等（如积极或消极的个人情绪、对事件的观点等）进行互动。因此，若是对以上团队互动的内容进行因子提取，可提取出两个主要因子。这两个因子可作为团队互动的两个维度，即社会情感维度和任务维度。团队互动的两个维度，以及各个维度下所包含的内容，如表 6-2 所示。

表 6-2　团队互动的维度

学者	团队互动构成维度	
	社会情感维度	任务维度
McGrath（1964）	沟通、冲突	
Jewell 和 Reitz（1981）	沟通、影响力、竞争、合作	决策
Hackman（1983）	适当的绩效策略	团队成员所付出的努力、具备的知识与技能
McGrath（1964）	社会情感交往	工作交往
Gladstein（1984）	协调、沟通、冲突	任务讨论、计划导向、进度管理
Helmreich（1984）	沟通过程、决策、情境意识	团队形成与管理、工作负荷管理
Salas 等（1992）	沟通、协调、合作	
Campion 等（1993）	合作、信任、社会支持	
Barrick 等（1998）	凝聚力、开放性的沟通、冲突、信任	工作弹性、工作分担
Tesluk 和 Mathieu（1999）	协调、合作、沟通效果、信任	
Lechler（2001）	沟通、协调、支持、规范、凝聚力、冲突	
王海霞（2008）	信任、冲突、沟通、凝聚力、支持、学习	任务互动
刘衡等（2010）	信任、领导、授权	
王黎萤（2010）	信任、开放性、冲突、凝聚力	
张为民（2012）	信任、协作、凝聚力、冲突、争执	团队任务

6.3.3　团队互动过程模型

早在 1964 年，McGrath（麦格拉思）提出了一个关于团队成员个人特质与团队互动过程之间关系的问题。他认为，团队成员的互动过程实际上是将不同的个人特质融合在一起的过程，其中沟通和冲突是最为关键的两个方面。有效的团队互动可以减少团队成员之间竞争对团队产出的负面影响。基于这一思想，McGrath（1964）构建了团队互动一体化模型，这一模型也成为团队互动过程研究领域中最著名的 I-P-O 模型。这个模型对于后续的团队互动过程模型研究和构建产生了重要影响。

许多学者在 McGrath（1964）的研究基础上，进一步构建了对团队互动过程进行深入研究的理论模型，旨在探究影响团队效能的因素。由于研究观点和角度的不同，所构建的模型各具特色。例如，葛宝山和董保宝（2009）根据过去的模型进行整理和归纳，将团队互动模型分为两大类：描述性模型和启发性模型。描述性模型主要用概念或理论来描述团队互动过程，这类模型主要基于 I-P-O 范式，研究团队互动过程中的前因和结果，但只关注某一类别或某一方面的因素，主要反映了静态观点。与此不同，启发性模型则着眼于模型应当如何构建。这类模型既对现实进行客观描述，又试图从动态视角综合考虑各个要素。启发性模型不受 I-P-O 范式的限制，力求从动态和要素互动的角度解释团队互动过程，特别关注团队互动的动态发展。

1. 描述性模型

1）McGrath 的 I-P-O 模型

在团队互动过程理论模型中，最常被引用的是 McGrath 在 1964 年所构建的 I-P-O 模型，这一模型在 Stewart 和 Barrick（2000）的研究中有所体现（图 6-3）。McGrath 采用了 I-P-O 系统理论架构，旨在探讨团队互动过程的影响因素。具体而言，他认为输入过程中的各种因素（如个体因素、环境因素等）直接影响着团队的互动过程，而这些互动过程则会通过一系列的影响路径对团队的绩效产生影响。值得注意的是，McGrath 同时指出尽管团队互动对团队绩效有影响，但团队绩效同样也会对团队互动产生反馈效应。这正是他对团队绩效对团队互动的反馈路径进行勾画的原因。这一模型清晰地揭示了团队互动过程在整个团队中扮演了中介的角色，对输入与输出之间的关系产生影响。

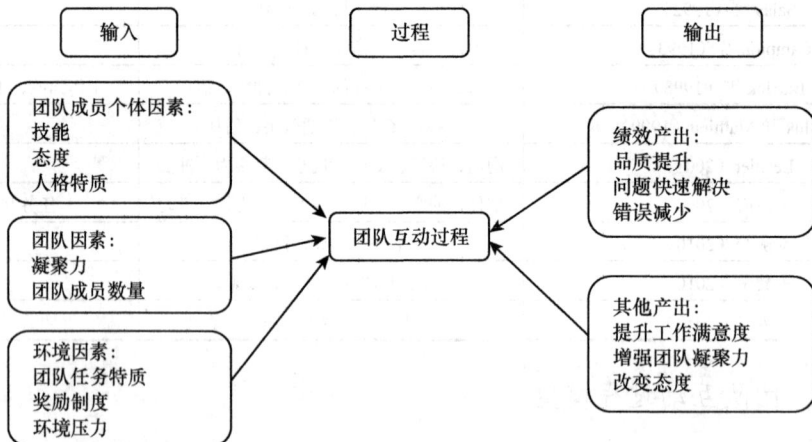

图 6-3 McGrath（1964）的 I-P-O 模型

McGrath 的模型为团队绩效的影响因素列举了一系列输入因素，同时试图揭示这些因素与团队互动过程以及团队绩效之间的相互关系。可以说，这一模型为团队互动过程的研究奠定了基础，也为之后的团队互动过程模型的发展提供了重要的起点和借鉴。

2）Jewell 和 Reitz 的团队效能模型

根据 Jewell 和 Reitz（1981）的研究，他们构建了一个基于团队效能的团队互动过程模型，该模型考虑了影响团队互动以及团队绩效的因素。在这个模型中，团队产出被视为因变量，并提出了四大类影响团队绩效的变量，分别是团队成员的个人特质、团队特质、环境因素以及团队互动过程。团队成员的个人特质包括了成员的能力、技术水平、知识以及人格特质等。团队特质则分为结构因素和组成因素两个方面。环境因素则涵盖了物质环境（physical environment）和社会环境（social environment）两个层面。团队互动过程则包括了沟通、决策制定、影响力、合作以及竞争等各个方面。

值得注意的是，Jewell 和 Reitz（1981）还将团队产出进一步细分为内在与外在两个方面。总体而言，他们的模型将团队互动过程视为特质因素与产出之间的中介变量。这个模型在很大程度上延续了 McGrath 的描述性模型，即 I-P-O 模型的特点。该模型的主要贡献在于首次明确列出了影响团队产出效能的重要因素，并对团队互动过程中的关键要素进行了分类。特别重要的是，他们将团队互动过程视为团队效能的重要中介和前因变量之一。

3）Hackman 的团队互动过程模型

Hackman（1987）的规范性模型强调了在团队互动与团队绩效中组织系统和环境资源的关键作用。该模型在延续了 I-P-O 模型架构的基础上，特别关注团队动力（即团队成员互动意愿与支持度）的权变作用。Hackman（1987）认为，完善的奖惩、教育培训以及信息系统构成了团队有效互动的基础，同时提供必要的资源是确保团队成功的关键。这意味着组织必须全面支持团队行为，以实现高效的团队绩效。此外，团队成员的投入、知识技能和适当的绩效策略是团队互动过程中的关键要素，也是提升团队绩效的有效保障。Hackman（1987）的规范性模型不仅明确列出了影响团队绩效的关键变量，还开始探讨如何从团队互动入手来构建有效的绩效指标。此外，该模型引入了团队动力的概念，将其视为组织系统、团队设计和团队互动之间的权变变量，为后续团队互动过程研究提供了重要的指导。

Gladstein（1984）提出了团队效能模型，通过对近百个销售团队的样本进行研究，强调了环境资源的权变效应。这个实证模型遵循了 I-P-O 模型的逻辑架构，包含输入、过程和输出三个部分。输入层面涵盖团队特质、团队结构、资源可用性以及组织结构，过程层面包括互动过程和任务属性，而团队绩效则是输出层面。他的研究不仅在实证检验方面做出了贡献，更重要的是通过研究证明了团队互动确实会影响团队绩效。该模型还首次引入了冲突管理和战略讨论作为团队互动过程的关键维度。此外，该模型明确指出了任务属性和需求在团队互动过程与团队绩效之间的权变作用，并首次将任务属性分为任务的复杂性、任务的互依性和任务环境的不确定性三个层面。这三个层面共同决定了团队互动过程对团队绩效的影响程度。例如，在环境不确定性和任务互依性较高时，弹性沟通有助于提升团队绩效；而在任务较为简单时，团队可以按照标准程序进行工作，无须进行讨论。

4）Salas 等的团队互动过程模型

Salas 等（1992）通过文献综述，详尽列举了影响团队互动过程的前因（影响因素）和结果（团队绩效），致力于建立一个综合性整合模型，以整合以前的团队互动过程模型和理论。因此，这个模型仍然属于描述性模型。Salas 等（1992）认为，团队互动过程对团队绩效产生重要影响，并强调了沟通、协调和团队合作等因素的重要性。有效的沟通能促进团队成员之间的协作，进而提高团队合作效能。此模型还首次特别强调了团队培训在团队互动过程中的关键作用。通过团队培训，团队成员可以学习正确的团队互动方式和方法，从而提升团队效能。Salas 等（1992）的团队互动过程模型的主要贡献在于，关注了团队培训在互动过程和团队效能之间的调节作用。同时，他们还关注了变量之间可能存在的交互作用，以及这些交互作用对团队互动过程和团队绩效的反馈影响。这也是第一个采用了 I-P-O 范式的模型，从动态视角关注反馈作用机制，具备了描述性模型和启发性模型的共同特征。

5）Ensley 等的 I-P-O 模型

在恩斯利（Ensley）等学者的研究中，他们在 McGrath（1964）和 Schwarz（施瓦茨）模型的基础上，创造性地构建了全新的 I-P-O 范式团队互动过程模型。该模型以沟通有效性为核心体现团队的凝聚力，以认知一致性来代表团队的共享愿景。从这两个关键视角出发，他们认为团队互动过程首先要基于认知一致性，这样的前提下，团队内部的沟通才能高效，冲突才能减少，组织战略的执行才能得以有力推进。在此模型中，团队互动行为及过程与团队领导的有力支持和协助密不可分。因此，该模型将领导力视为"输入变量"，而将团队效能视为"输出变量"。同时，他们还考虑到情境变量，如资源限制、风险以及行为模糊性对输入变量和过程变量之间关系的调节性影响。这个模型的主要贡献在于，从团队内部互动的角度出发，提出了团队互动的核心基础，即共享愿景，以及将凝聚力作为团队互动的保障。这两者是实现有效团队互动和取得优异互动成果的重要基础。更为关键的是，他们将领导力作为前置变量引入模型，从组织行为学的视角深入研究了影响团队互动过程的关键变量，为领导力相关研究做出了杰出的贡献。

2. 启发性模型

1）Nieva 等的团队绩效模型

根据涅瓦（Nieva）的研究，团队绩效被定义为团队在任务完成过程中所表现出来的目标导向行为，这种行为受到任务属性驱动的团队互动影响。基于这一定义和对相关文献的回顾，他们构建了一个团队绩效模型，该模型综合考虑了外在因素、团队成员特征、团队特质以及任务属性与需求等因素，重点强调了基于任务的团队成员间互动的影响。在外部条件方面，模型强调团队是组织系统的一部分，而组织系统的实际情况对团队成员、结构和互动方式等产生重要影响（图 6-4）。在前提条件方面，团队成员特征涵盖了成员的能力、动机和人格特征；团队特质涉及团队的结构方面，包括成员数量、沟通方式、氛围和权力结构等；而任务属性与需求则指组织委派的任务范围和性质。Nieva 等（1978）认为，团队成员特征和任务属性与需求都会影响团队特质，特别是具体的任务属性与需求将影响成员之间的互动过程，从而影响最终的团队绩效结果。值得注意的是，他们将团队互动的绩效结果分为个体工作表现和团队绩效的功能层面两个层次。个体工作表现反映团队成员在完成委派任务方面的表现，而团队绩效的功能层面则指的是团队成员通过互动和协调所获得的成果，以及这些成果对团队互动过程的反馈效应。该模型的主要贡献在于强调了外部限制对团队互动的影响以及任务属性对团队互动的重要作用。但需要指出的是，该模型未明确列出影响团队互动和团队绩效的具体变量，仅用"外在因素"进行了概括。

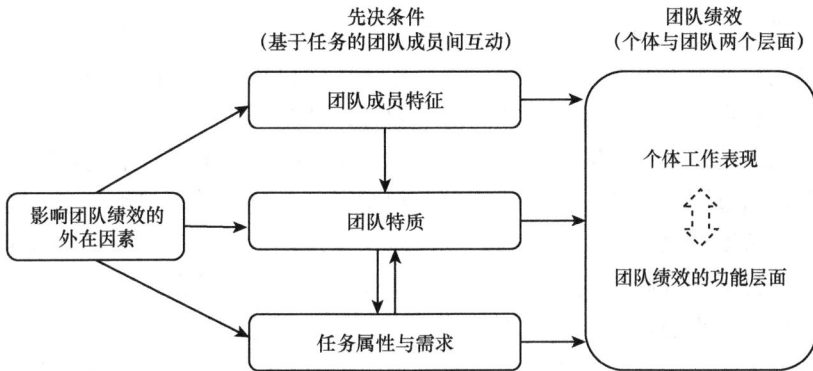

图 6-4　Nieva（1978）的团队绩效模型

2）Schwarz 的团队促进模型

Morgan（2006）以及 Basaglia 等（2010）强调了团队互动过程的动态效果。他们认为，随着时间的推移，团队目标的变化会引发团队互动过程的发展，从而影响团队效能的变化。Campion 等（1993）将工作设计的概念引入团队互动过程，提出了激励性工作设计理论在团队层面的应用。他们考虑了相互依赖性对激励和团队互动的影响，涉及激励与团队互动之间的相互关系、团队目标变化与团队互动之间的相互关系，以及这些关系所带来的反馈机制。Schwarz 在 2002 年则建立了团队促进模型，借鉴了相关研究成果。他们关注团队互动过程的效果，认为在出色的团队领导下，团队的互动才会高效，从而促进团队的成功。该模型从组织和团队两个层面阐述了影响团队过程的多种因素，而且这些因素的范围广泛而全面。更为重要的是，此模型强调了变量之间的相互作用对团队互动过程和团队效能的影响。这一模型的贡献在于，强调了变量之间的相互作用对团队互动过程的反馈和修正作用。这意味着不断改进团队内部的沟通和冲突管理机制、调整决策、强化功能管理等，可以有效解决问题，促进整体团队效能的提升。

3）Lee 等的一体化的团队互动过程整合模型

Lee 等（2021）在整合之前构建的团队互动过程模型的基础上，发展了一体化的团队互动过程整合模型。该模型从组织层面出发，探讨了影响团队互动过程的关键因素，包括高层支持、成员选拔、任务属性和资源可用性。与之前模型的不同之处在于，该模型首次将团队特质作为一个调节变量，重新审视了团队特质的新角色；更为重要的是，该模型引入了团队互动过程的支持性要素，即团队成员的开放心态和团队合作精神，这些要素能够促进团队互动效率的提升，从而确保团队的发展壮大。这一模型的主要贡献在于，不仅强调了团队特质的新作用，还重点关注了团队品质的提升对组织资源可用性、团队特质以及团队互动支持性要素的反馈效应。换句话说，这些因素与团队品质的提升相互作用，进一步增强了团队互动过程的有效性。

4）基于团队适应的团队互动过程模型

Rosen（2005）从团队适应的视角深入研究了团队互动过程，并构建了一个全新的团队互动过程模型。他认为，团队适应是指随着时间推移，团队不断进行内部调整，团队成员相互协调，通过不断更新认知和行为目标来实现自我适应。团队的适应性提升需要团队不断创新和自我修正。这种变革的活动和行为调整经历了四个阶段。在确保团队成员拥有共同的愿景并理解团队情境的基础上，团队需要对情境进行描述和解释，然后制订团队计划，通过团队沟通实现团队的学习和发展。与前述模型相比，这一模型更详细地分析了个人特质对团队互动过程的影响，涵盖了知识、态度、特质和能力四个方面，并将工作设计特征视为影响团队内部互动的调节因素，尤其是在前三个阶段。值得注意的是，这一模型还将心理安全纳入团队互动过程，它在团队互动的第三阶段和第四阶段之间具有调节效应，因此团队成员的心理安全成为影响团队互动的关键要素，这为基于心智模式和情境认知的团队心理研究提供了重要的指导。这一模型的贡献在于，首次分阶段地将共享心智模式和团队情境认知纳入团队发展过程，并认为这两者在每个阶段都发挥着重要作用，形成了一个循环反馈路径，确保团队互动过程的效能以及团队内部成员的相互适应。此外，该模型将团队适应性作为结果变量，并提出其对个人特质和工作设计特征的反馈作用，同时还指出团队的学习与成长也会对上述两者产生反作用。然而，该模型的一个主要不足之处在于，它仅关注了团队互动过程中团队成员的心理因素（如心智模式、情境认知和心理安全）对团队互动的影响，而忽略了团队特质因素和其他外部因素对团队互动过程的影响，因此整个模型呈现出较为突出的心理学特征。

3. 团队互动过程模型比较结论及其对我国团队互动过程研究的启示

通过对国外团队互动过程模型研究的综合分析，不难发现这些模型从不同视角展示了影响团队互动过程的因素以及不同因素之间的关系和作用机理，这不仅能够帮助我们了解团队互动过程及其影响因素，更为重要的是为我们提供了诸多研究启示，有助于我们基于我国情境构建适合开展本土化团队互动过程研究的模型。

首先，大多数模型采用 I-P-O 系统架构来探讨团队互动过程的前置因素与结果变量，而且依托不同的理论（如组织行为学理论和心理学理论等）构建了多维化框架，因而呈现多样化特点。因此，我国学者在构建团队互动过程模型时，应该多角度、多元化地引入各种相关变量，注重模型的实践意义。

其次，各学者所提出的变量或有不同，但团队成员特性、团队整体特质、组织系统因素、环境资源因素、团队互动过程及任务属性六类变量是多位学者一致采用的，可见，团队互动是一个涉及多个方面的现象。虽然学者列举的各类变量包含的详细因素及组合方式有所差异，但这些变量足以成为构建团队互动过程模型的基础。需要注意的是，这些模型大多是基于发达国家的团队互动实践构建的，虽然对发展中国家的团队互动过程研究以及团队互动实践具有一定的借鉴意义，但由于国别差异或国情不同，这些模型对于我们的适用性仍有待验证。对于我们来说，构建适合我国国情的本土化团队互动过程模型也许更有实际意义。

最后，相较于描述性模型，启发性模型对实证研究的意义更明显，其选取的变量具有较强的现实可操作性，这也为将来的实证研究奠定了良好的基础。更为重要的是，启发性模型从团队学习与成长视角对团队互动过程的影响因素进行分析，不仅体现了不同要素之间的关系机理，反映了团队互动的动态演化路径[如 Rosen（2005）的模型]，而且体现了团队运作机理（如 Schwarz 的模型）。这一点可以启发我国学者尝试从不同的观点和视角构建团队互动过程模型，尤其是涉及团队互动过程前因与结果的过程模型，以完整地体现团队互动过程的发生和发展。

6.3.4　团队互动的作用

对于企业而言，团队互动的重要性主要体现在以下三个方面。

（1）提高整体效能。积极发展团队互动精神可以有效提高企业的整体效能。通过强调团队互动，可以减少内部耗费，避免将时间浪费在界定责任和分配任务上，从而增强企业成员的凝聚力和亲和力。这有助于推动工作的高效推进，提高生产效率，减少资源浪费。

（2）实现企业目标。团队互动有助于实现企业的目标。企业的成功需要每个员工的贡献，具备团队协作精神的团队能够尊重个体差异，重视不同想法，激发员工潜能，鼓励他们参与团队工作，共同承担风险，分享利益，协同合作，实现共同的团队目标。

（3）促进创新。团队互动是企业创新的强大推动力。人是唯一具有主动性的资源，企业的发展需要合理配置各种资源，而调动员工的积极性和创造力是资源配置的核心。团队互动可以充分调动员工的智慧、力量和经验，将这些资源进行合理的整合，实现更大的规模效益，从而创造出"1+1＞2"的协同效应。

6.4　团　队　认　知

6.4.1　团队认知的定义

1. 认知的定义

认知（cognition）本来是心理学中的一个术语，心理学家更多地从信息加工的角度对其进行界定，把它理解为认识、知识（knowledge）或者信息的处理过程，即和情感、动机、意志等相对的理智或认识过程。它包括感知、表象、记忆、思维等，而思维是它的核心。随着人们对认知心理学的深入研究，有一些学者开始将认知应用到管理学领域中。刘永芳等（2019）系统地总结了认知对于管理研究的重要意义：①认知心理学强调人的认知活动的主观能动性和复杂多样性，这从侧面突出了管理过程中人的因素的重要性，突出了管理者的个体能力；②认知心理学的诸多发现对于管理实践具有直接或间接的指导和启示作用，对认知活动的特点和规律的了解与掌握，将成为管理者开展管理活动的重要依据；③认知心理学兼容并包的方法论和方法，对于管理理论和管理实践的研究也具有重要的指导意义与参考价值。

目前认知在管理研究中具有十分广泛的含义。不过大多数的研究从本质上都参考了心理学中的解释，主要聚焦于管理者决策与行动的心理机制，即个人在信息感知、筛选与概念化过程中形成的认知模式（如管理者如何解读环境、构建决策框架等），March 和

Simon（2004）最早关注到了管理领域中的认知，他们认为认知是管理决策的基础和前提，管理者对于未来的设想、对决策备选项的认识以及一旦选择某个备选项之后对可能出现结果的考虑都是认知的内容。这些认知的基础有助于我们更好地理解和处理企业所处的复杂的外部环境，通过认知形成的认知表征（cognitive representation），管理者可以更加有效地将决策者所处环境信息简化，这对于弥补决策者由于受到个体能力的限制而形成的"有限理性"（bounded rationality）具有积极的作用。Nosek 等（2011）则认为，认知是掌握与构建行为能力的心理过程，它受到组织成员的智力水平的影响。美国学者科特勒（Kotler）则将个体认知定义为：个人选择、组织并解释信息输入，以创造一个关于这个世界的有意义的图像的过程。对个体认知而言，认知是人们依据已有的信念、规则和经验，对所获取信息进行解释和加工的过程，即通过个体的直觉感知、诊断理解、整合解释并最终成为个体自己独有的记忆，获得的这种假说性的记忆，经过反馈过程中的验证和修正获得进一步的强化与巩固，具体如图 6-5 所示。

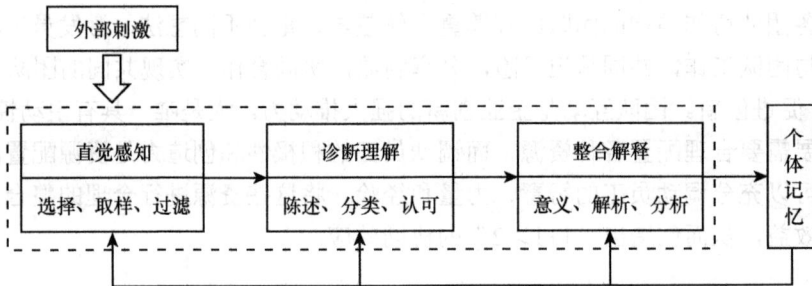

图 6-5　管理个体认知结构

综合来看，目前管理学中对于认知的概念界定，大都参考了认知心理学中关于信息的表述，即与获取、保留和处理特定领域的信息有关。不过在具体的研究中则出现了两种解释，一种是把管理学中的认知作为一个名词来看待，表现为一种认知结构或认知表征，即帮助管理者获取、保留和处理特定领域信息的一种信念或者心智模式。另一种解释是把管理学中的认知作为一个动词来看待，表现为一种认知的过程，即企业成员获取、保留及处理特定信息的过程。

2. 团队认知的概念

团队认知作为个体行为协调与团队活动的基础，成为理解当前组织中团队有效工作的关键概念。过去的研究提出了许多描述团队认知的术语，如团队心智模型、交互记忆系统、共享理解、分布式认知和集体心智等。然而，团队认知的研究仍然面临着一个重要问题，即概念内涵不清晰。不同学者使用的术语存在明显的差异，这使得对不同概念背后的现象发生机制进行深入探讨变得困难。

近年来，一些学者从社会衍生观的角度出发，试图识别和区分团队认知概念之间的内在联系。根据他们的观点，这些团队认知概念可以分为认知视角和社会-文化视角。认知视角下的团队认知（如共享心智模型、群体图式相似）强调个体心智模型之间的相似或重叠，将团队认知视为成员共同拥有的一种状态，关注参与者的主体性统一，并强调共识。而社会-文化视角下的团队认知（如交叉理解、分布式认知）指的是团队在社会互动过程中构建的认知，关注团队合作活动中个体贡献的协调过程，强调异质性和动态结合。在组织情境中，一定程度的知识异质性能够带来更丰富的认知资源，从而有利于团队获得更高的绩效。团队成员之间的有效协调需要对差异化的信息达成相互理解，而非简单的认知相似。因此，社会-文化视角可能更适合用于分析组织现实。

Theiner 和 O'Connor（2010）的研究为群体认知提供了一般性的概念界定，有助于理解团队认知的本质特征。他们认为，群体之所以具有心智特性，不仅取决于其内在的静态结构，而且取决于其整体系统的作用方式。通过回顾以往的文献，他们指出群体认知的概念包含了一组松散关联的能力系列，每种能力与特定的行为相对应。具体而言，系统 S 要具有认知特性，需要满足以下条件：①适应性，即 S 能够使其行为适应不断变化的环境；②信息加工，即 S 能够处理所处环境中的信息；③注意，即 S 能够选择性地关注其所处环境；④意向性，即 S 能够建立所处环境的内部表征；⑤延伸性，即 S 能够通过创造人工物品来改变其所处环境；⑥反身性，即 S 作为认知主体能够感知自身；⑦意识，即 S 对自身和世界具有意识体验。如果认知系统缺乏其中的一种或多种能力，其认知特性就不能被视为完全的现象，而可能呈现程度性的特点。提出这些能力作为诊断标准有助于理解团队认知的基本属性，同时表明团队可以作为具有意向性、做出决策并追求自身目标的认知主体。

为了强调团队认知的本质是互动过程，而不仅仅是简单的知识集合，Cooke 等（2013）基于互动论的系统测量方法提出了一种新的视角，构建了互动性团队认知（interactive team cognition，ITC）理论。根据这一理论，团队认知实质上是团队成员在协调、沟通和决策时参与的合作活动。ITC 理论的核心观点是一个系统中的要素无法完全决定系统的行为，即团队由具有不同专长的成员构成，但个体认知要素之间的相互关联构成了这种认知系统。为了解释这一现象，他们使用"河流"的比喻来描述团队认知结构的动态本质，即团队认知的动态模式涌现于人们彼此互动及其与环境互动的过程，一旦这些模式形成，又会反过来影响个体成员的互动方式，为未来的认知活动提供新的情境基础。这一理论强调团队认知是一种跨层次的涌现现象。

根据吕洁和张钢（2013）的研究，将团队认知定义为团队成员在与他人和所处环境互动的过程中所形成的对特定问题或惯常实践的共有理解，这是一个持续演化的能力系统。这一团队认知的概念界定着重于社会-文化视角，强调个体认知的异质性和互动过程，并认为团队认知是由这些个体认知之间的互动作用所产生的涌现结果。通过这一定义，团队认知被视为一种动态的、集体性的过程，是团队成员之间共同努力和互动的结果。

6.4.2 团队认知的涌现

Kozlowski 和 Klein（2000）指出，在一个团队中，个体的认知表征会呈现出一种集体模式，最终形成团队认知结构。他们在一项开创性的研究中分析了团队认知的涌现方式，提出了两种"理想"形式的涌现方式——组合式和合成式，并将它们视为同一连续谱的两个极端。其中，组合式的过程建立在同构性假设的基础上，描述了在自下而上的跨层次涌现过程中要素性质与系统性质相一致的现象。这种涌现形式表征了相同的低层次性质之间的合并，即通过相同个体认知性质的聚合所产生的团队认知性质在本质上与其构成要素相同（如团队心智模型）。相反，合成式的过程建立在间断性假设的基础上，描述了在跨层次涌现时要素与系统的性质截然不同但构成一个共有领域的现象。虽然要素和系统在不同层次的模型中起着本质上相同的作用，但在构成上差异很大。合成式的过程刻画了差异化的低层次个体认知性质的结合，由这些个体认知构成的团队认知特性在功能上与其构成要素相同（如交互记忆系统）。

尽管团队认知的涌现通常被视为一种累加式的总和过程，与组合式涌现相一致，但实际上团队认知的涌现更可能类似于合成的结构或模式。这种涌现形式表征了更高程度的协同，能够更好地预测团队水平的结果（吕洁和张钢，2013）。

具体来说，组合式的涌现过程是一种同性质的聚合现象，团队成员的个体知识得以累加，容易形成单一的最优解决方案。然而，在合成式的涌现过程中，个体知识和团队知识能够得到深化和拓展，可能会形成知识螺旋，产生新的结构内涵。合成式涌现的高度动态过程还可能激发团队的创造行为，为任务解决方案带来更多可能性。因此，与团队心智模型相比，交互记忆系统能够使团队成员在其各自的任务领域内深入发展，同时获得广泛领域内的专业知识，增加团队知识的积累，更好地适应变化的环境。

6.4.3　团队认知的涌现模式

Cooke 等（2013）认为，团队认知的涌现源自个体学习和团队互动的不断交替的潜在过程。为了描述个体认知如何涌现，吕洁和张钢（2013）构建了一个团队认知涌现的模式。

在这个模式中，个体学习被视为一种心理过程，它建立在自我调整与团队适应的基础之上，其结果是个体随着时间的推移逐渐积累更多的知识。这里所指的知识包括通过团队的共享（即沟通与讨论）获得的，并被先前未掌握该知识的其他团队成员所学习的知识。这些知识逐渐在完成任务的过程中被内化和拓展。因此，个体学习与团队的问题解决过程紧密交织在一起，学习是团队知识和解决方案涌现的核心过程。另外，以合成方式涌现的团队认知系统强调了个体认知要素之间的异质性。在认知异质性的前提下，为了有效地利用团队中多样化的认知资源，团队互动的关键意义在于个体对彼此的差异化信息或知识达成相互共识，而不仅仅是单纯地学习彼此的知识。因此，团队成员之间的社会互动是个体认知向团队认知涌现的必要过程。不同的团队可能会展现出不同的涌现过程和结果，这取决于团队成员之间的互动情况。

以三位成员所构成的团队为例，图 6-6 的模式呈现了团队认知的跨层次涌现过程的四个阶段。

1. 个体知识基础

Kimmerle 等（2010）指出，在一个合作型的任务团队中，团队成员需要具备与任务解决相关的各种知识背景。初始阶段，团队的知识储备程度受到个体成员原有的知识基础影响，主要受到个体知识特征的影响，例如有效性、冗余度、知识载荷以及渠道等因

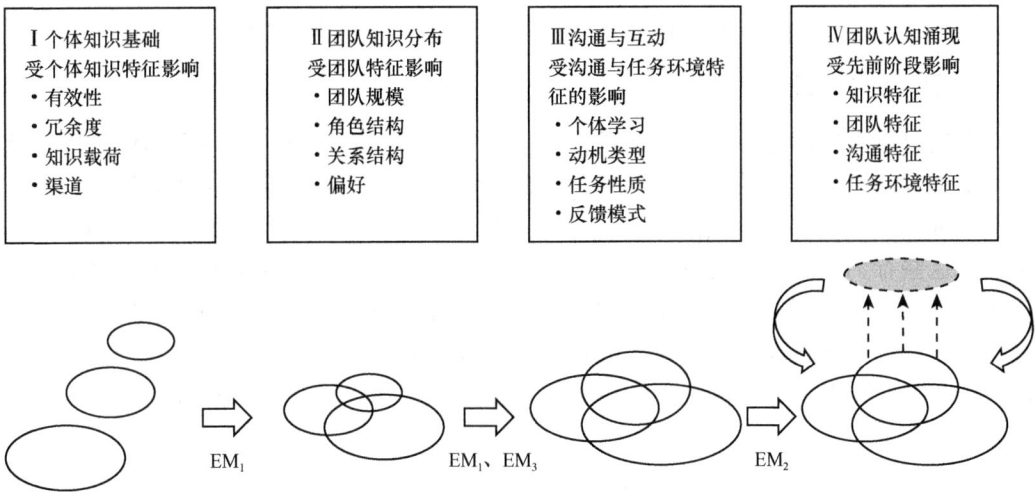

| Ⅰ个体知识基础
受个体知识特征影响
·有效性
·冗余度
·知识载荷
·渠道 | Ⅱ团队知识分布
受团队特征影响
·团队规模
·角色结构
·关系结构
·偏好 | Ⅲ沟通与互动
受沟通与任务环境特
征的影响
·个体学习
·动机类型
·任务性质
·反馈模式 | Ⅳ团队认知涌现
受先前阶段影响
·知识特征
·团队特征
·沟通特征
·任务环境特征 |

图 6-6 团队认知的涌现模式

素。这些个体知识基础决定了团队后续的个体学习以及可能获得的总体知识量。

在图 6-6 中，圆圈代表了三位团队成员在某一任务的问题空间中独立拥有的知识总和。在许多任务团队中，成员之间的知识或专长通常表现出异质性，因此用不同的圆圈来表示这些差异。

2. 团队知识分布

通过特定的组织方式，知识异质性的成员被聚集在同一任务背景下。他们借助一些共同的信息和知识进行协作，这些共同的知识定义和识别了任务环境中的关键要素。在建立一个准确的信息库之前，团队需要满足一些前提条件，这些前提条件主要受到团队特征的影响，包括团队规模、角色结构、关系结构和偏好等方面。在这个过程中，团队成员需要根据特定的任务要求和组织规则进行认知劳动分工，分配任务角色。因此，这个阶段在团队认知涌现的过程中表现出明显的组织依赖性（EM_1）特征。

图 6-6 呈现了在特定组织结构下的团队知识总库。共同的知识或信息对于成员之间的合作是必不可少的，因此其中一部分个体知识可能会有重叠。这个图像反映了团队的知识结构，显示了团队成员共同知识和个体专有知识的总体模式。

3. 沟通与互动

在团队的集体知识活动中，如团队问题解决、决策制定或知识产品开发等，沟通是成员分享和拓展知识的主要手段。de Dreu 和 Gelfand（2008）指出，通过相互交流各自的角色和专长，团队成员获取并储存更多的信息，不断扩展自身的知识。这些过程因人而异，受到个体学习、动机类型、任务性质和反馈模式等沟通与任务环境特征的影响，并且反映了团队的集体信息处理方式。由于个体之间的知识交流依赖于特定的社会互动形式，并且在问题空间中个体之间的信息整合和图式加工可以基于多种不同的规则、策略与程序，这个阶段的认知涌现同时呈现出组织依赖性（EM_1）和多重实现性（EM_3）的特征。随着时间的推移，每个团队成员的知识获取能力决定了其知识合成率的差异。

同时，团队的知识结构也会发生变化，团队共有知识也会逐渐增加。

4. 团队认知涌现

在提出可行的问题解决方案之前，团队必须经历探索、整合、修正和评价等复杂的认知过程。随着时间的推移，这些往复的过程会导致动态的集体认知的涌现，而且这些涌现受到之前三个阶段的影响。这些过程通过社会化和技术化的复杂行为系统来实现，这些行为系统会扩展到个体边界之外。因此，在集体合作的激发下所形成的团队认知可能会超出预期范围，呈现出非意图性的涌现特征。例如，任务解决方案的创造性就展现了这种高水平的涌现（EM_2）。因为最终涌现的团队认知呈现为一种非还原性、系统性的整体属性，超越了个体知识的简单加总，所以在图 6-6 中使用独立的虚线圆圈进行表示。

在图 6-6 中，虚线表示知识涌现的边界模糊性。这种涌现模式描述了团队知识库的增长和知识结构的演变，包括个体知识和团队知识的双重扩展。

图 6-6 中的两个方向上的箭头表明了个体认知与团队认知之间的关系。团队认知的涌现取决于个体水平的认知加工，而个体水平的加工也会受到新的团队认知情境的影响。换句话说，个体知识通过团队成员的互动得到塑造和扩展，并逐渐涌现为团队水平的认知特性。一旦团队水平的涌现发生，它将成为个体行为的一种情境，进一步塑造和影响未来的个体认知。

团队认知涌现模式反映了一个团队在一段时间内的知识库和知识结构发生变化的过程。这包括个体互动如何为大多数或所有成员创造共有知识，以及个体知识和团队知识如何得到扩展。团队认知具有涌现的特征，它不仅仅是存在于团队成员知识总和之中的静态概念，更是团队与其任务环境相互作用的结果。这一模型为团队认知的涌现过程提供了较为直接的表征，同时凸显了不同阶段可能呈现的涌现特性。

6.4.4 团队认知的研究框架

目前我国有关团队认知的研究主要集中在创业团队以及高管这两个群体领域。在创业团队方面，创业团队认知作为预测创业团队推动创业活动和实现创业目标的重要变量，其影响效应主要涉及团队创造力、团队行为、创业过程以及创业绩效。关于创业团队认知的相关研究总结如表 6-3 所示。

表 6-3 创业团队认知的相关研究

影响效应	相关研究
团队创造力	创业团队通过利用团队认知这一集体性认知框架，将看似不相关的事件或趋势进行有效联系，从而催生出团队创造力（de Mol et al., 2015）
团队行为	团队内部成员间的合作过程本质上是人际交互过程。创业团队内部基于团队凝聚力和团队信任的人际交互过程与创业团队认知形成过程是彼此嵌入式关系，基于团队凝聚力和团队信任的人际交互既是创业团队认知的前置因素，也是创业团队认知的影响结果（de Mol et al., 2015）
创业过程	任燕（2012）认为，创业团队认知有利于促进团队成员形成对创业任务的共同理解，从而主动协调自己的行为，并利用各自的专长知识理性搜寻、分配相关信息，并分析、解释信息背后所隐含的战略意义，进而根据信息的战略意义理性做出创业决策

续表

影响效应	相关研究
创业绩效	Zheng（2012）从交互记忆视角分析创业团队认知，并认为交互记忆系统在团队先前共享经验与新企业绩效间发挥部分中介作用，从这一角度来看，创业团队认知对新企业绩效具有促进作用；买忆媛和熊婵（2012）则认为，以交互记忆为核心的创业团队认知可通过认知锁定效应阻碍团队决策模式的创新，进而不利于创业企业长期绩效的提升

此外，高管团队认知的研究主要集中于其对组织双元能力开发、创业战略导向及创新绩效的影响方面。

6.5　团队知识异质性

6.5.1　团队知识异质性的内涵、类型与测量

1. 团队知识异质性的内涵

倪旭东（2010）指出，知识异质性反映人们在知识方面的差异性，是指团队成员间彼此在知识背景、知识结构或认知方式上存在较大的差异。根据其来源渠道的不同，知识异质性可以分为职能异质性、教育异质性、认知异质性和经验异质性四个方面。然而，不论是哪种类型的知识异质性的研究，其对于团队管理和团队设计都具有重要意义。对知识异质性持信息加工视角的学者认为，知识异质性能够提供大量异质的信息资源，从而对绩效等团队结果变量产生积极的影响；持社会认同观点的学者认为，知识异质性的存在也会引起社会分类过程，从而使得团队成员间凝聚力下降，抑制团队绩效。

2. 团队知识异质性的类型与测量

1）职能异质性

职能背景异质性，也被称为职能异质性，指的是团队成员在职能背景方面的差异程度。职能异质性关注团队成员在不同职能领域的从业经验。这个概念的研究历史较长，但是对于其影响的结论却存在不一致性。有一部分学者认为，职能异质性可以增加团队的经验多样性，从而提高团队的有效性；而另一部分学者则认为，职能异质性往往伴随着不同的观点和思维方式，容易引发冲突，从而可能降低团队的有效性。

为了解释这种混杂的研究结论，学者从两个不同的角度出发，试图解释这两者之间的具体关系和作用机制。

第一种解释思路是重新定义职能异质性，通过更细致的区分来探索职能异质性与相关结果变量之间的关系。Bunderson 和 Sutcliffe（2002）对职能异质性进行了分解，将其分为领域职能异质性和人际职能异质性。领域职能异质性指的是团队内部职能专家的多样性，即团队成员从事不同职能领域的经验越丰富，领域职能异质性越高；而人际职能异质性则是指团队成员整体上在不同职能领域的才能多样性，即团队中同时存在一般人才和专家人才。实证研究发现，领域职能异质性不利于团队成员的信息共享，从而妨碍

团队的有效性；而人际职能异质性则通过促进团队成员之间的信息交流，提高团队的有效性。这意味着，当团队成员的职能背景越丰富时，他们分享信息的意愿可能越低；而当团队成员在职能领域具有一般人才或专家人才的特点时，他们更可能通过信息共享来解决复杂问题。总体而言，职能异质性有助于提高创新绩效。

第二种解释思路从研究方法出发，考虑研究过程中的情境因素和中介机制。过去的研究之所以出现几乎完全相反的结论，部分原因在于学者直接分析了职能异质性与相关结果变量之间的关系，而未考虑到情境因素和中介机制的作用。常见的中介机制包括团队沟通和团队冲突。例如，Ancona 和 Caldwell（1992）通过对 45 个产品团队的研究发现，职能异质性与团队创新之间存在负相关关系。然而，这种关系可以通过团队沟通来改善，从而实现职能异质性对团队创新的间接积极影响。Pelled 和 Adler（1994）在研究中引入团队冲突，发现职能异质性只通过团队冲突对团队绩效产生负面影响，而两者之间不存在直接的关系。

情境因素也对职能异质性与相关结果变量产生影响，其中包括外部环境和团队成员/领导者特点。外部环境可以从环境不确定性和环境稳定性两个角度考虑。研究发现，环境不确定性可以调节职能异质性与组织绩效之间的关系。具体而言，当环境不确定性增加时，人际职能异质性对组织绩效的积极影响更加显著。Buyl 等（2011）的另一项研究发现，高管团队中领导者的特点也会影响职能异质性的影响。例如，当 CEO 并非组织创始人，或 CEO 愿意与团队成员共享经验时，职能异质性对组织绩效的积极影响更显著。

2）教育异质性

教育异质性或教育背景异质性是指团队成员所拥有的与任务相关的技能、知识和能力的差异，是个体教育背景的表征差异。Dahlin 等（2005）借用领域职能异质性的观点，衍生出领域教育异质性的概念，即团队成员在本科期间的就读专业情况。与职能异质性类似，教育异质性也是团队成员完成团队任务时的专业知识来源库。因而，对于教育异质性的专门研究并不多见。Bantel 和 Jackson（1989）在对银行业进行大样本调研的基础上发现，高管团队在教育水平方面的异质性能够促进创新绩效。的确，团队教育异质性会影响团队成员对任务的整合和利用方式，但之后的学者通过实证研究得到的结论却更为复杂：教育异质性虽然会促使团队成员在使用信息的深度和广度上更上一层楼，但是过高的教育异质性会导致信息整合失败，难以达成共识。

总体而言，职能异质性与教育异质性有异曲同工之妙：都能影响成员处理信息的方式。因而，学者在进行研究时往往只选择其中一个。再者，由于大部分的研究都是在企业的工作团队进行的，因此，职能异质性较之于教育异质性对现时的团队工作绩效所产生的作用更为显著。基于以上两点原因，团队异质性研究多选择职能异质性作为重要的维度之一，探究其对相关变量的具体作用过程。

3）认知异质性

（1）定义、测量和采用的理论视角。认知异质性是指团队成员在信仰和偏好等方面的不同。具体而言，认知异质性就是人们在考虑事物因果关系方面的差异或者成员对多个团队目标偏好的差异。从认知异质性的定义可以看出，异质性强调的是团队成员的信仰偏好这种"看不见、摸不着"的特征。因此，认知异质性的测量问题是对这一领域开展研究首先要解决的问题。

对于认知异质性的测量，以往的学者，多采用间接的方式收集这一变量的相关数据，即对职能异质性和教育异质性进行测量，并将其作为认知异质性的代表。也有学者通过直接的方式来测量认知异质性，即测量被调查者的认知风格异质性程度而非其认知异质性的信息本身。而这一过程主要通过开发合适量表得以实现。目前比较具有代表性的关于认知风格异质性的成熟量表有米勒（Miller）等于 1990 年开发的认知异质性量表及问卷以及 Blazhenkova 等（2011）开发的 OSIVQ（object-spatial imagery and verbal questionnaire，物体–空间意象与言语问卷）。

一般而言，学者在解释认知异质性与团队产出之间的关系时采用信息加工理论。基于该理论，认知异质性能够使团队成员拥有更为广阔的知识视角、更多的想法，从而丰富认知资源，提高团队产出。

（2）认知异质性与团队产出。与认知异质性相对应的是人口异质性，普遍认为认知异质性比人口异质性更有利于团队信息加工和处理过程。团队产出主要可以从团队绩效和团队创造力两个方面考虑。由于认知异质性所带来的认知资源不同，因而团队成员对任务信息的理解和整合也具有差异性，影响团队绩效。而团队创造力则是因为团队成员能够利用潜在的认知能力产生更多的想法和创意，从不同角度来思考问题的解决方式，最终找到满意的决策。

有学者研究了认知异质性与团队绩效的关系后认为，相比于人口异质性，认知异质性与团队绩效之间的关系更接近。换言之，人口异质性对团队绩效的作用往往通过认知异质性间接发生。Roy-O'Reilly 等（2021）的研究也支持这一观点，即增强认知资源的丰富性有助于异质性团队的绩效表现超越同等条件下的同质性团队。学者将这一理论运用于高管团队与企业绩效之间的研究，认为高管团队认知异质性高低是企业绩效好坏的原因之一。Kilduff 等（1998）的研究结论也指出，认知异质性程度高的团队比认知异质性程度低的团队绩效更高。我国学者陈松涛和陈传明认为认知异质性能够使高管团队有效识别环境的动态变化，形成与动态环境相适应的战略决策。

但是，很多的学者在此后的研究中得出有关认知异质性与团队过程和团队绩效之间关系的相反结果。Miller 等（1998）对高管团队进行研究后认为，高管团队认知异质性会对团队决策过程产生不利影响，从而降低团队承诺和决策质量。对于认知异质性与团队过程和团队绩效之间存在的负向影响，一个可能的解释是该研究中没有充分考虑相应的情境因素和中介机制。由于认知异质性反映的是个体的偏好和信仰，因此即使是有着相同职能或教育背景的人之间也可能会在团队活动中发生冲突。伴随着冲突的发生，团队成员间的沟通和交流必然会受到抑制，团队凝聚力下降，最终不利于提高团队绩效。这也就是说，在认知异质性程度低的团队中，成员思维认知方式一致更容易达成一致意见。

Olson 等（2007）对高管团队的战略决策制定过程进行研究后发现，认知异质性会导致团队成员质疑他人的意见，从而导致建设性的意见冲突（即任务冲突）和关系冲突的发生。由于高管团队成员对于其他成员能力的信任，关系冲突会被控制在一定范围内，并使任务冲突的积极作用能充分发挥。这种处理冲突的手段可以称为团队反思。我国学者杨卫忠和葛玉辉（2012）将团队反思分为任务和情感两个维度，研究团队反思在认知异质性较高的高管团队中所起的积极作用。研究结果表明，关于任务的团队反思对高管团队认知异质性与决策绩效之间的关系起到正向的调节作用，即在对关于任务的团队反思程度高的高管团队中，成员更加关注的是任务本身的完成情况，因而能够容忍不同的意见。对关于情感的团队反思程度高的高管团队更加关注团队成员的满意度和个人成长，为团队成员积极地参与决策制定过程提供了心理条件。

创造力被认为是员工所形成的与产品、服务、过程和流程相关的新颖的、有用的想法及构思。将这一概念拓展至团队层次就形成了团队创造力。从定义不难看出，创造力要求团队成员个体具有发散思维的能力，即从不同角度看待问题的能力，以及能够将先前看似毫无关系的过程、产品或材料相联系，并使之比没有联系时取得更好效果的能力。因此，认知异质性能够为这一构思或创意形成过程提供丰富的、可获得的认知资源，能够有效避免群体思维，从而有助于创造力的开发。在这种思想的支持下，学者开展了对于认知异质性与团队创造力之间关系的研究，取得了一定的研究成果。认知异质性通过引发对任务相关信息的讨论，激发任务冲突，促使团队成员提出具有创造性的解决方案。对于认知异质性团队中的个体成员而言，一方面能够利用其多样化的认知资源拓展问题解决思路；另一方面，可以减少由社会分类而引起的团队过程损耗，如有限选择、冲突和社会惰性。

4）经验异质性

（1）定义、测量和采用的理论视角。社会分工的精细化促使员工在不同行业、不同企业和不同岗位学习与积累不同的工作经验。这些经验不仅能对即时的工作产生效用，也会影响其今后的问题解决方式。经验异质性是指团队成员先前在组织中的活动差异性。学者目前对于经验异质性的研究较为零散，且多分散于高管团队、创业团队等方面。高经验异质性意味着员工有着多种工作经历，即能够在新工作中利用的潜在经验十分充足；低经验异质性则表明员工具有单一的工作背景，即在某一领域内是专家水平。

Bunderson 和 Sutcliffe（2002）认为由于经验是内隐于认知层面的，因此经验异质性的测量往往采用个体间的职能部门经验的差异性代替。但在具体的实证研究中，同样会考虑被调查对象所从事工作的性质。因而，Ethiraj（2007）认为经验异质性的测量常常衍生为项目经验异质性、技术经验异质性、顾客经验异质性等。

Bunderson 和 Sutcliffe（2002）从两个层面考虑经验异质性：一是团队层面，即用来描述团队成员间所呈现的不同经验分布情况的人际经验异质性；二是个体层面，即表明个体成员在各个时间点上的不同经验的丰富程度的内省经验异质性。若这两种经验异质性都是较高水平，则意味着在该团队中，全面型人才是主体，若两种都是较低水平，则该团队中专家型人才是主体。在由全面型人才所构成的团队中，单个个体成员的问题解决能力高，能够从不同角度切入思考问题，但存在一定的认知偏见，表现得过于自信。在由专家型人才所构成的团队中，虽然单个成员的能力会在应用范围方面有一定局限，但是通过团队合作的方式能够取长补短，实现"1+1＞2"的效果。

（2）经验异质性与团队产出。相比于内省经验异质性，人际经验异质性是学者研究相对成熟的领域。Hinsz 等（1997）认为人际经验异质性能够通过影响团队的信息处理能力和整体知识架构作用于团队绩效。经验是一个时间导向明显的概念，因此有必要追问其来源。不同来源的经验知识同样会对同一结果产生不同影响。Shrader 和 Siegel（2007）认为创业团队产业经验的丰富程度越高，其选择低成本战略的可能性就越大；技术经验和市场经验更多样的创业团队则更容易选择基于创新的差异化战略。我国学者郭群成和郑少锋（2010）调查了返乡农民工的人际经验异质性与团队创业之间的关系后认为，返乡农民工创业团队的产业经验异质性对创业企业的交易结构创新性具有正向的促进作用，职能经验异质性有助于提高产品/服务创新性和交易结构创新性。也有学者在研究了高管团队经验异质性与知识创造的关系后得出结论：高管团队的经验异质性程度越高，其产生探索性的创新（explorative innovations）的可能性越高；反之，产生探索性创新的可能性越低；同时，高管团队的共享蓝图能够有效调节这一关系，即高管团队成员间共享蓝图程度越高，经验异质性与两种不同类型的创新的关系就越显著。

Harrison 和 Klein（2007）认为，内省经验异质性能促使个体成员寻找旧知识的新用途，能够使其在学习新知识时建立与旧知识的联系。因此，在动态变化的任务环境中，具有内省经验异质性的个体能够通过增加团队成员间的信息共享来促进团队绩效的提升；同时，能够基于观点采择（perspective taking）的方法来理解其他团队成员的想法，从而减少冲突，提高团队凝聚力。

经验作为一种已经获得的知识积累，一方面显示了团队成员过去活动的成果，另一方面也对今后的活动能力有一定的预测作用。从这个角度看，经验异质性更多的是与团队成员的应变能力相关联，即当前的任务是否能够通过调用同一成员不同时间点的知识得以解决，或者通过调用不同成员同一时间点的知识解决问题。这两种行为的实质都反映了团队成员对团队内部和团队外部动态环境的适应能力。

6.5.2　团队知识异质性的理论基础

知识异质性源自两个理论视角：第一个是聚集于任务完成过程的异质性，主要采用信息加工理论；第二个聚焦于成员关系的研究，以社会认同理论为理论基础。

1. 信息加工理论

当涉及团队成员的态度、个性特征、价值观和认知方式等差异（即内隐异质性），团队信息加工理论被广泛应用于解释这些差异与团队过程、团队结果之间的相互作用关系。该理论认为，团队成员的构成具有异质性，即他们在外显异质性特征或内隐异质性特征方面存在差异（主要是内隐异质性），因此对同一问题可以从不同角度出发，形成不同观点。这种多样的思维方式可以促进成员深入理解团队任务，避免群体思维，从而有助于任务的顺利完成。

除了最大限度地利用团队内部知识资源，团队成员在拓宽团队外部信息来源渠道和丰富团队外部知识来源方面也发挥着重要作用。每个团队成员为了支持自己的观点，加强了通过团队外部进行的知识搜寻和知识交换活动，从而整合团队内部和团队外部的知识，更有利于知识的创造。因此，信息加工理论认为异质性团队是多样化信息的来源，为团队成员的信息交流和知识共享提供了源泉，也是团队创新和绩效的可靠保证。

2. 社会认同理论

社会认同理论的主要前提在于，个体一直致力于塑造积极的自我形象和构建符合自我概念的认知。这一理论为解释团队成员之间的个体互动过程，以及在此基础上产生的团队互动过程提供了理论基础。其中，社会分类、社会认同以及社会比较被视为社会认同理论的核心要素。

社会分类可被理解为个体采用有意义的标准对团队成员进行分类，从而形成有秩序的社会环境。社会分类通过个体的感知行为协助其将复杂的社会环境进行系统化和简化，从而使周围的社会环境更加有条理。在团队背景下，分类过程特别强调人际互动中生活背景（如年龄、性别、种族等）和认知背景（如价值观和个性特征）的相似性或差异性。

社会认同是指团队成员在经历社会分类后，构建的自我定位和成员关系地图。这一认同的形成常常通过与其他团队成员进行社会比较来实现。在选择是否建立新的成员关系或维持旧有关系时，个体会考虑是否有助于塑造积极的自我形象。社会比较将社会分类和社会认同两个过程紧密地联系在一起。通过社会分类，团队成员建立了与其个体标准相符的社会环境；而社会比较则在这一环境中对成员进行筛选，最终塑造了自我定位和团队成员关系地图，以实现积极自我形象和概念的建立。

总的来说，团队内的成员通过社会分类、社会比较以及社会认同这三个过程，形成了相对稳定的成员关系，明确了自己在团队中的地位。然而，这些社会关系的建立旨在塑造积极的自我形象和概念，因此可能导致团队内出现偏见——这是一个对团队过程和绩效具有重要意义的现象。团队内偏好指的是成员在感知团队外部人员时更容易产生不信任和厌恶情感，甚至认为团队外部人员更不诚实。因此，从这个角度来看，社会认同感较强的团队有可能增强团队的凝聚力，促进成员之间的合作，从而对提升团队绩效产生积极作用。

然而，在异质性团队中，这种社会分类过程也可能导致团队成员将原本同属一个团队的人分为"我们"和"他们"，甚至形成子团队。由于团队内偏见的作用，这种分裂可能会减少团队成员之间的沟通和交流，从而不利于对任务相关信息进行多角度解读。同时，它还可能激化团队内部冲突，削弱团队的凝聚力，严重影响团队成员之间的合作，最终可能导致团队决策质量下降，影响团队的产出数量和质量。

6.5.3　团队知识异质性的效能机制

1. 团队知识异质性的作用机制

通常情况下，基于信息加工理论的知识异质性有望有效地提升团队的绩效。过去的研究主要从冲突（包括关系冲突和任务冲突）、沟通和团队学习行为等角度来探究团队异质性与团队绩效之间的关系。然而，后来的研究显示学者开始更加关注从团队信息深化

（team information elaboration）的角度深入研究这一关系。

团队信息深化指的是团队成员交换、讨论和整合与任务相关的信息的过程。Homan 等（2007）在一项模拟研究中发现，团队信息深化在一定程度上调节了团队信息异质性与团队绩效之间的关系。换言之，相对于信息同质性团队，信息异质性团队更有可能对任务相关信息进行详尽阐述，深入理解任务的本质，从而提升团队绩效。Russo（2012）则从目标导向异质性与团队绩效的角度进行研究，得出团队信息深化在调节目标导向异质性与团队绩效之间关系的结论：目标导向异质性水平越高，团队信息深化的程度越低，团队绩效越差。

2. 团队知识异质性的情境因素

一般来说，基于信息加工理论的知识异质性可以有效地提升团队的绩效。过去，关于知识异质性的调节变量的研究主要集中在组织和团队层面的情境因素上。然而，随着对团队认识的不断深化，学者开始将团队异质性的研究扩展到更加多样化的环境中，以探索团队知识异质性与团队绩效之间关系的影响因素，如团队领导风格、创造力自我效能感、团队反思、团队内部环境以及团队外部的职业和产业环境。

在团队研究中，领导起着至关重要的作用。我们需要关注不同类型的领导风格和领导者的个性特质，以了解它们对团队知识异质性与团队绩效之间关系的影响。例如，Shin（希恩）等在研究认知异质性与团队成员个体创造力的关系时，特别关注了领导风格对这一关系的调节作用。他们的研究发现，变革型领导风格可以积极调节这一关系。换句话说，随着变革型领导的影响力增强，认知异质性对团队成员个体创造力的正向影响将变得更加显著。Kearney 和 Gebert（2009）的研究则显示，随着变革型领导风格的重视程度增加，团队成员之间国籍和教育背景的异质性程度升高，进而促使团队领导者更积极地看待团队绩效的长远前景。

除了领导因素外，团队成员本身具有的心理特征和相关团队行为也会影响团队的绩效，如创造力自我效能感和团队反思。创造力自我效能感是指团队成员对自己创造力程度的认知。研究发现，创造力自我效能感可以通过影响个体对团队情境因素的应对方式，进而影响个体的创造力水平。换句话说，创造力自我效能感的增强可能会促使团队成员更愿意在认知异质性方面表现得更好，进而提高个体创造力水平。Carter 和 West（1998）指出，团队反思是指团队成员公开地反思团队目标、策略（如决策）和程序（如沟通），以使它们更好地适应当前或预期的环境变化。研究发现，团队反思有助于降低团队成员在任务表征方面的认知差异，进一步明确团队目标以及团队对个体成员行为和表现的期望，从而减轻目标导向异质性对团队绩效的不利影响。

团队内部环境是指团队成员感知到的团队内部支持或不支持的程度或氛围。当团队内部环境为支持性时，研究发现目标导向异质性与团队信息深化之间的负向关系将减弱。换句话说，支持性的团队内部环境可以削弱目标导向异质性对团队信息深化的阻碍作用。

综合宏观和微观的理论视角，Joshi 和 Roh（2009）利用元分析方法考察了团队异质性研究中的情境因素。研究结果表明，影响团队异质性与团队绩效之间关系的情境变量可以从职业人口、产业环境和团队层次三个方面来考虑。具体而言，职业人口异质性负向调节了任务导向异质性与团队绩效之间的正向关系；在高科技产业的团队中，任务导向异质性与团队绩效之间的正向关系略强于制造业和服务业；在团队层次变量中，团队任期则负向调节了任务导向异质性与团队绩效之间的正向关系。值得说明的是，职业人口调节变量不仅仅是团队的人口学特征，还包括人们对所在行业人口学特征分布的感知。这种感知可能导致被忽视的群体在团队中难以表达意见，从而对团队绩效产生负面影响。

6.6 团队知识交换与共享

阿里巴巴和腾讯对团队学习与知识共享的建设

阿里巴巴是我国的电子商务巨头之一，拥有包括淘宝、天猫等在内的多个业务板块。阿里巴巴自成立以来，就一直将团队学习和知识共享视为公司文化与增长的关键部分。

（1）内部知识共享平台：阿里巴巴构建了一套内部知识共享平台，有运营大学、产品大学等，允许员工自主学习、互相教学，分享各类经验和知识。

（2）强化跨部门沟通：阿里巴巴鼓励不同部门之间进行密切沟通与协作，通过定期举办跨部门会议、联合项目等方式，促进了跨部门之间的知识共享与学习。

（3）全球化人才交流：随着业务的全球化，阿里巴巴倡导全球范围内的人才交流，促进了不同文化、不同背景人员的知识共享。

（4）强化实践与反思：阿里巴巴鼓励员工在实际工作中尝试新的方法和方案，并及时反思与总结，不断促进知识的沉淀与传承。

（5）领导力支持：高层领导积极支持知识共享文化的建立和维护，通过自己的言传身教，为知识共享提供了强有力的领导力支持。

（6）集团级培训体系：阿里巴巴建立了完善的内部培训体系，提供了从新员工入职培训到高层管理培训的全方位培训支持，促进了团队的持续学习与成长。

腾讯是我国的互联网科技公司，业务涵盖社交、媒体、娱乐、金融等多个领域。腾讯在团队学习和知识共享方面也有许多值得关注的做法。

（1）腾讯大学：腾讯创立了"腾讯大学"，为员工提供了丰富的学习资源和课程，从技术、产品、市场到管理等多个方面支持员工的持续学习和成长。

（2）内部知识社区：腾讯建立了内部的知识社区，员工可以在社区中发表文章、讨论问题、分享经验，形成了良好的知识共享氛围。

（3）项目合作机制：腾讯鼓励跨部门、跨业务线的项目合作，通过合作促进了不同团队之间的知识共享和学习。

（4）领导力模范：腾讯的领导层经常与员工分享自己的工作经验和思考，作为知识共享的模范和引领者。

（5）全球化视野：腾讯积极与全球的合作伙伴、研究机构、大学等进行合作交流，引入全球先进的知识和视野。

（6）奖励激励机制：对于在知识共享和团队学习方面表现出色的员工与团队，腾讯会给予一定的奖励和激励，进一步推动了知识共享文化的落地和推广。

结论：阿里巴巴和腾讯作为我国的两大互联网巨头，都在团队学习和知识共享方面投入了大量的资源与努力。这两家公司都从内部平台建设、跨部门合作、全球化交流、实践反思、领导力支持、培训体系构建等多个方面，展示了如何通过有效的领导和创新的管理，促进整个组织的知识共享和持续学习。这两个案例可以为其他组织提供宝贵的参考和启示。

1. 结合案例讨论公司的文化是如何影响员工的学习动机和知识分享意愿的。

2. 如何在知识共享中借鉴全球化的思维方式，以增强其创新和竞争力？

随着重要战略如《国家创新驱动发展战略纲要》的全面推进，工业制造向智能制造的转型引发了产业变革，这成为当前企业所面临的重要环境。在这种背景下，传统的产品创新和服务创新已经不能够满足企业的发展，真正的创新在于知识的创新，这才能够为企业提供动态发展能力的基础。作为企业创新的核心资源，创新的知识的缺乏意味着企业无法实现进步。

我国茅台集团的董事长在《非凡匠心》节目中曾声情并茂地向主持人介绍了茅台酒首次获得国际金奖的过程，他强调了"'打破'才能出生机，创新就会有前途"的观点。茅台集团就是这样做的。在"人人有终端、物物可传感、处处可上网、时时在连接"的大趋势下，茅台集团没有停滞不前，而是认识到知识是宝贵的资源和生产要素，他们采用了互联网技术，建立了一个针对酿酒生产数据的信息化系统，由传统的"制造"转变为智能的"智造"。同时，茅台集团大胆尝试，将传统与科技相结合，借助云技术和物联网技术，着重构建以品牌为导向的云平台。通过提供二维码扫描、密码锁瓶盖、射频识别技术防伪溯源系统和"茅台 APP"等应用体验，茅台集团努力实现线上线下渠道的整合，为消费者创造更愉悦的购物体验，促进业务升级和转型，实现了传统品牌与新知识的充分融合和升级。这一切都是茅台集团根据外部网络环境的变化，进行知识整合和创新的结果，从而使其一直保持着领先地位。茅台集团的发展历程表明知识的价值巨大，但独立存在的知识本身并不能直接为企业带来竞争优势，必须通过一系列复杂的知识创造过程，打破常规，开发出新的、有竞争力的新知识才能成为企业不断发展进步的动力源泉和主导力量。尤其是在知识经济时代，企业应对环境变化的能力更加取决于知识的创新。那么对企业而言，如何才能整合已有知识实现知识创新？根据知识管理理论，员工间知识的交换与整合是知识的创造和更新过程中必不可少的一个环节，因此，下面探讨知识交换与整合。

6.6.1　知识交换与整合

人工智能、大数据、5G[①]和云计算等技术的不断发展，正在引领我们进入一个全新的知识时代。企业所面临的挑战不仅涉及海量的 PB（petabytes，拍字节）级数据，更涉

---

① 5G 即 5th generation mobile communication technology，第五代信息通信技术。

及跨足千万亿字节的知识驱动领域。这种知识驱动使得企业所处的外部环境充满了易变性、不确定性、复杂性和模糊性，这不仅加剧了企业之间的竞争，也为企业之间的合作创造了机会。在这个新的背景下，知识的重要性显得尤为突出，知识化正在成为企业的常态，知识驱动正成为企业发展模式变革的核心推动力。

事实上，早在20世纪90年代初，著名管理学家彼得·德鲁克就在他的著作《后资本主义社会》中指出，知识将成为未来社会的核心。彼得·德鲁克认为，知识是重要的生产要素，这与传统的生产要素有着显著的不同。在如今全球经济一体化和网络化的时代，知识已经成为企业创新和社会进步不可或缺的关键资源。在实际应用中，知识已经成为企业应对环境变化、保持竞争优势的决定性关键资源。在理论层面上，知识管理已经成为经济、管理和组织行为等多个学科交叉融合的重要研究领域，吸引了众多学者深入研究知识的本质和应用。

Minbaeva等（2012）指出，知识管理是一个涉及知识获取、识别、筛选、交换和整合等全过程的概念。企业可以从各种信息源中获取知识，通过筛选和共享将外部知识内化，同时也能够深化内部知识，从而建立起有效的知识储备，以完善组织管理和工作流程，进而提升整体工作绩效。Gordon和Grant（2004）强调，在整个知识管理的过程中，由于其重要性，知识整合已经成为企业形成和巩固竞争优势的关键环节。同样，Boer（波尔）的观点也支持了这一观点，即通过知识整合，可以综合利用分散在时空上的专业知识，从而实现企业价值的创造和获取。Collins和Smith（2006）认为，组织中的新知识可以通过员工之间的知识交换与整合产生，员工之间的知识交换与整合程度影响着员工创造新知识的能力。因此，知识交换与整合是指通过组织中知识流和信息流的参与者之间的交换、分享、识别及转换，最终实现系统整合的过程。这种观点表明，组织中员工之间的知识交换与整合可以通过关联不同的想法和知识，重新整合相关的想法和知识，从而创造出新的知识。这个过程具有几个内涵，首先，知识交换与整合是一个动态过程，会随着组织氛围的变化而变化；其次，知识交换与整合的主体是人；最后，组织追求知识交换与整合能力的最大化，以提升个人和组织的价值，从而在不断变化的环境中实现创新并战胜竞争对手。

关于知识交换与整合的测量，早期的研究主要集中在探讨知识交换与整合的行为，不过与知识交换和整合的研究重点有所不同，知识交换与整合的测量主要侧重于员工之间交换和整合知识以创造新知识的能力。目前，主要采用了Collins和Smith（2006）提出的知识交换和整合量表，该量表已被广泛应用于研究中。

1. 知识交换与整合的理论基础

1）知识管理理论

张润彤等（2005）认为美国生产力和质量中心把知识理解为复杂系统，认为知识集静态知识、动态知识和组织性于一体，在此基础上构建出一个特定的知识管理模型。该模型将支持组织知识的因素表示为两个动态轨道（图6-7）。这些过程可以根据动态和静态的观点进行分类。识别、收集和组织过程适合知识的集聚与管理，而创造、共享和运用适合知识的创造和更新。

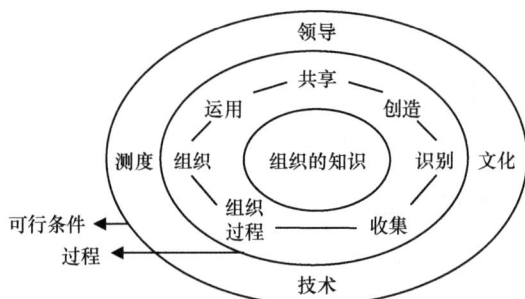

图 6-7　组织的知识管理模型

资料来源：张润彤等（2005）

大多数研究知识管理的学者普遍认为知识可以分为隐性知识和显性知识两种，并认为这两种知识都可以通过特定的方式进行创造和获取。具体而言，显性知识是已经经过整理和组织，可以以文字、公式、计算机程序等形式表达出来的知识；而隐性知识是与个体的经验紧密结合，难以编码或文字化，通常需要通过经验分享和互动来传递。已有文献广泛认可隐性知识作为一种无形资产，在企业的创新和运营中具有关键影响。

在这方面，Pisano（1994）提出，隐性知识和显性知识的平衡与行业的技术成熟度有关。他的研究发现，显性知识在解决传统和成熟行业的技术问题方面更为重要，而新兴和复杂的行业更依赖于隐性知识的创造。

另一个需要考虑的问题是知识的层次。Bartezzaghi 等（2003）认为，知识管理是在微观层面上进行的一系列活动，包括学习、知识创造、知识传播和知识应用，这些活动在组织和项目层面上同时展开。Darroch 等（2000）指出，知识管理是为了实现长期利益而进行的一系列活动，包括创造或获取知识、管理组织内部的知识传播、确保知识有效利用。Tranfield 等（2003）认为，知识管理是使知识来源与知识需求相匹配，以提升竞争力的过程，重点在于通过知识共享和知识执行来实现管理有效性，而不仅仅是知识存储。这些定义都强调了知识管理作为一个复杂的过程，涉及多个因素，如战略、文化、评价、技术等，需要与知识管理过程相适应。

2）社会交换理论

社会交换理论的核心思想是人们在交换关系时，会考虑到预期获得的回报，并因此选择参与并维持与他人的交换关系。这种交换关系具有双边的、互惠的特征，即双方在交换过程中都期望获得利益和回报。正如埃默森（Emerson）指出的，社会交换理论假设利己主义者（self-interested parties）与另一方进行交易或交换是为了实现他自己不能实现的结果，互惠互利是维系交换的基础。现代社会交换理论的创始人乔治·霍曼斯（George Homans）指出社会交换是人类行为的基础。

在现代社会交换理论中，社会交换规范和期望是从互惠的交换关系中逐渐建立与发展起来的。在知识交换与整合的过程中，双方可以通过交换知识资源来实现对自身有益的价值。这种互惠的知识交换促进了知识的吸收和利用，促进了企业内部的知识流动，并提升了组织内部的知识与信息质量。同时，知识交换与整合过程还创造了良好的互动氛围，促进了持续的交换关系的形成和维持。社会交换理论认为，人们参与交换关系是出于利己主义的动机，他们通过交换行为来实现自己无法单独实现的结果。在知识管理中，这种利己主义的动机也在起作用，人们会更愿意参与知识交换与整合的活动，因为他们预期能从中获得对自己有益的知识和资源。

2. 知识交换与整合的驱动因素

当前对知识交换与整合能力的研究主要从其驱动因素入手，主要从以下三个方面讨论了知识交换能力与整合的驱动因素。

（1）组织成员间的互动行为对知识交换与整合能力的影响，如员工的知识资本和关系资本、领导行为、基于承诺的人力资源管理实践等对知识交换与整合能力的影响。Collins 和 Smith（2006）指出，高承诺的人力资源实践可以构建信任、合作、共享行为准则，从而提高知识交换与整合能力。基于承诺的人力资源管理实践关注互惠和长期的交换关系，创造了激励员工以组织利益最大化为目标的社会氛围。研究还发现，企业的社会氛围，如信任、合作和共享语言，对员工的知识交换以及重组知识的态度、动机和时机产生着重要影响。此外，Pérez-Luño 等（2011）认为知识资本的积累是提升知识交换与整合能力的基础，而知识交换与整合能力又是知识创新的基础。Metha 等（2006）认为关系资本对知识交换与整合能力产生正向影响。吕鸿江等（2017）的研究指出，员工之间的网络互动可以促进知识交换与整合能力的提升，尤其是当员工同时参与正式的工作流网络和非正式的咨询网络，并且两种网络的重叠性较高时，这有利于任务的高效传递和知识的发酵增长。

（2）组织或部门内的氛围和结构的作用，如组织氛围和结构、团队氛围、内部学习氛围、合作氛围、信任氛围、共享行为准则、语言及目标等。Collins 和 Smith（2006）强调，高承诺的人力资源实践可以构建良好的语言和组织社会氛围，从而提高知识交换与整合能力。陈静然（2019）的研究发现，人际信任对于员工之间的知识交换与整合起到促进作用。在知识交换与整合的过程中，知识供给方做出的知识分享与交换决策常常被视为一种风险决策。组织中的分享和合作行为都建立在成员间紧密的人际交往关系基础上，而人际信任则是双方相互依赖和共担风险愿望的结果，有助于消除知识供给方的顾虑，从而促进其进行知识交换与整合。此外，团队中成员之间的信任关系有助于自由、开放地进行信息沟通和交流，提高知识共享的意愿和效果。陈岩等（2018）的研究发现，中庸思维能够促进团队成员之间的知识交换与整合。这是因为中庸思维创造了和谐氛围，鼓励成员在他人观点上提出新想法，增进了知识和信息的交流，并促进了有益于团队创新的新知识的形成。中庸思维还倡导在合作的氛围中尊重差异，这有助于形成合作意识，促进合作行为，而合作是驱动知识交换与整合的关键要素。中庸理性的全局视野和自我节制心态使团队成员更加关注整体利益，进一步提高了分享核心知识以创造新知识的可能性，同时有助于对新知识的反思和错误纠正。

（3）组织外部的复杂工作环境对知识交换与整合能力的影响，如不确定性环境的调节效应和高绩效工作系统的促进作用。Metha 等（2006）认为项目的不确定性会负向影响知识交换与整合能力，并且可能调节 IT（information technology，信息技术）使用强度和知识交换与整合能力之间的关系。Michaelis 等（2015）认为高绩效工作系统对知识交换与整合能力产生正向影响。这表明，复杂的工作环境可能会影响知识交换与整合能力的转变过程，不确定性环境可能会影响员工的知识交换与整合能力，并且高绩效工作系统可以促进这种能力的提升。

3. 知识交换与整合的影响结果

相较于研究知识交换与整合能力的驱动因素，通过知识交换与整合能力对结果变量进行研究的文献相对较少，已有研究认为知识交换与整合能力对员工的劳动生产率、团队创新和企业绩效存在直接影响。

1）劳动生产率

劳动生产率通常涉及将投入转化为输出。基于知识基础观，知识就是生产中的关键投入和主要价值来源。组织的竞争优势的主要来源是它能通过动态的个人互动不断创造新知识。因此，Michaelis 等（2015）提出，为更好地适应环境，满足客户需求，更好地为客户服务，组织成员必须结合已有知识通过交换和整合来创造新知识，并将创造的新知识应用到组织的生产流程，从而提高劳动生产率。

2）团队创新

团队通过知识交换与整合，能够激发成员之间的沟通，鼓励他们积极分享各自掌握的知识。这有助于知识在团队内部的流动，从而推动团队的创新行为。在知识交换的过程中，不同成员之间的观点不一致，实际上可以带来积极影响。这种差异可以促使团队成员深入探讨和反思自己的想法，同时避免陷入重复和绕弯的情况，有助于形成新的创意。另外，通过知识交换与整合，团队的合作氛围和积极情绪也会提升，这有助于鼓舞团队成员对创新目标的承诺和支持，进而促使创新成功地落地实施。

3）企业绩效

企业在不断变化的环境中实现创新并超越竞争对手，在很大程度上依赖于其创造新知识的能力，而这种能力源自员工整体的知识交换与整合能力。Smith 等（2002）的研究发现，知识交换与整合能力可以提升新产品和服务的采用率，从而提升企业的绩效水平。Collins 和 Smith（2006）的研究结果则强调高承诺的人力资源实践能够建立信任、合作、共享的行为准则以及塑造社会气氛，进而提高知识交换与整合能力，进一步推动企业的新产品和服务收入增长，提高公司的销售增长率，从而进一步提高企业的绩效。此外，高科技企业中，员工之间知识共享的程度越高，越有利于促进知识的交换与整合，从而对企业的绩效产生积极的影响。

4. 知识交换与整合的实现路径

本节探讨了知识交换与整合的主要内容，从梳理知识交换与整合的定义到它的相关研究，为进一步研究提供参考。根据本节的理论研究内容，我们可以从多方面为企业促进知识交换与整合、创新知识和提高核心竞争力提供有益的借鉴。

在知识管理方面，管理者必须建立有效的知识管理系统，以从知识交换与整合的过程中获得最大的效益。为了确保员工能够充分理解并应用完成任务所需的知识，这个系统应该是一个以人的智能为核心、以信息技术为手段的人机结合的管理系统。这一系统的综合目标是将企业内部的各类知识资源，包括显性知识和隐性知识，整合为一个动态的知识体系，以促进知识创新，进而通过不断提升的知识创新能力推动生产力的增长，从而提高企业的核心竞争力。

为实现有效的知识管理，企业必须确立适当的制度和文化。企业制度包括明确企业的知识资产，并制定员工激励机制，以强化管理者对知识管理的重视，同时鼓励员工积极分享和学习知识。而企业文化方面，需要塑造知识交流、协作、团队合作和学习的积极的文化氛围，以帮助员工摒弃传统的独占思维，促进合作和学习的行为。

另外，鼓励团队成员之间的知识交换与整合对于实现信息资源积累和扩充、知识资本的活化与增值至关重要。这一过程能够促使员工个体掌握的知识在彼此的交流中得以流动，从而增加知识资源的储备量，并且通过群体效应提升知识资源的质量。在团队中，成员在知识交换与整合中发挥着关键作用，通过多层次、多维度的知识学习和整合，实现知识的流动和增值，同时也激发了独创性发现和核心竞争力的重塑。

为了在团队中促进知识交换与整合，管理者可以采取多种策略。首先，塑造积极的价值观，鼓励团队成员以开放的态度和合作的精神参与知识交换与整合，以实现协同效应和共赢效果。其次，构建灵活的组织结构，打破部门和职能的限制，促进跨部门和跨层次的知识共享和沟通，从而促进知识的流动和整合。同时，强化团队合作意识和伙伴观念，帮助成员建立良好的人际关系，突破心理障碍，积极参与知识交换与整合。除此之外，建立明确的知识交换与整合的行为准则，并通过团队文化建设促进对知识交换与整合的普遍认知和理解。最后，创造积极的团队氛围，提供面对面的交流机会，并建立科学的奖励制度，以鼓励团队成员参与知识交换与整合。

综上所述，知识交换与整合能力对于企业在动态环境中创新和超越竞争对手至关重要。通过有效的知识管理系统的建立以及鼓励团队成员之间的知识交换与整合，企业能够实现知识的积累和活化，从而推动创新并提高绩效水平。

6.6.2　团队知识共享氛围

1. 团队知识共享氛围的内容

1）知识与知识分享

知识是通过学习、研究、观察或经验获得的对事物的理解、领悟或精通，它是个人在经验、技能和能力基础上对信息的理解与诠释。对于组织而言，知识包括了组织成员对于客户、产品、程序、失败和成功的认知与理解。然而，知识作为一种特殊资源，只有在企业内广泛传播和共享时才能发挥最大效益，而知识共享是实现这一目标的关键途径之一。

在学术界，对于知识共享的定义主要有两个角度，由 Bartol 和 Srivastava（2002）提出：①将知识共享视为一种转移过程，即知识所有者与组织内其他人分享自己的知识，将信息、观点、建议和专业知识传递给他人；②将知识共享视为一种转化过程，即双向的信息传递和理解过程，使知识能够被他人吸收、理解并转化为新的行动能力。

后一种观点涵盖了更广泛的内容，是前者观点的延伸。对于企业和组织而言，知识必须被广泛理解、吸收和利用，才能发挥其最大作用，因此，知识共享被看作一种转化过程。根据知识共享的程度和规模，它可以分为人与人之间的共享、工作小组之间的共享以及企业之间的共享。

2）组织与组织氛围

目前，学者已经提出多种关于组织氛围的定义，其中两种定义为研究人员所普遍接受。从认知图式的角度来看，组织氛围被视为一种认知图式，是组织内个体基本价值体系的产物，属于个人水平的概念。然而，这种定义在解释个人水平的组织氛围与由其产生的组织效能之间的关系时存在难题。另一种定义认为，组织氛围是组织成员对于周围事物（如组织政策、程序等）共同感知的结果，属于整体水平的概念，能够较好地解决这一难题，弥补了前者的不足。

组织氛围具有四点重要特性，即产生于政策和组织成员的行为、反映组织成员对于组织的感知、作为解释状况的基础，以及可以作为直接行为的动因来源。

3）团队知识共享氛围

若未将组织氛围与特定内容关联，对组织氛围的探讨将失去意义。将组织氛围与知识共享相联系，引发了知识共享氛围的概念。因此，知识共享氛围可以被描述为：组织成员对组织内知识共享情况的共同感知。基于释意学的过程视角，个体通过对外部环境或氛围的感知进行解释或评估，从而塑造了适应性行为心理（诠释的演进过程）。最终，通过总结和整合个体行为，形成对组织的情感依附。

这一概念反映了以知识共享为导向的组织成员之间的关系。Yang（2010）指出，在知识共享氛围中，合作与信任至关重要。Bock 等（2005）认为，在这样的氛围中，个体对组织内其他成员高度信任，知识得以自由流动，合理的失败能够被容忍。此外，这一氛围还融入了一定的社会规范。Crossan 等（1995）则强调，知识存在于组织的不同层次和不同个体之中。当个体愿意交换和共享知识时，他们能够生成整合的知识，并在知识和资源交流的过程中获得效益的提升。

2. 团队知识共享氛围的维度

在研究团队知识共享氛围的维度方面，学者主要从对同事关系的感知、对工作方法的感知以及对组织政策的感知三个角度进行了探讨。这些研究中，Zárraga 和 Bonache（2003）与 Bock 等（2005）开发了有代表性的量表。

关于同事关系方面，Zárraga 和 Bonache（2003）认为同事之间的积极互动和宽容评价、相互信任和主动帮助、亲密关系对于团队知识共享至关重要。积极互动和宽容评价包括尊重理解他人需求、真诚地表达对同事工作的看法等。相互信任和主动帮助涵盖愿意分享知识和经验等内容。亲密关系这一概念也涉及保持紧密联系、认真考虑同事观点等。

对工作方法和组织政策的感知方面，Zárraga 和 Bonache（2003）提出的三维度量表的第三个维度即为创新和勇气，包括总是尝试新的工作方法、无障碍地表达观点等内容。正面感知工作方法，如对创新的关注，能够促进工作共享，包括鼓励创新和寻找新的工作方法。然而，对工作方法的负面感知，如对领导和同事的批评指责持忧虑态度，可能会妨碍知识共享的发展。

Bock 等（2005）结合原因行为理论，提出了知识共享氛围的三个维度，包括亲密关系、创新和公平。公平维度强调对组织政策的感知，如相信雇主的评价和目标合理性等。

综上所述，可以发现，在个人对待同事的方式、同事间的友好互助、工作方法的创新和讨论自由，以及对组织政策的公平感知等方面，形成了知识共享氛围的核心维度，即亲密关系、信任、创新和勇气、公平（表 6-4）。

表 6-4　团队知识共享氛围的核心维度

亲密关系与信任——对同事关系的感知		
亲密关系	亲密关系	Bock 等（2005）
	积极互动和宽容评价	Zárraga 和 Bonache（2003）
	合作	Cameron 和 Simeon（2002）
	知识共享的义务	Sawhney 和 Prandelli（2000），Bollinger 和 Smith（2001）
信任	信任	Bollinger 和 Smith（2001）
	相互信任和主动帮助	Zárraga 和 Bonache（2003）
	信任的和值得信任的工作环境	Cameron 和 Simeon（2002）
	亲密关系	Bock 等（2005）
创新和勇气——对工作方法的感知		
创新和勇气	创新	Bock 等（2005）
	勇气	Zárraga 和 Bonache（2003）
	对领导和同事的批评指责持忧虑态度	Bollinger 和 Smith（2001）
	对创新的关注	Goh（2002）
公平——对组织政策的感知		
公平	公平	Bock 等（2005）

3. 团队知识共享氛围的影响因素

1）团队知识共享氛围的前因

对于组织氛围前因的研究，学者主要从个人因素、领导因素、组织因素三个方面展开了探讨。知识共享氛围作为一种组织氛围，其研究角度与之相类似。

个人因素方面，早期观点指出，知识共享氛围源于个人的日常活动、相互作用和经验，知识共享氛围的生成与组织成员的行为密切相关。

领导因素方面，Zárraga 和 Bonache（2003）认为，领导角色在知识共享氛围的形成中具有重要作用。领导应该为团队提供规则，为团队成员创造对话的空间，并毫无保留地共享信息。这种领导方式能够促进知识共享氛围的建立。

组织因素方面主要涵盖组织软环境和组织事务。组织的价值观、政策等对组织氛围的形成具有重要影响。此外，Griffin（2001）也指出，组织的政策、程序体系等因素会产生多样化的组织氛围。

从组织事务的角度来看，Zárraga 和 Bonache（2003）的研究发现，团队协作的培训和组织活动（对话空间）有助于知识共享氛围的形成。团队协作的培训不仅传递了知识共享的重要性，还培养了员工相互合作的技能。正式的活动（如公司举办的聚会和聚餐）以及非正式的活动（如茶余饭后的闲谈）都为知识共享提供了宝贵的空间。

综上所述，知识共享氛围的前因可以概括为个人因素、领导角色、组织软环境和组织事务等要素，如表 6-5 所示。

表 6-5　团队知识共享氛围的前因

前因	举例	来源
个人因素	个人的日常活动	Schneider 和 Hall（1972）
	相互作用	Schneider 和 Hall（1972）
	经验	Schneider 和 Hall（1972）
	组织成员的行为	Pritchard 和 Karasick（1973）
领导角色	为团队成员创造对话的空间	Zárraga 和 Bonache（2003）
	为团队提供规则	Zárraga 和 Bonache（2003）
	毫无保留地共享信息	Zárraga 和 Bonache（2003）
组织软环境	组织价值观	Dickson 等（2001）
	程序体系	Griffin（2001）
	组织政策	Dickson 等（2001）
组织事务	团队协作的培训	Zárraga 和 Bonache（2003）
	组织活动（对话空间）	Zárraga 和 Bonache（2003）

2）团队知识共享氛围的结果

目前，组织中知识共享氛围结果变量主要从对个人的作用和对组织的作用两方面展开研究。

从对个人的作用来看，知识共享氛围能对个人许多行为产生影响，如使员工以组织目标而不再是个人兴趣作为工作的动力，使员工的知识共享行为得到促进。对个人满意度、个人增长、员工的行为和期望的形成等都有影响作用。

从对组织的作用来看，知识共享的氛围能促进产品质量和产品创新性提高，促使费用的节省等。组织氛围能对组织的生产能力、组织绩效等产生促进作用。

综上所述，知识共享氛围对组织效能和个人行为，尤其是与知识共享相联系的效能和行为，如知识的吸收、整合和创造以及员工的创新行为等产生影响，具体如表 6-6 所示。

表 6-6　团队知识共享氛围的结果

结果	举例	来源
个人	个人满意度	Griffin（2001）
	个人增长	Griffin（2001）
	使员工以组织目标而不再是个人兴趣作为工作的动力	Hsu（2006）
	员工的知识共享行为	Hsu（2006）
	员工的行为和期望的形成	David 等（2020）
组织	生产能力	Griffin（2001）
	组织绩效	Griffin（2001）
	促进产品质量的提高	Hsu（2006）
	促使费用的节省	Hsu（2006）

4. 团队知识共享氛围的研究趋势

目前，有关组织内及组织间知识共享的研究正在蓬勃发展，但关于组织知识共享氛围的研究还处于起步阶段。学者已经认识到知识共享氛围对知识共享的积极作用，因此如何有效地构建组织内和组织间的知识共享氛围对于促进知识共享至关重要。然而，目前学者对于知识共享氛围前因的研究还不够深入，主要集中在组织内人际关系研究方面，而忽略了技术发展、任务特性、组织发展阶段、区域文化差异等因素对知识共享氛围的影响。这些因素是否对知识共享氛围的形成产生影响，需要进一步的研究来揭示。因此，对知识共享氛围形成的前因的研究，不论是从理论研究还是实证研究的角度，仍然需要进一步地拓展和验证。

此外，关于知识共享氛围对知识共享的作用机理，目前尚待深入研究。现有研究主要关注知识共享氛围对知识共享的直接影响，但知识共享氛围作为一种文化层面的变量，其对个体行为的作用机理可能需要通过一定的中介途径来传导。未来的研究可以通过理论推导和实证研究，深入揭示知识共享氛围对个体行为和组织行为的作用机理。

另外，目前的研究主要集中在组织内知识共享氛围方面，对于组织间的知识共享，尚缺乏相关研究。未来的研究可以以特定区域、行业等为背景，研究组织间的知识共享氛围，这有助于促进区域内的知识创新。

值得注意的是，目前有关知识共享氛围理论的研究主要集中在西方文化背景下，我国的研究多集中于对国外理论的解读。然而，不同文化背景下知识共享氛围的影响因素、结果和维度可能存在差异。因此，将国外研究成果本土化，结合我国实际情况，对知识共享氛围进行定性和定量研究，具有重要的意义。这有助于更好地理解和应用知识共享氛围理论，推动组织内外的知识共享活动。

6.7　交互记忆系统

6.7.1　交互记忆与交互记忆系统

在如今的知识经济时代，对重要知识资源的获取、整合以及创造对于企业建立和发展可持续竞争优势起到至关重要的作用，这使得企业，特别是知识密集型企业需要对企业内部知识进行合理的管理与运用。团队作为知识交流、分享、转移和创造的核心单元，其内部知识管理系统和流程需要认真设计，交互记忆系统理论相关领域的研究成果就可以为团队知识管理实践提供理论和实证上的启示。

认知心理学上将人脑对信息的编码、储存和检索的过程称为"记忆"，当我们困惑于知识是如何进入大脑、如何与其他知识共存以及如何在需要时被检索的时候，我们可以说我们在学习"记忆"的过程。但个体记忆是一个开放的系统，会受到众多的外部环境（人也是重要的因素）影响。在这种情况下，人类学会了利用外部储存媒介来保存记录，如使用备忘录、日记本、笔记本等，这样的记忆被称为"外援记忆"，人们每天的大多数记忆任务都是借助这样的外部储存来完成的。但外部因素中还有其他"人"的存在，如果说人与外援记忆的交流是单方向的，那么人和人之间关于记忆的交流是双向的。当群体中的个人相互依赖记忆某些信息的时候，每个人能掌握的信息和知识容量都能得到极大的提高，交互记忆的概念由此被提出。

交互记忆（transactive memory）是人们基于亲密关系发展出来的用以编码、储存、检索他人所掌握信息的分享系统，通过人际网络促进信息的储存和检索，是对个体记忆的拓展和延伸。交互记忆的概念提供了一种理解人们如何一起思考的有用方法。传统的群体心理理论一直存在着对群体心理活动过于简单化的看法，群体思维的概念一直是个体心理过程和行为一致性的简写。理论家只把个体思维的相似性看作群体思维的一个特征，但交互记忆描述了一个超越这种一致性的个体思维的社会网络。

运用这一解释思路，我们认识到个体之间的可观察互动不仅需要知识的转移，而且还需要构建一个大于其个体成员系统总和的知识获取、知识持有和知识使用系统。通过这个解释，个体记忆系统可以参与到更大的、有组织的社会记忆系统中，这些系统具有不可追踪到个体的突发群体思维属性。当群体成员为了一个目标而聚集在一个群体中，通过知识责任划分认领不同的知识领域，同时有将其他成员作为外部存储设备的意愿和行为，这样群体中便形成了一个比任何个体拥有更多信息的记忆系统，即交互记忆系统。

交互记忆系统（transactive memory system，TMS）被定义为每个成员所拥有知识的总和（知识存量），以及关于谁知道什么的集体意识。一些学者对群体交互记忆系统概念进行了清晰的界定，如 Austin（2003）将群体交互记忆系统界定为"个体成员所占有知识的组合和对群体中其他成员所擅长知识领域的集体认知"。Lewis（2003）则认为群体交互记忆系统是指"群体成员联合储存、检索和沟通信息，以使用他们的交互记忆"。Hollingshead 等（2011）将群体交互记忆系统定义为"关于不同知识领域信息的编码、储存、检索和沟通的共享性认知劳动分工"。虽然学者的界定各有侧重，但均认同三个逻辑：①分工逻辑，即交互记忆系统源自群体成员的水平分工，由不同领域的专业知识所组成；②共享逻辑，即交互记忆系统是一种共享心智模式，是成员对群体中知识领域分布的集体性知晓；③实用逻辑，即交互记忆系统的构建目的在于利用分工协作提高群体效能，从而帮助群体实现更为有效的知识管理。这些共识为群体交互记忆系统的维度划分奠定理论基础。

通过有效的统筹、分工与协调，群体的整体功能性促进了个体交互记忆向群体交互记忆系统的飞跃。然而，群体交互记忆系统研究不能脱离个体交互记忆而存在，两者的区别和联系如表 6-7 所示。

表 6-7 个体交互记忆与群体交互记忆系统的区别和联系

项目		个体交互记忆	群体交互记忆系统
区别	概念内涵	人们基于亲密关系发展出来用以编码、储存、检索他人所掌握信息的分享系统	个体成员所占有知识的组合和对群体中其他成员所擅长知识领域的集体认知
	研究层次	个体	群体、团队、组织
	目标导向	以个体目标为导向的个体知识检索与获取策略，追求个体效用最大化	服从于群体共同目标的群体知识整合策略，追求群体效用最大化
	记忆分布	个体的社会网络	群体结构与群体中的关系网络
	检索范围	超群体边界的开放式检索	以群体内部网络为主导的半开放式检索
联系		个体交互记忆是群体交互记忆系统的重要组成单元，群体交互记忆系统是成员个体交互记忆的共享性认识	
研究重点		交互检索过程、交互意愿、知识检索网络构建	群体认知分工、内部关系网络、成员互动过程、共享心智模式等

6.7.2 交互记忆系统的内容

交互记忆系统是团队成员之间形成的一种相互依赖的合作性分工系统，用于获取、储存和运用来自不同领域的信息和知识。这个系统是解释团队知识处理过程的一个机制。

团队成员通过相互交流来增强各自的记忆，从而共享两种信息：成员个人拥有的知识和团队其他成员拥有的知识。当团队成员需要某项信息，但自己无法记起来或对自己的记忆感到不确定时，他们可以求助于其他成员。这样，每个成员的认知负担减轻了，同时他们也可以获得比任何单独个体所能拥有的更多的专业知识和信息。成员间的相互依赖还会产生一个团队知识管理系统，从而增强团队的信息处理能力。

这一概念是在观察和研究高绩效团队工作过程的基础上提出的。许多研究发现，由相互信任并且了解各自专长领域的成员组成的团队比由陌生人组成的团队更为有效。对这种现象的解释之一是，有长期合作经验的团队成员之间形成了交互记忆系统：每个成员都具备某些领域的专长，并且了解团队中其他成员的专长领域。基于对彼此专长的了解，团队成员可以进行有效的分工合作。

如果将交互记忆系统比喻为目录共享的计算机网络，那么团队中交互记忆系统的形成和维护可以分为三个相互关联的阶段：目录更新、信息分配和检索协调。其中，目录更新阶段不仅是交互记忆系统的形成机制，也是其维护机制，而其余两个阶段则是对已有记忆结构的应用。

在目录更新阶段，团队成员逐渐了解其他成员的专长领域，而无须具体了解每个领域的详细信息。这种过程可以通过多种途径实现：首先，团队成员可以协商分配各自负责的知识领域，并将每个成员视为其领域知识的储备库；其次，成员可以通过自我报告或经验分享的方式了解自己和其他成员在不同知识领域的专长，并更新自己的知识目录；最后，成员还可以通过了解团队中谁知道哪个领域的信息，比如谁经常提到某领域的信息或长期关注某类信息，可以推断其在该领域拥有更多知识。

在信息分配阶段，团队成员获得自身领域外的信息之后会将其传递给团队中与该信息最相关而且是最适合为该信息更新目录的成员，以防止在信息链传递中发生知识退化。如果一个团队里面所有成员都记忆关于任务的全部信息，记忆会在团队里变得碎片化，每个人的记忆目录都会变得臃肿且杂乱无章，反而不利于知识在团队的储存。所以为了减轻认知负担，成员必须尽快将新信息传递给最合适的人，而不是将信息编码存入自己的记忆目录中。总之，信息分配是一个过程，通过这个过程，个体记忆被塑造成对群体有用的、有区别的群体记忆。

在检索协调阶段，当遇到团队个体成员知识能力有限时，这时就需要借助团队内其他成员记忆目录的帮助，进行协同检索。在目前高度复杂且多变的环境下，需要解决的问题往往也是复杂、冗长的，这时需要多方面、多层次地思考问题，很难通过个人的知识去解决问题，而检索协调会简化信息搜索过程，最大化地提高搜索的速度和准确性，我们通常会借助"目录的目录"（directory of directories）来判断应该找哪个团队成员获取信息。

6.7.3　交互记忆系统的维度

交互记忆系统属于群体层面的现象集合，不仅涉及个体记忆活动，而且包括以特定目标为基础的群体沟通、磨合与知识分享过程。因此，交互记忆系统的维度划分天然地聚焦在群体层次上。

关于群体交互记忆系统的维度，Moreland 和 Myaskovsky（2000）用"专门化"（specialization）体现知识分工成效，用"可信性"（credibility）表征个体对群体知识分布的认识与共享知识的程度，用"协调性"（coordination）体现交互检索过程的有效性。Lewis（2003）采用实地研究法开发出含 15 个题项的自测量表，也包含专门化、可信性和协调性三个维度，并得到了实证研究的支持。以此为基础，Austin（2003）认为交互记忆系统应当包括知识储备（knowledge stock）、知识专门化（knowledge specialization）、交互记忆合意（transactive memory consensus）和交互记忆精确性（transactive memory accuracy）四个维度，但这一划分仍未脱离分工、共享与实用的概念形成逻辑。Hollingshead 等（2011）划分了精确性（accuracy）、共享性（sharedness）和有效性（validation）三个维度，并认为交互记忆系统的最佳状态应当出现在群体成员具有高度一致性时。也就是说，只有当知识系统以群体成员的实际能力为基础、所有成员具有相似的系统表现、成员切实履行责任三个条件同时具备时，交互记忆系统才处于最为有效的状态。表 6-8 列出了不同学者划分的维度及各维度的含义。

表 6-8　不同学者划分的维度及各维度的含义

学者	维度	含义
Moreland 和 Myaskovsky（2000）以及 Lewis（2003）	专门化	成员掌握相互有区别的专门知识
	可信性	成员信任其他成员并依赖他人知识的程度
	协调性	成员协调任务进程、有效利用分散知识的程度

续表

学者	维度	含义
Austin（2003）	知识储备	群体按照分工结构整合个体知识的程度
	交互记忆合意	团队成员通过持续互动，形成的关于"谁掌握何种知识"的共享认知系统
	知识专门化	成员对各自知识领域的精通程度
	交互记忆精确性	成员因实际占有的特殊领域知识而被其他成员识别出来的程度
Hollingshead 等（2011）	精确性	群体成员的交互记忆精确反映群体中实际的"任务-专长-人"关系分布的程度
	共享性	交互记忆系统所包含的"任务-专长-人"单元及成员对单元分布认知的相似程度
	有效性	群体成员接受知识领域划分，并愿意承担自己领域的知识责任，参与知识分享的程度

由表 6-8 可以看出，学者对交互记忆系统的解构大多遵循三维度方式，即从不同侧面反映概念的形成所依循的"分工""共享""实用"的内在逻辑，体现了群体层面知识分工的结构框架、互动机制与协调整合程度等。

6.7.4 交互记忆系统的作用结果

1. 交互记忆系统的作用效果

作为一种群体共享认知模式，交互记忆系统对团队的知识储存、检索、分享、转移和创造具有重要影响，其价值不仅局限于对知识管理本身的作用，还表现在对与知识管理密切相关的团队有效性及成员感知等的作用方面。

1）交互记忆系统与知识管理

交互记忆系统的一个基本假设是它可以通过人际关系促进知识的储存和检索，这一假设得到了众多研究的支持，如模拟研究显示，集中培训的群体能够比分散培训的群体回想起更多的培训内容，表现出更好的培训绩效。同时，交互记忆系统可以促进团队知识分享，如 Huang（2009）以技术研发团队为研究对象的实证研究发现，交互记忆系统不仅调节了信任对知识分享的作用，也调节了网络联结与知识分享之间的关系。此外，交互记忆系统还能有效促进知识传递与知识转移，这种作用不仅体现在群体内部，也表现在群体间跨界层面。Hamid 和 Salim（2010）以马来西亚政府电子政务的 IT 外包项目为案例，详细解析了交互记忆系统促进组织间知识传递的质性过程。

2）交互记忆系统与团队有效性

交互记忆系统还是一种团队沟通机制，与团队有效性及团队绩效呈显著正相关关系，但在不同的团队情境下，其表现形式可能有所差异。例如，Akgun 等（2006）对79 个土耳其新产品开发项目团队的研究发现，交互记忆系统对团队学习和团队市场反应速度具有正向影响。Chen 等（2023）对 97 个开源软件项目团队进行的问卷调查结果表明，交互记忆系统的可信性维度与团队知识协作呈显著正相关关系，知识分布维度和可信性维度与团队沟通质量呈显著正相关关系。Austin（2003）在其以服装与体育用品公司 27 个负责产品运营的永续团队为研究样本的调查中发现,知识专门化维度对内、外部评价结果均具有显著正向影响,交互记忆精确性维度对团队目标实现具有显著正向影响。Ren 等（2006）的计算机模拟结果显示,交互记忆系统通过促进知识检索,缩短了群体反应时间,并可通过信息任务合作和评估提高决策质量。张谦等（2015）以我国高校学习团队为样本进行的实证研究也显示,交互记忆系统会对团队有效性产生显著正向影响,进而影响团队绩效水平。Zhang 等（2012）的研究也表明,交互记忆系统不仅与团队绩效相关,而且可以调节团队特征与绩效之间的关系。

3）交互记忆系统与成员感知

作为一种知识协作方式和群体共享心智模式,交互记忆系统势必会对成员的心理感知产生显著影响,这些影响主要表现在情感性感知、归属性感知和协作性感知等诸多方面。Michinov N 和 Michinov E（2009）在其以医疗协会的麻醉团队为对象的跨层次研究中发现,交互记忆系统不仅可以预测成员对团队有效性的感知（即协作性感知）,而且与一些社会统计学因素（如性别、地位）和情境因素（如任期、团队规模）相比,其对工作满意度（情感性感知）和团队认同（归属性感知）的预测效果更好。由于这类研究需要对跨层次变量之间的关系进行检验,因此数据收集和统计分析难度较大,目前成果还比较少,但我们并不能因此忽视交互记忆系统在成员心理层面产生的重要影响。

2. 影响交互记忆系统作用的权变因素

交互记忆系统对于团队和组织具有重要作用,但是其产生影响的过程会受到一系列情境因素的制约和干扰,从而导致其作用与效果存在变异性。影响交互记忆系统作用的权变因素主要包括以下几个方面。其一,群体任务的复杂性、不确定性和多样性。Lambert 和 Shaw（2002）针对喷气式飞机推进器研发团队的研究显示,当完成团队任务所需的信息可以被清晰划分成不同功能领域时,具有高差异交互记忆结构的团队运作得更好;而当相关信息不能很容易地划分到事先定义好的功能领域上时,具有低差异交互记忆结构的团队在信息获取上更有优势。Ren 等（2006）的研究也表明,团队任务易变性越强,交互记忆系统对团队信息分享的价值越大;任务环境动态性越强,成员知道该向谁咨询意见对实现团队目标越有益。其二,群体规模与存续年限。Ren 等（2006）通过计算机模拟研究了群体规模的调节作用,发现交互记忆系统在大群体中的作用比在小群体中的作用更加显著。从群体存续年限来看,与完成一次性任务的项目团队相比,存续年限更长的团队的交互记忆系统更加发达,成员对团队中的知识分布掌握得更加确切,交互记忆系统的作用效果也更加明显。其三,知识本身的特征。就代表知识衰减速度的"知识挥发性"而言,成员忘记那些不经常使用知识的速度越快,知道该从谁那里获取知识的价值就越大。同时,知识的形式可能会对交互记忆系统作用的发挥产生重要影响,显性知识有助于知识领域的识别,而基于隐性知识的交互记忆系统有助于维护群体的可持续竞争优势,比模糊的知识共享对组织具有更大的价值。

可见,作为一种知识整合机制,交互记忆系统是团队知识管理不可或缺的关键要素;作为一种团队分工与协作机制,交互记忆系统对团队的生存能力和绩效水平具有重要且深远的影响；作为一种共享心智模式，交互记忆系统对知识型员工的行为激励以及与之相关的员工关系管理具有重要价值。但同时，其价值的发挥仍然受到群体特征、任务特征和知识特征的干扰与制约。交互记忆系统的作用效果及过程机制如图 6-8 所示。

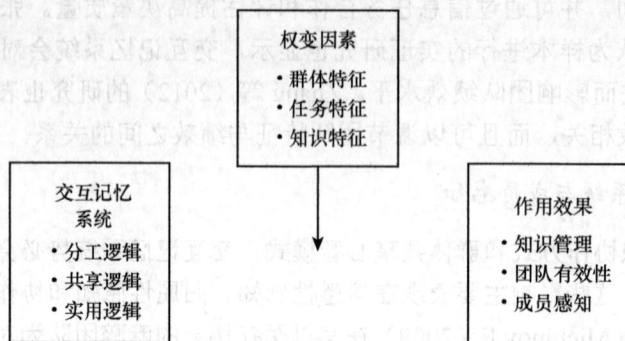

图 6-8　交互记忆系统的一般作用机制

6.8　思　考　题

1. 团队反思的定义和内容是什么？
2. 团队反思的影响因素是什么？
3. 团队互动的定义和维度是什么？

6.9　测　评　工　具

团队反思评估工具

下列各题中 1～5 分值代表的含义分别为：总是如此；时常如此；有时如此；很少如此；从不如此。请根据实际的感受逐项回答，在每个题项最符合的选项上打√，具体的测量量表如表 6-9 所示。

表 6-9　团队反思评估量表

序号	题项	分值				
1	我们团队经常检查工作目标的可行性	1	2	3	4	5
2	我们团队经常讨论顺利完成工作需要的方法	1	2	3	4	5
3	我们团队经常讨论我们能否提升工作效率	1	2	3	4	5
4	我们团队经常根据环境的变化调整工作目标	1	2	3	4	5
5	我们团队经常反思完成工作的有效方法	1	2	3	4	5

资料来源：Schippers 等（2013）

下列各题中 1～5 分值代表的含义分别为：总是如此；时常如此；有时如此；很少如此；从不如此。请根据实际的感受逐项回答，在每个题项最符合的选项上打√，具体的测量量表如表 6-10 所示。

表 6-10　团队互动评估量表

序号	题项	分值				
1	在讨论工作问题时，团队中会有因多次争吵而伤害团队和谐的情形	1	2	3	4	5
2	在讨论工作问题时，团队中会出现情绪原因导致的紧张关系	1	2	3	4	5
3	在讨论工作问题时，团队成员会因意见不合而产生不愉快的感觉	1	2	3	4	5
4	在讨论工作问题时，团队成员会出现愤怒情绪	1	2	3	4	5
5	在讨论工作问题时，团队成员会因为个性的差异而引起矛盾	1	2	3	4	5
6	我们团队在多种方案中进行选择时，往往采用集体决策方法	1	2	3	4	5
7	我们团队往往以集体智慧来完善各个方案	1	2	3	4	5
8	我们团队成员能够对外部环境的变化保持敏感性，并采取集体智慧去应对变化	1	2	3	4	5

资料来源：陈汉辉等（2019）

下列各题中 1～5 分值代表的含义分别为：总是如此；时常如此；有时如此；很少如此；从不如此。请根据实际的感受逐项回答，在每个题项最符合的选项上打√，具体的测量量表如表 6-11 所示。

表 6-11　团队知识异质性评估量表

序号	题项	分值				
	教育异质性					
1	整体而言，团队成员的学历背景差别很大	1	2	3	4	5
2	整体而言，团队成员具有多样化的专业背景	1	2	3	4	5
3	整体而言，团队成员各自拥有的专业知识涉及多个领域	1	2	3	4	5
	认知异质性					
4	团队成员对如何完成团队任务的认识存在很大差异	1	2	3	4	5
5	团队成员在工作上的价值观存在很大差异	1	2	3	4	5
6	团队成员在工作时提出的意见、观点差异很大	1	2	3	4	5
	经验异质性					
7	总体来看，团队成员之间工作年限有显著差异	1	2	3	4	5
8	总体来看，团队成员加入团队前的任职经历有显著差异	1	2	3	4	5

资料来源：van Knippenberg 等（2004）

下列各题中 1～5 分值代表的含义分别为：总是如此；时常如此；有时如此；很少如此；从不如此。请根据实际的感受逐项回答，在每个题项最符合的选项上打√，具体的测量量表如表 6-12 所示。

表 6-12　知识交换与整合量表

序号	题项	分值				
1	我认为与部门中的同事相互交换和整合想法可以获益	1	2	3	4	5
2	我相信交换和整合想法能比独立工作更快地推进新项目或者产生新创意	1	2	3	4	5
3	我经常感到从相互交换和整合想法的过程中能学到新知识	1	2	3	4	5
4	我在部门中善于通过交换和整合想法来解决问题或者创造机会	1	2	3	4	5

续表

序号	题项	分值				
5	我在部门中经常通过分享个人想法，去提出新观点、开发新产品和提供新服务	1	2	3	4	5
6	我在部门中善于通过分享自己的专业知识，以促成新项目的落成或者新成果的达成	1	2	3	4	5
7	我在部门中很乐意和同事交换和整合想法	1	2	3	4	5
8	我在部门中很少通过交换和整合想法来解决问题	1	2	3	4	5

资料来源：Collins 和 Smith（2006）

下列各题中 1～5 分值代表的含义分别为：总是如此；时常如此；有时如此；很少如此；从不如此。请根据实际的感受逐项回答，在每个题项最符合的选项上打√，具体的测量量表如表 6-13 所示。

表 6-13　团队学习评估量表

序号	题项	分值				
1	我们团队会定期总结工作中失败的经验或教训，并设法改进我们的工作方式	1	2	3	4	5
2	对工作过程中出现的问题或事故，我们团队经常组织集体学习，一起讨论，以总结经验教训	1	2	3	4	5
3	如果我们从同行或客户处获得关于我们团队的负面信息，我们总是有则改之，无则加勉	1	2	3	4	5
4	我们团队经常会寻找失败的案例来警示我们自己的工作	1	2	3	4	5
5	我们团队经常停下来，总结我们工作出现的问题或差错	1	2	3	4	5
6	对我们工作中遇到的挫折或失败，我们团队鼓励大家集体思考，但不会打击个人	1	2	3	4	5
7	我们团队非常注重学习和讨论同行失败的经验或教训	1	2	3	4	5

资料来源：Edmondson（1999）、Cannon 和 Edmondson（2005）

下列各题中 1～5 分值代表的含义分别为：总是如此；时常如此；有时如此；很少如此；从不如此。请根据实际的感受逐项回答，在每个题项最符合的选项上打√，具体的测量量表如表 6-14 所示。

表 6-14　交互记忆系统评估量表

序号	题项	分值				
1	每位团队成员都有项目不同方面的专业知识	1	2	3	4	5
2	我在项目的某个方面上有其他团队成员所不具备的知识	1	2	3	4	5
3	不同的团队负责不同领域的专业知识	1	2	3	4	5
4	项目的完成与交付需要不同团队的成员的专业知识	1	2	3	4	5
5	我知道哪些团队成员在特定领域具有其专业知识	1	2	3	4	5
6	我乐意接受其他团队成员所提出的意见	1	2	3	4	5
7	我相信其他团队成员对项目的了解是全面的	1	2	3	4	5
8	我会相信且依靠其他团队成员在讨论中带来的信息	1	2	3	4	5
9	我会对其他团队成员提供的信息进行二次检查（反向问题）	1	2	3	4	5
10	我对其他团队成员具备的"专业知识"不太信任（反向问题）	1	2	3	4	5

续表

序号	题项	分值				
11	我们团队拥有良好的协作氛围	1	2	3	4	5
12	我们团队基本上对应该做什么没有疑问	1	2	3	4	5
13	我们团队需要对工作内容进行回溯并重新从零开始完成（反向问题）	1	2	3	4	5
14	我们完成任务的过程十分顺利且高效	1	2	3	4	5
15	我们对该如何完成任务有很多的困惑（反向问题）	1	2	3	4	5

资料来源：Lewis（2003）

下列各题中 1～5 分值代表的含义分别为：总是如此；时常如此；有时如此；很少如此；从不如此。请根据实际的感受逐项回答，在每个题项最符合的选项上打√，具体的测量量表如表 6-15 所示。

表 6-15　团队知识共享氛围评估量表（一）

序号	题项	分值				
1	在我的工作团队中，我努力尊重和理解其他成员的需要	1	2	3	4	5
2	在我的工作团队中，我努力了解同事们在工作中面临的问题和困难	1	2	3	4	5
3	在我的工作团队中，我真诚地表达了我对同事工作的看法	1	2	3	4	5
4	在我的日常工作中，我尝试采用新的方式来完成我的任务，即使有时它们是错误的	1	2	3	4	5
5	在日常工作中，我向同事提出如何改进工作的建议	1	2	3	4	5
6	在我的工作团队中，我很容易表达自己的观点	1	2	3	4	5
7	在我的工作团队中，我可以自由尝试执行任务的新方法	1	2	3	4	5
8	在我的工作团队中，同事都是有价值的人，有良好的工作热情	1	2	3	4	5
9	在我的工作团队中，当我为他人提供帮助时，我相信他们能够以最好的方式理解和运用我的想法	1	2	3	4	5
10	在我的工作团队中，我的同事们并不愿意分享他们的知识和经验	1	2	3	4	5

资料来源：Zárraga 和 Bonache（2003）

下列各题中 1～5 分值代表的含义分别为：总是如此；时常如此；有时如此；很少如此；从不如此。请根据实际的感受逐项回答，在每个题项最符合的选项上打√，具体的测量量表如表 6-16 所示。

表 6-16　团队知识共享氛围评估量表（二）

序号	题项	分值				
1	我们部门的成员彼此保持着密切的联系	1	2	3	4	5
2	我们部门的成员对其他成员的观点高度重视	1	2	3	4	5
3	我们部门的成员有一种强烈的"我们是一个团队"的意识	1	2	3	4	5
4	我们部门的成员彼此合作得很好	1	2	3	4	5
5	我的部门鼓励为新机会提出建议	1	2	3	4	5

序号	题项	分值				
6	我所在的部门非常重视冒险，即使那可能失败	1	2	3	4	5
7	我的部门鼓励寻找新的方法来完成一项任务	1	2	3	4	5
8	我相信别人对我的上司有好的评价	1	2	3	4	5
9	我的上司给我的目标是合理的	1	2	3	4	5
10	我的上司对任何人都不偏袒	1	2	3	4	5

资料来源：Bock 等（2005）

6.10 场景模拟

模拟项目：集体智慧

1. 模拟目的与技能

本模拟使学生认识和了解团队，理解团队的内涵以及团队对个人成长与进步的重要意义。

2. 模拟内容

（1）游戏参与人数：5～7 人。

（2）游戏时间：10～20 分钟。

（3）游戏规则：大家一起编一个故事，每人每次只能说一个词语，大家围坐在一起，以词语接龙的形式完成整个故事的编排，最后派一名代表向大家复述整个故事。每个同学说的词必须满足以下要求：通俗易懂，尽量有趣，尽可能将前面的人说的词组成完整的句子。

（4）示例：五个人一组，A 说"我"，B 接着说"早上"，C 继续说"吃了"，D 说"一个"，E 说"包子"，这样五个人说出的词语就组成了一个完整的句子"我早上吃了一个包子"。之后，再从 A 开始循环，直到编出一个比较完整的故事。

3. 模拟要求

完成游戏，回答如下问题。

（1）在接龙的过程中，有没有人认为后面的人误解了自己说的词语的意思？在团队中，有人不理解或不同意你的想法时，你会怎么做？

（2）如果每个人都努力使他人感觉良好，为他人打圆场，团队会发生什么变化？

4. 模拟组织与步骤

（1）模拟前的准备。要求学生了解团队的相关知识。

（2）分组讨论。以 5～7 人为一个小组开展讨论和分析，学生充分发表个人观点。

（3）小组展示。各小组在规定时间内展示小组讨论成果。

（4）模拟讲评。指导教师适时讲评。

第四篇　领导力的提升

知识导图

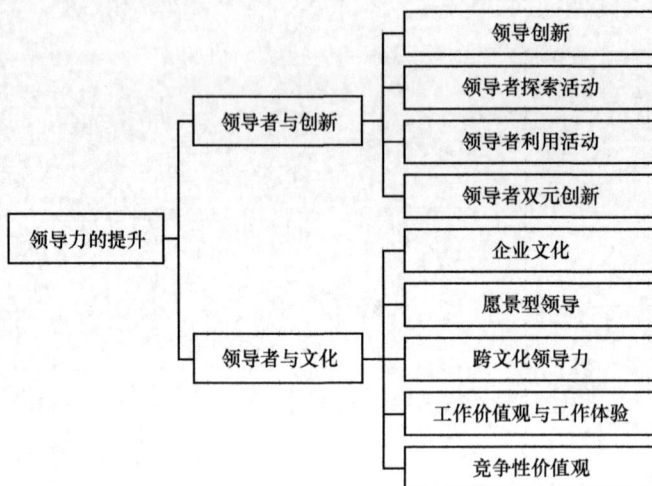

第7章 领导者与创新

引例：杰夫·贝索斯的领导创新

杰夫·贝索斯（Jeff Bezos）是网络零售巨头亚马逊的创始人，被誉为"乔布斯后第一人"。他的非凡毅力使亚马逊从网络书店发展成为覆盖各类商品的电商巨头，并扩展至为推特、纳斯达克等提供背后云计算服务领域。在《福布斯》发布的 2019 年美国最具创新力领袖榜单中，贝索斯名列榜首。该榜单评估了顶尖创办人和 CEO 在创新方面的媒体影响力、社交网络、价值创造历史以及对其价值创造的投资预期等四个方面。贝索斯高度重视创新，认为重要的是花时间考虑未来可能性，自称能在一小时内产生 100 个创新想法。

许多公司希望能像 IBM（International Business Machines Corporation，国际商业机器公司）、英特尔和微软那样，推出具有革命性和创新性的产品和服务。然而发明创造并非人人都能干成，其背后的代价常常超出想象。要建立一个持续创新并能不断进步的引擎，需要付出哪些代价？

第一，要勇于构建新能力。贝索斯认为有两种增长方式。一种是基于现有能力和核心竞争优势发展，考虑未来的提升空间；另一种则是从客户未来需求出发，反向思考需要建立哪些新的核心能力。亚马逊采用的是后者，在决定打造 Kindle 电子阅读器时，贝索斯关注的是未来，思考公司为了在未来取胜所需的能力。如果电子读物是未来的趋势，甚至可能取代纸质书，亚马逊就必须培养崭新的核心能力。

第二，要敢于颠覆现有业务。许多公司虽然拥有创新的优势，却因为不愿挑战现状而失败。典型例子是柯达，虽然他们最早发明了数码相机，但因为不愿颠覆自身的胶片业务而放弃了数码技术。贝索斯推出 Kindle 项目时，明确告诉负责人要"你的工作就是要干掉自己的业务，就是要让卖低质书的人都失业"。

第三，要敢于开辟全新市场。贝索斯在创新领域尤其值得赞赏的是他的开拓精神，他永远不会因为缺乏先例或市场而停滞不前。在过去几十年里，大小公司都需要建立自己的网络系统，而云服务则改变了一切，提供了一种无须大量固定资产投入和复杂系统建设的选择。亚马逊是第一个探索这一领域的，打造了庞大且增长迅速的新市场——云服务市场。

第四，不惧怕失败，持续探索。推动创新和持续创造意味着必须接受失败。正因为贝索斯视失败为前进的一部分，亚马逊也能够无畏地探索新领域。贝索斯曾在给股东的信中提到，亚马逊最特别的地方在于其对失败的态度，他们视失败为创造过程中必然的一部分。

第五，保持耐心，不畏艰难。贝索斯认为，创新过程中效率不应是首要追求，更重要的是直觉、勇气、灵感和好奇心。成功的道路不是直线，而是蜿蜒曲折的。尤其是具有颠覆性的创新项目，需要更多的耐心和时间。从有想法到上市，亚马逊网络服务（Amazon web services，AWS）经历了两年多，电子阅读器（Kindle）经历了三年半，智能音箱（Echo）经历了四年。

资料来源：作者根据相关资料整理而成。

在学习本章内容之前，请大家思考以下问题。

1. 贝索斯的领导创新活动包括哪些？

2. 你认为领导创新在领导力提升过程中有哪些作用？

7.1 领导创新

7.1.1 领导创新的含义

在谈论创新时，通常会将其与文化、制度联系起来，即建立一种能够激发创意和促使创新落地的制度与文化。然而，创新需要领导者的引领。根据邱霈恩（2021）的研究，领导创新应被视为一个过程。从本质上看，领导创新指的是领导者主动适应形势，根据实际情况，积极应对环境变化，不断图强、图优、图新的核心发展过程。从根本特征来看，领导创新是在实际领导范围内创造活力，推动进步和发展，引领潮流，务实地打造辉煌的一种创新。李建生（2004）认为领导创新是一种能力，包含了领导者从中获得智慧的能力，如举一反三、触类旁通、吐故纳新等。领导创新不仅体现在新思想、新技术和新产品的创造与应用，还表现在善于发现问题、求新求变、积极探究的心态。

因此，领导创新指的是将创新思维和方法引入领导活动中，改变原有的领导关系和情境，创造新的领导方式和途径，从而提升领导活动的绩效，更好地实现预期目标。作为领导创新的主体，创新型领导者需要与被领导者相互激发，突破传统思维的限制，通过创新思维对各种领导因素进行系统思考，改变心智模式，重新构想组织的文化、制度和技术，激发被领导者实现持续发展和超越式发展的目标。

国外学者对领导创新进行了多维度、多角度的研究。在领导者个人层面，Zhou 和 George（2003）将领导者的情绪智力与组织创新过程相结合，认为领导者的情绪智力有助于处理创新过程中的冲突和压力。在领导者与下属关系层面，魅力型领导理论强调领导者与追随者的相互作用对创新的推动至关重要。在组织层面，领导与创新和变革理论结合，认为领导是推动组织创新和变革的关键。诺尔·迪奇提出了领导者推动变革的重要手段，并强调领导者在创新中的作用渗透到各个变革手段中。

我国学者也对领导创新进行了广泛研究。张志海（2006）指出，领导创新能力由基础性能力、保健性能力和创造性能力构成，在处理不确定性、非常规性和变革性工作中表现出色。梁欣如（2006）研究了企业全面创新的领导机制与模式，认为在全面创新管理实践中，领导机制与模式对全面创新绩效提升有积极影响。路阳和顾明进（2009）则强调创新思维从封闭到开放、从静态到动态、从一维到多维的转变路径。邱霈恩（2021）、陈尤文（2006）等学者也都对领导创新进行了深入研究，为创新型领导提供了重要的理论支持。

7.1.2 领导创新的作用

创新时代带来的各种不确定性增加了领导活动的复杂性，使领导者处于一种非常态且不可预测的状态，这种不确定性中蕴含了创新的需求。正如埃哈尔·费埃德伯格（Erhard Friedberg）所言，"每个决策都是针对不确定的未来做出的一种博弈。消除这种不确定性既不可能，也不符合人们的需求，因为正是不确定性为创新提供了空间，为变革创造了机会"。因此，领导创新成为适应时代变革的理性呼声，通过领导创新，可以改变领导的面貌，引发新的变革和突破。

1. 使领导活动能更好地适应不断变化的环境

当前环境的变化正呈现出持续加速的趋势，这加大了环境的不稳定性和复杂性，这种加速的变化推动了领导活动的转变。适应新的环境因素则需要全新的领导方式、领导体制和领导行为。环境的演变决定了领导活动是一个不断变化的过程，而环境变化的加速也对领导创新的速度和时效性提出了更高的要求。

2. 提高领导活动的绩效

领导创新能够提升领导者和被领导者的素质水平，引入新的领导方式和手段，改善领导关系，使领导活动更适应变化的环境，确保领导目标的成功实现，不断增进和提升领导绩效。领导创新有助于改变传统僵化的领导模式，尤其在创新过程中，可以积极建立和推广民主作风和制度，鼓励组织成员积极参与创新，提出对领导活动的设想和意见，增强员工的主人翁意识，提高员工的积极性和主动性，激发领导者和被领导者的创造力，从而不断提升领导活动的认可度和接受度。领导者在组织领导创新过程中，会更关注组织事务，认识到环境变化对领导活动的要求，积极发现领导活动中的问题，改变一些僵化且不合理的传统作风和领导方式，使领导方式逐渐变得更加合理，领导关系更加融洽。通过在创新过程中发挥表率作用，领导者能够激励和鼓舞组织成员，树立自身的权威和影响力。

7.1.3　领导创新的能力构成

领导创新能力由洞察力、想象力、批判力、创造力这四种能力构成，这四种能力是领导创新不可或缺的重要组成部分，它们共同构成了领导创新的有机整体。

1. 洞察力

系统思考构成了领导创新的起点和基础，而获得系统思考能力则要求领导者具备敏锐的洞察力。在领导创新的过程中，洞察力是首要的能力。洞察力的敏感性、准确性和全面性等特质，不仅对领导者的创新能力产生深远影响，也为创新实践提供了坚实的基础。领导者需要观察组织的发展方向，发现潜在的竞争优势，树立与众不同的组织风格，明确发展方向和服务范围。每一次改革和创新都对领导者的洞察力进行了考验。高瞻远瞩的领导者被认为具有远见卓识，同时也具备敏锐的洞察力。不同的组织具有各自的特点和优势，发展潜力和前景各异。为了在本地区取得领先地位，领导者需要敏锐地捕捉发展机遇，发掘本地区的优势和潜能，找到最适合发挥优势的发展路径和切入点，在改革创新方面有的放矢，从而获得实质性成果。

2. 想象力

重新想象是领导创新的源泉。爱因斯坦曾深刻赞扬想象力，他认为，"想象力比知识更为重要，因为知识是有限的，而想象力却能概括世界的一切，并推动进步"。从某种角度来看，领导者的创新想象力源自直觉和灵感。因为人们在获取创新知识、探索创新思路和构思创新举措的过程中，通常经历曲折的过程。这包括长时间的准备与积累，以及短时间的攻关和突破；既有经久的深思，又是一时的顿悟。这种即时的领悟能够将问题变得清晰，这便是直觉和灵感的表现。直觉和灵感作为激发想象力的思维元素，不仅能使领导者敏锐地发现问题，准确地洞察客观事物的趋势与本质，为创新性地解决问题提供切入点，同时在解决问题时，还能协助领导者从多种思路中选择正确途径，从众多可能性中选取最佳方案。想象力还能让领导者在复杂的环境中，以丰富的想象力制订全新的决策方案，将组织引向崭新的境地。研究发现，全球最具影响力的领袖人物普遍拥有一个共同优点，那就是卓越的想象力。这些领导者能够对任何事情都产生独到的见解，他们常常独具匠心，即便是面对相似事件，也能够提供不同的处理方法。在当今社会，信息变幻莫测，许多表面普通的信息蕴含着机会。对于领导者来说，必须凭借丰富的想象力，迅速抓住有价值的元素，并加以加工、提炼，结合实际情况，创造出切实可行的改革方案。

3. 批判力

领导创新需要同时进行"破"和"立"，这要求领导者有勇气和智慧去挑战传统观念，从而为新观点和理念的形成提供基础。可以说，没有批判就没有创新；没有批判就没有新观点和新理论的涌现。为了突破旧有的思维定式和惯性，领导者必须具备批判性思维能力。领导者需要对传统观念或现存问题持怀疑态度，通过怀疑引发深入思考，进而发现创新的可能性。在现实生活中，有些领导者可能因为思想僵化或缺乏批判思维，而失去了怀疑精神，然而创新正是在质疑中孕育。因为有了对旧事物的质疑就会对其进行反复思考，结合现实就会发现许多需要进行改进的地方。

现代化建设是一项全新的任务，存在着许多需要领导者深入研究的新问题。领导者就必须具备科学的批判精神，对传统文化和以往建设经验进行反思和怀疑，该继承的要发扬光大，该抛弃的就要果断舍弃。领导者既要有敢于批判的胆识，又要善于用科学的方法进行批判，对待传统观念应该持有开放的态度，避免一刀切地全盘否定。过去和现在密切相关，不能随意将二者割裂。只有通过批判性的质疑，我们才能真正实现今天的创新。

4. 创造力

人类文明史的实质可以说是创造力的推动结果，因为缺乏创造力，一切都将停滞不前。创造力是一种能够开发主动性思维、产生新思想并创造新事物的能力，它在特定的目标和任务下得以展现。创造力体现在提出前人未曾提及的观点、实现前人未曾实现的事物、构想前人未曾想象的概念等各个方面。创造力是实现创新的关键要素，只有通过创造才能孕育新事物、实现创新。正如爱因斯坦所言，"一个由没有个人独创性和个人志愿的统一规格的人组成的社会，将是一个没有发展可能的不幸的社会"。人类社会的发展历程是创造力持续发挥作用的历史，创造力推动着生产、科学、文学和艺术等领域的创新和进步。

领导者不仅需要引导下属和群众的创造性，也需要培养和提升自身的创造力，并将其运用于领导工作实践中。这将极大地促进组织的发展，为创造更多的发展奇迹创造条件。领导者的创造力不仅能够激发团队成员的潜力，还能够为组织带来新的思路和方法，推动创新和进步。通过发挥创造力，领导者能够独辟蹊径，在复杂多变的环境中找到独特的解决方案，从而为组织创造更大的价值和影响力。这四种能力相互联系、相互影响、相互作用。其中，洞察力是想象力的前提，只有深入洞察新事物，才能在想象中发挥其潜力。想象力是创新过程中不可或缺的要素，通过分析事物的优势和不足，预见其发展趋势，提出新的思想和方法。批判力则要求对过去和现有事物进行深刻的思考与质疑，对不合理的因素进行批判性分析，构想更合理的方案。批判力是改革创新的驱动力，只有勇于对现有的观念和方式进行质疑和批判，才能超越过去，开创未来。当然，这种批判力是在继承基础上的有益补充，是为了进一步提升。创造力是批判力的进一步延伸，在对过去的不合理之处进行大胆批判之后，进一步深入思考和构想。创造力是改革创新的基础，是一切新思想、新观念、新方法的源泉。它是创新领导力的核心和动力，也是领导创新能力的最高体现。所有的领导工作都应该围绕着创造力展开，所有的创新工作都因创造力而变得出色。

7.1.4　领导创新的内容

领导创新涉及四个层面：思维创新、文化创新、制度创新和技术创新。这四个方面构成领导创新的基本内容，需要说明的是其中每一个方面都不是单独进行的，四者相互匹配并有效协同。

1. 思维创新

思维方式的转变是领导战略的灵魂，而创造性思维则成为领导创新的核心。领导战略的塑造过程首要关乎领导者的思维活动。无论是领导战略的构建还是实施，无论是创新型领导的引导还是实际履行，皆深受创造性思维的驱动。内外部环境的不断变化为组织运作带来多重不确定性，而能将这些变数融入领导者及其团队的思维模式中，则构成创新型领导所能依赖的关键因素。理论创新在推动制度创新方面扮演先导角色，而思维创新则是推动理论创新的关键。领导者的战略制定始于创造性思维的过程。不论是确立战略目标，还是制定战略决策，不论是规划战略路径还是推进战略实施，不论是在军事、政治还是经济领域的领导创新，创造性思维皆不可或缺。它不仅能够引导我们发现全新问题，还能够开拓全新的思路、方法。

如何进行思维创新？陈尤文（2006）指出，进行思维创新首先需要打破传统思维的桎梏。对领导创新最不利的传统思维是自主内向性思维。这一思维模式受传统哲学引导形成，将个人主观猜测视为客观事实。这一模式呈现以下特征：主观性，即将个人主观判断作为客观现实；片面性，即从部分片面现象推断全盘情况；表象性，即将事物表面视为事物本质；滞后性，即将过去视为现实，导致认知滞后于事物变迁；幻想性，即脱离客观现实，将想象当作实际。要改变这一模式，应确立客观规律意识，坚持实事求是，实现主观与客观的辩证统一；坚持特殊性，从特殊矛盾运动中发现规律；掌握事物内在本质，以规律为基础推进发展。邱霈恩（2021）则总结领导思维创新内容为：由封闭型思维转向开放型思维，广览全球；由滞后型思维转向超前型思维，掌握领导战略主动权；由单一求同思维转变为求同求异思维相结合，打造创新领导战略；灵活运用发散思维和集中思维，优化领导战略；由静态思维过渡到动态思维，随时调整领导战略。无论怎样变革，领导者都必须在实际领导实践中持续探索，使其思维时刻保持与时俱进，保持前瞻性和敏锐性。

2. 文化创新

文化充当着将一个组织紧密凝聚在一起的社会性或规范性黏合剂。组织文化是组织成员共同接受的一系列价值观、思维方式、工作风格和行为准则等群体意识的综合体现。领导文化则是组织文化中与领导、战略、决策等活动紧密相关的深层或整体性元素，包括组织价值观、使命、战略以及领导风格等。领导者通过塑造和培养组织文化，影响着下属的态度和行为，以实现领导的目标。在推动变革和创新时，领导者需要特别关注领导文化的创新，因为缺乏文化创新的支持，整个组织的文化氛围将受限，创新型领导的引导会变得困难，即便启动也难以持久。领导文化创新可谓领导创新所面临的根本性问题，也是必须全面落实的关键性议题。

然而，每个组织系统、结构、行为和态度都蕴含着一些根本性的价值观或道德观，这些价值观往往是潜移默化、无法察觉和难以辨别的。文化常常承载着这些价值观，其极强的惯性、无形的影响和潜在的影响力，使领导文化创新成为创新型领导所面临的最具挑战性和复杂性的方面。领导文化创新是一项庞大而艰巨的系统工程。创新型领导者首先要激发组织内的竞争意识和创新意识，提升整个组织的活力，为创新创造有利氛围；其次要增强组织的整体意识和开放意识，确保创新真正有助于组织的长远发展；最后要吸纳传统文化中的优秀元素，强化组织创新的责任感，强调崇高的价值观，如诚信、廉洁自律和不懈地自我完善。只有如此，领导者才能在组织内塑造出团结、积极向上和创新精神的文化氛围，实现领导文化的创新。

3. 制度创新

若将文化创新视为领导创新的软件设施，那么制度创新便是其硬件设备。所有创新均需在制度上显现，且依赖制度巩固创新成果。制度陈旧，则难以进行思维和文化创新。制度先进，将鼓励和支持思维和文化创新。制度是创新的动力机制，对创新具有规范、激励或阻碍作用。制度创新扩大思维创新范围，促使思维和文化创新得以畅行，有助于巩固其他领导创新成果。制度创新是指改变束缚发展方式和规则，弥补影响体制的缺陷，塑造鼓励创新良性体制和文化氛围，尊重知识、尊重人才、尊重创造和支撑人们干事业的体制与机制。制度创新需对决策、人事、激励等进行反思，大胆革新。鼓励员工参与决策，集思广益，提升决策质量；采用多元人事机制，培育全面能力人才，建立活力更新机制；建立情感、精神、物质荣誉多重激励制度，鼓励员工在创新中实现自我追求。

4. 技术创新

领导技术并不仅限于领导者在专业和业务方面的技能，还包括领导方法、领导技能以及领导方式等方面的技能。领导技术的创新程度和效果常取决于领导者个人的直觉、灵感、经验和智慧。从辩证思维的角度来看，领导方式和领导方法的创新内容可以概括为以下几个方面：恰当地平衡集权和分权，适时地授予下属适度的权力，并确保权力与责任相统一；同时重视权力影响力和非权力影响力，不仅强调制度、规则、规范的约束，还注重情感、道德等非理性因素的感召和激发；精确和模糊处理相结合，既要将定性分析与定量分析结合起来解决问题，又要在领导活动中，抓住事情的主要矛盾，化繁为简。领导技术创新体现为创新型领导在外在和基本层面的创新，通常具有发散性和短期性，易于实现但也容易过时。因此，领导技术创新充满艺术性，需要因地制宜，随环境变化进行动态调整，以采用适当的领导方法和技能。

7.1.5 领导创新的模式和实现途径

领导创新的产生和扩散有两种模式：自下而上的创新和自上而下的创新，如图 7-1 所示。自下而上的创新是自发的创新模式，它不是由领导者强制或组织的。只要员工产生了满足市场需求或提高绩效的创新想法，并且付诸行动，这种创新模式就出现了。如果公司鼓励各级组织创造力发展——这是创新文化的关键要素，自下而上创新的前景将是可观的。资深创新领导者，即那些被新技术和新创意吸引的人——前端创新领导者，通常会设法支持和资助这些首创性的举措。随着时间的推移，他们会根据自己的个人偏好、行为和影响力，将注意力集中在发展具有探索性、模拟性和创业精神的创新文化上。相比之下，自上而下创新是由高层领导发起的，其目的在于实现获取具有吸引力的市场或竞争机会的愿景。它由组织实施，通常通过一个受人瞩目的公司项目来开展。它需要大量的组织纪律，通常关注流程。执行导向型的资深创新领导者——后端创新领导者，将参与这些项目。随着时间推移，他们会根据自己的个人偏好、行为和影响力，将注意力集中在从愿景到现实的高效的创新流程上。世界级的创新型公司显然不仅仅依靠自下而上或自上而下的创新。它们同时关注这两方面，在两个层面上开展工作。

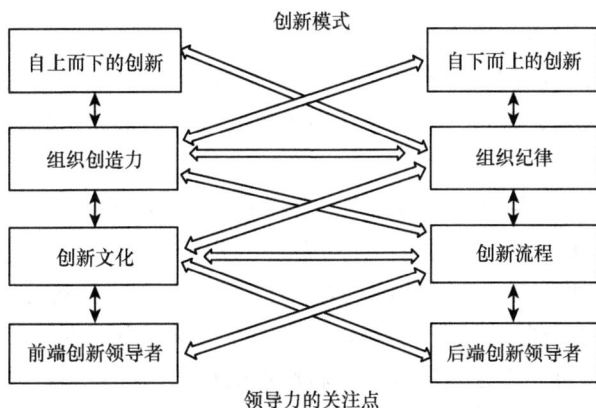

图 7-1 领导创新模式

领导创新的实现离不开对创新型领导者的培养，建立培育创新领导者的环境，吸引、发展和留住创新领导者对刺激自下而上创新和引导自上而下创新十分有必要。辩证唯物主义认为，外因是条件，内因是依据，外因通过内因而起作用。在创新型领导者成长过程中，养成过程需要内因作用，培育过程需要外因作用，内外因共同发挥作用，为领导者健康成长提供有力保障。

1. 创新型领导者组织培育之道

一是营造争优氛围，鼓励创新型领导者敢为人先。领导者从事开拓探索性的新事业，对工作的失败要给予宽容、支持和鼓励。实践证明，那种"不当出头鸟"或避免"出风头"的想法扼杀了开拓创新积极进取的领导人才。新时代鼓励通过丰富多样的传播渠道，大力宣传创新型人才，从而营造敢于冒尖、勇于探索、敢冒风险的创新氛围。

二是打破常规选拔流程，推举创新型领导者担任重要岗位。真正的创新型领导者的创新推动力不仅仅局限于一种领导风格，选择多个有创新推动力的、有雄心的企业需要更广泛的创新领导风格。背景复杂的创新领导者可能集多种领导风格于一体，这使其适合引导不同类型的创新推动力。因此，组织在打破常规选拔、推举创新型领导者担任重要岗位时需要关注和回答以下问题。

（1）我们选择的创新推动力需要什么样的领导关注点和领导风格？

（2）我们是否能够在组织内匹配具有上述特征的领导者，他们是否能负责这些创新推动力？

（3）如果没有合适的创新领导者，我们是否可以较快地开发或获取所需的创新领导者？

（4）如果在可预见的未来无法获取这些创新领导者资源，我们是否应该改变创新战略？

三是优化考评机制，激励创新型领导者脱颖而出。创新型领导者的培育需要以科学考评为前提，鼓励领导者大胆创新，激发创新人才脱颖而出；优化考评机制，摆脱单向思维和习惯性思维，对创新不力的领导者严格问责；培育领导者的自我否定和自我超越意识，允许尝试性创新失败，帮助总结经验和教训，使失败成为成长的基石和阶梯。

2. 创新型领导者自我养成之道

一是更新观念，养成"有作为才有地位"的意识。在踏实做事的基础之上，创新开展工作，才能成为优秀的创新型领导。在实际领导过程中，应走出功利式、主观式、唯上式、片面式、两极式、静止式、现象式思维方式误区，形成正确的思维方式，指导自身领导实践活动。

二是锤炼心态，努力将愿景变为现实。亨利·明茨伯格曾提出五种管理心态：反思心态；合作心态；分析心态；老成心态；行动心态。创新型领导者应通过这五种心态训练不断锤炼自身，训练自我，正确对待组织、人、环境变革，通过反思行动，做到知行合一。

三是磨炼意志力，坚定变革与创新。意志力体现领导者对创新工作的热爱和关注，贯穿领导活动始终。意志力强弱取决于创新激情的持久性的强弱，领导者创新的执着心态，主要表现在意志的坚持性与自觉性。通过意志力的磨炼，创新领导活动才能实现最终愿景。领导者需要拥有超乎常人的恒心，"不达目的决不罢休"，如果浅尝辄止，半途而废，就会出现"行而不达"，难以养成创新型领导者特质。

四是终身学习，改善心智模式。创新型领导者的知识和能力需要通过终身学习获取，领导者应利用一切时间学习，改善心智模式。可借鉴森奇的自我超越修炼、建立共同愿景、团队学习和系统思考来提高自我。

7.1.6　领导创新的思政因素

党的二十大报告提出，必须坚持"创新是第一动力"，"坚持创新在我国现代化建设全局中的核心地位"[①]。把握发展的时与势，有效应对前进道路上的重大挑战，提高发展的安全性，都需要把发展基点放在创新上。只有坚持创新是第一动力，才能推动我国实现高质量发展，塑造我国国际合作和竞争新优势。为此，要让创新贯穿党和国家一切工作，让全面创新真正成为加快社会主义现代化建设、实现中华民族伟大复兴的强大动力[②]。

创新是一个国家、一个民族发展进步的不竭动力，是推动人类社会进步的重要力量。世界经济发展史表明，一个国家率先成为世界科学中心和创新高地，就能快速实现现代化，跻身于世界强国之林。而一些传统强国衰落，与其失去或缺乏创新精神和创新能力密切相关。21 世纪以来，全球科技创新进入空前密集活跃期，新一轮科技革命和产业变革突飞猛进，全球经济结构正在重塑，各主要国家纷纷把科技创新作为国际战略博弈的主战场。在激烈的国际竞争中，唯创新者进，唯创新者强，唯创新者胜。抓创新就是抓发展，谋创新就是谋未来。党的二十大报告对完善科技创新体系、加快实施创新驱动发展战略进行具体部署，体现了我们党对历史发展规律和当今国际竞争形势的深刻把握，展现了我们党赢得优势、赢得主动、赢得未来的信心和决心。

同时，创新是一个漫长的探索尝试、测试测算，反复进行去伪存真、反馈调整、修正完善，不断进行优劣比较、优中选优，最终获得最优选择的复杂过程。其中，对错好坏，是否符合国情、省情和各地的实际情况，需要长期的实践检验，不可能一试一抓就灵，立竿见影；不可能一蹴而就、药到病除。唯物辩证法认为，"实践、认识、再实践、再认识，这种形式，循环往复以至无穷"，整个人类对创新的认识和创新实践也是有限与无限的统一，要经过实践—认识—再实践多次反复才能完成。同理，领导创新也是一个必须经过基层磨砺、实践历练，在不同岗位反复摸爬滚打，从而使其素质能力各层面都得到升华强化的过程。因此，在严格要求、充分信任的前提下，要允许探索试错、宽容挫折失败，为创新型领导者撑腰打气，使其敬业精神和不懈努力得到应有回报。

7.2　领导者探索活动

7.2.1　领导者探索活动的定义

领导者探索活动是领导者通过拓展新知识进行探索、发现、创造和尝试新市场机会，重新审视现有理念和决策，并尝试长期采用新工作方法等创新活动。Wadhwa 和

① 《习近平：高举中国特色社会主义伟大旗帜　为全面建设社会主义现代化国家而团结奋斗——在中国共产党第二十次全国代表大会上的报告》，https://www.gov.cn/xinwen/2022-10/25/content_5721685.htm，2022 年 10 月 25 日。
② 陈劲.《创新是第一动力》，https://www.forestry.gov.cn/main/51/20230113/152244870895346.html，2023 年 1 月 13 日。

Kotha（2006）指出领导者探索活动旨在满足新兴客户或市场的需求，提供新的设计，创造新的市场，并开发新的经营渠道。探索活动需要新知识或偏离现有知识，强调探索新领域，侧重于寻找和开发新的能力，涉及搜寻、变化和模拟努力以产生新的知识重组。Taylor 和 Helfat（2009）的研究发现，领导者对技术转型的成败至关重要。Awojide等（2018）则指出，在探索性活动中，领导者的行为包括创新性、适应性以及领导和鼓励变革。领导者的探索活动可以鼓励他们的团队寻求新的解决方案，重新考虑现有流程，并将新发现与现有流程相结合。适应性涉及调整现有的团队结构以适应组织战略。领导和鼓励变革表明，领导者可以通过鼓励组织成员尝试新方法并适应不断变化的条件来帮助其学习和促进变革。在我们的研究中，领导者探索活动包括寻找新的解决方案，并鼓励其他成员做同样的事情，领导和协助开发新的想法，并通过与团队中其他成员的互动来重塑现有的能力，以适应和遵循战略和计划。

7.2.2　领导者探索活动的前因

（1）创业导向。创业导向强调企业愿意突破常规思维限制而去尝试新想法并且进行新试验的程度，它的主要特点是"新"，新的东西往往是那些未接触过的、需要探索的内容，和已有的、熟悉的内容是完全不同的领域。而领导者探索活动恰恰关注的也是脱离已有的知识基础去探索新的知识、跳出熟悉的市场去摸索未知的市场、采用全新的方式解决问题等，所以企业创业导向的创新性会提高领导者探索活动水平。另外，创业导向的风险承担性能够很好地支持领导者接纳探索活动的高风险，并支持其落实探索活动。这是因为风险承担性意味着领导者能够在不完全了解特定行为结果的情况下依然愿意为之做出承诺并付诸行动，而探索活动的回报正好是不确定的、周期长的，所以探索活动是一种风险极高的活动。企业创业导向的风险承担性会支持领导者追求时间上的先后顺序的强烈意愿，表现为争当第一、不甘落后的行为态度。在这种态度指引下，领导者总是比竞争对手先一步采取行动，而探索活动利用全新知识在未知领域内的探索意味着领导者先于别人在该领域留下足迹，如果成功了的话，企业和领导者也将因此成为该领域的开创者，取得先发优势。即使失败，其开创性的探索也会引领这个方向探索的风潮，成为领域的先行者。因此，企业创业导向的先动性促使企业推进领导者探索活动。

（2）研发强度。随着研发强度的提升，领导者探索活动水平会得到提升。为了应对不断变化的行业技术环境以及消费者需求，领导者需要不断构建新的技术以应对市场。这些新的技术的构建必须依赖于企业不断将研发资源用于远距离的学习和搜索，探索异于现有技术知识库的新技术知识领域。

7.2.3　领导者探索活动的影响

领导者探索活动的影响主要聚焦于企业绩效层面。通过探索活动，领导者可以获得竞争对手所不具有的知识和技术，从而提高企业的长期竞争力和未来收益，促进企业创新绩效的提升。领导者通过开展探索活动为组织发展提供新机会，并使组织在为顾客创造价值的过程中创造独特的优势，从而有利于其提升财务绩效并赢得长远竞争力。Rothaermel 和

Alexandre（2009）通过对美国制造业企业的调查研究发现，技术探索与企业的长期创新绩效呈显著正相关关系。此外，以高新技术企业为样本进行研究的结果显示，领导者探索活动对企业的新产品绩效具有显著的积极影响。然而，由于领导者探索活动是具有冒险性质的，它的回报往往是不确定的、遥远的。因此，短期效果可能并不显著。

7.3　领导者利用活动

7.3.1　领导者利用活动的定义

领导者利用活动是一种已经成熟、逐步改进的创新，旨在对现状进行改良。领导者按照既定的系统、路径、程序和制度，利用稳定的市场和技术，对现有知识进行提炼、整合、强化和改善，将公司业务经验应用于当前业务中。这种活动还包括对现有知识的重新研究和应用，对现有成分的改善，其基础是已建立的技术基础。领导者利用活动也是对公司基础知识的延续应用，其本质在于重新定义和扩展现有技术、竞争优势和范式。举例来说，领导者可以提升现有技术和技能在多个相关领域的适应性，常常利用现有技术和技能来增强产品与服务的功能和增加种类。领导者利用活动可以满足现有客户或市场的需求，拓展现有知识和技能，改进已有的设计，扩展现有知识和技能，丰富现有产品线，提升现有分销渠道的效率，为现有客户提供更优质的服务，以满足当前需求。换言之，领导者利用活动在现有知识基础上进行，强调依赖现有规则、惯例、知识和经验，加强现有技能、优化流程和结构。这包括利用现有规则、惯例、经验和知识库实现短期目标，应对当前环境状况。学者从四种不同的视角对领导者利用活动进行了研究。第一，从过程管理视角，领导者利用活动与机械结构、紧耦合系统、路径依赖、程序化、控制和官僚主义、稳定的市场和技术有关。第二，从技术创新视角，领导者利用活动与效率、聚焦以及收敛思维相关，涉及现有组件和架构的改进，建立在现有的技术轨道上；第三，从企业绩效视角，与领导者利用活动相关的回报更明确，所需时间更短；第四，从产品开发视角，领导者利用活动与老产品相关，涉及老产品的更新与改造。

7.3.2　领导者利用活动的前因

1. 创业导向

领导者利用活动是基于已有的知识和技能，对企业熟悉的产品、服务和流程等进行的改进与完善的过程，企业固有的路径依赖性会让领导者在这些熟悉的领域内形成企业刚性，偏向以过程经验作判断使得企业培养出组织惯性从而难以做出改变。创业导向能够促使领导者提高资源柔性和协调柔性从而克服领导者利用活动带来的资源刚性（resource rigidity）和常规刚性（routine rigidity）。裴云龙等（2013）的研究也表明，创业导向程度高的企业会更加注重搭建有机、灵活的资源系统和组织结构，更加理智地根据外部市场变化调整自己的认知偏差和资源使用方式与效率。基于此，领导者使用知识和资源的方式将更加多样，不再仅仅局限于熟悉的特定使用方法上，组织惯性会得到有效抑制。所以，企业的创业导向能够削弱领导者对利用活动的依赖水平。

2. 研发强度

随着研发资源投入的增加，领导者可以对自身既有技术知识库的知识元素进行深入的学习和搜索，实现既有技术知识库的知识元素之间的组合和重构，有可能产生渐进式的、小幅度的、改进式的技术创新。另外，以现有技术知识库为基础，企业通过投入研发资源来捕捉行业内部可能与现有技术知识库重叠或相似的技术知识，实现内部既有技术知识与外部相似技术知识之间的组合。企业投入的研发资源越多，表明企业越可能来实现这些渐进式的技术创新。

3. 智力资本

智力资本可以促进领导者利用活动的开展。智力资本是企业用于实现竞争优势的知识存量的总和，包括专才型人力资本、合作型社会资本、机械型组织资本。专才型人力资本指在某一职能范围内特有的知识或思想，在获取和吸收新的、深奥的和小范围的知识方面更有效率，它与领导者利用活动联系更紧密。合作型社会资本用新方法提炼和联合既有知识存量，这些知识分布在不同的员工群体。研究发现，合作型社会资本与领导者利用活动相关。机械型组织资本包括标准化的流程、结构、详细的程序和注重遵守规则的文化，以建立统一的行为模式并提高协调效率为核心。当积累的知识嵌入在机械式结构中时，一般被认为更可靠、精确和合法，组织在确定问题解决方案时会优先考虑之前行之有效的办法。

7.3.3 领导者利用活动的影响

领导者利用活动对企业绩效具有显著影响。企业绩效是一个多维度的构念，可以从多元化的角度加以衡量。已有的实证研究大多以反映企业经营业绩的财务指标来衡量绩效。然而，需要注意的是，企业若过分重视短期财务目标，则很可能会忽视创新、成长等长期利益。从全面绩效观的角度出发，我们将企业绩效分为短期财务绩效和长期竞争优势两种类型，其中，短期财务绩效包括利润增长率、净资产收益率、投资回报率、营业额增长率等财务指标；长期竞争优势包括长期影响企业发展的非财务指标，如创新、员工发展、工作满意度、客户满意度等因素。

领导者利用活动是指领导者根据已有的知识和技术，对企业的技能、生产过程、结构等进行整合、强化和改进，是一种渐进式技术创新行为。与探索式创新相比，利用活动可以提高企业的短期效率，降低企业生产和运营成本，从而增强企业的短期竞争力，增加短期收益，促进企业财务绩效和创新绩效的提升。领导者通过利用活动增加现金流，改善经营业绩，也在一定程度上推动了企业长期的学习和成长。刘静等（2010）基于我国企业样本研究，发现利用活动对包含财务指标和竞争优势在内的企业绩效有直接的正向影响。

7.4　领导者双元创新

比亚迪领导者的双元创新

比亚迪坚持技术创新、苦练内功，在制造业精耕细作，令企业竞争力越来越强，路越走越宽。1993 年，由于在电池技术研究上的成绩突出，27 岁的材料学工程师王传福被任命为深圳比格镍氢电池有限公司总经理。他在深圳这个改革开放的前沿阵地看到巨大的发展潜力，两年后毅然扔掉"铁饭碗"，"下海"创业。2018 年，王传福已带领比亚迪在全球设立 30 多个工业园。

回忆创业之初，深圳给王传福的印象是"乱哄哄的，尘土飞扬"，但同时又充满活力，是年轻人的天下。他说："当年我们出国，到海外的一些国家，海关的人老是要看你的返程机票，认为中国人出去国外就赖在那里，不会回来了。中国人鞋可以不要、衣服可以不要，只要有机会就行了，改革开放就是那个机会。"

王传福在该公司庆祝改革开放 40 周年专题活动上指出，当年深圳的市场环境、创新的政策氛围让一批企业成长壮大；如今，深圳创新氛围更加全面，形成了产业链、人才链等多方面的制度体系。"改革开放四十周年，比亚迪感触很深，没有改革开放就没有深圳，就没有比亚迪"。

经过二十多年的高速发展，比亚迪业务布局涵盖电子、汽车、新能源和轨道交通等领域，从能源的获取、存储到应用，全方位构建零排放的新能源整体解决方案。该公司在香港和深圳上市，营业额和总市值均超过千亿元人民币。

"我们就要用技术、用产品来解决社会问题，在解决社会问题和创造美好生活的过程中发展自己，而且是通过创新的方法来构建解决方案，我们的初心就是这样"。谈到比亚迪的成功经验，王传福反复强调"创新"二字。他认为，我国的自主品牌要发展，就要靠创新。"打铁还需自身硬"，我国经济从高速增长阶段转向高质量发展阶段，自主创新至关重要也更不可或缺。

截至 2018 年 9 月，比亚迪集团全球累计申请专利超过 2.4 万项，其中已被授权专利数量超过 1.5 万项。王传福表示，比亚迪的梦想和责任是以创新为驱动，构建绿色交通体系，帮助城市解决发展中的问题，也会继续秉持"技术为王，创新为本"的理念，坚持走原创道路。"我们希望通过技术和产业的力量，用电动车治污，轨道交通治堵，让我国城镇化更健康，成长更快，满足老百姓对美好生活的追求期盼，真正去实现人民群众对美好生活的向往"。

王传福说，党中央强调"两个毫不动摇"，稳定了很多民营企业家的信心。此外，习近平总书记在民营企业座谈会上谈到推动民营经济发展的六项举措，正面回应了民营企业家的担心和顾虑，讲到了民营企业家的心坎里[①]。

领导者作为组织内部的核心群体，在创新战略制定和执行活动中起着主导性作用。随着经济全球化趋势的加快，组织面临的经营环境日益复杂多变，在这样一个高度复杂

---

① 《在民营企业座谈会上的讲话》，https://www.gov.cn/gongbao/content/2018/content_5341047.htm，2018 年 11 月 1 日。

且不确定性的情境下，单一的领导行为已经不能确保管理者能够有效处理繁杂的信息，也不利于组织适应复杂的环境。像王传福一样，作为一名领导者既要执行既有的创新战略，还要敢于打破常规，推陈出新。那么，如何有意识地培养领导者的双元创新行为？这是目前管理实践中亟待解决的重要问题。接下来我们将重点论述何为领导者的双元创新、领导者双元创新的衡量指标包括哪些内容、领导者双元创新的影响因素和作用机制是什么，以及如何提升领导者的双元创新水平。

7.4.1 领导者双元创新的含义与测量

双元涉及探索和利用两个方面，既存在矛盾，也相互融合，需要在两者之间实现平衡。

在阴阳理论中，阴阳被视为事物的两个对立面，它们相互生发、相互制约，体现了事物内在的相互依赖、相互作用、协同演化和相互转化的关系。阴阳理论蕴含着对立统一、整体性和动态性三个核心内涵。矛盾双方相互对比、相互依存，虽然存在独立性，但又不会分割开来，彼此包容，在一定条件下能够相互转换，形成一个整体共存的结构。这种观点超越了西方对矛盾事物的认知限制。虽然西方的悖论观点承认了矛盾事物的共存和协同作用，但无法解释矛盾事物的相互包容和相互转化。阴阳理论在解释矛盾事物方面具有独特的优势。

在企业领域，并非所有的创新都始于探索式创新。企业通过"小步快跑、快速迭代"的利用式创新模式，积累一定的经验和知识，当量的积累达到一定程度时，就可能实现质的飞跃，进而获得探索式创新的成果。反之，当探索式创新逐渐成熟时，企业可稳定发展，然后再运用利用式创新的方式进一步提升。因此，在阴阳理论的指导下，探索式创新与利用式创新并不是相互独立的，而是相互包容、相互渗透的关系，两者可以相互转化。这一观点为理解探索式创新与利用式创新这一矛盾概念提供了一种新的解释视角。

1. 领导者双元创新的含义

领导者的双元创新指的是在特定时间段内，领导者将利用式创新和探索式创新两种行为导向相结合，以实现组织/团队的平衡发展的能力。这一概念源自对组织双元性的研究。1991年，March（1991）提出了利用式学习和探索式学习这两种基础学习活动，这两种不同的学习过程在一定程度上会在组织中竞争焦点和资源。利用式学习涵盖了从现有知识基础出发，进行挖掘、改进和再利用等行为；而探索式学习则强调在全新领域中寻求新知识，包括搜索、创新和风险承担等行为。

在早期研究中，有学者认为组织难以同时实现有效的探索式学习和利用式学习，March（1991）提出组织需要在这两者之间取得平衡。后来的研究也验证了平衡在组织生存和发展中的重要性。基于这种双元性平衡的理念，Mom等（2007）的研究中，延伸了这一概念并定义了领导者的双元创新能力。

领导者的双元创新能力具有三个主要特点：首先，他们擅长处理矛盾，能够察觉和追求看似矛盾的机会、需求和目标。他们拥有双元思考的能力，能够同时发现新的市场需求和机会，同时通过保持现有市场地位的方式来巩固业务。其次，他们是多任务加工者，能够同时扮演多种角色，参与多种类型的任务。他们在工作中扮演多重角色，不受工作范围的限制，关注能力发展与标准定义，同时参与创新和集体活动。最后，他们注重知识和技能的更新与创新，懂得如何获取和处理不同类型的知识与信息。他们通过社会网络获取已有或未知的知识和信息，处理隐性和显性知识，参与现有知识的加工，并丰富自身的知识库。

领导者双元创新是一种在利用式创新和探索式创新之间取得平衡的关键能力，有助于推动组织/团队的持续发展。

2. 领导者双元创新的研究视角

目前对领导者双元创新的研究存在两种视角。

第一，结构视角下的互斥关系。该视角认为利用创新式和探索式创新活动有利于组织创新与长远发展，但两者在本质上不相容。领导者的利用式创新活动建立在现有知识的基础上，强调经验的可靠性，利用现有的规则、惯例、经验和知识库实现短期目标，并利用现有技术应对当前的环境状况。而领导者的探索式活动需要新知识或偏离现有知识，侧重于寻找和开发新的能力，需要重新考虑现有流程，寻求新的解决方案以实现长期目标。一方面，两者同时争夺组织的稀缺资源，以牺牲一种模式为代价执行另一种创新模式的风险始终存在；另一方面，利用式创新和探索式创新活动具有自我增强性，利用式创新和探索式创新活动任意一方得到开发，那么组织内会形成相应的文化、理念、结构和流程，进而会影响另一种活动的开展。由此可见，领导者的利用式创新和探索式创新活动具有差异性，拥有不同的目标和方向。因此需要采用差异化的方法，转变组织战略，通过将组织任务细分为不同的单元，开发基于利用式创新导向和探索式创新导向的独立的组织结构与组织体系，在保持整体协调的同时实现各自内部的一致性，帮助双元型领导者保持多种能力以解决矛盾需求，实现利用式创新和探索式创新活动，即通过在发展的不同阶段选择不同的组织结构和学习方式，按时间顺序实现结构分离的双元活动。更进一步地，即使在同一时间，也可以通过在不同的部门或单元采用不同的管理方式实现利用式创新和探索式创新活动在空间上的共存。

第二，情境视角下的互补关系。随着利用式创新和探索式创新活动是互补性活动的假设的提出，一些学者开始从情境视角探索双元创新的互补关系。当领导者进行利用式创新活动时，会同时增加有助于探索式创新活动的专业知识以及扩展知识的深度与广度；当领导者进行探索式创新活动时，会同时产生新的利用式创新活动机会。因此，在以不牺牲另一个为代价的情况下，领导者可以通过增加利用式创新和探索式创新活动的某一方面或同时增加两个方面使得双元创新得以增强。这就需要领导者合理安排利用式创新和探索式创新活动在组织中的比重，使得两者都能得到足够的重视和投入。而且由于领导者一般具有规避风险、追求高效和短期利益的利用式创新活动倾向，因此，组织需要创造条件和机会，激发领导者为开发新产品和进入新市场等探索式创新活动配置更多资源，缩小两者之间的差距。除了静态的共存，鉴于市场和组织的动态性，领导者双元创新还需要个体在利用式创新和探索式创新活动之间自由转换，实现动态共存。自由转换可以改善和提升效率，降低创新过程中利用式创新和探索式创新活动同时出现的混乱风险。双元型领导者可以根据任务的特征和目标导向在利用式创新与探索式创新活动之间自由切换，实现两种创新活动的协同发展。该视角认为可以通过构建均衡的组织情境，同时实现利用式创新和探索式创新活动之间的冲突和互补。

3. 领导者双元创新的测量

对领导者双元创新的测量，通常是先分别计算探索式创新和利用式创新活动的得分，然后对两个分数进行整合。由于对领导者双元创新的研究存在两种视角——基于互斥关系的结构视角和基于互补关系的情境视角，因此相应的测量方式也存在不同。第一，结构视角下的测量主要采用减法和连续型测量。采用这类测量方式的学者认为从结构角度看，领导者利用式和探索式创新活动是互斥的，拥有不同的目标和方向，从本质上不可兼容，尤其是当组织内资源比较稀缺时，利用式创新和探索式创新活动会呈现出此消彼长的关系。因此，在测量领导者双元创新上采用减法和连续型测量可以更好地体现两者在时间与空间上的平衡。具体地，减法测量强调了利用式创新和探索式创新活动投入程度的相对水平，研究表明资源有限时可以采用减法来衡量两种活动的匹配均衡；连续型测量则将探索、利用和双元行为集中在一个量表进行直接测量，根据得分值分别确定个体的利用、探索和双元导向。比如，Rogan 与 Mors（2014）在研究个体的网络的特征对管理者双元创新的影响时，就是用连续型测量方式测量的双元创新能力，这种方式可以更好地体现利用式创新和探索式创新活动结构上的互斥关系。第二，情境视角下的测量主要采用加法和乘法。持有这类测量方式的学者认为构建均衡的组织情境可以实现领导者利用式创新和探索式创新活动在领导层面的共存，提高内在关联，尤其是当组织资源丰富且具有规范的协同机制时，利用式创新和探索式创新活动会相互促进。因此，采用加法和乘法可以更准确地体现两种创新活动的互补关系。具体地，用加法测量领导者双元创新体现了领导者利用式创新和探索式创新活动的总量水平；乘法测量突出了利用式创新和探索式创新活动的互补，表示两种活动的组合。由于大多数对领导者双元创新进行研究的学者对特定的方法有着不同的偏好，因此这些测量方法并无对错之分，而是反映了不同情境下领导者对两种创新活动不同的管理策略。

7.4.2　领导者双元创新的前因

1. 组织结构

组织内部以标准化的程序、详细的惯例以及成文的规则为特征的机械式的组织结构，有明确的职权利划分和规范的流程，有利于组织内隐性知识的分享，促进领导者的利用式创新活动。但是在机械式的组织结构中，高度正规化和集权化会抑制创新活动的热情和主动性。相反，有机的组织结构会增加灵活性、知识的产生和创造。由于双元型领导者在追求多重目标时能够执行诸如非常规任务之类的矛盾活动，因此有机的组织结构可以通过为领导者提供灵活应对快速变化的环境鼓励领导者积极地开展探索创新活动。而且，有机的组织结构中的协调机制也可以促进决策权的下放，通过协调领导者与组织、团队的关系，激发领导者为组织寻求新的市场、技术机会和需求的意愿，使得领导者不仅关注短期需求和相关利益，而且更多地关注未来的机会和相关的长期利益，进而提高领导者双元创新。进一步地，在双重组织结构中，不同的组织发展阶段或业务单元侧重点不同，可以有效地集中利用现有资源，并且有利于组织成员专业化技能的提升，克服利用式创新和探索式创新活动的相互干扰，实现双元创新。

2. 组织支持

支持性的社会情境将资源下放给组织的各个层级，对领导者的工作行为给予充分的支持和信任。领导者在组织支持的情境下乐意承担职责之外的工作，注重与他人合作，并且在思想上和心理上对组织产生一种归属感。组织通过营造充满支持和信任的环境，鼓励领导者学习和获得新知识，把握促进业务单元目标实现的机会，从而形成与动态环境相匹配的双元创新能力。

3. 行为整合

组织结构的分离可能导致子单元间的矛盾冲突，为了形成共识、解决冲突，高管团队必须持续地协商、妥协和合作，进行行为整合。Hambrick 等（1996）认为行为整合包括信息交换、合作行为和共同决策三个要素，它能使高管团队建立彼此间的信任、同步任务过程。组织的不同部门就好比人体的不同器官，发挥各自独特的功能，高管团队通过行为整合共享组织愿景、明确发展方向、处理对立性问题、指挥各子单元有序地开展工作。因此，行为整合有利于领导者以战略性视角看待动态环境，整合知识、解决分歧，提升双元创新能力。

4. 网络结构

目前的研究主要围绕内外部网络特征（如内外部网络密度、中心性、异质性）对探索式创新与利用式创新的影响。Rogan 和 Mors（2014）发现，双元创新型领导者的外部网络密度低，内部网络密度高，此外他们还具有适度的外部非正式网络联结和较高的内部非正式网络联结。在网络密度方面，Reagans 和 McEvily（2003）的研究表明低外部网络密度能帮助管理者获得多元化知识和信息，更好地开展探索式创新活动；Lazer 和 Friedman（2006）认为高内部网络密度能帮助他们在组织内部建立更多合作关系，获取更多资源以高效执行开发创新活动。也有学者开始从正式和非正式网络的角度探讨网络结构与领导者双元创新的关系，但是主要聚焦于领导者的非正式网络。事实上，正式网络和非正式网络在组织中同时存在。就领导者而言，领导者的正式网络建立在正式的组织结构、固定的规章制度和流程基础之上，而领导者的非正式网络则源于与相同或相似价值观的下属的非正式互动。领导者会通过构建正式和非正式的社会网络结构来获取、整合双元创新所需的知识与资源，并通过与下属或与其他管理者之间的关联、互动和协调来化解双元创新决策过程中面临的分歧与冲突，从而做出正确的选择。由此可见，领导者的创新活动嵌入社会网络中，因此从社会网络视角可以正确理解领导者的双元创新行为。

5. 认知水平

认知水平反映了个体对环境变化的响应能力，是个体获取、处理和使用信息能力的集中体现，影响个体的行为和结果。研究发现，领导者双元创新的开展不仅依赖于现有的知识和经验，而且受领导者认知发展轨迹的影响，当领导者创新与领导者认知模式相匹配时，才更有利于创新活动的开展。高自我认知的领导者会对组织形成正面认识，激发领导者从整体化、系统化的角度积极思考问题，有利于领导者在工作中酝酿新想法或新创意并付诸实施。研究发现，领导者的"主我"认知（风险偏好）对双元性创新具有积极的影响。由于领导者双元创新面临一系列的不确定性，风险偏好高的领导者具有高度的警觉性和对超高利润的追求，进而会激发其创新行为。此外，自我效能感作为个体认知和主观能动性的基础，反映了个体对自身能否利用所拥有的技能完成某项工作行为的自信程度。研究发现，自我效能感会影响领导者完成目标的信心，使得领导者积极应对创新的不确定性，展现出更多的创新行为。

6. 知识共享

知识的流动和共享可以有效整合与重构知识，促进不同知识间的互补，加大领导者的知识宽度，提升领导者识别和利用不同资源的能力，进而有助于领导者双元创新活动的开展。正如 Caniëls 和 Verspagen（2001）的研究发现，知识共享促进了信息共享和创造，提高了组织内成员的参与度，增强了个体对现有能力的利用和对新能力的探索。具体地，对领导者而言，组织内的知识共享行为可以促使领导者更深入、全面地认识组织或团队的既有知识基础，整合现有知识，在有效沟通的基础上促进知识流动，从而更好地开展利用式创新活动。而领导者的探索式创新活动由于面临更高的不确定性，因此更需要识别和开发多样化的知识基础，以有效应对可能面临的风险，提升领导者对环境的感知能力，挖掘潜在的需求和市场，提高工作效率或创造新产品。

7.4.3 领导者双元创新的影响

1. 对绩效的影响

当前关于领导者双元创新结果的研究主要聚焦在对绩效的影响上。之前的研究发现在工作环境不确定性的情况下，领导者双元创新对绩效水平的提升具有重要意义。开展双元创新的领导者能够履行多种角色职责，主动完善和更新他们的知识与技能，利用矛盾的思维参与到创新活动中，进而提高管理绩效。Rosing 与 Zacher（2017）认为，利用式创新和探索式创新活动的平衡对提高创新绩效是必要的。因为以利用式创新活动为代价进行探索式创新活动的个体可能会入"新奇陷阱"，而仅关注利用式创新活动则会缺乏新的和原创想法，陷入"常规陷阱"。这种不平衡性不利于提升创新绩效。此外，相关研究进一步证明了利用式创新和探索式创新活动的乘法组合与个体创新绩效相关，当利用式创新和探索式创新活动都很高时，创新绩效最高。

尤其是在高度不确定和工作依存性较高的情境中，领导者的绩效影响将会显著增强。在高度不确定的情况下，工作变得复杂多变，这要求领导者能够有效地处理各种对立诉求，掌握多元的知识和技能，并能够在不同任务之间快速切换。在这种情况下，领导者需要表现出更多的双元性，以实现更高的绩效水平。工作依存性衡量了个体在多大程度上需要通过与他人的合作互动来完成任务。双元型领导者在组织内部通常拥有更密集的网络联系以及更高水平的非正式网络关系，这种网络特点有助于他们与他人建立更多的合作互动关系，从而在高工作依存性的情境中取得更高的绩效。领导者的双元创新还有助于提升下属的绩效。领导者的双元创新对下属的销售绩效产生显著影响。在销售领域，新老产品在销售策略、风险和利润等方面存在显著差异，消费者也不会同时选择新老两种产品。双元导向的领导者会同时强调新老产品的重要性，赋予下属选择销售产品和策略的自主权，从而帮助他们（尤其是经验丰富的销售人员）取得更高的销售绩效。

2. 对心理认知的影响

然而，双元性并非总是产生积极影响。Keller 和 Weibler（2014）的研究发现，双元行为可能导致管理者承受更多的认知负荷。双元性行为是一种高耗能的复杂行为，双元型领导者需要运用更多的矛盾认知思维，同时承担更多元化的任务角色，这可能导致他们面临更大的认知压力。此外，经验丰富且具有开放性特质的双元型领导者能更好地应对探索创新和开发创新活动的张力，从而减少认知压力；而高尽责性的双元型领导者可能由于其更关注精确性和高标准，而面临更高的认知压力。

3. 对下属行为的影响

Rosing 等（2011）指出，管理创新过程需要管理者同时具备开放性和闭合性。前者涵盖了鼓励探索和试误学习等能够激发下属探索性行为的领导行为，而后者则包括制订具体行动计划和准则等有助于促进员工开发性行为的领导行为。Zacher 和 Wilden（2014）的研究显示，上级的开放行为对下属的创新产生积极影响，而闭合行为虽然没有显著影响，但能够增强开放性行为的影响效果。此外，Zacher 和 Rosing（2015）的研究表明，上级的开放性行为可以增强下属的安全感和风险承担意愿，促使他们表现出更多的探索行为；而闭合性行为则向下属传递了规避风险和错误的信号，从而强化了他们的开发行为。Rosing 和 Zacher（2017）的研究显示，上级的开放性行为对下属团队的创新绩效有正向影响，尽管闭合性行为没有直接影响，但能够加强开放性行为的影响效果。此外，Kauppila 和 Tempelaar（2016）发现，具有矛盾式领导风格的领导者能够同时激发下属的探索性行为和开发性行为，使他们展现出更多的双元性。而 Zhang 等（2012）则发现，具有矛盾式领导风格的双元型领导者对员工的任务熟练度、适应性和主动性都会产生积极影响。

7.4.4 领导者双元创新的未来研究方向

虽然目前已有相关研究从概念、测量、机制方面对领导者双元创新进行研究，但仍然有许多未来值得研究的方面。

1. 探索不同层级、不同职能的领导者双元创新

在企业中，不同层级的领导者承担不同的角色。高层领导者位于层级组织的最高层，需要对整个组织负责。高层领导者需要负责确定组织目标，制定实现既定目标的战略、监督与解释外部环境状况以及就影响整个组织的问题进行决策。他们需要面向未来考虑问题，需要关心一般环境的发展趋势和考虑组织总体的成败关键。中层领导者处于企业组织架构中的中层位置，在决策层与执行层中间发挥桥梁作用，是企业中重要的中枢系统。中层领导者是企业健康持续发展的关键。基层领导者又称一线管理者，具体指工厂里的班组长、小组长等。他们的主要职责是传达上级计划、指示，直接分配每一个成员的生产任务或工作任务，随时协调下属的活动，控制工作进度，解答下属提出的问题，反映下属的要求。他们工作的好坏，直接关系到组织计划能否落实，目标能否实现。对于不同层级的领导者双元创新，前因可能有所不同，或者同样的前因可能会产生不同影响，这些都有待未来研究进行探索。在高不确定性和高工作依存性的工作情境中，双元创新对于领导者绩效的影响更为显著，而随着管理层级的上升，不确定性和工作依存性程度都会增加。因此可以推测，层级越高的领导者可能会表现出更多双元创新。此外，不同职能领导者双元创新的差异也值得未来研究进行深入探讨。比如，研发部门往往需要更多探索导向，而制造、销售和服务等职能部门则需要更多开发导向，未来研究需明确这些部门对领导者双元创新的要求是否不同。

2. 从不同视角研究领导者双元创新的前因和作用机制

目前，认知视角的前因研究主要集中在矛盾认知方面，未来的研究可以探索其他认知因素的影响。例如，情绪智力可能在管理者判断行为调整时起到关键作用，帮助他们适时做出切换决策。同时，研究还可以从动机和情绪的角度入手，以探究在何种动机状态（如内部动机）和情绪状态（如积极情绪）下，领导者更可能表现出更高的双元性。此外，组织氛围也是一个值得关注的因素。有研究显示，个人的主动性对于探索性创新和开发性创新都有积极影响。另外，研究也表明差错管理对于探索性创新和开发性创新都有潜在影响。未来的研究可以深入探讨主动性氛围和差错管理氛围是否有助于激发领导者双元创新，并对这些因素进行深入挖掘。

3. 拓宽领导者双元创新影响效应研究的覆盖范围，深化对作用机理和边界条件的探讨

研究可朝多个方向深入展开，以更全面地理解领导者双元创新对组织绩效的影响。一方面将视角从个体和团队层面扩展至组织层面，考察领导者双元创新如何影响创新和整体组织绩效。另一方面可考察更多结果变量，比如，领导者周边绩效等其他绩效难度的影响。

此外，我们可以深化对边界条件的研究，如在资源有限的中小企业等环境中，是否对基层领导者的双元创新提出更高的要求，以探索环境对这一能力影响的不同方面。此外，环境动态性对领导者双元创新的影响程度也值得进一步研究，特别是在动态环境中，

双元创新能力是否会表现出更显著的效应。在这方面，可以将环境动态性进一步细分为模糊性、不可预测性等维度，以探究这些细分维度作为边界条件时所起的作用是否相似，从而更深刻地理解影响机制。

4. 探讨领导者双元创新的消极影响，考察其中的缓冲机制

目前，领导者双元创新的研究主要聚焦于其积极层面和正向作用，但 Keller 和 Weibler（2014）研究指出，实际情况可能是复杂多样的，该能力也可能带来消极影响。比如，领导者双元创新能力对领导者自身心理状态产生负面影响。未来可以探索领导者双元创新能力对下属行为绩效是否也会产生消极影响。比如，上级的双元创新行为是否会导致下属产生目标冲突而难以适应。此外，未来如何化解领导者双元创新能力的消极影响也需要研究关注。

7.4.5 提升领导者双元创新的途径

1. 建立有效的组织情境，培育探索与利用兼具的领导者双元创新

情境可以创造一种支持性环境刺激个体采取特定行为，因此，为确保双元创新能力的顺利实现，组织需要为领导者构建基于纪律、扩展、支持和信任的行为情境。在执行双元创新决策时，保持灵活性，鼓励领导者根据内外部环境的变化调整工作。同时，企业也可以通过不同的组织文化培养促进领导者的双元创新。比如，通过建立个人主义文化，企业员工更加崇尚自由和话语权，领导者有更高的创新自由度，能有更多的机会尝试新鲜事物，有助于培养领导者的探索式创新。通过建立集体文化，组织从上至下的贯彻执行力度和员工的集体意识较强，有助于领导者集合各种资源开展利用式创新活动。例如，Google 公司鼓励个人主义，强调个人成就，Google 的"自由时间"管理方式给领导者很大的自由发挥、自由创造的空间，可以将领导者的能力、潜力和价值最大限度地激发出来，带来更多的创造性和探索式创新。儒家思想强调集体利益，"无我""先公后私""大公无私"。受这种思想影响，我国的一些传统企业，尤其是国有企业，比较重视集体利益，强调集体目标。在这类企业中，领导者往往确保个人利益不能凌驾于组织集体利益之上，充分利用已有资源，改进和完善现有产品与技术，开展利用式创新活动，促进集体目标的实现。

2. 探寻合适的领导者双元创新发展路径，发挥领导者双元创新的最佳效应

大数据时代下，随着技术进步和组织结构的扁平化，领导者面临的利用式创新和探索式创新更加复杂。因此，为保持双元创新的有效性，管理者应对复杂环境应保持高度的敏锐性，及时调整创新策略。具体来说，面对日新月异的市场环境，企业变革趋势已经势不可挡，组织应当在强调控制和稳定以实现利用式创新之外，鼓励领导者开展探索式创新。对于我国企业来说，阴阳统一、中庸之道与和谐平衡等思想与双元创新的思想不谋而合，领导者必须深入思考需承担的压力和面对的挑战，既要传承与发挥现有的比较优势，又要结合现代产业发展的趋势培育出新的能力，通过双元创新战略寻求企业可持续发展之路。

3. 改善领导者–下属的协调、沟通机制，提高领导者双元创新

研究发现，领导者与下属之间的社交关系会影响领导者双元创新。企业应鼓励领导者在工作中与下属进行适度的良性互动，促进上下级之间的咨询、沟通和了解，进而改进管理者–员工行为模式，强调多元化，改进过去粗放或"一言堂"式的决策模式，提升领导者的探索式或利用式创新能力。一些企业已经在此方面做出努力，如微软、IBM、英特尔、华为的"导师制"，强调全体成员的参与和正式与非正式关系的互动，进而促进领导创新目标的实现。而且，组织在领导者的任命和选拔方面，需要着重考虑领导者的积极主动性，因为在高复杂环境的企业，积极的领导者更有利于促进组织创新。

7.4.6 思政因素

党和国家一直以来都十分强调创新的重要性。纵观人类发展历史，创新始终是推动一个国家、一个民族向前发展的重要力量。2015 年两会期间，习近平总书记在参加上海代表团审议时首次提出"创新是引领发展的第一动力"的重大论断[①]。党的十九大报告明确提出："创新是引领发展的第一动力，是建设现代化经济体系的战略支撑。"[②]这一重大论断继承和发展了邓小平同志"科学技术是第一生产力"的重要思想，是马克思主义生产力理论中国化时代化的最新成果。

以下是习近平总书记 2020 年 9 月 11 日在科学家座谈会上的讲话[③]。"当今世界正经历百年未有之大变局，我国发展面临的国内外环境发生深刻复杂变化，我国'十四五'时期以及更长时期的发展对加快科技创新提出了更为迫切的要求。一是加快科技创新是推动高质量发展的需要。建设现代化经济体系，推动质量变革、效率变革、动力变革，都需要强大科技支撑。二是加快科技创新是实现人民高品质生活的需要。当前，我国社会主要矛盾已经转化为人民日益增长的美好生活需要和不平衡不充分的发展之间的矛盾，为满足人民对美好生活的向往，必须推出更多涉及民生的科技创新成果。三是加快科技创新是构建新发展格局的需要。推动国内大循环，必须坚持供给侧结构性改革这一主线，提高供给体系质量和水平，以新供给创造新需求，科技创新是关键。畅通国内国际双循环，也需要科技实力，保障产业链供应链安全稳定。四是加快科技创新是顺利开启全面建设社会主义现代化国家新征程的需要。从最初提出'四个现代化'到现在提出全面建设社会主义现代化强国，科学技术现代化从来都是我国实现现代化的重要内容。"

"现在，我国经济社会发展和民生改善比过去任何时候都更加需要科学技术解决方案，都更加需要增强创新这个第一动力。同时，在激烈的国际竞争面前，在单边主义、保护主义上升的大背景下，我们必须走出适合国情的创新路子，特别是要把原始创新能力提升摆在更加突出的位置，努力实现更多'从 0 到 1'的突破。希望广大科学

---

① 《参加上海代表团审议并发表重要讲话》，http://www.qstheory.cn/2019-03/07/c_1124205876.htm，2015 年 3 月 7 日。

② 《习近平：决胜全面建成小康社会 夺取新时代中国特色社会主义伟大胜利——在中国共产党第十九次全国代表大会上的报告》，https://www.gov.cn/zhuanti/2017-10/27/content_5234876.htm，2017 年 10 月 27 日。

③ 《习近平：在科学家座谈会上的讲话》，https://www.gov.cn/xinwen/2020-09/11/content_5542862.htm，2020 年 9 月 11 日。

家和科技工作者肩负起历史责任，坚持面向世界科技前沿、面向经济主战场、面向国家重大需求、面向人民生命健康，不断向科学技术广度和深度进军。"

7.5　思　考　题

1. 领导创新的作用是什么？
2. 领导创新能力的构成有哪些？
3. 请说明领导创新的内容以及它们之间的关系。

7.6　测　评　工　具

请在以下每一项中选择 1（非常不同意）到 7（非常同意）的分值，表示您在过去一年中的行为（表 7-1）。

表 7-1　领导者探索活动量表

题项	非常不同意	不同意	略微不同意	既不同意也不赞成	略微同意	同意	非常同意
1. 探索关于产品/服务、流程或市场的新机会	1	2	3	4	5	6	7
2. 评估不同的产品/服务、流程或市场选项	1	2	3	4	5	6	7
3. 对产品/服务或流程进行强有力的更新	1	2	3	4	5	6	7
4. 从事收益或成本尚不明确的活动	1	2	3	4	5	6	7
5. 从事需要较高适应性的活动	1	2	3	4	5	6	7
6. 学习新技能或知识的活动	1	2	3	4	5	6	7
7. 从事尚未成为明确公司政策的活动	1	2	3	4	5	6	7

资料来源：Mom 等（2007）

得分解释：

低分（1～3）：表示领导者在过去一年中较少进行探索活动，可能更注重现有的业务和流程，较少关注新机会和创新。

中等分（4～5）：表示领导者在过去一年中有一定程度的探索活动，但可能不是特别积极或系统化。

高分（6～7）：表示领导者在过去一年中非常积极地进行探索活动，注重寻找新机会、新技能和新知识，有较强的创新意识和适应性。

请在以下每一项中选择 1（非常不同意）到 7（非常同意）的分值，表示您在过去一年中的行为（表 7-2）。

表 7-2　领导者利用活动量表

题项	非常不同意	不同意	略微不同意	既不同意也不赞成	略微同意	同意	非常同意
1. 从事已积累大量经验的活动	1	2	3	4	5	6	7
2. 按照例行程序进行的活动	1	2	3	4	5	6	7
3. 为内部客户提供现有的产品/服务	1	2	3	4	5	6	7

题项	非常不同意	不同意	略微不同意	既不同意也不赞成	略微同意	同意	非常同意
4. 从事您明确知道如何进行的活动	1	2	3	4	5	6	7
5. 主要致力于实现短期目标的活动	1	2	3	4	5	6	7
6. 您可以通过现有知识来有效完成的活动	1	2	3	4	5	6	7
7. 从事与现有公司政策一致的活动	1	2	3	4	5	6	7

资料来源：Mom 等（2007）

得分解释：

低分（1～3）：表示领导者在过去一年中较少进行利用活动，可能更注重探索新机会，较少关注现有资源和知识的有效利用。

中等分（4～5）：表示领导者在过去一年中有一定程度的利用活动，但可能不是特别积极或系统化。

高分（6～7）：表示领导者在过去一年中非常积极地进行利用活动，注重提高效率、满足客户需求和实现短期目标，有较强的资源整合和管理能力。

综合解释：

高探索得分、低利用得分：表示领导者倾向于追求新机会和创新，但可能忽视了现有资源和知识的有效利用。这种领导者可能需要在平衡探索和利用之间进行调整。

低探索得分、高利用得分：表示领导者倾向于依赖现有知识和经验，注重效率和短期目标，但可能缺乏对新机会的探索。这种领导者可能需要更多地关注创新和适应性。

双高得分：表示领导者在探索和利用活动方面都表现出色，能够平衡创新和效率，具有较强的综合领导力。

双低得分：表示领导者在探索和利用活动方面都表现较差，可能需要在多方面进行改进和培训。

7.7 场景模拟

无领导小组讨论

有一家人（一对夫妻和一个 5 岁的孩子）决定搬进城里，根据公寓出租广告，他们前去房东家询问，温和的房东对这三位客人从上到下打量一番之后，说道："实在对不起，我们公寓不招有孩子的住户。"夫妻二人一时不知如何是好，默默地走开了，而那孩子却又去敲门，房东出来后，听了孩子的话，高声笑了起来，决定把房子租给他们一家。

请问：这位孩子说了什么话，最终说服了房东？

请同学们以 4～5 人一组展开讨论，时间为 15 分钟，最后由老师打分。

第8章　领导者与文化

引例："工匠精神"——一位女性 CEO 的企业文化理念

某知名家电企业的女性 CEO 曾说："女人真想干点事，谁也拦不住！"在众多媒体报道中，人们赞美和推崇这位 CEO 所塑造的企业文化，称之为"工匠精神"。这种精神实际上就是该品牌的核心理念：一是注重细节，追求完美和极致，不怕付出汗水和时间，持之以恒，不断革新产品，把99%提高到99.99%，做到精益求精；二是不投机取巧，严控部件质量，严格检测标准，不达标不交货，做到严谨细致；三是持续改进产品、服务和专业技术，真正的工匠对于专业的追求永不止步，对材料、设计和生产流程不断优化，保持耐心、专注和坚持的态度；四是旨在打造本行业最优质产品，超越其他同行的卓越之作的精神才是"工匠精神"，做到专业、敬业！

无论是这位 CEO 公开批评同行，还是对自身品牌的严格要求，"工匠精神"始终是她坚持的做人做事信条，贯穿于企业发展的全过程。正是因为她所倡导的这种工匠精神，企业及其产品赢得了众多消费者的认可。坚持"工匠精神"需要经历风霜雨雪的考验和艰难困苦的磨砺，这个过程也锻造了这位 CEO"霸气"的性格。

她曾说："我走过的路不长草！"这种"霸气"正是源于她的"工匠精神"，并最终塑造了企业独特的文化。

资料来源：作者根据相关资料整理而成。

在学习本章内容之前，请大家思考以下问题。

1. 该企业的企业文化有哪些特点？
2. 这位女性 CEO 对企业文化的形成起到了什么作用？

8.1　企　业　文　化

8.1.1　企业文化概念起源——文化

"文化"（culture）一词起源于拉丁语"cultura"，意为"土壤的耕作"，现在我们在讲到农业时依然会用到它的本义。"文化"在 1510 年第一次被比喻性地描述为"通过教育来培养"。培养思维意味着人的智力方面的发展和提升。美国科幻小说家雷·布拉德伯里（Ray Bradbury）这样描述"文化"一词："你无须通过焚书来毁灭一种文化，只要让他们停止阅读就可以达到目的。"18 世纪中期，"文化"一词被更广泛地定义为一群人的习俗和成就的集合，或多或少与"文明"的概念相似。

文化的概念难以定义。生物学家使用该词描述在严格的模拟室环境中活细胞和组织的生长。人类学家、社会学家、心理学家、政治科学家、经济学家、组织专家、社会科学家均在使用这个词，却都无法为公众提供一个清晰和简明的定义。文化是一个对不同人有着不同意义的术语。由于缺乏清晰的定义，企业文化这一术语也让 CEO、人力资源总监甚至装配车间的钟点工感到迷茫。

文化源于耕作的思想观念，主要是对土地的耕作，也有对神的培养。这个概念经过进一步发展，用来从概念上对人类之间的差异性加以界定。这个概念也认为，我们从社会角度理解我们周围的自然界和现实存在。组织文化的核心在于价值观念、信仰以及表达的意图，这些成为组织成员用来理解组织所特有的发展历程和经营方式的重要途径。人们认为组织文化存在于组织战略和组织结构中。组织文化从 20 世纪 80 年代起就已经成为一个流行观念。最初，这个概念被高级行政人员和管理顾问作为快速解决每个组织实际面临的问题的方式，后来被专家学者作为一种理解组织行为的框架。

组织文化的概念已经存在于商业生活和专业研究之中。许多公司一直关注文化，而且兴趣在不断增加。文化的起源可以追溯到人类学、社会学、心理学以及早期的管理思想。一般来讲，人们认为组织拥有一些超越经济理性之外的某些东西（个性、人生观、意识或者风气），而且这些东西都有自己的特性。迄今为止，人们对于文化的定义还没有形成一致的看法。各种文化定义泛滥成灾，没有澄清问题，相反还造成了更多的困惑。虽然我们在这儿提到对组织文化的定义，但是我们鼓励读者看过本章的讨论后，在进一步阅读相关资料的基础上提出自己对文化的观点和看法。

马丁认为，最初涉及文化的是人类关系学者埃尔顿·梅奥（Elton Mayo），梅奥关注有关人类情感的社会工程学，也就是人类行动的非逻辑性的意识。梅奥认为，如果执行官们可以理解普通员工的非理性的一面，他们就可以更好地管理员工。这样，文化观就打破了早期对组织的理性-机械的观点，这种观点将员工看作实现组织目标的工具。许多人认为，公司硬性的科学管理方式可以被更加温柔的方式取代，这种温柔的方式主要依靠对人们价值观、信仰和情感的非理性理解。

当前人们对文化的争论可以追溯到 20 世纪 80 年代早期，那个时候有四本书将文化观念推向管理前沿：威廉·大内（William Ouchi）的《Z 理论——美国企业界怎样迎接日本的挑战》，理查德·帕斯卡尔（Richard Pascale）和安东尼·阿索斯（Anthony Athos）的《日本的管理艺术》，汤姆·彼得斯（Tom Peters）和罗伯特·沃特曼（Robert Waterman）的《追求卓越》以及特伦斯·迪尔（Terrence Deal）和艾伦·肯尼迪（Allan Kennedy）的《公司文化》。这些书籍提出，浓厚的文化氛围是指导员工行为的一个强有力的支撑，公司文化由价值观，信仰，神话式的人物、英雄，以及对所有员工都具有某些意义的符号象征物构成。除了这些书，其他的一些因素也激发人们对文化的关注。这些因素包括：20 世纪 70 年代和 20 世纪 80 年代日本工业的成功，诸如价值观和信仰这些无形（软）因素对财务绩效（硬）具有影响的观点、管理者可以变革文化以取得更高的组织效率的信念以及文化可以弱化工会权力的想法。

文化最初是由一些顾问介绍给管理者的，而且，专家学者开始关注文化也是不久以前的事情。为了方便研究，一些商业学校的教授试图界定文化的概念。埃德加·沙因（Edgar Schein）就是其中的一个。他对文化的定义以及其他的一些定义为以后研究文化概念打下了基础。专家学者的作用就是研究文化概念并从理论上发展它。正如玛依凯恩·舒尔茨指出的：与对正式和非正式的组织行为的研究相反，从文化角度研究组织是研究组织行为所表达的含义——或者更具体地说，是研究组织成员采取某种组织行为所表达的意图和信仰，以及这些意图和信仰是如何影响他们的处事方式的。

8.1.2 企业文化概述

1. 企业文化定义

组织文化是特定组织在处理外部环境和内部环境整合过程中出现的种种问题时，所发明、发现和发展起来的基本假设的规范。它包括组织的价值观念、历史传统、道德规范、行为准则、员工文化素质，以及蕴含在组织制度、组织形象、组织产品之中的文化特色，其中价值观念是组织文化的核心。

对组织文化的研究，兴起于 20 世纪 70 年代末期。其原因是日本在第二次世界大战后经济迅速发展，大有超越美国之势，震惊了西方各国。为了弄清日本崛起的秘密，美国许多学者开始了对日本经济的研究。研究的结论是日本的崛起在于其强有力的组织文化。这一结论推动了世界各国对组织文化的进一步研究和发展，使组织文化在组织中的作用得到了进一步的认识和重视。

企业文化由两个词组成，一个是企业，另一个是文化。企业，或称组织，是指人的要素和物的要素的结合在一个相对连续的基础上运作，以达到共同的一个或一系列目标。

我们从这一概念中可以知道，对于一个组织来讲，非常重要的是一个或一系列目标。这是组织赖以生存的基础。

那么，什么是文化呢？文化是指一个群体世代相传的本质特征，根据《美国传统词典》，文化被定义为"人类群体或民族世代相传的行为模式、艺术、宗教信仰、群体组织和其他一切人类生产活动及思维活动的本质特征的总和"。这个定义中包含两个特别重要的方面：一方面，文化是指一群人的"本质特征"。也就是用一句话、一件事情、几个形容词，能够把一群人的特点很好地形容或概括出来，能够反映出这群人最本质的特点。这就是文化最核心的内容。另一方面，文化是世代相传的。例如，我国的文化是祖祖辈辈都有的，我们现在有的文化是从上一代继承下来的，而且要传递给下一代。这种固化下来的并一代一代传下去的东西就叫作文化。

企业文化也是这样，是指能够反映某企业员工的行为模式、思维习惯，以及价值观念的最本质的特征。企业文化起源于美国学者对日本企业特点的研究结果。20 世纪 80 年代，日本经济长期保持高速增长，令全球瞩目，其关键在于企业的竞争力所提供的支撑。因此，在日本经济高速增长时期，日本企业的国际竞争力迅速提高，20 世纪 80 年代初，日本企业大规模进军美国市场，抢占本土份额，促使美国企业界研究日本的管理方式，在这些研究中，企业文化理论是一个重要的成果。美国的管理学家威廉·大内最早提出了企业文化这个概念，并于 1981 年出版了《Z 理论——美国企业界怎样迎接日本的挑战》。书中指出日本企业成功的关键因素是它们独特的企业文化。这一见解受到了管理学界的普遍关注，吸引了更多人进行企业文化研究。在接下来的两年里，美国相继出版了三本关于企业文化的专著，与威廉·大内的著作一起形成了"企业文化新潮四重奏"。其中《追求卓越》一书是企业文化系统研究的标志性著作。

那么，究竟如何定义企业文化呢？广义上讲，企业文化是在从事经济活动的组织之中形成的文化。它所包含的价值观念、行为准则等意识形态和物质形态的内容均被该组织成员所共同认可。在这里我们采用 Schein（1983）对企业文化的定义，企业文化是指"一个团体在适应外部环境与内部整合的过程中，习得的一套价值观行为模式和基本信念，团体的新成员以此作为了解、感知思考相关问题的基础"。企业文化就是企业共享的核心价值观。

2. 企业文化模型

组织文化，即"组织成员共享的一套核心价值、假设、规范"。虽然定义很简单，但是组织文化有着十分丰富的内涵。丹尼尔·丹尼森（Daniel Denison）以全球 550 多家大中小型跨国公司为样本，提出了组织文化模型。丹尼尔·丹尼森的组织文化模型系统地阐释了组织文化的各项组成要素，以及组织文化与工作绩效、客户需求之间的内在联系，为组织的转型和变革提供了决策依据（图 8-1）。该模型被公认为描述组织文化最有效、最实用的模型之一。

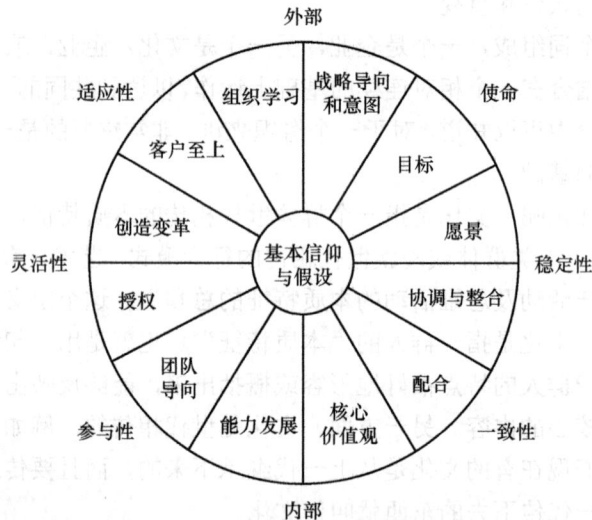

图 8-1　丹尼尔·丹尼森的组织文化模型

组织成员共享的基本信仰与假设处于模型的核心地位，它们决定组织成员的行为方式。四个文化特征维度分列模型的四个象限。

1）四个文化特征维度的描述

（1）使命（mission）。使命维度有助于组织判断是专注于短期目标，还是着眼于长远的战略规划，具体如表 8-1 所示。成功的组织往往目标明确，志向远大。

（2）一致性（consistency）。一致性用以衡量组织是否拥有强大且富有凝聚力的内部文化，具体如表 8-2 所示。

表 8-1　使命维度的描述

项目	描述
愿景	员工对组织未来的理想状况是否达成了共识，这种愿景是否得到全体员工的理解和认同
战略导向和意图	组织是否希望在本行业中"脱颖而出"？明确的战略意图展示了组织的决心，并使所有人都知道应当如何为组织的战略做出自己的贡献
目标	组织是否周详地制定了一系列与使命、愿景和战略紧密相关的目标，可以让每位员工在工作时做参考

表 8-2　一致性维度的描述

项目	描述
核心价值观	组织是否存在一套大家共同信奉的价值观，从而使员工产生强烈的认同感，并对未来抱有明确的期望
配合	领导者是否具备足够的能力让大家达成高度的一致，并在关键的问题上调和不同的意见
协调与整合	组织中各职能部门和业务单位是否能够密切合作，部门或团队的界限会不会变成合作的障碍

（3）参与性（involvement）。参与性涉及员工的工作能力、主人翁精神和责任感，具体如表 8-3 所示。

表 8-3　参与性维度的描述

项目	描述
授权	员工是否真正获得授权并担负责任；他们是否具有主人翁意识和工作积极性
团队导向	组织是否重视并鼓励员工互相合作，以实现共同的目标；员工在工作中是否依靠团队力量
能力发展	组织是否不断投入资源培养员工，使他们具有竞争力、适应业务发展的需要，同时满足员工不断学习和发展的愿望

（4）适应性（adaptability）。适应性体现了组织对外部环境（包括客户和市场）中的各种信息的快速应变力，具体如表 8-4 所示。

表 8-4　适应性维度的描述

项目	描述
创造变革	组织是否惧怕承担因变革而带来的风险；组织是否学会仔细观察外部环境，预见相关流程及步骤的变化，并及时实施变革
客户至上	善于适应环境的组织凡事都从客户的角度出发。组织是否了解自己的客户，使他们感到满意，并能预见客户未来的需求
组织学习	组织能否将外界信号视为鼓励创新和吸收新知识的良机

2）模型的解读

图 8-1 中，左半部分（参与性和适应性）反映组织的灵活性与应变性；右半部分（使命和一致性）体现组织保持可预测性及稳定性的能力；上半部分（适应性和使命）关注组织对外部环境的适应能力；下半部分（参与性和一致性）强调组织对内部系统结构以及流程的整合能力。组织需要在两组矛盾中寻求平衡：一致性与适应性的矛盾，使命与参与性的矛盾；过于关注市场，可能导致内部整合不佳；过度整合，可能导致因管控过于严格，灵活性不足而无法适应环境；过于强调全局使命，往往会忽视员工的想法，难以得到员工的理解；员工参与程度过高，组织可能会难以明确工作方向。

3. 企业文化构成

企业文化是一个企业团队在经营过程中体现出来的一种特点，由物质层、制度层和精神层三个层面的要素构成。

1）物质层

这是企业文化的表层部分，它是企业创造的物质文化，是形成企业文化精神层和制度层的条件。物质层往往能折射出企业的经营理念、核心价值观及工作作风等。它主要包括下述几个方面。

（1）英雄人物。一个企业的英雄人物是企业为了宣传和贯彻自己的价值系统而为企业员工树立的可以直接仿效与学习的榜样，是企业价值观的人格化体现，更是企业形象的象征。许多优秀的企业都十分重视树立能体现企业价值观的英雄模范人物，通过这些英雄人物向其他员工宣传企业所提倡和鼓励的价值观念。英雄通常有两种类型。第一类是和公司一起诞生的"共生英雄"，也叫创业式英雄，指那种创办企业的英雄。共生英雄在数量上很少，多数是公司的缔造者。他们往往有一段艰难的经历，但面对困难仍然有抱负、有理想，并终于把公司创办起来。第二类是企业在特定的环境中精心地塑造出来的英雄，被称为"情势英雄"。共生英雄对企业的影响是长期的、偏重精神层面的，可为全体员工照亮征途，而情势英雄对企业的影响是短期的（多则几年，少则几个月甚至几天）。

（2）典范事例。企业文化的理念大多比较抽象。因此，企业领导者需要把这些理念变成生动活泼的故事并进行宣传。企业流传的故事往往很生动，很形象，传播效果好，是企业文化落地的"生力军"。企业要精心准备各种理念的故事。这些故事必须真实、经典、典型，具有持久价值。下面的事例足以说明这个道理。有一次，麦当劳的创始人雷蒙·克罗克（Raymond Kroc）访问温尼伯的麦当劳餐厅时，发现了一只苍蝇，虽然仅仅是只苍蝇，可是它破坏了"质量、服务、清洁和物有所值"的理念。两个星期后，温尼伯的那家餐厅的特许代理权被吊销了。在这件事流传开之后，绝大多数麦当劳快餐店都拼命消灭苍蝇，想出各种近乎神奇的办法保持餐厅里没有一只苍蝇。这就是典范事例的效用。

（3）仪式活动。仪式活动指的是表达并强化组织中核心价值观的一组重复性活动。仪式活动并非自生自灭之物，而是企业价值观的表现，其形成离不开企业领导的自觉提倡，也离不开反复执行、代代相传、积久而成的自发力量。仪式活动对全体员工施加普遍影响，规范了他们的语言、文字、公共礼节、行为交往和会议进程等，从而将企业的价值观和信仰等深植于每个人的脑海中。

（4）文化网络。文化网络是指企业文化信息传递的主要路径，是公司价值观和英雄事迹的传播渠道与载体。它涵盖了正式和非正式的信息传播渠道，包括公司正式的信息传播渠道，以及通过故事、小道消息、猜测等方式传播的非正式信息传播渠道。有效运用文化网络可以处理公司事务、了解公司实情，同时也有助于传播公司文化。文化网络传递的信息可能反映了真正的原因和背景，但也可能是经过加工的信息。企业文化网络可以分为正式性和非正式性两种，正式性文化网络包括企业正式组织网络和企业文化建设网络，而非正式性文化网络通过非正式组织和非正规传播方式来传递企业文化及其内容。这种多元化的文化网络可以相互验证信息的真实性，有利于企业文化的传播和沟通渠道的畅通。非正规传播方式常与非正式的组织结合在一起，交流传递非正式的文化信息，而不用以传递官方信息。企业中非正式组织的存在，与人们同时扮演着多重社会角色有着密切联系。从企业岗位制度看，每一个人只能在一定的工作岗位上扮演一个角色，但是几乎所有人同时又都在岗位外扮演另一个或几个角色。这些形形色色的角色在企业正式组织和体制之外，构成一个隐形的文化网络，这就是非正式性的企业网络。

2）制度层

人们经常谈到的一个问题是"企业文化如何落地"。从大量的实践中，我们发现，要使企业文化能够真正落地，切实对企业的发展起到作用，一个非常重要的手段就是完善企业制度。只有依靠制度，才能真正引导和塑造员工的行为，进而形成共同的价值观。企业制度包括以下三个方面。

（1）一般制度。一般制度是指企业中存在的一些具有普遍意义的工作制度和管理制度，以及各种责任制度。这些制度包括计划制度、劳资人事制度、生产供应管理制度、服务管理制度、技术工作及技术管理制度、设备管理制度、劳动管理制度、物资供应管理制度、产品销售制度、财务管理制度、生活福利工作管理制度、奖励惩罚制度、岗位责任制度等。这些成文的制度与约定对企业员工的行为起着约束的作用，保证员工能够分工协作，企业井然有序、高效地运转。

（2）特殊制度。特殊制度是指企业中非程序化的制度，如员工评价干部制度、总结表彰会制度、干部员工平等对话制度、企业成立周年庆典制度等。与一般制度相比，特殊制度更能展现企业的独特管理特点和独有文化风貌。拥有优良企业文化的企业通常会推行多样特殊制度，而企业文化薄弱的企业往往忽视特殊制度的建设。

（3）企业规范。企业规范是处理相互关系的规章制度，包含企业与上级组织、下级组织/管理当局、业主承包商、地方政府和其他单位行为关系的一般行为准则；企业内部各级组织与职工的行为准则；职工之间的一般行为准则，也就是职业道德规范。

3）精神层

精神层文化主要是指企业的领导者和员工共同信守的基本信念、价值标准、职业道德及精神面貌。它是企业文化的核心和灵魂，也是形成物质层和制度层的基础与动力。企业文化是否有精神层是衡量一个企业是否真正形成了独特的企业文化的标志。

企业文化精神层包括以下六个方面。

（1）企业使命。企业使命是指企业存在的意义和价值，及其作为经济单位对社会的承诺。也就是企业对为什么存在以及存在的意义是什么等问题的回答。企业在生产和服务领域承担着内外的责任。内部责任包括保障员工基本生活、提高员工福利、帮助员工实现个人价值以及企业实现自我生存和发展。外部责任包括生产合格产品，提供优质服务，满足消费者需求，为社会物质文明和精神文明进步做贡献。

（2）企业愿景。企业愿景是企业全体员工共同追求的、在未来的一段时间内可以实现的目标及前景规划。明确的愿景能激发企业组织和员工的积极性、主动性和创造性，将个人工作与企业愿景紧密联系，转化为每位员工的责任。企业愿景是员工凝聚力的焦点，体现共同价值观，也是员工考核和奖惩的主要依据。企业的最高目标反映了领导者和员工的追求和理想，是企业文化建设的出发点和目标。长期目标的设置是防止短期行为，促进企业健康发展的有效保证。

（3）管理理念。企业的管理理念，又称经营哲学，是企业领导者为实现目标而贯穿在生产经营活动中的基本信念。它包括企业长远发展目标、生产经营方针、发展战略和策略的哲学思考。管理理念是处理企业生产经营过程中所有问题的指导思想，确保资源有效发挥作用。它受到社会制度、周围环境等客观因素和企业领导者的思想方法、政策水平、实践经验等主观因素的影响。企业的管理理念在长期生产经营中形成，并为全体员工所认可和接受，具有相对稳定性。

（4）企业精神。企业精神是企业有意识地提倡培养员工群体的优良精神风貌，对企业现有观念、传统习惯和行为方式中积极因素的总结与倡导的结果，体现在全体员工有意识的实践中。企业文化是企业精神的源泉，而企业精神则是企业文化发展到一定阶段的产物。

（5）企业作风。企业作风是指企业及其员工在生产经营活动中逐步形成的一种带有普遍性的、重复出现且相对稳定的行为和心理状态，它包含两层含义：一是企业共有的良好风气，如团结友爱、开拓进取等；二是企业独特的特色风气，体现在员工的思想作风、传统习惯、工作和生活方式等方面。企业作风是约定俗成的行为规范，反映了企业文化对员工的综合影响。形成的作风会在企业中产生一定气氛，并影响员工群体的态度和行为方式，成为一种无形的力量。

（6）企业核心价值观。企业核心价值观是指企业在追求经营成功过程中所推崇的基本信念和奉行的价值观，企业核心价值观是企业中多数员工一致赞同的关于企业意义的终极判断，是一种企业人格化的产物。企业核心价值观作为企业人的共同信念，为企业生存和发展提供了基本的方向与行动指南，是不受内外因素影响而改变的行为，以及企业面临不确定性时达成内部一致性的依据。

除上述企业文化方面外，哈佛大学教授迪尔（Deal）及麦肯锡公司咨询顾问肯尼迪（Kennedy）曾对 18 家美国杰出公司（如安迅公司、美国通用电气公司、IBM）进行研究，认为企业文化可从企业环境、价值观念、英雄人物、仪式典礼、沟通网络五个方面表现出来（图 8-2）。仅介绍三种，具体如下。

（1）企业环境：因产品、竞争对手、顾客、技术及政府的影响均有差异，所以每个企业面临不同市场情况，要在市场上获得成功，每个企业必须具有某种特长，这种特长因市场性质而异，有的是指推销，有些则是创新发明或成本管理。简而言之，企业营运的环境决定了这个企业应选择哪种特长才能成功。企业环境是塑造企业文化的首要因素。例如，对于高科技企业，因技术变化非常迅速，产品力求创新，因此组织文化不可能大

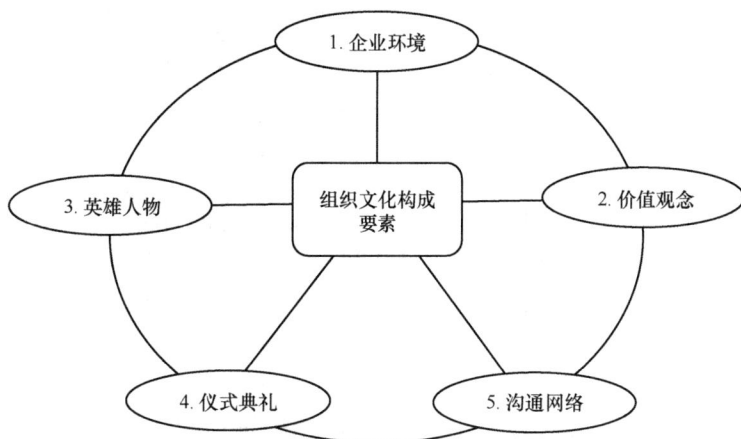

图 8-2 企业文化五大要素

过官僚导致制式化，而应讲求创新绩效、组织应变弹性、员工个人表现，以及满足 OEM（original equipment manufacturer，原始设备制造商）代工大顾客为优先的最高政策。

（2）价值观念：指组织的基本概念和信念，这是构成企业文化的核心。价值观念是以具体字眼向员工说明"成功"的定义——假使你这样做，你也会成功。因而，员工会在公司设定成就目标。

（3）英雄人物：上述价值观念借英雄人物把企业文化的价值观具体表现出来，为其他员工树立具体楷模。有些人天生就是英雄人物，如企业界那些独具慧眼的公司创始人。另外一些人则是在企业生涯过程中由时势造就的英雄。

4. 企业文化意义

企业文化是指企业中共同具有的价值观与信念。就个人而言，有其人格特质，借以推测其态度或行为。例如，企业积极创新、自由开放或消极僵化、保守谨慎，此即代表该企业特质，由此也可探知企业个人行为。企业文化主宰个人的价值、活动及目标，且可告知员工事情的重要性及处理方式。换言之，企业文化是一种员工的"行为准则"，潜移默化地改变员工的行为。

5. 沙因文化三层次模型

一般情况下，文化可以从多个不同层次来进行分析，这里的"层次"指的是作为参与者或观察者，你可以看到文化现象的程度。这些层次范围广，从可视、可感层次，到深层次的、无意识的、基本的假设，即我们所定义的文化或文化基因的本质。图 8-3 显示了文化分析的三个主要层次。

企业文化往往体现在三个层次上。其中，第一、第二层级是企业文化的实质内容，第三层级则是企业文化的表达形式（图 8-3）。因此，我们往往观察到的只是文化的表层。

作为最深层次的第一层次是企业的基本假设与前提。企业的基本假设和前提有五类。

（1）企业与环境的关系：人定胜天、人为环境的主宰；人为环境所左右；人需要与环境和谐相处。

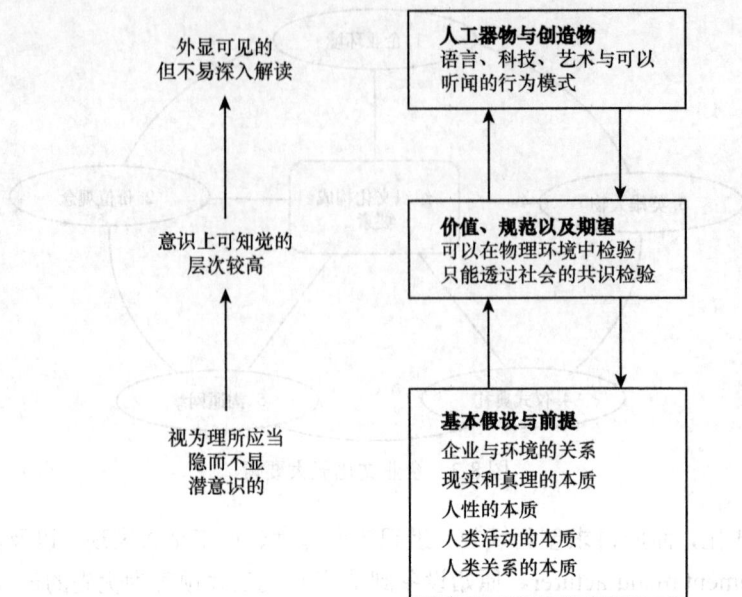

图 8-3　企业文化的层次及其互动

（2）现实和真理的本质：真理由外在权威人物所决定，或是经由个人研究和考验而定。

（3）人性的本质：人性本善、性本恶、性无善无恶、性善恶混合。

（4）人类活动的本质：成员均须接受统一标准考核，倾向于集体主义导向的普世主义；或者是应该依据个别考量予以考核，倾向于个人主义导向的特殊主义。

（5）人类关系的本质：成员与企业关系被认为是层级权威的上下直线关系、平行的团体取向关系或者是个人主义本质。

居于中间层级的为企业的价值、规范以及期望。主要是对企业员工和企业行为产生规范性、约束性影响的部分，它集中体现了企业文化的物质层及精神层对企业成员行为的要求，如企业的工作作风、企业风气、企业目标和企业道德等。

居于表层层级的则为企业的人工器物与创造物。物质层是企业文化的表层部分，是形成制度层和精神层的条件，它往往能够折射出企业的作风等，如建筑物的布局、室内空间的设计和布置、成员的衣着、产品的外观和包装、企业的纪念物等。

8.1.3　企业文化功能

企业文化的功能是指企业文化发生作用的能力，即企业文化在引导企业进行生产、经营、管理中的作用。任何事物都有两面性，企业文化也不例外。它对于企业的功能可以分为正功能和负功能。

1. 企业文化的正功能

文化对于企业的正面价值表现为以下四种正功能。

1) 凸显企业价值

企业以其独特的文化区别于同行，向客户和社会展示其独特的价值。例如，阿里巴巴以其"通过发展新的生意方式创造一个截然不同的世界"的梦想和"让天下没有难做的生意"的使命，区别于其他电子商务企业。企业文化一旦稳定之后，不仅会在企业内发挥作用，也会通过传播渠道对行业乃至社会产生影响。

2) 价值引导和约束

企业文化对组织整体及每个成员的价值观和行为取向具有引导、约束和规范的作用。企业文化通过企业的共同价值观不断地向个人价值观进行渗透和内化，使企业自动生成一套自我调控机制，以适应性方式引导企业的行为和活动。企业文化的约束不是基于制度的硬约束，而是一种基于理智的软约束。

3) 凝聚企业成员

一旦被成员共同认可，企业文化就会成为凝聚所有成员的黏合剂，使得企业充满向心力和凝聚力。共享目标和愿景的成员们易于形成合力，这正是企业获得成功的关键。另外，企业文化可以帮助新进成员尽快适应企业，使自己的价值观和企业相匹配。

4) 激励企业成员

优秀的企业文化能使企业成员从内心深处产生使命感和崇高感，从而最大限度地激发员工的积极性、主动性和创造性。企业文化发挥激励作用的方式，是一种无形的内在引导，不借助外在推动。通过企业文化的塑造，每个成员都能超越仅仅满足自我需求的层面，树立服务企业利益的观念。

2. 企业文化的负功能

在理解企业文化正功能的同时，管理者应当了解企业文化潜在的负面作用。

1) 创新和变革的障碍

任何企业都处在不断变化的动态环境下。如果企业的共同价值观与外部环境的要求不相符合，它就可能成为企业创新和变革的障碍。处于急剧动荡的外部环境下，企业文化越是根深蒂固，对企业的伤害可能越大，甚至导致企业出现致命性的失败。从这个意义上说，企业文化需要保持一定的灵活性。

创新型企业通常具有独特的企业文化，鼓励创新，包容失败。保守的、陈旧的企业文化，则阻碍创新。另外，在监控性较强的企业，规章、条例、政策限制了创新的自由度，阻碍创新；封闭的系统，只注重成功，不容忍失败，大大提高了创新的风险。

2) 多样化的障碍

由于种族、技能、价值观等方面的差异，新聘员工可能难以被企业中现有成员接纳。管理者希望新成员能够接受企业的核心价值观，否则，这些新成员就难以适应企业、被企业接受。成员思维方式的多样化是做出优秀决策的必要条件。但是，在一个强势的企业文化中，成员的价值观往往被迫与企业的价值观一致，即使他们内心并不认同企业的价值观，其后果是抑制了多样化优势。

3）兼并和收购的障碍

表面上看，在进行兼并或收购决策时，领导者所考虑的关键因素是融资优势或产品协同性。但是，如果两个企业无法成功整合文化，那么并购后的企业将陷于难以调和的矛盾、冲突乃至对抗。企业文化并非空洞的口号、统一的服装或年会活动，而是通过领导风格、变革观念、团队工作方式、对成功的理解等具体体现于全体成员的行为中。为推动有效整合和降低整合风险，领导者应当首先分析双方文化的相容性，如果差异极大则应放弃并购行动。在完成整合后，领导者应充分诊断和理解双方现有文化的优缺点，据此确定企业未来的新文化，通过制度建设、定期评估和调整等手段塑造、完善与巩固新文化。

8.1.4 企业文化的形成与发展

企业文化起源于创始人的人生哲学，在其发展过程中受高层管理者和普通员工的影响。

1. 企业创始人

创始人为企业勾勒出使命和远景，他们的个人哲学是组织文化的奠基石，对企业的早期文化影响巨大。

2. 高层管理者

随着企业的发展和规模的扩大，所有权和管理权逐渐分离，高层管理者对企业文化的影响逐渐增大。

3. 员工

员工对于企业文化的形成和发展并非完全被动接受。相对于企业的创立者和高层管理者的显性影响，员工对企业文化起着潜移默化的微调作用。虽然个体的力量微不足道，但是积土成山、集腋成裘，从长期来看，员工群体对企业文化的影响不可忽视。创立之初的企业，通常有着健康和积极向上的文化。但是，随着时间的推移以及伴之而来的不断膨胀的企业规模，企业可能产生官僚主义、权力滥用和腐败等现象。优秀的员工群体有助于遏制这些现象的发生。具体而言，企业应当招聘与企业有着共同价值观的员工，通过宣传企业的使命和愿景将企业价值观内化为员工自愿的追求，实施基于价值观的奖励与晋升机制，为员工提供广阔的职业发展空间。

4. 新团队文化形成的模型

第一阶段，形成：找到自己的身份和角色。
群体因某种目的而集合在一起，比如小组学习或执行某项任务。除非环境原因，如像事故等危急情况将一群人聚在一起，使他们陷入共同的境地外，一般群体都有一个召集人、领导者或创始人。

新群体成员会自动面临身份和角色的问题（在这个群体里我是谁？）、权力和影响力的问题（谁将控制这个群体？我自己的影响力需求是否会得到满足？）以及亲密关系的问题（我将如何以及在哪个层面上与这个群体的其他成员互动？）。无论组织结构如何，也不管召集人如何分配角色和陈述规范，新成员首先会面临这些问题。召集人的所用方法和风格将决定成员如何解决这些问题，正如我们将在案例中看到创始人创建公司的情况一样。如果没有专门为建立关系而设计一些非正式的活动，那么这个阶段的完成既可能像午餐一样简短，也可能持续好几年。但无论如何，该阶段将不可避免地与下一阶段重叠。

第二阶段，冲突：决定谁有权力和影响力。

为了厘清他们的身份、角色、影响力和同伴关系，群体成员首先明确地或含蓄地面对彼此，相互试探。毫无疑问，这种测试会从权力和影响力问题开始，将在面对召集人和任何新出现的领导人时凸显，召集人可以通过强硬地担任主席或强制性地依赖"罗伯特秩序规则"（Robert's rules of order）来"掩盖"这个问题，但该问题依然会在工作过程中出现分歧和挑战时浮现。正是由于这个原因，直接给一个全新的群体分配一项任务是不明智的：成员们会首先解决他们自己的身份问题，而不会对任务本身给予足够的关注。

召集人或创始人可以将群体冻结在第一阶段关系，让其自发成长和定位，或者通过更加个性化的自我个性展现激发第二阶段关系。企业创始人在第二阶段会产生巨大的影响力，通过招募、雇用和培训过程向团队充分展示自己，同时设定团队为完成工作而建立的正式系统。

第三阶段，规范：认可在何种层面上维护关系。

一些团队成员说，"为什么我们总是无视玛丽想要说的话"，或者"让我们完成这件事吧，乔似乎有正确的方向"，或者"我们都必须平等参与吗"。如果团队是相对开放的，有人可能还会说："对于这项任务，我认为我们应该让海伦成为领导者，因为她知道得最多；当需要快速执行时，皮特总是能够更快达成目的。"我们都希望保持专注和高效，还是想互相多了解一点？

亲密关系是每位成员终将面临的问题。召集人或领导者对此负有关键责任。他们需要明确指出成员具有的不同的才能和需求，令团队力量多样化，而不是具有同质性。这种洞见使得成员有可能用"我们互相理解、接受和欣赏"的现实来取代"我们彼此喜欢"的错觉。这种洞见助推第四阶段的到来。

第四阶段，表现：任务达成遇到的问题。

只有达到这个阶段，该团队才能真正利用资源有效开展工作。不幸的是，很多团队都陷入了第二阶段，成员们继续为影响力和权力而奋斗，或者在第三阶段，他们相信团队很棒、成员间彼此喜欢。在这两种情况下，成员们仍在思考自己在团队中的角色，因此无法充分关注团队的任务。领导者可以在问题解决方法、决策过程以及项目追踪和评估方法问题上，借鉴这个通用模型，创建企业文化。

8.1.5 领导者与企业文化

经过创建、冲突、融合，组织发展成一个有机的整体。伴随着组织的成长，组织内部逐渐形成共同的价值观和成员普遍接受的行为规范。企业成立的背景不同，所追求的目标不同，因此，企业都会拥有自己独特的企业文化。若没有文化的约束，组织成员的价值观不统一，行为也不一致，组织就会表现为一盘散沙。文化一经形成，组织就不再是一个简单地完成任务、实现目标的人员组合，组织就有了思想，有了传统。

一般来说，企业文化的产生基于企业遇到的问题以及解决问题的方法。在一些新的群体和组织中，大多数解决问题的方法源于这些组织的创始人和早期领导人：一位或数位高级管理人员制定并努力实施一种创意、经营思想或经营策略，这时，企业高级领导人员的思想极大地影响着新建企业的发展和员工的思想；但随着群体的发展，群体成员会找到自己独特的解决问题的方法并取得成功；最后，企业文化逐渐明晰，它包含了企业创意思想和经营策略，并反映了人们实施这些策略的经验体会。当群体面临新问题，需要寻找新的解决方法时，领导人总是扮演重要角色。企业的高级领导人员在企业文化的形成中发挥了先导作用，而且影响是十分深远的。约翰·科特提出了企业文化产生的一般模式，如图 8-4 所示。

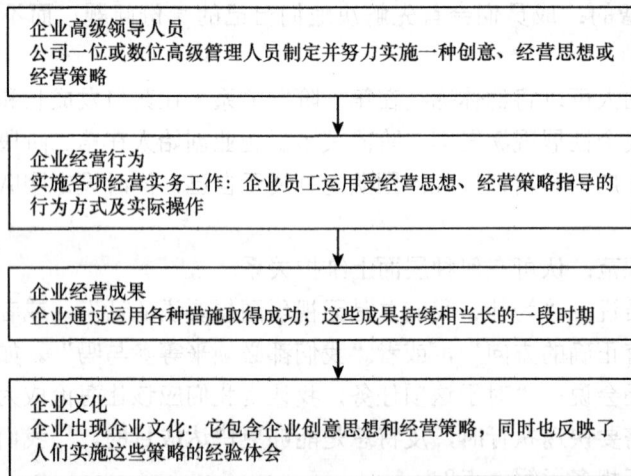

图 8-4　企业文化产生的一般模式

企业文化产生的另外一个必要条件是企业成员长期相互交往，无论从事何种经营活动，都取得了相当的成就。在处理新问题时，持续重复使用的解决方法成为企业文化的一部分。这些方法有效使用的时间越长，它们就会越发深刻地融入已有的企业文化之中。

企业文化的形成是个艰辛的过程，那种希望快速建立企业文化的想法显然是不现实的。如果那样，文化就仅仅是种形式，停留在表面上，不能切实地为绩效和企业目标服务。另外，企业文化的建设需要企业成员的积极参与。一方面，文化本来就源自企业成员；另一方面，文化指导和影响每个成员的行为。如果每个企业成员都像企业领导者那样投入文化建设，文化也就有了更加丰厚的发展土壤，其对企业的积极影响也就更加显著。

为了使企业文化能持续地支持企业的发展，不仅在企业文化形成初期，在企业文化后续建设过程中也都非常需要领导者的积极投入。具体来说，领导者在企业文化建设中还应当扮演好以下八种角色。

1. 创造者

企业文化建设，首先要求领导者创造企业文化。创造企业文化，不仅对于那些尚未形成企业文化的"幼年"企业是必需的，对于企业文化已经形成的成熟企业也是少不了的。任何一个企业，要形成并保持自己在文化上的生命活力，适应不断变化着的企业内外环境，就应当不断地创造新的文化内容，从而使企业文化不断丰富，不断完善，日益优秀并强大起来。文化创造者的角色要求领导者保持开放的心态、有对内外环境变化的敏感性以及积极的学习精神。虽然文化创造不是一件容易的事情，但却是领导者必须亲力亲为的重要职责。

2. 倡导者

企业文化建设要求领导者成为本企业文化的积极倡导者。领导者创造的优秀企业文化或文化样式，不经过一而再，再而三地倡导，就难以变为企业全体成员共同享有的文化。有的领导者创造性强，经常提出许多先进的新观念和新思想，制定出一些新规范和新方法，但他们不善于积极倡导，又缺乏有力的支持，因此，他们创造发明的文化往往游离于企业文化价值规范体系之外，对本企业文化没什么实质性影响。文化倡导者的角色要求领导者反复宣传已经形成的文化。在这个过程中，组织中可能会出现抵触情绪，领导者必须保持坚韧不拔的精神状态，并且坚定不移地推动各项文化建设工作。

3. 组织者

企业文化建设要求领导者成为企业文化建设的组织者，企业文化建设是项错综复杂、旷日持久的系统工程。这项工程的顺利实施有赖于认真审慎的组织工作。因此，领导者应当亲自承担企业文化建设的组织工作，扮演好组织者的角色。在具体实践中，许多企业在发展过程中其实已经形成了一些朴素的价值观和约定俗成的行为方式，但这些文化要素还是以零部件的形式散落在企业的各个角落。因此，把这些文化要素组织好并且制度化，才不会因某些领导者的离去而导致文化的瓦解，这将是一项十分艰巨的任务，也是领导者必须承担的责任。

4. 指导者

企业文化建设要求领导者成为团体和员工从事企业文化建设的指导者。团体和员工会遇到困惑与问题、冲突与挫折，对新的文化价值规范会感到难以适应，对旧的思想观念、风俗习惯会感到难以摆脱，在这种情况下，领导者应当帮助团体和员工，给予及时而有力的领导。

5. 示范者

企业文化建设要求领导者成为组织成员的示范者、认同的对象、模仿的榜样。每个领导者应该争取成为企业的英雄楷模。榜样的力量是无穷的，领导者只有在员工心目中树立起高大的形象，为广大组织成员所衷心敬爱、拥戴和崇拜，他们所倡导的文化价值规范才会真正被组织成员接受和认同。

6. 激励者

企业文化建设不仅要求领导者身体力行，成为组织成员的示范者，而且要求他们成为激励者。领导者只有不断激励员工，员工才能发挥出参与企业文化建设的主动性、积极性和创造性。激励是领导者的基本功能。不善于激励的领导者，就不是优秀的领导者。

7. 培育者

企业文化建设要求领导者成为人才的发现者、选拔者和培育者。培育文化建设骨干和英雄楷模，是领导者义不容辞的职责。骨干和英雄楷模是领导者领导企业文化建设的基本依托，没有骨干和英雄楷模，领导工作也无法实现。

8. 诊断咨询者

企业文化建设要求领导者成为本企业的文化诊断咨询者。文化不应该是刻板的、静止不变的，或者是落后于时代的。否则，企业就会因为无法适应环境而遭受损失。在企业文化的动态发展过程中，组织往往需要专家的诊断咨询。但是专家，尤其是外请的专家有其局限性，因此，企业文化方面的诊断咨询，最好由领导者亲自参与。

领导者在文化建设中扮演的这些角色充分说明领导者对于文化的重要性。为了建立企业文化，领导者不仅需要掌握丰富的知识和娴熟的技巧，更要具有执着的追求和非凡的勇气。在建立文化的过程中，领导者经常要挑战既有的习惯和人们思想中根深蒂固的观念。这个过程定是困难的，但却是值得的。文化学的研究揭示出：文化虽然是由人创造的，但它被创造出来之后，又反过来作用于人，支配着人们的生产方式、行为方式、生活方式和思维方式。领导者亲自建设的企业文化将有力地支撑领导系统。

8.1.6　企业文化、绩效与变革

Ogbonna 和 Haris（2002）对 20 世纪 80 年代以来有关组织文化对组织绩效的影响的各种研究成果进行了归纳总结。他们指出，"特质学家"提出一个公司为了取得成功需要形成自己的文化特性（比如，与客户保持紧密联系）。许多公司根据这些研究成果做了大量的工作努力，但是却只取得很有限的成功。到 20 世纪末，学术研究开始对文化与绩效之间的联系提出质疑并批判特质理论。汤普森（Thompson）和麦克休（McHugh）回顾了第一代研究成果，这一代研究成果声称强势文化不仅存在，而且正是公司取得更好绩效或者成为优秀公司的原因所在。他们指出少数美国和英联邦公司的例子[比如，IBM、Marks and Spencer（马莎百货）]，这些例子已经被反复不断地引用过。他们重视将趣闻轶事作为证据，并且使用一种不确定性的研究方法，这种研究方法将信仰和公司的经济绩效联系起来，并且将任何管理成果的取得都归功于强势文化，根本就没有考虑市场或者环境变量。其中的一些证据来源于同管理者的访谈，这些管理者讲述他们怎样通过努力使员工积极努力地工作并极大地改善组织绩效。

在一些有关组织文化与组织绩效之间关系的研究成果中，Ogbonna 和 Haris（2002）研究认为，虽然一些学者一直维护他们所在的联盟，但是他们的态度不再那么强硬，底气不再那么足。比如，他们强调文化与组织绩效之间的联系取决于一个公司所拥有的某种文化特性，这些文化特性有足够强的适应能力。当代的观点认为，持续的竞争优势来源于组织所拥有的能力，这些能力既优于其竞争对手，也不可能为竞争对手所复制效仿。同时这种观点还认为，如果一个公司的文化成为其竞争优势的一个来源，那么这种文化必须是稀的、适应性强的，并且是不能模仿的。不管未来研究结果如何，人们不可能获得对这个问题的明确答案。这是因为文化的概念很难用于实际操作和应用；影响公司绩效的因素有很多，而且是经常变化的，同时将文化对绩效的贡献单独区分出来也是很困难的，几乎不可能；管理顾问和管理者坚持说"文化产生差异"，这只是他们的兴趣偏好而已，事实可能并非如此。

文化变革的发起者如何成功地将公司理念植入公司员工的头脑中呢？汤普森和芬得利注意到，对于这个问题的答案取决于哪些事情正被改变以及存在哪些困惑。他们指出，在历史文献中存在两种有代表性的观点。一种观点认为，文化是一系列的政策或者行为。一些大公司接受这种观点，它们已经进行了许多不切时宜的变革规划，打着"革新文化"的口号来给他们的变革寻找合理性和指导。这些变革规划导致员工对他们当前的信仰、行为方式和价值观提出质疑。另外一些公司接受第二种观点，它们已经引进更多具体的创新成果，如在服务部门实行客户关怀计划，这个计划已经详细地向员工说明当面对面地同客户交谈或者打电话交流时应该怎样沟通。

当回顾了过去一个世纪以来的经验性的研究成果后，汤普森和芬得利指出，管理者仍然不能控制员工的灵魂。当发生诸如此类的文化变革时，员工会做出各种反应，包括保持距离静观其变、冷嘲热讽、强烈地反对并辞职等行为，以表示不服从，而不是内化一些价值观或者态度。霍普（Hope）和亨得里（Hendry）认为，变革发起者关注行为的改变而进行的变革更可能取得成功，而试图诱使人们形成共有的价值观的变革则难以实现。试图诱使人们形成共有价值观的变革的发起可能会造成一些意想不到的后果，导致各利益方均为输家。这点是由 Ogbonna 和 Haris（2002）提出的，他们指出，现在许多理论学家认为，虽然组织文化会发生变化，但是变化的方向和其造成的影响根本不可能是管理者所能预料到的。

社会工程学对当今工作场所的一个研究方向是文化变革规划有效的程度。考虑到员工要与其所在的公司和公司制定的目标保持一致并学着热爱自己的公司，文化变革规划可能会受到局限。汤普森和芬得利认为，出现这种情况，主要存在三方面的原因。第一，大部分公司连成功地经营自己的业务都遇到很多的困难，更不用说要管理控制员工的"内心和思想"。第二，管理层在制订这些变革计划时，员工会深刻地意识到管理层的动机，其中许多变革规划可能会使员工产生不满意感和不信任感。第三，自 20 世纪 90

年代以来，工作场所中鼓励员工具有长期奉献精神的辅助性条件变得缺乏或者越来越少了。对于管理者而言，日益提高的监督以及个人的不安全感影响他们对保持长期忠诚的价值的评估。像管理者这样的职业人员所承受的压力日益加大，他们的自主权日益减少，而且有关他们身份和专业才能的质疑越来越多。反过来，他们对自己的忠诚奉献精神持有怀疑的态度，往往更倾向于更加利己的管理方式。对于管理层和员工这两个群体而言，面对新的商业经营环境，大部分公司会采取延迟行动、缩小规模、岗位外包的策略应对，员工很难培养起积极的公司精神。

8.1.7　企业文化的维度与测量

企业文化被认为是企业整合内部流程和适应外部环境的重要手段。与西方关于企业文化的大量研究文献相比，我国的学者及从事实践的人对我国企业的企业文化了解相对较少。我国企业正经历着一场根本性的变革，不得不面对重大经济变革的挑战和来自国际企业的竞争。随着国有企业改革的不断深入，民营企业不断发展壮大，外资企业也纷纷进入我国，我国的企业日益面临全球化的竞争。在这一变革时期，很多已经固化的行为模式会被打破。那么，在转型式经济背景下我国企业的企业文化，其实质到底是什么呢？是否存在具有概括性的企业文化的本质特征？不同所有制企业之间的企业文化有什么差异？

在这一节中，重点介绍我国企业的企业文化维度的研究现状，并将我国的企业文化维度与西方企业文化维度进行比较，探索我国经济环境下企业特有的文化维度。

企业文化被定义为"一种基本的行为模式"和"价值观"或"信仰"和"行为准则"。企业文化是"在一定的社会经济条件下通过社会实践所形成的并为全体成员所遵循的共同意识、价值观念、职业道德、行为规范和准则的总和"，是一个企业或一个组织在自身发展过程中形成的以价值观念为核心的独特的文化管理模式。那么，如何确认或测量一个企业核心价值观的类型和强弱呢？

1. 西方企业文化测量与维度研究现状

许多学者已经提出了不同的企业文化测量工具和维度。从组织层面看，主要有三种常见的企业文化测量工具。

（1）Cameron 和 Quinn（2006）提出了组织文化测评量表（organizational culture assessment instrument，OCAI）。这一量表基于竞争价值框架（competing value framework，CVF）模型。竞争价值框架模型有两个主要的成对维度（灵活性-稳定性以及内部导向-外部导向）。

（2）Denison 和 Mishra（1995）提出了 Denison 组织文化测量（Denison organizational culture survey，DOCS）模型。这一模型也是基于竞争价值框架模型开发出来的测量工具。不同于 OCAI 的是，DOCS 是运用扎根理论研究方法通过定性研究构建出来的一个能够描述有效组织的文化特质理论模型（theoretical model of culture traits，TMCT）。该测量模型由四种特质组成，四种特质又由 12 个子维度构成：创造改变、关注客户、组织学习

（适应性特质的子维度）；战略方向、目标、愿景（使命感特质的子维度）；协调与整合、一致共识、核心价值观（一致性特质的子维度）；授权、团队导向、能力发展（相容性特质的子维度）。

（3）Hofstede（霍夫施泰德）提出了多维度组织文化模型（multidimensional model of organization culture，MMOC）。他认为，企业文化由价值观和实践两个部分构成，其中价值观部分由三个独立的维度组成（安全需要、以工作为中心、权力需要），实践部分由六个独立的成对维度组成（过程导向-结果导向、员工导向-工作导向、本地化-专业化、开放系统-封闭系统、松散控制-严密控制、标准化-实用化）。Hofstede 的研究进一步指出，不同组织之间的文化差异主要通过实践部分的六个维度来显示，实际应用中应该更多关注企业文化实践部分的六个维度。

从个体层面看，常见的企业文化量表为 O'Reilly 等（1991）开发出来的"组织文化全貌"（organizational culture profile，OCP）量表。O'Reilly 等（1991）通过广泛的文献回顾确认出 54 种价值陈述并对其采用 Q 分类（Q-sort）方法研究，从而发展了 OCP 量表。完整的 OCP 量表由 54 个测量项目构成，共 7 个独立的维度：创新、业绩导向、对人的尊重、团队导向、稳定性、进取心和注重细节。

2. 中国企业文化测量与维度的研究

赵琼（2002）在介绍国外企业文化研究进展时发现，与国外企业文化研究的迅猛发展相比，我国的企业文化研究还停留在相对浅显的阶段。虽然也有一些关于企业文化的研究，但是大多数是以介绍和探讨企业文化的意义及企业文化与社会文化、企业创新等的辩证关系为主，真正有理论依据的定性研究和规范的实证研究为数甚少。

金思宇（2002）指出中国企业文化建设研究方兴未艾，从定性描述转向定量分析，范围扩展到微观组织和非公有经济实体。但整体上，硬性研究多于软性研究，阐述概念多于实证研究，而且研究的系统性、层次性、可操作性不强，我国学者对企业文化的严谨的实证研究还非常少，现有的定量研究大多集中于如何评价企业文化，通常采用模糊评价法，建立一套基于诊断和评价企业文化的指标体系。

具体而言，现在缺乏对我国企业进行系统研究的成果，如对企业文化的维度、企业文化的类型，以及这些维度与类型对工作结果影响的研究。

郑伯埙（2004）在沙因企业文化研究成果的基础上，通过考察我国台湾地区企业文化的特征，构建了 VOCS（value in organizational culture scale，组织文化价值观量表），共分为九个维度：科学求真、顾客取向、卓越创新、甘苦与共、团队精神、正直诚信、绩效导向、社会责任和敦亲睦邻。通过将其研究结果与汤姆·彼得斯（Tom Peters）和罗伯特·沃特曼的发现进行比较，郑伯埙辨认出四个独有的维度——正直诚实、社会责任、绩效导向和敦亲睦邻，这四个维度是我国台湾地区企业所特有的。

除了郑伯埙（2004）对我国台湾地区企业文化的研究，学者对我国企业文化的研究兴趣大多集中在国有企业上。例如，马华维（2001）就将我国一家典型国有大型电力公司作为研究对象，得出国有企业员工所具有的传统价值观念主要为忠孝仁和、重义轻利，企业文化实践方面的维度为工作倾向、实效性、结构化、沟通度、客户导向、集权化等六个维度。显然，这一结果和 Hofstede 等（1990）的六个维度（过程导向–结果导向、员工导向–工作导向、本地化–专业化、开放系统–封闭系统、松散控制–严密控制、标准化–实用化）有很强的相似性，而在集权化、客户导向维度方面与 Hofstede 等（1990）的六个维度中的"过程导向–结果导向""本地化–专业化"有所区别。

相比之下，Xin 等（2002）的研究则更具创新性。他们通过开放式定性调查和焦点小组讨论的研究方法辨认出我国国有企业文化的十个维度，其中六个维度（员工发展、和谐、领导行为、实用主义、员工贡献和公平奖惩）与内部整合功能相关，另外四个维度（业绩导向、顾客导向、未来导向和创新）与外部适应功能相关。其中部分维度与西方的框架相似，而其他一些维度则是我国企业所特有的，如顾客导向、公平奖惩、员工贡献、未来导向、领导行为等。

刘理晖和张德（2007）则通过对 6 家大型国有企业的质性分析，从两个角度将组织文化氛围定义为 12 个要素，并在 252 个企业中进行模型验证。第一个角度是组织对利益相关者的价值判断，有四个组织文化要素与其相关，分别是长期–短期导向、道德–利益导向、客户–自我导向和员工成长–工具导向。第二个角度是组织对管理行为的价值判断，有八个文化要素与其相关，分别是学习–经验导向、创新–保守导向、结果–过程导向、竞争–合作导向、制度–领导权威、集体–个人导向、沟通开放性–封闭性和关系–工作导向。学者进一步将这八个要素用两个维度、四个象限进行划分，四个象限分别是关注平衡、关注发展、关注组织和关注人，四个象限分别代表动力特性、效率特性、秩序特性和和谐特性四种不同的特性。

在 Xin 等（2002）研究的基础上，Tsui 等（2006）将研究的样本扩大到私营企业和合资/独资企业，通过探索性因子分析（exploratory factor analysis）和验证性因子分析（confirmatory factor analysis）等分析方法，确认了我国企业文化的维度，构建了适合不同类型企业的企业文化测量量表，包括员工发展、人际和谐、顾客导向、结果导向、勇于创新五个维度。

伍华佳和苏涛（2009）选择我国知名的分布在各行各业的国有企业、股份企业、私营企业，对其企业文化关键词进行提取分析，并且对上海、江苏以及浙江的 209 家企业进行问卷调查分析，结合苏氏的东方管理文化 15 元素，将东方管理文化元素修订为 19 个，即人、变、和、道、卖、法、威、信、勤、术、圆、器、效、谋、群、责、危、勇、德。学者进一步通过因素分析的方法将这 19 个元素归纳为八个维度，分别是勇谋、修己、人缘、创新、实效、为人、重礼和人和。209 家企业的企业文化在维度 1～6 表现为中等，在维度 7 表现为强，在维度 8 表现为弱。

戴化勇等（2010）则对 5 家企业进行了深入而细致的访谈，并且借鉴了 Quinn（奎恩）和 Cameron（卡梅隆）的 OCAI 以及 Denison 和 Mishra（1995）的 DOCS 和现有的企业文化维度的研究，编制出具有我国特色的企业文化测量量表，包含 56 个测量变量。学者将此量表向我国 22 家企业发放并回收了 253 份有效问卷，通过主成分分析法，筛选后的 48 个测量变量可以分为八个维度，分别是合作与分享、企业社会意识、创新、规章制度、归属感、企业战略、以员工为中心、以客户为中心。

徐尚昆（2012）通过对 12 个 EMBA 班的学员进行开放式问卷调研和典型文本分析，

得到了代表我国企业文化的 12 个概念维度。这 12 个概念维度可以根据内部整合、外部适应、灵活性、稳定性角度分为参与性（内部整合–灵活性）、一致性（内部整合–稳定性）、适应性（外部适应–灵活性）、使命（外部适应–稳定性）四大类，具体概念如图 8-5 所示。

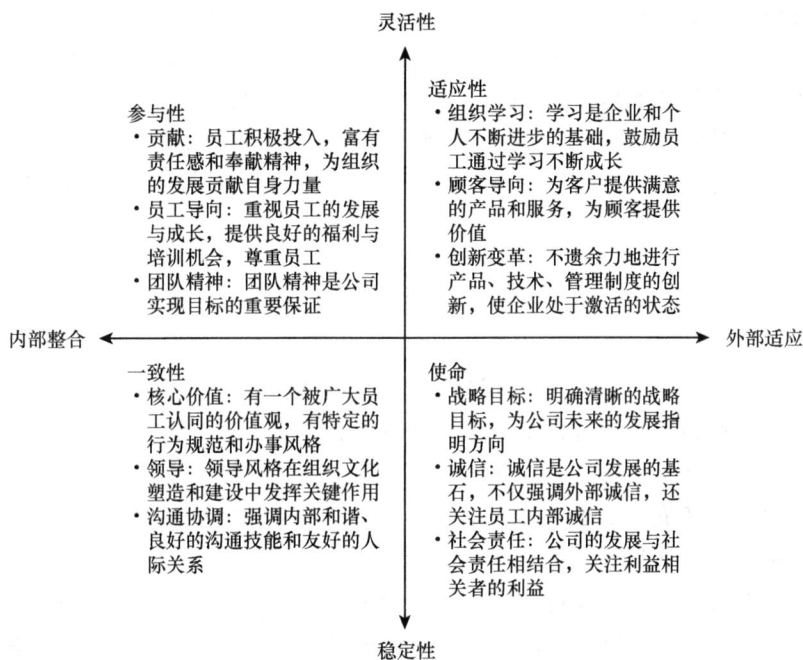

图 8-5　我国企业中的组织文化概念维度描述

3. 中西方企业文化维度对比

Tsui 等（2006）的研究还将总结出的中国企业文化维度与西方文献中经常提到的企业文化维度[如 O'Reilly 等（1991）的研究]进行对比。我国企业文化包括员工发展、人际和谐、顾客导向、结果导向和勇于创新五个维度；O'Reilly 等（1991）发展出的 OCP 量表确认出的七项企业文化维度包括创新、业绩导向、对人的尊重、团队导向、稳定性、进取心和注重细节。其中，"员工发展"这个维度类似于 O'Reilly 等（1991）得到的"对人的尊重"，但在我国的环境下，"员工发展"比"对人的尊重"具有更为广泛的含义，它不仅意味着对员工的尊重，给员工提供良好的工作环境，更包括"挖掘员工潜力""重视员工""关心员工"的人本思想。"人际和谐"这个维度与 O'Reilly 等（1991）的"团队导向"有一定程度的重叠，但在我国的组织环境中，它不仅强调在工作上的团队合作，还意味着员工在情感方面的相互理解和融合，如"友谊""情感表达与共享""相互尊重与信赖""同舟共济"等典型陈述。"顾客导向"是我国企业文化所特有的。O'Reilly 等（1991）的企业文化测量工具中没有明确提及相似的维度。另外两个维度（结果导向和勇于创新）与 O'Reilly 等（1991）提到的"业绩导向"和"创新"有基本相同的意义。但对我国企业而言，"结果导向"更偏重"对社会负责"和"公司利益与社会利益的平衡"；而"勇于创新"不仅强调"创新、把握机遇、冒险"，还包括不断进步、组织学习等意义，这和 O'Reilly 等（1991）提到的"进取心"维度有一定程度的重叠。而且 O'Reilly 等（1991）的"进取心"维度与我国企业文化中的"结果导向"在"追求卓越""对社会负责"方面也有重叠。

因此，我们可以发现，我国企业文化维度与 O'Reilly 等（1991）提出的西方企业文化维度既有相同之处，也存在差异。但相同是主要的，主要维度有勇于创新（创新）、结果导向（业绩导向及进取心）、员工发展（对人的尊重）、人际和谐（团队导向）。尽管相同维度下所包含的意义不尽相同。在差异方面，西方企业除了强调诸如"注重细节"外，还特别重视"稳定性"，这反映了其在成熟市场经济环境下对长期稳定和风险规避的关注；而我国企业则独有"顾客导向"这一维度，体现了转型经济时代对市场需求和灵活应变的重视。

8.2　愿景型领导

禾风美宜的创业之旅

随着现代工业和交通的迅猛发展，部分城市长期处于城市扬尘、机动车尾气、煤烟尘和工业废气的复合型污染之中。创始人由于身处于这一环境中，因此看到宜居行业具有长期发展的外部环境，恰逢遇到了合适的产品、合适的时机，创业之火一点即燃，创立了四川禾风美宜科技有限公司。

四川禾风美宜科技有限公司专注于空气净化、水净化、中央空调和室温调控系统的销售、设计安装及保养维修业务，旨在为客户提供一揽子的室内环境控制解决方案，创造舒适、智能且环保的生活和工作环境。创始人自创业之初便始终坚守稳健的发展方向，逐步将产品推向市场并成功占领了一部分市场份额。四川禾风美宜科技有限公司的初创成功，在很大程度上源于创始人深刻而明确的创业愿景。这个愿景就是构造一个能够远离空气污染的室内环境，确保提供舒适、健康、智能以及环保的居住、办公及学习环境，以此解决外部环境对健康的威胁。这个强烈的信念不断激励他推动公司前行，不断寻找更为科学、高效的运营方式和市场战略，积极地探索更为适宜的发展路径和改革策略。面对复杂的公司内外部环境、时刻变化的市场趋势，公司以实现"将健康和舒适普惠大众"的美好公司创业愿景为主线，围绕着这一愿景思考应如何发挥自身的优势，保住创业初期的发展态势，并在今后的竞争市场中抢占有利地位。

资料来源：作者根据相关资料整理而成。

1. 创始人的创业愿景在公司初创期发挥了什么作用？
2. 禾风美宜的愿景将其未来指向了何方？
3. 你还听说过哪些企业的愿景？

8.2.1　愿景

愿景是指一个充满吸引力的、理想的未来，它可信但又不容易达到。愿景是可以使每个组织成员对于未来的雄心壮志坚定信念，是可以达到的优于现实的光明前景。金融危机之后，已经连续多年都达到预期目标的渣打银行的领导者发出了一个简洁的声明，"Here for Good"，这反映着渣打银行一心做好、始终如一的愿景。这样的愿景点燃了人们的希望，也重新激发了他们的自豪感。

在非营利性组织中的领导者同样也需要设立愿景，以便员工们了解这机构将走向何方。例如，美国大芝加哥食品存储中心（Greater Chicago Food Depository）的领导者就有这样一个愿景："消灭饥饿"。该机构赞助了一项为期 12 周的活动，旨在向那些有强烈意向找到新工作的低收入、低技能的工人传授基本厨艺、生活技能，并帮助他们培养在职场中至关重要的能力，如守时、团队协作、承诺和个人责任感，以使每个人都能找到一份理想的工作。帮助穷人改变生活的愿景让员工们干劲倍增，这种效果远非仅向低收入者发放食品所能达到的，愿景对于像大芝加哥食品存储中心、联合之路（the United Way）及救世军（the Salvation Army）等非营利性组织的重要性与其对可口可乐、Google、美国通用电气公司等商业组织的重要性一样，事实上，非营利性组织甚至比商业组织更需要愿景，因为它们没有盈利或损失这种反馈。

愿景是一盏指路明灯，让每个成员都沿着同一条路通向未来。愿景基于现时的情况制定，但它描绘了一个和保持现状有本质不同的未来。把组织或者团队带上这条通向愿景的道路需要领导。把领导和理性管理进行比较，后者只会引向现实情况。

8.2.2　愿景的作用

愿景在很多方面都有重要作用。一个有效的愿景能将未来和现在更好地联系在一起，让员工们变得更加活跃，让他们更能专心地工作，也更能知道自己工作的意义，同时也能为"工作优异"定下标准，让员工们更诚实地为企业工作。

愿景连接过去和未来。愿景将现在企业做的事情和企业渴望在未来做的事情联系在了一起，愿景通常描绘的是未来，但是它却将此时此刻企业的状况作为开端。在 Google，员工都有着同一个愿景，即在全世界范围内统一数据和信息，在未来的某一天借助网络彻底抹除语言障碍。他们建立了适用于当今需求的服务，但他们同样致力于展望未来并创造出一些能够促进其他更广泛应用的产品及服务。

在组织内部，在到期之前完成任务，促成大额订单，解决即时的问题，完成具体的项目所带来的压力都是真实存在的。有些人提出作为一个领导者需要有"双焦愿景"，在能照顾到今日的需求和完成义务的同时，保持一个长远的目光。比如杜邦公司，许多公司的高层管理者与管理人员常规性地回顾短期运作目标，反映目前的焦点问题，相比之下，杜邦公司长久以来不断成功的原因在于领导者能洞悉未来形势，能把握机遇。在其刚开始运营的时候，杜邦公司的业务组合从生产火药转为生产精细化工品。而今天，杜邦公司的核心领域已经变成了生物科技和生命科学领域。

愿景能激励人并使人保持注意力。当人们对组织所期望的未来有一个明确认识的时候他们可以帮助该组织达成期望。很多人愿意花费时间及精力在他们相信的项目上，如政治选举、社会服务、环保事业。一个明确的愿景使人们清楚他们应该做些什么，以及哪些是不该做的。有些时候，对于建立理想的未来而言，那些没做的事情就像做了的事情一样重要，举例来说，TeamBank 作为德国合作银行旗下一个快速增长并盈利的分支，有一个愿景是"成为一个对客户金融负责的合伙人"。基于这个愿景，经理们选择不去触碰销售点金额，因为他们明白大众经常会一时冲动去贷他们以后偿还不起的款。与此相似的是，当员工们为客户提供贷款时，他们知道不要考虑居住区域的社会经济分数，因为这有违公司的愿景。

愿景赋予工作意义，不仅单纯追求结果，同时能够使员工体会到工作的内在价值和目标。大多数时间人不会愿意因为增加利润去做情感上的承诺，但他们经常会急于对一些真正有意义的事情做出承诺，比如使人生更精彩或者改进整个社会。譬如亨利·福特（Henry Ford）对福特汽车公司提出的原始愿景——创建一个更美好的世界，让每个人都能自由出行，追逐梦想。福特的员工被他的愿景激发，因为他们意识到这是一个能使他们和其他人生活进步的机遇。

人们希望能在他们的工作中找到意义与尊严。如果他们的工作拥有一个更大的目的，那么连做着日常任务的员工都能在工作中找到骄傲。举例来说，一个保险员认为他的工作帮助火灾或者入室盗窃的受害者重新步入生活正轨，他对这份工作的感觉会与一位认为自己在处理保险理赔的人完全不同。"人们想完成伟大的事情"，美国联合包裹运送服务公司前 CEO 迈克尔 L. 埃斯丘（Michael L. Eskew）说道，"他们想有所作为"。

愿景会建立卓越和诚信的标准。一个有力的愿景使人们脱离平凡，因为它会提供给他们一个需要自己尽最大努力的挑战。安托万·德·圣-埃克苏佩里（Antoine de Saint-Exupéry）说过的一句话很好地诠释了领导愿景，"一座石堆在一个人的脑海里被建成一座宏伟的教堂的时候，就不再是一座石堆了"。愿景还提供给员工们一个测量自己对组织贡献的标杆，绝大部分人需要这样一个可以看到自己的工作如何融入整体的机会。试想一下，当看电影的时候投影仪没有对上焦该有多令人烦恼。在如今这样一个复杂的、瞬息万变的商业环境里，没有对上焦的事情经常发生。一个愿景就是焦点。它能绘出一个有着光明未来的画面，并使大众看清他们自身所做的贡献。一个愿景表达一个挑战激励人们向着未曾到过的远方前行。一个好的愿景阐明并连接一个组织的核心价值观及理念，从而建立员工诚信的标准。一个好的愿景最能激发员工最大的潜力，因为它照亮重要的价值，与员工交心，并使他们成为一个高于他们自己本身的组织的一部分。

8.2.3 愿景的共同主题

强有力而有效的愿景通常有四个主题：有广泛的吸引力；能帮助组织应对变革；能体现崇高的理想；能确定组织的终极目标及实现的基本规则。

（1）愿景有广泛的吸引力。虽然愿景只有通过人们的实际执行才能实现，但是很多愿景并不能得到员工的充分参与。被孤立的领导层很有可能想出一个宏伟但却被员工认为滑稽的设想。他们可能会忘记达成一个愿景最需要全组织共同的理解及努力，一个愿景不能单单是领导层的财产，一个理想的愿景要被整个组织认同。它能聚集所有人的注意力，并激励所有人一起向这个愿景努力。

（2）愿景能帮助组织应对变革。有效的愿景帮助组织应对巨大的变革。网络电商巨头亚马逊早期的愿景是"地球上最大的书店",这个愿景实现了,公司的经营范围扩张到了所有类型的商品,甚至加入了副食。杰丁·帕雷克早年加入亚马逊并帮助开发Kindle,回忆起贝索斯问他亚马逊 20 年以后应该做什么,帕雷克说,"CEO 会去想这么久以后的事情,这本身就是一件了不起的事情"。变革有时候是一件令人畏惧的事情,但是一个明确的方向感能帮助人们面对变革过程中带来的困难与不确定。当员工们有一个明确并一以贯之的指导愿景时,整个组织日常的决定及行为会响应当今的问题及挑战并带领组织走向未来。

(3)愿景能体现崇高的理想。好的愿景是理想化的。愿景是一个对于我们人类基本需求的感情上的呼吁——感到重要及有用,去相信我们可以在这个世界上有所作为。一个描述着光明未来的愿景有能力去启发振奋人们。举例来说,当肯尼迪总统宣布美国国家航空航天局(National Aeronautics and Space Administration,NASA)的愿景是在 1970 年以前将人类运送到月亮上的时候,NASA 只有为数不多的一点关于达成这个目的的知识,但在 1969 年 7 月,这个愿景成为现实。另外一个例子,来自商业公司高通(Qualcomm),它的 CEO 保罗·雅各布斯(Paul Jacobs)构建了一个理想化的愿景,使无线网络的容量增加 1000 倍,以及提供微型家用信号塔。因为市场需要无线信息传输,家庭同样有此需求,使用纸牌大小存储器可以插入家用计算机。高通的员工孜孜不倦的研发使这个愿景变成现实。当每一个成员明白并拥护一个愿景的时候,一个组织开始自我适应。虽然每一个个体的行为都是独立的,但每一个人都在同一个方向出力。在新的科学里,这个被称为自我参考原则。自我参考意味着在一个系统里的每一个元素都形成了对于系统的整体理解,并为整个系统的目标服务。因此,愿景的作用是为了人们自己和组织的利益指引并控制他们。

(4)愿景能确定组织的终极目标及实现的基本规则。一个好的未来愿景包括一个具体的组织希望实现的目标。它还整合基本价值来帮助一个组织实现其期望目标。举例来说,一个私立的商学院可能会有一个明确的目标,比如排名前 20,使 90%的学生都能有暑期实习,使 80%的学生在毕业的时候能找到工作。但在实现这些愿景的过程中,该学校还想让学生增长商业知识、建立道德价值观、学习团队合作,以及帮助他们准备好面对人生。另外,这个愿景可能还包含潜在价值观,比如各学科之间互相融合渗透,师生之间密切接触,对学生福利的真正关注并增长学生的商业知识等。一个好的愿景不仅包括理想的未来成果,还包括能为实现这些成果制定规则的潜在价值观。

8.2.4　愿景领导理论

愿景的英文单词是"vision",源于拉丁文"videre"(看见)。从字面上理解,愿景隐含了两层意思:其一是"愿望",是有待实现的意愿;其二是"景象",是指具体生动的图景。

自 20 世纪 80 年代以来,愿景始终是战略管理领域和领导学领域的学者最热衷研究的课题之一。愿景领导最显著的特征,在于颠覆了人们对于组织发展动力来源的传统认识。传统理论认为,推动组织发展和转型的动力主要来自外部因素,诸如市场条件的变化、科技进步的带动、竞争者的变化等。愿景领导理论则认为，动力更多来自内部因素，组织通过建立吸引组织成员的共同愿景，加深组织成员对组织发展与个人发展关系的认识，义无反顾地投身到组织发展中去，从而形成组织发展的根本动力。美国学者纳努斯在《愿景领导》一书中首次提出了"愿景领导"概念，并强调在所有的领导功能中，领导者对愿景的影响程度最深。他认为愿景领导就是组织可靠的、真实的、具有吸引力的未来，它代表了所有目标的努力方向，能够使组织更成功、更美好。

8.2.5 愿景型领导的概念

目前，对愿景型领导的界定可以从特质观、过程观和行为观三个视角进行梳理。

特质观认为，提出愿景和沟通愿景的能力是愿景型领导的关键特征。例如，Sashkin（1988）指出，愿景型领导具备较高的认知水平，表现为勇于冒险但不鲁莽，拥有高超的沟通技能，值得信赖且言行一致，关心下属，注重细节。贾良定等（2004）则将愿景的产生、传播和执行三个阶段视为领导者与员工心智互动的过程，并认为愿景型领导具备高水平的心智能力，包括想象力、洞察力等，以及发展愿景的心智特征如思考性和速度、严谨的心智逻辑、合理的心智模式。这些能力使得愿景型领导能够超越自我，构建振奋人心的愿景，从而激励员工不断奋进。

过程观把愿景型领导视为由"构建愿景－沟通愿景－实践愿景"构成的连续过程。例如，Westley 和 Mintzberg（1989）用戏剧的比喻来形容愿景型领导，认为它是由"练习（想法）－表演（愿景）－协助（情感与行动）"三个动态互动过程组成的。在"练习"阶段，领导者不断熟悉组织的战略，将战略作为"工艺"来精雕细琢，并发展为愿景。在"表演"阶段，领导者以生动的方式向组织成员展现经过练习得到的愿景。在"协助"阶段，领导者激励组织成员为实现愿景不断奋斗。这种过程观认识到愿景型领导是一个动态和持续的过程，涵盖了愿景的构建、传达和实现。

行为观认为，愿景型领导的核心要素是愿景沟通行为。例如，Stam 等（2010a，2010b）将愿景型领导定义为领导者以口头或书面语言的形式向员工沟通愿景进而激励员工的行为。在此观点下，学者对愿景型领导的定义建立在对愿景定义的基础之上，认为愿景是集体的未来画面，且强调愿景内容的重要性。

三种视角的共同之处在于：首先，它们都认为愿景是领导者激励员工的重要方式；其次，它们都强调领导与员工之间的互动，即愿景沟通。然而，相较于行为观，特质观更加稳定，未考虑到愿景型领导可以通过培训而成，也没有明确说明具备特质的领导者一定能成为愿景型领导。而过程规则适用层面较窄，在组织层面界定愿景型领导，更适用于组织的高层领导或创始人。因为高层领导或创始人会经历提出愿景、沟通愿景和实践愿景的整体过程。然而，对于中低层领导者而言，他们更多的是沟通现有愿景，以现有愿景激励员工。

8.2.6 愿景领导的特征

与其他领导方式相比，愿景领导最鲜明的特色是，在领导者所发挥的所有功能中，尤其重视领导者自身行为对愿景构建与完善的影响。一个有效能的领导者，必然也是一个敢于打破常规、极具预见能力的梦想家；一个好的组织愿景，通常都在优秀领导者的引导下，逐步得以提炼、丰富与完善。

1. 聚焦价值

一些领导学领域的学者提出，21 世纪的领导学方向，将由价值领导理论主导。这一理论认为，领导价值作为领导活动的灵魂，将为领导活动提供内原动力，为领导主体提供行动指南，为领导过程提供整体评价。利用价值导向进行变革领导，可以营造更具竞争力、更加人性化、更强大持久的组织文化，确保组织在复杂多变的环境中生存、发展和壮大。成为卓越的领导者，首先必须明确价值观，深入探索自己的内心，找到自己独特的声音。航行在充满变化和不确定性的大海上，船员们既要有对远处终点的美好憧憬，也要有驾船航行过程中的做事原则。二者缺一不可，否则就有可能在大海中迷失方向。因此，领导者只有找到明确的价值观、发出清晰的声音，才能有表达思想、选择方向、做出艰难决策、采取果断行动所需要的内在自信，才能肩负起自己对组织、对追随者的承诺和责任，而不仅仅是亦步亦趋、盲目模仿他人。

2. 预见未来

关注未来、预见未来，是领导者区别于普通人的最大特质。人们只愿意追随那些眼光长远、能看到光明的未来的领导者。"愚者暗于成事，智者见于未萌"，卓越领导者总是能够面对真实世界，从解决问题的阶段，提升到避免问题发生的阶段。这就要求领导者善于预见、精于洞察，在时空穿梭中鉴往知来、引领变革。

3. 点燃激情

现代心理学研究认为，人类的动机分为外在动机与内在动机。外在动机容易让人顺从，也容易产生反抗；而内在动机能够产生更好的结果，甚至有意外的收获。那些受外在动机激励的人，一旦失去奖励和惩罚，便容易停止工作；而那些拥有内在动机的人，即便没有什么物质奖励，也会朝着愿景和目标努力。因此，只有当领导者点燃自己的激情，才能找到真正信仰的东西，超越现有的思维格局，看见未来的可能机会，感染周围的每个人。

8.2.7　愿景领导力的作用过程

愿景的本质涵盖领导者的心智过程和与其下属的心智互动过程。根据 Westley 和 Mintzberg（1989）的研究，愿景过程分为三个阶段：愿景显现与产生的过程，愿景传播、成熟并被接受的过程，愿景执行、实施的过程。在执行与实施愿景的过程中，组织可能会产生新的愿景。当愿景蓝图基本实现时，人们会对未来产生新的憧憬。通过持续的憧憬和追求，人及其组织不断进步。愿景的影响力过程可以概括为四个步骤，如图 8-6 所示。

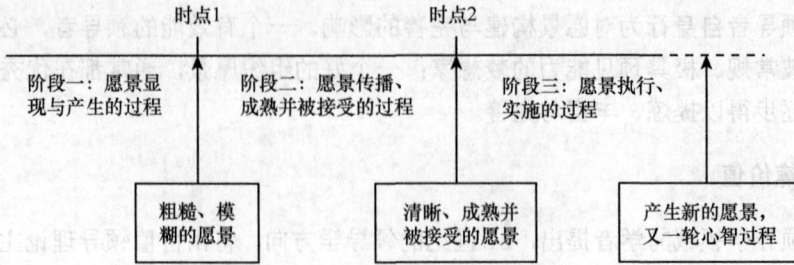

图 8-6　愿景产生、发展及实施过程

1. 个人愿景的形成

领导者个人愿景的产生有内省和互动两种方式。内省（introspection），即在内心思考不断分析各种可能性，从中选择最佳方案；互动（interaction），即在人际交往过程中获取重要信息，交换观点、相互切磋、相互作用、相互影响，最终形成方案。愿景的产生和发展可以运用两种逻辑思维方式：一是演绎（deductive）逻辑，从一般规律推演到特殊情况，先形成经营的理论或理念，再用其指导具体的实践；二是归纳（inductive）逻辑，由众多特殊情况或个体情况归纳出一般规律，在实践中逐步形成经营理念并升华为理论。演绎逻辑在实践过程中将理论或理念作为判断行事的准则，而归纳逻辑则从实践中着手，逐步形成并升华为理论。愿景的形成可以是从一个点开始逐步明确，也可以是长期酝酿突然获得灵感，或者两者兼而有之，先是萌发了某个灵感而后不断丰富完善，个人愿景与自身素养、接受的教育、人生经历有很大关系，如周恩来从小树立"为中华之崛起而读书"的愿景；曾国藩受清代理学大家唐鉴老师的教诲，将"不为圣贤，便为禽兽"作为座右铭；鲁迅先生当年看到麻木不仁的群众，认为医治好身体不如医治好心灵，从而决定弃医从文。

个人愿景最初可能是比较模糊甚至是幼稚的，如阿姆斯特朗（Armstrong）小时候曾经梦想要跳到月亮上去，这个想法很多孩子都有，只是绝大多数人只是想想，觉得不现实就放弃了，只有阿姆斯特朗将其作为自己的人生愿景，不断为之奋斗并最终实现。有些人的个人愿景纯粹是为自己的个人追求，而领导者（或者是潜在领导者）的个人愿景则具有普适性，会影响到一个群体，成为共同愿景。一般而言，形成领导者个人愿景要具备五方面能力。

1）想象力

和抽象的理念不同，愿景是概念的形象化。人脑对于图景化的信息获取更敏锐，记忆更深刻。《共产党宣言》中提到，"无产者在这个革命中失去的只是锁链。他们获得的将是整个世界"。这样形象的语言对人们有相当强的激励作用。

2）灵感

"踏破铁鞋无觅处，得来全不费工夫"，灵感就是这样突然闪现的、关于解决问题的有益想法。当然灵感不是凭空而来的，而是基于长期的思考酝酿，一朝迸发，其中领导者在关键时刻的"神来之笔"往往起到非常重要的作用。

3）先见之明

人们常常说"假如当初如何，现在就好了"。领导者和普通成员的差别在于有先见之明，能够预见未来的发展，把握事物发展的方向和规律，从而做出有利于发展的决策。

4）洞察力

能够见微知著，发现事物的本质属性，从更高的视角、更深刻的思路去探索事物的内在规律，从而发现机会所在。

5）聪明

具有良好的判断力和理解力。形成个人愿景不仅靠灵感，更要靠严谨的逻辑推理与判断能力。

2. 愿景信息的收集

对于一般人来说，形成个人愿景基本就可以了；然而对于领导者来说，需要通过愿景去影响他人，凝聚众人之力，这就要考虑群体的想法，形成共同愿景之前必须广泛收集大家的愿景信息。这些信息包括如下两项。

1）大众需求

当然，一个符合"大众需求"的愿景的例子是特斯拉（Tesla）的可持续交通愿景。特斯拉的愿景是"加速世界向可持续能源的转变"。该公司开发和推广高性能、长续航的电动汽车，吸引更多消费者选择电动汽车。不断改进电动汽车技术，降低成本，使电动汽车成为大众化的选择。与此同时，在全球范围内建立广泛的超级充电站网络，解决电动汽车充电问题，提供快速、便捷的充电服务，提升用户体验。推广太阳能电池板和储能系统（如 Powerwall），实现家庭和企业能源的可持续利用。通过整合太阳能和储能技术，实现能源的高效利用和分配。开发先进的自动驾驶技术，提升交通安全性和效率，减少交通事故，提升交通流动性。

大众的需求经常是简单而直接的，要获取他们的广泛支持，就必须把愿景描述得通俗、形象，且具有吸引力。

2）关键群体的意愿

共同愿景的形成需要得到关键人物、关键群体的支持，因此必须理解他们的意愿。将著名的"二八原则"运用到共同愿景的建立中，就是 20% 的关键人群掌握着 80% 的决定权。因此，发现这 20% 的关键人群，收集其需求信息至关重要。很多时候可以获得一通百通、事半功倍的效果。

3. 共同愿景的产生

基于领导者个人愿景，结合群体的心理需求，就可以产生共同愿景，共同愿景具有以下两个特点。

1）具有广泛的代表性

共同愿景是集众人之力，成众人之事，因此不能偏私、仅考虑少数人受益，必须具有广泛的代表性。

2）具有巨大的激励性

愿景必须具备深刻的含义、深远的意义，涉及更多人的根本利益诉求。

共同愿景包括以下内容。

（1）景象。景象就是未来组织所能达到的一种状态及描述这种状态的蓝图、图像。景象应给人以希望，令人激动，而不应给人一种空话连篇、永远体会不到的感觉。也正因如此，景象才能够成为全体成员发自内心的共同愿望；也正因如此，景象应该产生于全体成员个人愿望之上。

（2）价值观。价值观是组织在其行为、决策和战略中所坚持的核心信念与基本准则，反映了组织对自身定位和社会责任的根本理念。价值观与愿景是有很大相关性的。某种意义上说价值观不同，追求的景象就会不同或至少具体实现这种景象方式的途径不同。

（3）使命。使命是组织未来要完成的任务。使命代表了组织存在的根本理由。只有具有使命感的员工才可能创造出巨大效率和效益，才可能有持续的内在动力。使命应具有令人感到任重道远和自豪的感觉，而这又与景象和价值观相关。没有良好的景象，使命感会消失殆尽；没有良好的价值观，使命感不会持久。

（4）目标。目标是组织实现愿景过程中的短期阶段性具体目标，代表了成员们在未来几个月内承诺要完成的事件。

4. 共同愿景的推行

共同愿景是组织成员共同拥有的，但是共同愿景被成员接受的程度会有个体差异，有些人可能非常认同，而另一些人可能只是基本认同，尤其是在遇到困难和压力的时候甚至有人会质疑与反对。因此，作为领导者必须不断推行和强化共同愿景，直至被组织全体成员接受，并且在内心坚定不移地认同，要达到这个目的需要一些时间，通常经历三个阶段，即跟从阶段、同化阶段和内化阶段。

1）跟从阶段

在领导者提出共同愿景之后，组织成员会有不同程度的反应。有人会认真思考其合理性，然后慢慢接受，有人会表面上接受而内心在怀疑，有人会盘算共同愿景和自己的个人愿景有多大关联程度，然后决定接受或反对，也有人无所谓，如果大家都接受自己就跟随……在此过程中，领导者需要分别对待，对理性的成员讲清楚道理，分清利害；对感性的成员则运用情感关系触动其情绪；对于质疑者证明愿景一定会实现……不同的文化背景、不同的性格特征、不同的信息接收类型和思维方式的成员对共同愿景有截然不同的反应，因此领导者需要对其实施不同的应对策略。

2）同化阶段

经历了注意、了解、接受或者质疑、思考、认同的过程之后，组织成员会逐渐接受共同愿景。经历了时间的变化，人们会建立一种习惯。心理学家研究证明，一个习惯的建立通常至少需要 21 天。在这个过程中可以通过各种途径增强人们对共同愿景的认知。这些活动包括：①宣传讲解，用企业文化墙、理念宣传栏的方式在组织成员经常看到的地方张贴宣传资料，由专门的宣传人员通过会议、培训等方式对愿景进行讲解；②活动深化，通过开展大家喜闻乐见的活动对愿景进行深化；③成果激励，对阶段性成果或表现突出的个人进行奖励，强化和激励认同共同愿景的个人。

3）内化阶段

共同愿景不是制定几条宣传语让大家死记硬背，真正起作用的愿景会产生激励效果，变成群体的共同行为。经历了同化阶段，很多人的内心已经发生了真正的变化，深信并接受了共同愿景，内化于心的表现是将共同愿景的内容变成行动。不仅自己践行而且向他人宣传和解释愿景。共同愿景经历时间的考验、困难的洗礼之后会在人们心中形成信仰。信仰，就是在任何情况下都坚持不懈。困难是考验人们信念的试金石，一些口号在平时无事时喊出来很容易，而在情境压力下、利益诱惑下甚至是危及生命安全时就很难履行了。"患难之时见真情"，在最艰苦的时期，共同愿景的作用就显得格外突出。

8.2.8　愿景型领导的结构与测量

学界对愿景型领导结构的探讨较少，缺乏经过严谨论证的、高信效度的测量量表。由文献梳理可知，主要存在两种观点。

第一种观点认为，愿景型领导是一个单维度的构念，仅包含愿景的沟通。在此观点下，学者改编或直接利用魅力-变革型领导的相关条目来测量愿景型领导。例如，de Hoogh and den Hartog（2009）直接使用魅力型领导的愿景勾画条目来测量愿景型领导；Griffin 等（2010）改编魅力-变革型领导的鼓舞性激励和愿景勾画条目来测量愿景型领导。这些条目关注愿景型领导与魅力-变革型领导的重合部分，虽然能够在一定程度上测量愿景型领导的行为，但也存在一些问题。

第二种观点认为，愿景型领导是一个多维度的构念，包含愿景沟通、愿景内容两个关键要素。现有文献大多分别研究这两个要素，较少关注两个要素的整合。比如，Berson 等（2001）和 Baum 等（1998）单独探索了愿景内容，包括愿景传达的信息和愿景的特征；Mio（米奥）、Carton（卡顿）以及 Baur（鲍尔）单独探索了愿景沟通，包括沟通的风格、修辞手法、强调画面感的愿景沟通、关注下属的愿景沟通、愿景沟通的模式等。在此观点下，迄今还未开发出同时包含这两个要素的测量量表。但是，仍然有些研究探索了如何在测量愿景内容的同时测量愿景沟通行为。比如，Baum 等（1998）通过对领导力、商业战略和创业理论等文献的梳理，识别出愿景内容的七个特征——简洁、清晰、抽象、高挑战、未来导向、稳定、激励人心，并根据这些特征对不同企业的愿景内容进行测量。基于此，Elenkov 等（2005）用此方法测量了领导者的愿景勾画行为，即领导者在多大程度上构建出具有上述特征的愿景，并将其与变革型领导的四种行为合并成战略领导行为。虽然此方法较为少见，且没有经过严谨的论证，但它可能为未来测量愿景型领导提供了一条思路：从更加抽象的层面测量愿景的内容特征，并将其转化为愿景勾画行为，进而达到同时测量愿景内容和愿景沟通行为的目的。

综观愿景型领导的文献，我们可以发现愿景型领导量表的开发面临两大主要问题：一是需要准确把握愿景型领导的理论内涵，使测量工具能够同时捕捉愿景的长期性和抽象性，以及全面反映愿景沟通行为；二是测量愿景的内容，使测量工具与愿景型领导的内容结构相一致。这些问题的存在，导致愿景型领导的量表开发较为滞后，进而影响了愿景型领导理论的进一步发展，相关研究也相对零散。然而，这些挑战也催生了学者对模拟方法和文本分析方法的应用。在研究愿景沟通时，学者多采用模拟的方法；而在研究愿景内容时，则常使用文本分析方法。尽管这些方法有助于研究愿景型领导，但也存在一些限制。例如，有些模拟设计存在"混杂效应"，即干扰变量可能影响研究结果的稳定性和可靠性。虽然存在一些挑战和限制，但是对愿景型领导的研究仍在不断发展，并有望进一步拓展我们对愿景型领导的理解和应用。

8.2.9 愿景型领导的影响因素

1. 个体影响因素

（1）价值取向。de Luque 等（2008）证明 CEO 的价值取向会影响下属对其领导力风格的感知。根据内隐领导理论，下属脑海中会存在某种类型的领导者原型。当领导者表现出与原型相符的特质或行为时，其更容易被下属归入这类领导者原型。当 CEO 的价值取向为追求经济利益最大化时，会急于获得短期利益，这与下属脑海中存在的愿景型领导的原型（追求长期利益，强调社会价值）不一致，因此下属会认为他不是愿景型领导。当 CEO 的价值取向为追求利益相关者利益最大化时，他会追求长期利益，传达与价值观和道德有关的信息，这符合下属对愿景型领导的认知，因此其会被认为是愿景型领导。

（2）领导风格。领导风格对愿景型领导的影响主要体现为当领导者具有某种领导风格时，他会倾向于设置具有相应特征的愿景。具体地，Berson 等（2001）的研究发现，具有变革型领导风格的领导者更有可能提出高强度（愿景的内容在很大程度上表现出乐观、独特性、价值观导向和挑战性）的愿景内容。相反，具有交易型领导风格的领导者更可能提出与工具性利益相关的愿景内容。这是因为变革型领导善于鼓舞他人，让员工认识到工作的意义，鼓励员工尝试新的解决问题的方法。相反，交易型领导提供权变奖励，更关注如何提升任务绩效。与 Berson 等（2001）的结论一致，Sosik 和 Dinger（2007）发现，表现出魅力型领导行为的领导者更有可能提出鼓舞人心的愿景，表现出权变奖励管理和自由放任行为的领导者更容易提出功利性的愿景。经过分析可知，对领导风格与愿景内容之间关系的研究证明了愿景型领导和魅力–变革型领导是不同的构念。

2. 群体影响因素

现有文献仅探索了组织规模对愿景型领导的影响。Berson 等（2001）发现，组织规模与愿景的强度正相关。在较大的组织中，复杂的等级结构导致领导者难以提出高强度的愿景。相比之下，较小的组织更容易产生激励人心的愿景，因为领导者更能直接了解组织成员的需求和愿望，从而设计出更具吸引力的愿景，这揭示了愿景型领导行为的环境依赖性。

以上研究成果对愿景型领导前因变量的探讨较为缺乏。首先，在个体影响因素方面缺乏对个体特质的探讨。其次，对群体影响因素的探讨寥寥无几，并且现有文献仅探讨了组织层面的影响因素，缺少对团队层面变量的研究。最后，现有研究没有关注组织外部环境（文化、市场环境等）对愿景型领导的影响。但是，愿景的提出必然受到当时环境的影响，比如在全球化的时代，企业的愿景可能更注重全球视野，并且愿景型领导的生成也需要特定环境的塑造，如相比安逸稳定的环境，动态复杂的环境更容易塑造出愿景型领导。

8.3　跨文化领导力

老挝水电站项目的跨文化冲突

老挝某大型水电站项目是老挝国家政府使用我国政府出口信贷与某中资承包商在2000 年签订的承包建设合同，由中资承包商带资承建，于 2001 年 3 月开工建设，2003年 3 月全部完工。

中资承包商在老挝的项目开展中经历了艰难的探索过程，尤其是初期由于对当地市场不够熟悉，老挝的文化观念、风俗习惯、思维方式、生活方式等与我国差异很大，因此跨文化冲突频繁出现，不仅在国际工程项目内部层面面临很多冲突（如外派人员工作事倍功半，失落、焦虑；项目管理松散）；在国际工程项目外部层面，也面临着外在文化环境、社会文化、法律法规方面的问题。项目组在项目管理过程中所面临的跨文化冲突，可能是由环境因素造成的，也可能与个体认知有关，如沟通方式和语言差异导致的跨文化冲突、宗教信仰与风俗习惯不同导致的跨文化冲突、定型观念导致的跨文化冲突，其根本原因是文化差异。

该项目团队在面对跨文化冲突管理时，采取了坚持文化宽容原则，利用文化差异策略；兼顾共性与个性，实施文化整合策略；取长补短，推行人力资源本土化策略；开展跨文化训练策略。通过积极应对跨文化冲突的不利影响，解决项目管理中的文化冲突，该项目历时两年，于 2003 年 3 月顺利完工。

1. 面对跨文化冲突时，可以采取哪些措施积极应对？
2. 常见的文化冲突有哪些类型？
3. 如何管理跨文化团队？

8.3.1　文化对领导行为的影响

文化价值观和传统可以通过许多不同的方式对管理者的态度与行为产生影响。那些在这种特殊文化中成长起来的管理者会将这些价值观内化，并且这些价值观可能会以他们觉察不到的方式影响其态度和行为。另外，文化价值观还反映在与人们相互联系的方式有关的社会规范中。社会规范规定了领导行为的可接受形式，并且在一些情况下，可能会作为限制权力使用的社会法律固定下来，从而影响其他人的决策和行为。不管这些规范是否会内化为影响行为的文化价值观，大多数管理者将遵守有关这一行为的社会规范，原因之一在于，背离社会规范将会失去尊重并且需要面对来自组织其他成员的社会压力。遵守社会规范的另一个原因在于，做出不可接受的行为可能会破坏行为的效能。

除了民族文化外，其他情境变量也会对领导行为产生影响。这样的一些例子包括：组织类型（例如，营利组织和非营利组织、公营企业和私人企业）、行业类型（例如，零售业、金融服务业、制造业、电信业等）和管理职位的特征（例如，管理者的层级和职能、职位权力和权威）。组织文化中的强烈价值观可能不与主流的文化价值观相符，尤其当公司是外资公司的子公司时，情况更是如此。领导者行为的不同决定因素之间并不总是彼此一致的。虽然一些情境变量可能对整个民族文化产生类似影响，但是其他情境变量也可能会以复杂的方式与民族文化相互影响。

即便某些领导行为类型并没有获得一个国家主流文化价值观和传统习俗的支持，但是如果经常出现这些行为，那么这并不意味着这些行为是无效的。如果管理者对某种特殊领导行为缺乏运用经验，那么他们就无法理解如何才能使这种行为有效。最后，有一点至关重要，那就是民族文化中的价值观和传统是会随着时间发展而改变的，就像在组织文化中一样。例如，如果国家的传统专制政治制度被民主制度取代，那么这些国家的组织就可能会更愿意接受参与式领导和授权。如果国家原有的性别差异观念被性别平等观念取代，那么这些国家就可能更多地接受反映传统女性特征的领导行为（如培养、发展以及建立合作关系）。随着价值观的变化，与实现有效领导的必要能力和行为相关的信念也可能会以一致的方式发生变化。

8.3.2 跨文化领导者与跨文化领导力

跨文化领导者在工作过程中要与来自不同国家、地区的人打交道，因此这些人需要跨文化领导力。在全球化的背景下，这种能力成为跨文化全球领导者必备的法宝和宝贵的财富。拥有跨文化领导能够让领导者尊重文化多样性并有效地工作。根据全球胜任力测量表（global competencies inventory，GCI）的测评内容，这种能力可以被归纳为认知管理、关系管理和自我管理三大类。具体而言，包含了 16 种有效的跨文化行为和全球管理技能，具体如下所示。

（1）在认知管理方面，涉及在陌生环境中获取和理解信息的能力，包括公正客观（nonjudgmentalness）、接受不确定性（tolerance of ambiguity）、好奇探索（inquisitiveness）、全球视野（cosmopolitanism）、灵活兴趣（interest flexibility）。

（2）在关系管理方面，这类能力涵盖评估与陌生人相识和维持良好关系的能力，尤其是与持有不同观点、信仰和价值观的人和谐相处。其主要包括关系利益（relationship interest）、人际交往技巧（interpersonal engagement skill）、情绪敏感（emotional sensitivity）、自我认知（self-awareness）、社交灵活性（social flexibility）。

（3）在自我管理方面，涉及在不同工作环境中从容处理各种事务的能力，主要包括乐观心态（optimism）、自信自律（self-confidence and self-discipline）、自我认同（self-identity）、非压力倾向（nonstress tendency）、情感韧性（emotional resilience）、有效压力管理（effective stress management）。全球高管领导力测量表（Global Executive Leadership Inventory，GELI）涵盖了 100 个问题，旨在衡量全球领导者在 12 个领域中的能力与行为。全球领导者被普遍认为一方面具有非凡的领导魅力，另一方面拥有组织构建的艺术，具体表现在以下 12 个方面：愿景、授权、能量、计划与调整、奖励与反馈、团队建设、外向、全球意识、坚强、情商、生活平衡、抵抗压力。从全球化的视角来看，跨文化领导力强调多元文化融合与文化引领，从单一文化专断转向多元文化共存，从单个区域治理扩展至全球共同联动。跨文化领导力不仅仅涉及我国或其他几个国家，而是面向全球，更多地关注跨文化领导行为和全球管理策略。

8.3.3 跨文化发展及其阶段

跨文化领导力是跨文化发展中的重要组成部分，对于跨文化领导力的发展与培养，以及跨文化发展及其阶段的探究，都具有重要的参考价值。跨文化量表包含 50 个问题，用于评估个人对文化差异的主要态度取向。这个量表是基于本内特（Bennett）的跨文化敏感性发展模型演变而来，共包含六个发展阶段。后来，哈默（Hammer）对这个模型进行了修改，将其演变成包含五个阶段的连续统一体，否定、两极分化、最低限度、接受和适应。每个阶段都具有独特的特点和任务。

1. 否定阶段

该阶段的态度取向被称为否定，主要表现为主流文化团体对其他文化团体没有认知，或认为与他人互动没有必要。在组织层面上，这意味着缺乏容纳他人的意识。因此，该阶段的团体需要认识到文化差异，但可能会倾向于产生两极分化的态度。

2. 两极分化阶段

在这一阶段，个体意识到团体之间的文化差异，但出现两种截然不同的态度倾向：防御和逆转。防御态度表现为固守自己的文化，不接纳他人的文化，产生防御心理；逆转态度则是完全接纳他人文化，遗弃自己的文化。这两种态度都存在"我们 vs. 他们"的两极分化。在组织层面上，多样化项目的设计要求我们学习和采纳他们的方式，同时让他们理解和采纳我们的方式。

3. 最低限度阶段

在这个转变状态特有的阶段，个人开始从单一文化世界观向多元文化世界观转变。在该阶段，个人开始关注普世或者人文观念，试图减少文化差异，求同存异。这是两极分化阶段继续发展的过程，是一个很长的跨文化理解过程。在这一阶段，发展任务是充分理解自己的文化，同时也充分理解他人的文化。这种文化学习鼓励个体成为文化学习者，以欣赏差异而不是被文化差异困扰。

4. 接受阶段

在这个阶段，个体面对文化差异采取多文化视角，开始接受和欣赏不同文化及其复杂性。接受文化差异并不意味着抛弃自己的文化认同感，而是认为他人与自己一样都是平等的。在组织层面上，发展任务是学习和包容文化差异，使个体和组织学会适应新的文化环境，同时保持自己文化的独特性和核心价值理念。

5. 适应阶段

在这个阶段，个体培养了理解自己、理解世界和理解他人的适应能力。通过与不同文化的深层次互动，个体能够灵活调整行为以适应不同文化的情境需求。在组织层面上，能够激发所有成员以文化适应的方式展现出最合适的行为。文化差异不再被视为威胁，而是成为组织发展的动力和源泉。

8.3.4　跨文化领导力的发展模式

跨文化领导力在全球领导学界是一个崭新的领域，已有多种发展模式并随着时代不断更新，存在一些具有实用价值和研究意义的模式。

1. 评价·挑战·支持模式

该跨文化领导力发展模式由美国创新领导力中心（The Center for Creative Leadership，CCL）开发，基于评价、挑战、支持三个过程，帮助个体或组织了解自身现状、增强能力，并提供全程支持。首先，通过跨文化发展量表和领导力量表进行测量，从而进行针对性的能力训练与技能培育，这一过程必须具有跨文化性质，或具有国际文化性质，同样提供这方面支持和帮助的人也应该拥有跨文化工作经历和全球工作经验。虽然该模式在跨文化领导力培育方面具有创新性和科学性，但需要购买测试量表和专业测试人员的协助，限制了使用范围和人群。

2. 重新映射模式

该模式由美国学者布莱克（Black）和格里格森（Gregerson）提出。整个过程包括三个阶段，旨在鼓励全球领导者形成新的心智地图。人们之所以对于跨文化领导感到力不从心，主要是因为人们头脑中根深蒂固的观念，也就是上述的心智地图限制了他们的眼界和看待问题的视角。

自 2001 年开始，奥斯兰德（Osland）和伯尔德（Bird）重新审视了这个模式，认为跨文化能力在这三个阶段中扮演了核心角色，并发挥了极其重要的作用。

一是因素分析。该模式一开始要进行一整套因素分析，包括控制变量、前因变量或个人天赋等。尤其是对前因（antecedents）的研究，即哪些因素导致跨文化能力的形成与发展,包括组织内部、组织层面以及组织间层面的因素,也包括相关知识、组织结构、组织能力等。

二是过程监控。该模式需要对全程进行监控,包括经验、意外困难、决策、挑战;多重经验的转变过程;情境化经验。这些过程的监控有利于个体或组织在跨文化情境下更好地求同存异,转变心智地图,学会接受和适应各种差异。

三是目标达成。该模式最终的目标是提升全球领导力,尤其是跨文化领导力。在这一阶段,个体形成了新的心智模式,掌握了全球领导者在跨文化情境下的领导技能,同时具备了处理全球挑战的良好素质。该模式在全球领导力学习和培训中使用较多。它能使参与者充分意识到文化差异,并且使他们通过长时间的相互面对、沟通、协商,基于文化冲突来重绘自己的心智地图。这与跨文化能力培养的初衷具有高度一致性,就是通过让个体认识和理解文化差异,来克服和改变原有的心智地图。其中,最有效的方法就是通过体验让组织或个体刻骨铭心地感到,原本可行的事情现在变得不可行了,于是他们知晓变革势在必行,原有的心智模式必须得以改变,才能避免无形的冲突。

3. 经验学习模式

大卫·库伯(David Kolb)在 1984 年出版了《体验学习:如何让体验驱动学习与发展》一书,在总结了约翰·杜威(John Dewey)、库尔特·勒温(Kurt Lewin)和皮亚杰(Piaget)经验学习模式的基础之上提出了自己的经验学习模式,即"经验学习圈理论"。该理论由四个适应性学习阶段构成——具体经验、反思性观察、抽象概念化和主动实践,旨在鼓励人们在跨文化团体中培养领导力。具体经验指通过实际经历或思考获取新信息;反思性观察强调学习者观察成功跨文化领导者的行为和处理问题方法;抽象概念化要将观察内容形成合乎逻辑的概念,提升跨文化领导力;主动实践阶段学习者验证概念并将其运用于实际工作。该模式强调循环学习和实践,特别适合新手或青少年学生。

8.3.5 跨文化领导力的维度

跨文化领导是在不同文化背景下的组织、群体和个人进行交流与互动时所展现的领导力与影响力。在跨国企业中,领导者需要面对文化差异和冲突,这种领导要比同质文化下的领导更具挑战性。跨文化领导力除了需要具备一般领导力要素外,还要具备跨文化思维力、跨文化影响力、跨文化沟通力和跨文化激励力等四个维度。

1. 跨文化思维力

跨文化思维力对于领导者来说至关重要。首先,领导者应具备跨文化意识,主动了解他国文化,尊重不同文化背景下的思维模式,并进行客观分析。其次,要有大局意识,从全球格局出发,考虑问题,认识到人类命运共同体的重要性。最后,领导者应鼓励各国员工积极学习彼此的文化、风俗、历史等,促进相互了解,改善人际关系。跨文化思维力要求领导者具备国际担当,让每位员工在多元文化中有归属感,并对世界变化有预测性，了解宏观经济趋势及其对组织和成员的影响。

2. 跨文化影响力

在复杂多元的跨文化环境中，领导力是影响他人思维和行为的能力。跨文化领导力需要具备影响其他国家员工或合作伙伴的能力，使不同背景的群体形成一个有凝聚力的整体。领导者必须通过身体力行，证明自己作为领导者的价值，得到部下的认同。只有身心正直的领导者才能成为真正的榜样，无须下令，员工便会效仿，行动胜于言辞。这强调领导者本身的品行和行为对于影响力的关键作用。

3. 跨文化沟通力

跨文化沟通是跨文化管理的关键和核心，有效交流是管理顺畅、统一的基础。与不同文化背景的人交流时，要尊重和适应他们的价值观、宗教观、思维方式、风俗习惯与语言表达等差异。西方文化注重个性和自我实现，而我国文化则强调集体主义和群体意识。在与具有不同宗教信仰的人交流时，也要尊重他们的宗教习俗，避免将自己的观念强加于他人，避免以己度人。这样的跨文化沟通是实现有效管理的前提，可以确保管理在不同文化背景下得以顺利统一。

4. 跨文化激励力

在管理中，激励力是塑造领导威信的关键手段。哈里德·孔茨认为，创造对个人具有激励作用的工作环境，能让员工乐在其中，而不懂如何激励员工的主管是不称职的。研究发现，对员工的激励与绩效直接相关，有效的激励环境能激发员工超乎想象的工作潜力，取得优异成绩。跨文化环境中，不同员工对激励方式的偏好有所不同，包括能力提升机会、物质奖励、精神鼓舞和改善工作环境等。因此，灵活多变的激励方式在跨文化管理中至关重要，甚至可以让员工参与奖励办法的制定，以建立集体认同感，增强群体凝聚力，共同实现组织目标。

8.3.6 文化价值观维度与领导

对研究文化价值观与领导之间的关系而言，最常见的研究思路是进行比较研究，即不同的国家具有不同的价值观，因而可以对这些国家的调查对象展开调查。学者考察了国家的文化价值观维度如何与领导信念、领导行为和领导力实践联系在一起。下面讨论的价值观维度包括：①权力距离；②不确定性规避；③个人主义/集体主义；④性别平等；⑤绩效导向；⑥人本导向；⑦文化圈效应。

1. 权力距离

权力距离是指人们对组织和制度中权力与地位不平等分配的接受程度。Dickson 等（2003）研究发现，在权力距离文化较高的国家中，人们希望领导者拥有更多权威，并且人们会遵守规则和命令，不会对领导者提出质疑或挑战。下属不愿意质疑上司或向上司表达不一致意见。

Smith 等（2002）指出，与权力距离文化较高的国家或地区相比，在权力距离文化较低的国家或地区中，参与式领导被认为是更有利的领导特质，高层管理者规定的正式政策更可能用于处理事件，并且在制定决策时，管理者很少会向下属咨询。

den Hartog 等（1999）的一项研究表明，在权力距离文化较高的国家中，变革型领导（支持型领导和精神型领导）可能会与决策的命令和专制风格结合在一起，而在权力距离文化较低的国家中，它可能会与决策的参与式领导结合在一起。在权力距离文化较高的发展中国家，人们往往喜欢"家长式"作风，这种作风将专制决策与支持行为结合在一起。

2. 不确定性规避

不确定性规避是指人们对模糊情境和缺乏能力预测未来事件感到不安的程度。在不确定性规避较高的文化中，人们对未知事物的恐惧更多一些，并且人们期望获得更多的安全感、稳定性和秩序。社会规范、传统、精细化的协议和正确的专业知识会受到更多的重视，因为它们提供了一种避免不确定性和混乱的方式。具有较高不确定性规避文化的国家包括法国、西班牙、德国、瑞士、俄罗斯和印度。具有较低不确定性规避文化的一些国家包括美国、英国、加拿大、丹麦和瑞典。

当具有较高不确定性规避文化时，所注重的管理者品质包括可靠、守秩序和小心谨慎，而不是灵活、创新和敢于冒险。管理者会更多地运用详细规划、正式规则和标准程序以及监控活动，并且较少运用授权。例如，一项研究发现，英国的管理者希望下属具备更多的创新性和积极性，而德国的管理者则期望下属更可靠和守时。这项研究还发现，德国在培养管理人员方面重视的是职能领域专业知识和经验的获取，而英国则更重视从各种工作经验中获得的普遍性技能。

3. 个人主义/集体主义

个人主义是指个人的需求和自主性比团队、组织或社会的集体需求更重要。Dekson 等（2003）指出，在个人主义文化中，个人权利比社会责任更重要，并且人们希望能够更好地照顾自己。具有强烈个人主义价值观的国家包括美国、澳大利亚、英国和荷兰。

虽然集体主义价值观的影响在一定程度上取决于它们是否对内部集团或更大的社会更加重要，但是大多数跨文化研究都重视内部集团的集体主义。这种内部集团建立的基础可能是家庭关系、宗教或种族背景、政党成员或稳定合作的商业关系。Jackson 等（2006）指出，在集体主义文化中，作为具有凝聚力的内部集团的成员是一个人自我认同的重要方面，并且对组织忠诚也是至关重要的。人们很少会更换工作，并且成员更可能会自愿加班和做出"组织公民行为"。反过来，人们也期望团队能够照顾好成员。具有强烈集体主义价值观的国家包括中国、阿根廷、墨西哥和瑞典。

在个人主义文化中，由于人们会积极实现自身利益和个人目标，因此领导者很难激发他们对团队目标或组织目标的强有力支持。Kirkman 和 Shapiro（2000）认为，以个人成就和绩效为基础的优先奖励也使领导者难以使用以团队为基础的奖励与认可。对个人权利和自主性的重视使得难以建立一种具有共同价值观（包括社会责任、合作和道德行为）的强烈文化。由于职业具有短暂性质，因此在确保人们具有充分的技能方面，选拔比培训和培养更重要。

4. 性别平等

性别平等是指男性和女性获得平等待遇以及男性和女性特质被认为重要与可取的程度相同，在性别平等较高的文化中，性别角色的区分并不明显，并且工作不是根据性别划分的。与商业公司相比，尽管获取公共部门职位的机会更大些，但是女性有更多平等机会被选聘到重要领导职位上；如果对性别角色进行区分的期望不强烈，那么男性领导者和女性领导者在行为方面受到的限制也会较少，并且下属和上司在评价他们的行为时，偏见也会较少。具有强烈性别平等价值观的国家包括挪威、瑞典、丹麦和荷兰。具有较低性别平等水平的国家包括日本、意大利、墨西哥和瑞士。

Dickson 等（2003）和 Emicher（埃米彻）等研究认为，性别平等的文化价值观不仅会对选拔和评价领导者产生影响，还会对那些被认为具有可取性和社会接受性的领导行为类型产生影响。在具有坚定和自信这种强烈"男性"价值观的文化中，诸如同情和直觉等"女性"特质被认为对有效领导而言并不重要。领导者更有可能使用具有直接对抗性质的人际影响力，而不是使用间接微妙形式的影响力。在"男性"文化中，如果领导者的行为表现出谦逊、同情或抚慰，那么他们更可能被看作软弱和无效的领导者。在这种文化中，参与式领导、支持型领导以及变革型领导中的关系导向方面被认为是不受支持的。

5. 绩效导向

Javidan（贾维丹）认为，对高绩效和个人成就的重视被称为绩效导向，与之相关的价值观和特质包括勤奋工作、有责任心、有竞争力、坚持不懈、主动、务实和愿意学习新技能。在具有强烈绩效导向价值观的文化中，对结果的重视要超过对人的重视。你做的事情要比你是谁更重要，并且个人成就是地位和自尊的重要来源。有效完成一项任务比个人需求或家庭忠诚更重要。

绩效导向对领导会产生影响，因为一些类型的领导行为与改进绩效和效能的关系更密切。这些例子包括确定挑战目标或标准、为日程安排和最后期限制订行动计划、对下属可以改进绩效表达信任、培养下属与工作相关的技能、鼓励创新以及对成就提出表扬和提供奖励。团队领导者的相关行为还包括为增进协调而计划和安排工作、为确定需要解决的问题而监督管理以及通过获取必要资源和信息来促进工作。在绩效导向较高的文化中，在为团队重要任务选聘成员时，更可能依据的是才能，而不是友谊或家庭关系。

有效领导信念和绩效导向文化价值观之间的关系并没有那么简单。对任务绩效的强烈关注被广泛认为是有效领导的需要，即便在一些不具有强烈绩效导向价值观的国家中，也是如此。虽然强烈的绩效导向会助推经济发展，但是与那些繁荣的国家相比，迅速发展的发展中国家对绩效改进的关注会更强烈。与组织文化以及领导者的个人需求和个性品质（如成就导向、内在控制点）相比，文化价值观对绩效导向的领导者行为影响较小。总之，在针对绩效导向和领导之间关系的跨文化研究中，这些因素有助于解释其研究结果缺乏一致性的原因。

6. 人本导向

人本导向是指对其他人的福利的关心以及牺牲自己以帮助别人的意愿。关键价值观包括大公无私、仁爱、仁慈、同情、爱和慷慨大方。与乐趣、成就或权力需求相比，这些价值观往往对从属和归属需求更强烈。大公无私和仁慈不仅限于对一个人的家庭或种族/宗教的内部团体，还包括针对所有人的人文关怀。个人的人本价值观受家庭经历、父母教养和宗教教养、文化规范的强烈影响。具有强烈人本导向的社会鼓励和奖赏个人对他人友好、关怀、宽厚与友善。这样的社会可能会在以下方面投入更多的资源：对人们进行职业教育和职业培训以及向人们提供医疗保健服务与社会服务。

人本导向价值观鼓励支持型领导行为，如关心下属的需求和感受、当下属沮丧时表示同情、在合适时提供指导和教导、在需要解决个人问题时提供帮助以及行事友好得体。具有强烈人本导向价值观的领导者会对那些犯错或在学习新任务方面存在困难的下属更宽容、耐心和乐于助人。人本导向价值观还与参与型领导、服务型领导和团队建设行为（鼓励合作和相互信任）相关。具有策略性调解风格的冲突管理力求重建和谐关系和满足各方的重要需求，而这种关键的价值观与冲突管理是一致的。构建友好合作关系的兴趣可以扩展至领导者团队或单位的外部人员，如通过与别人交往和为他们帮忙而发展外部联系网络。

7. 文化圈效应

文化价值观维度之间适度地相互联系在一起，并且在没有控制其他价值观维度的前提下，对单个价值观维度进行差异分析难以确定它们对领导信念和行为的独立影响。例如，如果一个国家的权力距离较大并且宽容的不确定性较低，那就很难明确每种价值观会对公司的集中决策产生多少影响。出于这一原因，Gupta 等（2002）根据种族/宗教背景的区域接近性和相似性，将这些国家分成了许多集群。"GLOBE"计划的学者将 600 个国家或地区分为十个集群，其依据是语言的区域接近性、种族背景和宗教信仰的相似性。逐项判别分析证实，将国家按集群分类可以精确反映九种文化价值观在每个国家或地区存在的差异。

对这些集群的领导信念进行对比后发现，这些集群在与有效领导相关的一些信念方面存在差异。例如，与东欧文化圈、南亚文化圈、亚洲文化圈和中东文化圈相比，参与式领导在盎格鲁文化圈、日耳曼欧洲文化圈和北欧文化圈中被认为更重要。对于有效领导而言，与日耳曼欧洲文化圈或拉丁欧洲文化圈相比，在南亚文化圈和撒哈拉沙漠以南的非洲文化圈中，对别人表现出强烈的人文关怀被认为更重要。未来的研究会更密切地关注实际领导行为差异，这种差异类似于内隐领导理论的差异。

8.3.7　跨文化领导研究的类型与问题

1. 跨文化研究的类型

如同在单一文化中开展与领导相关的研究一样，许多跨文化领导研究涉及领导者行为、能力和特质。越来越多的跨文化研究对不同类型的研究问题进行了考察。第一类研究考察了与有效领导的行为、能力和特质相关的信念的跨文化差异，第二类研究考察的是从一个国家到另一个国家的领导行为实际类型差异，第三类研究考察的是领导行为、能力、特质与结果（如下属满意度、动机和绩效）之间关系的差异。

2. 方法论问题

许多方法论方面的问题使跨文化研究变得尤为艰难：①将在某个国家中制定的措施运用到其他国家，缺乏对等意义；②不同的文化会产生不同的反映偏差（如一些亚洲国家具有更明显的集权趋向）；③从地域差异很大的国家中概括出的范例缺乏代表性；④将文化总评分作为预测定量（如价值观维度），而将个人的行为或态度作为独立变量，会造成分析层次问题。由于许多跨文化研究无法承认这些问题并且无法采取恰当的方式处理，因此这些研究的实用性受到了限制。

即便研究经过了精心设计，通常也很难对研究结果进行解释，许多变量能够解释领导跨文化差异的原因，但许多研究并未包含这些变量。例如，知道特殊类型的领导行为在特定文化中会有更强烈的影响是有用的，但是如果知道为什么会如此就更好了。为了减少这类问题，明智的做法是组建一个团队，这个团队由具有不同文化背景的优秀代表组成，并且他们所具有的文化背景已被列入研究范围。

另外，用以描述文化维度的概念框架会对跨文化领导研究的结果解释产生影响。对恰当价值观维度的认同本身就是一个非常艰难的挑战。学者尚未就这些维度的优缺点达成一致意见，当前所有的分类都存在局限性，因此学者需要继续寻求更综合和更有用的方式描述文化维度。

3. 针对行为差异的跨文化研究

大多数跨文化研究考察了领导行为类型和具体管理行为的运用在不同国家的差异，一些跨文化差异研究包括对行为调查问卷评分进行定量分析，它可以确定某种行为是否比另一种行为在某种文化或某个国家中使用更多。例如，Dorfman 等（1997）发现，与墨西哥或韩国的管理者相比，美国的管理者会更多地使用参与式领导。然而，Peng 等（1991）指出量表平均值是从行为描述问卷中得出的，诸如混杂影响和缺乏对等性等方法论问题会对量表平均值的定量比较产生影响。例如，某个国家可能会获得较低的分数是因为这一行为选项在这个国家具有不同的意义，或者因为在该国文化下，调查对象对调查问卷的打分往往很偏激。

4. 行为效果的研究实例

跨文化研究还考察了领导行为与结果（如下属满意度和绩效）之间的关系存在的差异性。例如，Scandura 等（1999）发现，在美国，领导的支持型行为与下属的满意度和领导效能有着非常紧密的联系，而在两个中东国家（约旦和沙特阿拉伯）则并非如此。与此相反，在中东国家，领导者的结构型行为与两个标准变量之间的关系非常紧密，而在美国则不是如此。

Dorfman 等（1997）的另一项研究表明，在墨西哥和我国台湾地区，命令型领导与组织承诺密切相关，而在美国、韩国和日本则并非如此。虽然支持型领导在这五个国家或地区中与管理者的满意度相关，但是在支持型领导与下属绩效和组织承诺之间的关系方面，仍然可以找到跨文化差异。在美国、墨西哥和日本，领导者的权变奖励与下属的组织承诺相关，而在韩国则并非如此。在美国，参与式领导与下属的绩效相关，而在墨西哥或韩国则并非如此。

Schaubroeck 等（2007）开展的一项研究对美国和我国香港地区银行分行的领导进行了考察。他们发现，美国和我国香港地区的银行分行经理实施的变革型领导与分行绩效相关。权力距离和集体主义价值观可以用来提高变革型领导对银行分行绩效的影响，其中，与美国相比，我国香港地区的银行分行绩效更高一些。

5. "GLOBE" 计划

"GLOBE" 计划是在代表世界所有重要地区的 60 个不同的国家或地区中开展的跨文化领导研究。"GLOBE" 是 "全球领导和组织行为效能"（global leadership and organizational behavior effectiveness）的首字母缩写，这个计划包括 150 多名来自不同国家或地区的学者，他们在一起工作，长期互相配合。

学者希望发展一种以经验为基础的理论，对社会文化、组织过程和领导之间的关系进行描述。研究的问题包括：不同文化中有效领导相同或不同的程度以及这些差异存在的原因。"GLOBE" 计划还考察了其他情境变量如何对领导和文化价值观产生影响，变量包括行业类型、经济发展、政府类型、占主导地位的宗教以及一国的气候条件类型。

这一计划使用多种信息收集方法，包括调查问卷、访谈、媒介分析、档案记录。取样和分析策略是为了控制行业影响、管理层级与组织文化。这一研究不仅包括对每一种文化进行透彻深入的定性描述，还包括对变量的量化分析。学者希望用室内模拟和现场模拟确认因果关系以及民族文化的调节作用。

在 "GLOBE" 计划中，最重要的研究问题之一在于有效领导者特质的观念相同程度。学者要求不同国家或地区的调查对象评价有效领导的各种特质和能力所具有的重要性。他们对不同国家或地区平均值的差异程度进行了分析，并确定了每个国家或地区中评价基本一致的领导特质。这项研究还发现，许多领导者特质被广泛认为是无效的，它们通常是积极特质的对立面（如残忍、不合作、专横傲慢、自私自利、自我保护）。这项研究发现其他特质在相关的不同文化中存在极大的不同，表 8-5 列出了这些特质。

表 8-5　有效领导特质的文化信念

在大多数文化中被评为有效的特质	在大多数文化中评价不同的特质
有远见	雄心壮志
果断	谨慎小心
有创新思维	富有同情心
值得信任	盛气凌人
鼓舞人心和积极向上	拘谨
追求卓越	谦逊（自我谦卑）

在大多数文化中被评为有效的特质	在大多数文化中评价不同的特质
诚实守信	有主见
能力出众	敢于冒险
善于整合团队	自我牺牲

另外一个重要的研究目标是解释领导信念与领导行为的跨文化差异。这种解释包括文化价值观和组织价值观的共同影响。学者拓展了 Hofstede（1980，1993）提出的价值观分类维度，并且确认了九种价值观维度。新的分类包括一些 Hofstede（1980，1993）没有确认的价值观维度以及对以前的维度进行细分而获得的一些价值观维度。另外一项创新是区分了现有价值观和理想的文化价值观。这种区分使人们可以确定是否对现有的社会价值观不满意以及是否想在未来做出一些改变。然而，理想价值观在不同国家之间的差异要比真实的价值观差异小很多，并且现在学术界尚未能够对理想价值观的研究信条做出客观解释。

8.3.8　跨文化领导挑战的应对之策

在当今时代，领导者需要认识到全球化的发展趋势，调整文化观念，拥抱多元文化，不断提升"软实力"，培养文化自觉和跨文化敏锐性。同时，他们还要增强跨文化适应能力，善于在不同文化中生存，不断发展跨文化领导力。只有如此，才能更好地应对跨文化领导所面临的挑战。

1. 树立全球性思维

全球化已成事实，跨文化领导者应拥抱全球思维，识别文化差异，把握机遇，控制风险，实现跨文化领导。阿尼尔·古普塔（Anil Gupta）认为，全球化思维是高度分化且整合的思维模式，重视文化多样性，持开放包容态度。成功的跨文化领导者需灵活适应环境，在不同文化中恰到好处地做出决策，与当地人和谐共事。跨文化领导者要具备全球视野，敏锐观察国际事务，拥抱差异，引进外国人才，让团队学习跨国业务，借助全球智慧，善于结盟，采用国际化思维。

2. 修炼跨文化智商

有效识别并应对文化差异是跨文化领导力的关键。跨文化领导者需要不断修炼跨文化智商。他们应该具备全球思维，能够在多元文化环境中实现融合和整合，提升领导力。杰弗里·肯尼迪（Jeffrey Kennedy）认为，领导者首先要成为具备 CQ（culture intelligence，文商）的人，才能促进文化融合。为了培养跨文化智商，首先要正确认识不同文化，善于识别文化差异。彼得森（Peterson）提出的五种文化标尺可以用来识别不同国家的文化特征。Hofstede 则通过五个维度来区分和测量国家文化差异。其次，跨文化智商需要积极应对文化差异。文化影响领导者的决策风格和方式，因此，在跨文化环境中，领导者需要适时调整领导风格，以更好地领导下属和追随者。正确的态度是积极学习、适应和包容不同文化，而非有文化霸权或自卑心态。在跨文化领导中，领导者实际上受制于下属的文化基础，但在管理行为上仍有一定自由度。

3. 增强跨文化沟通

在全球化时代，跨文化领导者需要拥有卓越的沟通力。有效的跨文化沟通首先要树立沟通意识，认知文化差异，避免偏见，实现平等互惠，融合不同文化。其次，理解跨文化语境至关重要，高语境文化较为内敛含蓄，低语境文化则直截了当。发展跨文化共情也是关键方面，换位思考，消除民族中心主义，客观理解不同文化，寻找汇合点，促进高效跨文化沟通。这些因素共同构成跨文化领导的核心，帮助领导者在复杂多变的跨文化环境中取得成功。跨文化领导力的修炼，将使领导者在全球化潮流中处于更有利的地位。

4. 善于跨文化激励

积极有效的跨文化激励是提升跨文化领导力的关键。在跨文化环境中，领导者需要设计实际可行的激励机制和体系，以激发来自不同文化背景的追随者或员工的积极性和创造力。首先，要了解激励模式的文化差异性，因为文化差异影响着激励方式和人们对激励措施的反应。在个人主义文化中，强调个人成就，而在集体主义文化中，则强调群体价值。其次，要善于选择合适的跨文化激励模式，可以采用母国中心模式、东道国中心模式或全球中心模式，或者结合多种模式的复合型激励策略。通过这些措施，跨文化领导者可以更好地实现跨文化领导，并有效地促进团队实现共同目标。

5. 着力跨文化培训

跨文化领导力的提升需要持续进行跨文化培训。由于文化差异带来的挑战，领导者在跨文化环境中需要具备新型的有效领导力。为了增强应对挑战的能力，跨文化培训至关重要。一些企业如富士通和高露洁早在几十年前就开设了跨文化培训课程，提升国际人才的素养。

跨文化培训应从领导者自身做起。首先，政府组织和企业的领导者应接受培训，培养全球意识、跨文化管理、领导力等观念和意识。其次，需提高领导者的跨文化胜任力，包括跨文化能力和敏感性。体验式培训也很重要，让领导者在真实跨文化环境中亲身体验，观察他人的领导行为，主动学习，不断提升跨文化领导力。

8.3.9　跨文化领导力的评价及评价体系

针对文化价值观的研究发现了许多重大差异，而这些差异则与有效领导和领导者实际行为的信念密切相关。然而，许多早期研究使用的抽样样本是来自少数国家的样本，而不是来自大量不同国家具有代表性的对照样本。很容易就能找到许多研究使用的大规模样本之间存在的显著差异，但是这些样本因为太没有说服力而缺少实践意义。这些研究对文化作用大小的描述并不一致。

在跨文化领导研究中，"GLOBE"计划采用了一种更为系统的方法，对照标准和系统取样使研究结果更易于解释。然而，广义领导行为使得更难获得跨文化行为差异的明确图景。诸如关怀型领导、变革型领导和参与型领导等广义的行为分类往往使行为要素之间的重要差异变得模糊。正如学者考察文化和组织价值观对真实领导行为的共同影响一样，对这一行为的具体方面以及广义分类进行测量是必要的。即便如此，由于人们在调查问卷中对领导者行为进行评价存在困难，因而与建立在广义定义的行为评价基础之上的定量比较相比，针对实际领导行为（如事件、案例）描述分析开展的定性研究可能会提供更有用的看法。

未来需要对许多研究问题进行更详细的分析。未来针对跨文化领导研究的相关问题包括以下几个方面。

（1）领导者实际行为在不同文化价值观集群和不同国家中的差异有哪些？

（2）领导价值观和行为如何受个性（和成长经历）、公司文化以及民族文化的共同影响？

（3）对于理解领导的内隐理论和领导行为类型而言，区分实际和理想的文化价值观的意义是什么？

（4）当组织文化价值观与组织机构所在地的社会价值观不一致时，变革组织文化价值观有多困难？

（5）文化价值观的变化有多快？决定领导文化变革的主要因素包括哪些？

（6）如果一个人要做好在不同文化中接受领导任务的准备，那么什么类型的领导特质、技能和成长经历最有用？

跨文化组织领导力的发展是动态而多元的，构建跨文化领导力的内容结构和评价体系对研究与发展具有重要价值。国外学者在跨文化领导力的评价体系建构方面已经展开了研究。Spitzberg（2000）从社会心理学角度提出了跨文化能力模型，该模型由三个子系统构成：个人系统、情境系统和关系系统。个人系统涵盖了促进跨文化交流的个人特质，包括认知因素、情感因素和行为因素。情境系统关注个体行为与特定环境之间的关系，不同环境适宜的行为也不同。关系系统指在整个人际关系范围内影响个体人际交往能力的元素，而不限于特定情境。

基于在华国际企业的跨文化环境，顾霄勇等（2014）提出了跨文化企业组织领导力的六个因素：愿景导向力、组织支持力、组织运营力、团队构建力、文化整合力和环境互动力。通过 25 个指标因子构建了跨文化企业组织领导力评价体系，并进行了实证研究，比较了不同跨文化企业组织领导力的应用，包括欧美企业、日韩企业以及港台企业，从中总结出了跨文化企业的一般共性与差异。何斌等（2014）以中德跨文化团队为研究对象，以领导力理论和跨文化管理理论为基础，将珠三角和长三角地区的十多家德资企业 200 多个团队作为研究样本，运用扎根理论研究方法，探讨了中德跨文化领导力的内容结构模型，并用结构方程模型方法进行验证。研究结果表明，中德跨文化领导力的内容结构是一个二阶二因子模型，分为跨文化领导影响力和跨文化领导能力两个部分。跨文化领导影响力涵盖了领导魅力和领导权力对跨文化团队成员心理与行为的影响，以及带领团队实现目标的导向作用；而跨文化领导能力指的是领导者在跨文化情境中具备的实现团队目标所需的能力素质和技巧。

8.3.10 我国学者跨文化领导力的理论及实证研究

目前，大多数有关跨文化领导力的研究都是对这一现象的理论探讨，主要内容包括跨文化领导力的兴起、对我国领导者的挑战、提升跨文化领导力的挑战以及应对策略等。只有少数学者从实证研究的角度对跨文化领导力进行了探究，主要集中在以下几个方面。

1. 跨文化领导力与领导效能的关系

在研究中德跨文化团队的领导力方面，郑弘（2014）发现了团队中主要领导者文化背景和人与环境匹配程度的差异，并验证了成员对领导力的感知在中德跨文化领导力对领导效能的影响过程中的中介作用，以及人与环境匹配程度在中德跨文化领导力对领导效能上的调节作用。

2. 跨文化领导力对团队绩效的影响

陈春蕾（2013）采用开放性问卷和访谈的方式，调查了跨文化背景下领导力和跨文化沟通对团队绩效的影响，并就调查结果提出了提高跨文化环境下团队绩效的建议。

3. 跨文化领导者的授权领导行为

赵丹（2012）通过对中国本土下属及其直属的新加坡或印度尼西亚外派中国领导者进行 90 分钟半结构化深度访谈，基于现有的跨文化理论和授权领导理论，采用扎根理论收集和分析数据，构建了新加坡和印度尼西亚两国领导者的授权领导行为模型。研究揭示了外派中国领导者在参与中国本土下属管理中的优势与挑战。在此基础上，赵丹（2012）编制了问卷，采用现场研究法对新加坡外派中国领导者、印度尼西亚外派中国领导者以及中国领导者的授权领导行为进行了文化对比研究。研究确认了三国领导者在授权领导行为上的差异，并且这些差异通过与下属国所在文化的交互，影响了下属的心理授权感知的不同维度。

4. 跨文化上下级信任互动研究

张晓玲（2014）采用半结构式访谈，从文化对比和跨文化互动两个层面展开研究。在文化对比方面，分析了中德信任文化及中德上下级信任文化的异同。在跨文化互动层面，首先对跨文化人际信任与跨文化交流的同质性进行了理论论证。其次，基于奥斯特洛和韦伯发展的上下级信任互动模型以及维塔尔对跨文化人际信任的研究结果，归纳出跨文化上下级信任的互动模型。

8.4 工作价值观与工作体验

L 集团基于价值观的校园招聘

L 集团从事的是农业产业，扎根在农牧食品行业，其核心价值观是"合作、创造、共赢"。在校园招聘中，强调企业价值观的宣传，高度重视对应聘者价值观的考核，并基于应聘者与企业价值观的匹配度考核来做出聘用决定。

L 集团的青年领袖校园招聘流程简洁高效，学生参与到的就只有一场面试和后期的企业考察交流两个环节。

在面试和企业考察交流环节，L 集团面试官通过提问来探讨应聘者对一系列事物的判断标准和重要性排序，即价值观。面试时提出的问题包括：对农业的情感投入、对工作区域的选择标准、对薪酬要素的排序和标准要求、对同事关系的期待、对自我成长的要求等。应聘者对就业行业和工作区域的选择，侧面反映了应聘者对农业的真实情感和对工作环境的包容程度，面试官能借此判断大学生能否从工作中获得自我激励和满足，是否能真正快乐地工作，从而实现长期留任。

企业考察交流环节一共持续两天，其内容包括了企业业务参观、往届生交流、各业务管理层的交流和人力资源部的进一步沟通。这个环节，一方面帮助大学生充分了解企业，从而帮助其做出是否签约的决策，另一方面企业通过互动交流可以进一步加强对应聘者能力和价值观的考核。在参观和交流环节，L 集团把自己最真实的一面，展现在了应聘者面前，让应聘者把握企业的真实状态，减少应聘者对企业的理解误差，尽可能调整学生对入职后的工作环境、工作氛围、工作任务等方面的预期。大学生与业务部门、管理层和青年领袖代表的交流发言，会考查学生对业务部门战略、管理等方面的认知和思考，以及对 L 集团企业文化的感知、感想等，能够进一步强化对应聘的学生能力的评价和价值观匹配度的判断。

通过完整的校园招聘流程，L 集团能够相对精准地判断应聘者是否符合 L 集团的招聘要求，尤其是来应聘的大学生的价值观是否和 L 集团的价值观实现一致匹配。

1. L 集团校园招聘流程的突出特点是什么？

2. 如何考察应聘者与组织的价值观一致性？

8.4.1　个人价值观理论

基于所有个人必须应付的一般要求，Schwartz（1994a）开发了一个包括十种不同动机类型的价值观的分类法。Schwartz（1994a）将这些价值观组织在一个环形结构中，并确定了四种高阶价值观类型，它们包含了环形结构的不同部分。对变化的开放性（表示独立思考和行动、兴奋和新奇的价值观）和保护性（包括符合传统和安全的价值观）位于环形结构的相反部分。同样的情况也适用于自我提升（表示社会地位、声望和成就的价值观）和自我超越（涵盖助人、诚实、欣赏和宽容的价值观）。环形模型认为，相邻部分的价值观比相反部分的价值观更相似。这个模型的可行性得到了全球样本的充分支持，并为旨在衡量价值观的措施提供了一个合理的理论基础。

重要的是，这个模型已经被引入工作场所。与 Schwartz（1994a）的一般价值分类法相似，并反映了现有的工作价值的文献，提出了工作价值的四个维度：内在的工作价值（类似于对变化的开放性），外在的工作价值（类似于保护性），社会工作价值（类似于自我超越）和成长/权力（类似于自我提升）。一些研究已经支持这种工作价值的四维结构。然而，蒙斯特工作价值测量（Munster work value measure，MWVM）框架通过将生成性作为重要工作价值的额外领域，扩展了这个四维结构。

Ryan 和 Deci（2000）指出，内在动机描述了为了学习或达到自我实现而对成长和挑战的追求。内在的工作价值指的是通过工作本身可以达到的最终状态，如拥有一份有趣的工作或者拥有自我实现的机会。相反，外在动机指的是工作的工具性方面。外在的工作价值与最终状态有关，它的产生与工作的内容无关。例如，与金钱或影响有关的价值。

Johnson（2001b）指出，成长/权力是另一个经常在工作环境中应用的价值领域，涵盖了获得更高水平的功能的目标。这些工作价值的实现以自我和他人之间的比较过程为特征，表明个人的优越性。

社会价值也包括在各种工作价值的测量中。属于这一领域的价值观涵盖了在工作中建立和维持社会关系的需要，帮助他人，以及对社会的贡献。

按照环形图的合理性，即假设相邻的价值领域比对立的领域更相似，成长/权力价值在本质上可能是内在的或外在的（图 8-7）。内生价值指的是与工作本身相关的资源的获得和扩展，如开发新的技能。外生价值描述的是获得与工作的结果有关的资源。外生价值的例子是追求自己的事业或经济财富。在环形图中与成长相邻的内在价值强调积极的情感体验和情绪调节。这些价值通常被归类为情绪价值，并且可能与社会价值有一些重叠。另外，有些价值观在本质上是外在的，但与环状结构的成长价值并不相邻。Ryan 和 Deci（2000）研究指出，当一个人的主观状态达到一个期望的标准时，这些价值观就得到了践行。

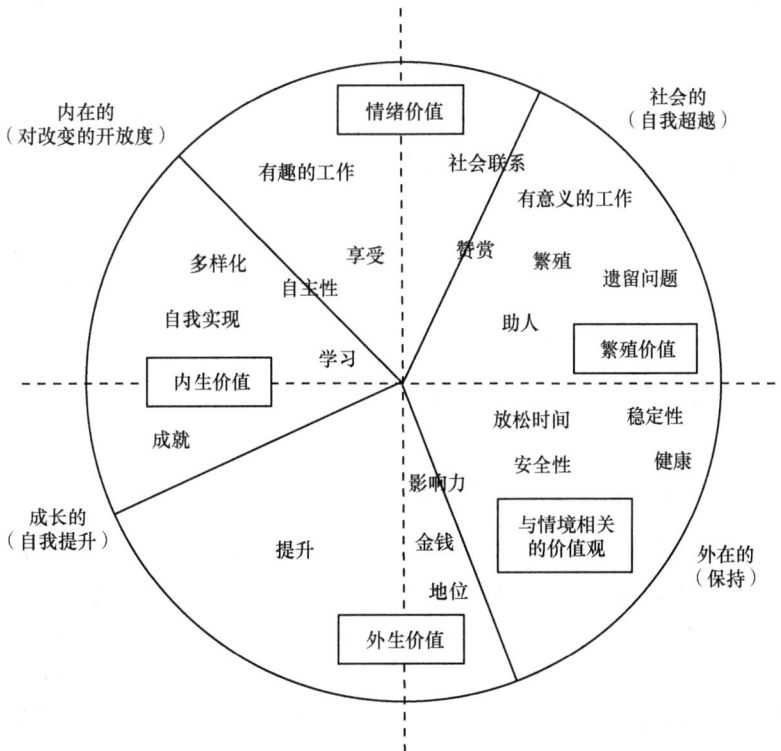

图 8-7　在一个复杂的模型中绘制 MWVM 的工作价值

一些研究已经支持了这种工作价值观的四维结构。MWVM 框架扩展了这个四维结构，将生成力作为工作价值观的一个额外领域。生成力可以被定义为对建立和指导下一代的关注，包括帮助他人、传授知识或对留下有意义的东西的关注。工作价值观的四个维度（内在的、外在的、成长的和社会的）定义了 MWVM 的基础，并结合了四个量表以及一个额外的生成性量表。因此，一个建立在成熟的个人价值观理论基础上的工作价值测量量表被开发了出来，该理论在不同的文化中得到了大量的经验证据的支持，并且运用在许多工作价值观测量中。

8.4.2　工作价值观概念

Super（1970）提出了对工作价值观的定义，认为它是个体对与工作相关的目标的表述，涵盖了个体内在需求和在工作中所追求的特质与属性。这种定义强调了需求层面。其他学者，如 Schwartz（1999）等，也与 Super（1970）类似，认为工作价值观关乎个体期望从工作中获得满足的需求。Braham（布雷厄姆）和 Elizur（伊莱泽）提出的定义则更注重判断标准，他们认为工作价值观是个体对工作行为及其对工作环境产生的结果的价值评判，是直接影响行为的内在思想体系。Dose（多斯）等学者也从评价标准层面对工作价值观进行了界定。我国学者也对工作价值观进行了界定，多数侧重于判断标准层面。例如，余华和黄希庭（2000）认为职业价值观是人们衡量社会上某种职业的优劣与重要性的内心尺度。金盛华和李雪（2005）将工作价值观分为目的性工作价值观和手段性工作价值观，前者指个体评价和选择职业的内隐的动机性标准，后者则是个体评价和选择职业的外显的条件性标准，目的性工作价值观影响手段性工作价值观。

工作价值观的概念尚未形成完整的整体，学者在发展这一概念时各有相似但又不同的取向。可从已有的定义中归纳出两种主要倾向：一种侧重于从需求层面界定工作价值观，另一种则更注重判断标准层面。判断标准层面的定义在学者中占主导地位。综合考虑这两个层面，并借鉴 Schwartz（1999）对价值观的定义，可以将工作价值观理解为超越具体情境的观念与信仰，引导个体在工作相关行为和事件中做出选择与评价，指向希望达到的状态与行为的一些重要程度不同的观念和信仰。个体的工作价值观类型决定了他们在工作中追求的需求和相应的偏好。

8.4.3　工作价值观的结构和测量

1. 国外关于工作价值观的结构研究与量表开发

近年来，国外对工作价值观结构及其测量的研究取得了丰富和完善的成果。研究从引入外在工作价值观或工作结果导向（如工作安全、薪酬），拓展至嵌入整个工作过程的内在工作价值观（如知识产权模拟、挑战性）。随后，学者增加了利他价值观（如为社会做贡献），并进一步融入与地位相关的价值观（如影响力、知名度和先进性）、与自由相关的价值观（如工作与生活的平衡、工作时间）以及社会价值观（如与同事和领导的良好关系）。这些研究反映了学术界对工作价值观结构内涵认识的逐步积累过程。

早期的研究认为，工作价值观结构包括理论、经济、美学、社会、政治和宗教等六个基本维度。Super（1970）提出了一个包含 15 个条目、3 个维度的工作价值观量表，分别是外部激励（生活方式、安全、地位、经济回报）、外部的社会和工作环境（环境、关联、监督关系、类别）及内部激励（创意、管理、成就、利他主义、独立、智慧、刺激、美学）。随后，其他学者也制定了不同的工作价值观量表，如包含 9 个条目、5 个维度的量表（行为偏好、获利态度、工作参与、工作荣誉和争取向上），以及由 6 个工作价值观维度构成的明尼苏达（Minnesota）问卷，包括成就、利他主义、自主性、舒适、安全和地位。Taylor 和 Thompson（1976）的实证研究得到了包含 5 个维度的工作价值观，即安全环境、内在激励、自我表达、工作自豪感和外在激励，Elizur（1984）的研究则得到了包含 4 个维度、24 个条目的工作价值观量表，维度分别为内向、外向、社会和声望。研究发现，工作价值观具有不同的结构特征。Elizur 等（1991）的国际跨文化研究发现，工作价值观包括认知维度（如地位、反馈和状态）、情感维度（如承认、尊重和互动）以及工具维度（如工资、福利和安全）。Schwartz（1994a）评价了 56 种工作行为及模式的重要性，编制了一个包含 10 个类别的工作价值观量表，并在全球范围内进行了效度检验。Johnson（2001b）开发了一个由 14 个条目组成的调查问卷，用于测量工作价值观的四种类别：外在的、内在的、利他主义和社会性，并研究了它们随着时间的变化。Lyons（2010）等结合北美文化情境构建了员工工作价值观的三维度结构，包括价值形态、成长导向和聚焦水平。

2. 我国关于工作价值观的结构研究与量表开发

华夏文化协会（Chinese Culture Connection）构建了中国工作价值观结构，包括融合、孔子工作动力论、人际和谐和道德自律等四个因素，并开发了包含 37 个条目的中国工作价值观调查量表。宁维卫（1996）根据 Super 的工作价值观量表制作了中文版，指出我国城市青年的职业价值观最重视生活方式、成就、独立性和同事关系。马剑虹和倪陈明（1998）通过对中国企业职工样本数据进行因子分析，得出工作价值观主要由工作行为评价、组织集体观念和个人要求等三个基本因素构成。金盛华和李雪（2005）建立了大学生职业价值观模型，包括四因子目的性和六因子手段性职业价值观模型，并基于此编制了大学生目的性职业价值观和手段性职业价值观量表。在我国针对新生代员工工作价值观的结构研究中，李燕萍和侯烜方（2012）通过广泛搜集网络媒体对"80 后""90 后"工作价值观的多主体评价信息，运用扎根理论构建了我国新生代员工的工作价值观结构，包括物质环境、自我情感、人际关系和变革特征等四个因素。综合来看，国外在工作价值观结构和量表开发方面取得了丰硕的成果，并得到了理论和实践的有效验证。然而，这些研究中量表的选择和应用存在较大差异，且这些价值观结构的建模多出现在20 世纪 60～80 年代，对象多为 20 世纪 40～60 年代出生和成长的个体，与新生代的成长环境有显著差异，缺乏对我国本土样本的适用性验证。同时，我国关于工作价值观方面的研究还需要更加严谨和规范，存在理论和方法的局限性。针对新生代工作价值观的结构研究和量表开发，国外目前仍处于探索阶段，未得到经过有效验证的研究成果。因此，探索我国情境下新生代工作价值观的结构内涵及对工作绩效的影响具有非常重要的理论意义和实践价值。

8.4.4 工作价值观与相关变量的关系

在研究工作价值观及其相关变量的关系时，学者主要集中考虑三类构念：人格特质、与工作相关的态度类变量和行为类变量。态度类变量包括工作满意度、组织承诺、离职倾向等；行为类变量包括组织公民行为、工作行为和工作成果等。

1. 人格特质与工作价值观的关系

许多学者研究了人格特质与工作价值观的关系。一些研究发现五大人格和工作价值观的某些维度之间存在稳定关系，如随和性对工作关系、外倾性与内在工作价值观都存在积极的预测作用，而开放性与经济状况和工作条件负相关。另外，还发现人格特质结合性别和年龄等变量只能解释工作价值观变量的中等水平，仍需考察其他因素的影响。因此，为了深入了解两者关系，建议使用统一的人格维度，并细致划分人格，同时全面考虑人口统计学特征和其他变量。

2. 工作价值观对态度类变量的影响

工作价值观与工作满意度之间存在显著关系，早期研究发现内在和外在工作价值观都影响员工的满意度。自主权维度直接影响满意度，压力在内在工作价值观和满意度之间起中介作用，工作压力降低满意度。外在工作价值观中的报酬、同事支持和职业发展对满意度产生正向影响。

组织支持是调节变量，影响工作价值观匹配性和满意度之间的关系：组织支持低时，工作价值观匹配性与满意度呈正相关关系；组织支持高时，两者无关。工作价值观的匹配性在实际操作中十分重要，许多企业在招聘时注重员工与组织价值观的一致性，高匹配度有助于提高员工满意度，减少离职倾向。学者研究发现，物质主义、安全感、自主性和工作条件对员工的组织承诺度有显著影响。不同文化背景下，工作价值观的各个方面对组织承诺的影响也不同。我国主要以医疗、护理行业为背景研究工作价值观对组织承诺的影响，结果显示两者之间存在显著正相关关系。然而，关于工作价值观与组织承诺关系的研究还不够丰富。因此，学者可以扩展研究范围，特别关注不同职业群体之间的关系。van Vianen 等（2007）研究了工作价值观匹配度与离职倾向的关系。他们发现，与同源工作价值观匹配相比，不同源的匹配与离职倾向更相关。也就是说，员工受同事影响，特别是与任务相关的同事影响较大。因此，管理者可以营造群体满意的组织环境，更好地管理员工的工作价值观匹配度。杨玉美等（2008）证实护士的工具性工作价值观可以显著预测离职倾向。因此，他们建议鼓励护士追求和满足高层次需求，以降低离职率。这些研究结果对于组织管理和保持员工稳定性具有重要意义。

3. 工作价值观对工作行为和工作绩效的影响

工作价值观衡量员工对工作的判断，直接影响员工的工作行为以及工作绩效。Frieze

等（2006）研究发现，男性员工同时具有高成就导向和高权力导向的工作价值观，倾向于工作更长时间，而这一结论在女性员工身上没有得到证实；成就导向和权力导向的工作价值观与工作结果之间存在强烈的相关关系：高权力导向的员工更容易获得职位晋升和工作换岗机会，同时薪酬也更高。Siu（2003）发现工作价值观作为重要的调节变量，影响着工作压力和业绩之间的关系。在工作压力为中低水平时，与儒家思想相关的工作价值观与工作业绩呈正相关关系；但是在工作压力非常高时，高度儒家思想会导致低工作业绩。工作价值观对工作行为和工作绩效的影响较为明显，可以更细致地研究工作价值观的哪些维度对工作行为和工作绩效产生影响，产生何种影响，以及进一步探讨研究两者关系中可能存在的发挥调节或中介作用的变量及其作用机制。这些研究将对深入理解员工行为和绩效产生积极的教育意义。

工作价值观与组织公民行为之间的关系备受关注。研究发现，工作价值观中的不同维度与组织公民行为的不同方面存在相关性。例如，努力工作维度与人际帮助和公民道德呈正相关关系，而独立自主则与人际帮助呈负相关关系。能力发展和地位对组织公民行为、公司认同与个人主动性有显著影响。集体主义价值观对公民行为有预测作用，集体主义价值观越强烈，员工的公民行为越会获得更高的评价。此外，个人主义/集体主义价值观也会调节公平与组织公民行为之间的关系。尽管已有一些研究成果，但我们还需进一步探究其中的作用机制和调节变量，以深化对工作价值观与组织公民行为关系的理解。

8.4.5 不同性别、行业、代际、地区和国家人群工作价值观的区别

学者对不同性别、行业、代际、地区和国家的人群之间的工作价值观差异产生了浓厚兴趣。他们研究了这些差异的本质、原因和影响。

1. 不同性别人群的工作价值观的差异

众多学者对不同性别人群工作价值观的差异进行了关注和研究。有学者认为性别与工作价值观之间没有特别的关系，而另一些研究发现大多女性更注重社会关系、工作条件和利他主义价值观，而大多男性更看重利益、事业和影响力。然而，随着女性进入工作场所，这些差异在后期调查中逐渐消失，女性的这些工作价值观得到了强化。多项研究也证实男性在某些外在工作价值观上得分较高，而女性则更重视保健性的工作价值观。众多学者经过研究，确实发现工作价值观在性别上存在差异。总体来看，女性更偏向内在、社会性的工作价值观，注重人际关系的和谐；而男性则更看重外在工作价值观，权力和地位对他们具有较强吸引力。然而，我们也需要考虑跨文化因素，以进行更细致的差异分析。

2. 不同行业人员工作价值观的差异工作

价值观对个体的职业选择偏好产生影响，并在不同行业中可能存在差异。组织对员工的工作价值观也越来越重视，并将其用于人力资源决策。在印度学者的研究中，不同工业部门的管理人员对工作价值观有不同的重视程度。制造业和咨询业员工更看重保健性，而 IT、咨询和服务业的管理人员则重视激励因素。不同专业学生的工作价值观也有

区别，文科生更看重经济报酬与工作环境，而工科学生更关注组织文化与管理方式。对社会地位与企业发展，文科和工科学生比理科学生更重视。这些研究结果有助于了解不同行业和专业学生的工作价值观特点。研究发现不同行业的工作价值观存在差异，但具体差异和原因尚需深入探究。同时，需要进一步研究在不同文化背景下这些差异是否存在差异及其具体表现。究竟是相同工作价值观的人偏好选择相同类型的职业，还是选择不同职业后个体的工作价值观会向行业要求靠近，这一探究具有重要意义，涉及对招聘理念的制定和工作价值观变化机制的研究。

3. 不同代际人群的工作价值观的差异

在不同的时代和社会背景下，人们的工作价值观会出现代际差异。价值观反映了人们对社会存在的看法，随着社会的变化和个体经历的不同，工作和生活环境也发生了巨大变化。例如，研究发现随着时间推移，自我实现价值观逐渐受到重视，女性对工作保健价值观的重视增加，而男性相反。此外，当代大学生在择业时更加注重个人发展和经济收入，而20世纪80年代的大学生则更看重个人发展。这些变化可能与生活水平的提高有关，人们不再追求基本生存需求，而是更注重自我实现需求的满足。这些研究结果提醒我们，在招聘和管理方面，需要考虑不同代际的价值观差异，以更好地满足员工的需求。工作价值观是受社会环境影响形成的，代际差异可能是社会变迁的反映。社会的巨大转型和变化会导致工作价值观发生改变。因此，研究社会环境与工作价值观的共变机制具有重要意义，值得学者进一步深入探讨。

4. 不同地区和国家人群之间工作价值观的差异

在全球化时代，有关工作价值观的跨地区和国家差异引起了众多学者的关注。研究发现，我国不同地区管理者的工作价值观存在差异，一些城市的管理者更开放和现代化，个人主义、权力和成就得分较高。美国、波兰和墨西哥工人的工作价值观也存在显著差异，包括活动偏好、工作投入、自豪感、晋升诉求等维度。这些差异很可能受到民族文化影响。全球化背景下，深入探究工作价值观的国际差异对于跨国管理和组织运营至关重要。人们的工作价值观受民族文化而非工作地点意识形态影响。深入理解不同地区和国家间工作价值观的差异具有现实意义。对于外派经理人而言，在国外的工作绩效可能受到跨文化适应性不强、不了解其他国家文化和工作价值观的影响。要想成功管理不同地区和国家的员工，必须清楚理解这些地区和国家的成员的独特工作价值观及其与本国成员工作价值观的差异。这样的认知有助于提升管理效能和促进跨国组织的成功运营。

核心价值观，承载着一个民族、一个国家的精神追求，体现着一个社会评判是非曲直的价值标准，是推动文明进步最持久、最深层的力量。社会主义核心价值观是中国共产党人推进社会主义先进文化建设的重要成果。党的十八大以来，习近平总书记就建设社会主义核心价值体系、培育和践行社会主义核心价值观提出一系列新思想新观点新论断，深刻阐明了社会主义核心价值观的重大意义、科学内涵和实践要求，极大深化了我们对社会主义文化建设规律的认识，极大丰富发展了马克思主义文化理论，为我们坚定文化自信、建设文化强国提供了根本遵循。新征程上，我们要坚定文化自信、秉持开放包容、坚持守正创新，着力培育和践行社会主义核心价值观，不断书写社会主义先进文化新篇章。

在坚定文化自信中强化价值观自觉。文化自信来自哪里？来自对于文化主体自身文化的尊重和认可。历史和现实都表明，一个抛弃或者背叛自己历史文化的民族，不仅不可能发展，而且很可能上演一幕幕历史悲剧。举什么旗，走什么路，在其背后是一个价值取向的问题，如果没有正确的核心价值观的指引，就会迷失方向。社会主义核心价值观深刻回答了建设什么样的国家、建设什么样的社会、培育什么样的公民的重大问题，为我们如何走好自己的路确定了价值坐标，充分彰显了新时代中国共产党人的理论自觉和历史自觉。社会主义核心价值观扎根中华优秀传统文化，鲜明地表达了新时代中国共产党人的价值主张，凝结着全体中国人民共同的价值追求，昭示着新时代中国发展进步的方向，是当代中国精神的集中体现，为创造中华民族现代文明提供了价值指引。

在秉持开放包容中凝聚价值观共识。开放包容始终是文明发展的活力源泉，也是中华民族历经五千年绵延不绝的文化密码。多元一体的中华文化空间，涵育了中华民族海纳百川的文化特性，使我们始终保持着对人类其他文明的尊重和包容。社会主义核心价值观扎根于中华民族五千年厚重文化土壤，借鉴吸收人类文明优秀成果，是体现多元价值共识的"最大公约数"，为涵养理性平和的国民心态确立了鲜明的价值导向。历史和现实都表明，越是在经济体制深刻变革、社会结构深刻变动、利益格局深刻调整的时候，越需要凝聚价值共识。在以中国式现代化推进中华民族伟大复兴的历史征程上，我们必须通过培育和践行社会主义核心价值观，涵养国之大德，汇聚民之大愿，激发亿万中华儿女和中国人民团结奋进的磅礴力量。

8.4.6　工作体验的定义

工作体验这一概念起源于 20 世纪初对员工在工作中获得的非经济报酬的研究。国外学者在各自的著作中不同程度地提及非经济报酬，并将其定义为"工作体验"。美国薪酬协会对全球数百家企业进行了多年观察和研究，强调全面奖励，特别关注除薪酬和福利外，员工在工作过程中的体验。在美国薪酬协会 O. C. Tanner 公司的北京中智源培训有限责任公司（现为北京中智源管理技术有限责任公司）的论坛会上，邦妮·卡宾教授对"工作体验"进行了阐述，将员工在薪酬体系之外希望获得的非经济型报酬概括为"工作体验"。卡宾教授认为，工作体验对员工非常重要，它包括员工的努力和绩效得到认可与赏识、工作和生活的平衡、组织文化、个人发展机会以及环境等五个方面，这些虽然不像薪酬和福利那样容易触及，但同样对员工产生深远影响。在管理学领域的研究中，关于工作体验的定义和特征有不同的观点。曾静和李敏（2006）认为，工作体验通常是薪酬中柔性部分的无形部分，涵盖了个人发展、心理收入和生活质量三个方面的内容。林健和李焕荣（2007）则指出，工作体验是员工在工作中所获得的尊重、快乐、价值和进步等。而王然（2007）则将工作体验定义为满足员工内在需求的体验，包括员工在工作中身心的体验，以及薪酬和福利之外的所有非经济型报酬。综合这些观点，可以认为工作体验是员工在工作中获得的非经济报酬，涵盖了个人发展、心理满足、尊重、快乐、价值认同和进步等方面的体验。在中国最佳雇主年度评选颁奖盛典暨第六届中国人力资源管理创新高峰会的年度盛典上，国际人力资源管理协会副会长朱勇国指出"员工的工作体验反映的是员工对于工作和所在组织的感觉"。已有研究成果显示，国外学者主要从企业角度定义工作体验，侧重于企业给予员工的非物质报酬，而我国学者更注重研究个体态度中的情感角度，强调员工在工作中所获得的感受和情感成分。

8.4.7　工作体验的理论基础

在组织行为学中，探索个体态度视角下的工作体验是基于态度改变理论的研究，其中海德的平衡理论、费斯廷格（Festinger）的认知失调理论和勒温的参与改变理论最具代表性。海德的平衡理论认为，人们的认知系统存在使情感和评价趋向于一种平衡状态的压力，强调人际关系对认知平衡的影响。在企业管理中，可以采取一定措施改变员工对某人或某些实施方案的态度，努力使员工的工作体验达到平衡，从而激发积极的工作态度，提高生产效率。费斯廷格的认知失调理论着重强调个体通过自我调节来达到认知平衡。他认为，当一个人的两种认知元素之间直接不一致时，就会产生认知失调。认知失调主要来源于决策行为和与自己态度相矛盾的行动。在企业管理中，可以通过调整员工的个体行为来改变员工的工作体验，从而实现员工工作体验与行为的协调一致。在勒温的参与改变理论中，重要的是关注一个人参与态度形成的过程，这在改变他人态度时会产生不同的成效。勒温认为，改变态度的方法不能脱离群体的规范和价值观。个人在群体中的活动会影响他人的态度，包括主动型和被动型参与。研究发现，对于个体来说，改变主动型人的态度比改变被动型的人要容易得多，且效果更为显著。从勒温的观点和研究中我们可以得出，在企业管理中，员工的工作体验是个体态度中的情感成分。如果想增强员工的工作体验，提高工作效率，就需要努力让员工积极参与某些活动。上述态度改变理论各有千秋，但目的都是通过一定的方法来影响个体的态度，促使人们态度的改变，其中勒温的参与改变理论强调个体在群体中的行为对个体态度有明显的作用，说明员工的工作体验会随着自身的行为变化而变化。

8.4.8　员工工作体验的测量要素

尽管员工工作体验的概念研究较多，但对于工作体验的测量要素，主要来源于对雇主品牌的研究，以下是国外和我国学者的研究成果总结。

国外学者 Lievens 和 Highhouse（2003）首次构建了工作体验的结构和测量量表。他们研究了银行职员和学生样本，结果表明工作体验可从薪酬、晋升机会、工作稳定性、工作繁忙程度、工作地点和福利六个维度来测量。在此后的研究中，Berthon 等（2005）提出了用五个维度和 30 个子因素来测量工作体验。这些维度包括：经济价值（如工资、总体薪酬、工作安全性和提升机会）、发展价值（如认可、自我价值、自信和职业发展）、社会价值（如愉快的工作环境、融洽的同事关系和团队氛围）、应用价值（如运用所学知识和教授他人）以及兴趣价值（如令人兴奋的工作环境和新颖的工作实践）。这些维度和子因素共同构成了全面的工作体验测量框架。此外，Herman 和 Giola（1998）提出了八个维度：开明的领导、公司声誉、公司文化、人性化的待遇、补偿、利益、职业成长机会、有意义的工作。

国内学者朱勇国较早且系统地对工作体验进行了研究。在 2008 年，他的研究小组从雇主品牌功能性特征的角度出发，探索了"工作体验"的结构与量表，量表包括报酬制度、企业实力、个人发展、福利制度、领导及管理风格、合作关系和工作本身等七个维度，共计 30 个项目。皇甫刚等（2012）在此基础上使用验证性的工具，对模型进行了调整，重新归纳为：绩效评价与奖励、报酬、工作本身、组织印象与感受、个人发展、组织氛围与组织关怀、组织实力与影响、工作保障与福利等八个维度和 30 个项目。

8.4.9　工作体验的应用研究

董克用认为"企业员工的报酬可以分为经济型报酬和非经济型报酬，这两部分合起来就构成了全面报酬体系"。董克用认为将工作体验纳入报酬层次，在我国是一种新理念，但与我国国情特别契合。我国企业常常倡导"事业留人、感情留人"与"待遇留人"相结合，实际上是对全面薪酬构成的简要概括，其中"感情留人"指涉及工作体验的内容。

我国学者刘昕（2005）阐述了美国西南航空和惠普等企业将工作体验作为一种报酬方式来激励员工，指出要想构建高生产率、高绩效、高承诺度的员工队伍，企业必须全面规划薪酬、福利和工作体验三个方面。只有吸引和留住人才，同时保持员工的工作热情和忠诚，企业才能获得长远的成功。工作体验在吸引和留住员工方面具有重要作用，通过满足员工内在需求，推进人才的保留，并激发员工的工作热情和创造力，从而产生积极的效应。根据不同的内外环境实际情况，制定因地制宜的人才策略，从而不断提高管理效益。经过国际人力资源管理协会、中国雇主品牌蓝皮书课题组、中国年度最佳雇主评选组委会和中企联合（北京）人力资源管理中心共同进行的企业员工工作体验调研，采集了 2000 余份问卷，数据分析显示问卷的信度达到，内部一致性较好。调研结果通过因素分析确定了个人发展、领导风格、合作关系和工作本身四个维度，形成了员工工作体验评价体系。该调研结果应用于雇主品牌建设，帮助企业管理者从员工的角度思考员工真正的需求和感受，了解员工在工作和组织中期望获得的体验，并愿意采取相应行动，通过低成本、高效益地促进企业与员工的共同发展，实现双赢局面。企业员工工作体验的应用研究主要体现在全面报酬理论、员工激励、留住员工、雇主品牌建设等方面。企业管理中强化工作体验、更好地发挥工作体验的积极效用，有利于提升企业绩效，将成为工作体验未来应用研究中意义重大的课题之一。

8.4.10　工作体验的中国测量问卷

朱勇国等和丁雪峰（2010）对员工工作体验进行了研究，形成了最初的问卷，并不断进行修订和完善。他们通过与国际人力资源管理协会合作，在全国范围内调查了 500 多家企事业单位，涵盖不同性质和行业。最终，他们确定了八个维度和 30 个问题来测量员工工作体验，包括薪酬福利、工作本身、职业发展、组织声誉、组织实力、团队合作、直线领导和管理风格。在对 10 名员工进行访谈和与导师、同学的多次讨论后，他们进一步筛选、补充和完善了题目，最终形成了适用于科技人员的四个维度和 15 个问题的工作体验测量量表。

在我国文化背景下，工作体验研究较为有限，尤其缺乏关于问卷编制的研究。2008年，中国雇主品牌调研组设计了企业员工工作体验问卷，该问卷独具优势，在广泛的调研样本中达到了信效度要求。该问卷由国际人力资源管理协会、北京大学管理案例研究中心、中华人民共和国人力资源和社会保障部主管的《职业》杂志联合设计。调查历时六个月，涵盖了国有、民营、外资、合资企业，涉及石油化工、房地产、信息技术、批发和零售贸易、金融保险、社会服务等不同行业，分布于东北、华北、华南等主要地区，覆盖了不同规模和层次的企业与员工。问卷信度和因子方差贡献率表现良好，通过因素分析归纳出工作体验的个人发展、领导风格、合作关系、工作本身四个维度，形成了员工工作体验评价体系，原问卷共计 25 个项目。

8.5　竞争性价值观

上汽集团：激励创新

上海汽车集团股份有限公司（简称上汽集团）位列全国汽车大集团之首。然而，上汽集团目前在面临来自外部的激烈竞争。大量的进口汽车品牌和合资企业对其构成了极大的压力，同时，我国汽车品牌也在积极争抢市场份额，各式新款汽车正加快速度抢占市场份额，上汽集团因此面临的竞争环境愈发严峻。面对激烈的竞争环境，上汽集团决定采取积极的策略，并实行多元化和多层次的长期激励机制。对于具备创新精神的核心团队，公司推行了股权和期权激励方案。对于从事新能源研发的团队，公司设立了奖励基金，并实行虚拟股权计划。面向负责技术开发和商业模式创新的人才，公司规定了一个总计高达 10 亿元的奖励基金。对于关键骨干员工，公司启动了核心员工持股计划。对于全体员工，公司推广了一种基于公司净利润增长的激励制度。

为了进一步强调全员创新，上汽集团筹集了 1 亿元设立"种子基金"，并创立了一条涵盖"企业内部转化、业内转化、业内分享以及自主创业"的成果转化路径。公司还新建了近 20 个市级的"劳模工作室"和"技能大师工作室"，成立了工程师创新之家和技师创新之家，并举办了创新大赛。此外，公司投入了 6.5 亿元用以建立包含管理、营销和制造在内的五大实训基地，并保证每年在职业教育和培训上的投入至少达到 3 亿元。上汽集团还完善市场化的人才工作机制：对创新企业的经营管理团队，实施了更加市场化的干部选聘机制，建立健全更加注重创新导向的干部考核评价体系；优化完善更加注重绩效导向的分配制度，绩效薪酬占年度收入的 60% 左右；通过实施双通道职级体系，进一步拓宽人才发展的通道。建立容错机制，鼓励创新、包容失败：在我国上市公司中，上汽集团率先将容错机制写入公司章程，明确只要是符合公司战略方向、符合内控流程、未牟取私利的，即使未能实现预期目标，在审计、考核等方面不作负面评价，为干部员工的创新创业解除后顾之忧。

8.5.1　组织中竞争性价值观的理论基础

组织是有目的的系统。每个组织的存在都是为了达到某些目的。研究人员对这些目的的描述非常宽泛，以指导组织的总体目标为例，包括了所有其他的结果（即生存、效率，甚至是经典的经济利润）。狭义的组织研究方法是确定目标的类别，通常是按职能领域或按服务对象确定目标的类别。这些清单反映了组织的多种复杂功能，但对所研究的组织来说往往是特异性的。Quinn 和 Rohrbaugh（1983）的价值竞争模型揭示了管理者所面临的选择的复杂性与各组织之间的关注点的一致性。Quinn 和 Rohrbaugh（1983）将他们的价值竞争假说建立在模型的轴线和支撑它们的价值之间存在的紧张关系——内部与外部、控制与灵活性之一。这些概念在文献中已经存在了一段时间，但没有被阐明。

例如，Parsons（1956）认为系统的生存取决于四个基本功能的成功发挥，Perrow（1961）认为所有组织都必须完成四个关键任务。正如 Quinn 和 Rohrbaugh（1983）后来指出的那样，Parsons（1956）的每一项职能要求都与他们模型中的目的、结果或组织活动相一致。其他实证研究也证实了组织需求冲突的紧张程度。表 8-6 将这些不同的观点统一起来，显示了四种竞争性价值观中的理论基础。

表 8-6　竞争性价值观的理论基础

Quinn 和 Rohrbaugh（1983）	内部流程价值	合理的目标价值	人际关系价值	开放系统价值
	强调控制和内部焦点，强调信息管理，沟通，稳定和控制	强调控制和外部焦点，强调计划和生产力	强调灵活性和内部焦点，强调凝聚力、士气和人力资源开发	强调灵活性和外部焦点，强调成长、资源获取和外部支持
Parsons（1956）	综合功能	目标实现功能	模式维护和压力管理功能	自适应功能
	加入和协调不同的组织部分	产出被其他系统重视的产品	平衡成员利益和组织利益	响应其他系统或子系统的变化
Perrow（1961）	组织内部协调	安全验收	调集技能	安全输入/与其他组织协调
	协调组织成员的活动	活动的基本合法性	收集和激励运营所需的人才	至关重要的是建立自己的销售业务，在需要时扩展，并与其他组织协调活动
Gross（1969）	管理目标	产出和定位目标	激励目标	适应目标
	对谁应该管理组织，如何处理冲突，以及如何建立和沟通优先级的决策进行反思	反映出试图生产某种被社会重视的产品、服务或技能，并有助于维持该组织在其他组织中的地位	确保组织成员的高水平满意度，强调对组织的忠诚	反映了组织需要"向环境妥协"

Quinn 和 Rohrbaugh（1983）的模型中的内部流程价值强调了保持控制与内部焦点的需要。它源于对组织和结构化的共同关注。这些职责要求组织调整其内部运作以完成其使命。对运作的协调和控制促进了高生产力与对稀缺资源的有效利用，有效的系统也能提高组织的有效运作。

Quinn 和 Rohrbaugh（1983）的合理的目标价值强调了保持控制与外部焦点的必要性。为了保持生存能力，组织必须生产出环境部门所看重的产出。他们必须关注当前的产出，同时保持他们相对于其他组织的地位，或者根据不断变化的趋势。此外，对合法性的追求意味着对环境中的组成元素做出反应。

因此，一个组织不仅要满足当前对其产品和服务的需求，还要计划和适应新的需求。

人际关系价值强调了保持灵活性和内部焦点的需要。这个价值体现了组织对其员工的关注。组织必须招聘、培训和激励员工。在工人之间发展积极的工作关系需要平衡各种利益，以保持凝聚力和士气以及诱发忠诚度的满意程度。

开放系统价值强调了保持灵活性和外部焦点的需要。它源于对保持与不断变化的外部环境一致的关注。这意味着要解决与外部力量达成一致的普遍需求和获取资源以跟上变化步伐的需求，组织必须监测并与其他组织协调，同时适应外部施加的变化。

8.5.2 竞争性价值观的背景和后果

竞争性价值观模型的核心是假设所有组织的潜在结果之间存在竞争：成功的组织似乎满足了相互竞争，甚至相互矛盾的标准。例如，一个组织可能会将效率作为主要的价值来追求，但也会努力追求灵活性和人际关系。以前的研究证实，组织会追求许多目标，这表明组织会依次关注并满足多种需求。

从竞争性价值观模型中得出的矛盾结论是，四个价值可能同时重要。尽管组织对每一种价值的关注程度不同，但管理者必须在某种程度上关注它们。价值观的排序从何而来？有人可能会说，价值观是不可改变的，是人类感知、思考和行动的根源。因此，不同的管理联盟会以不同的方式权衡模型中的竞争标准。

然而，Quinn 和 Rohrbaugh（1983）研究已经表明，一个组织的价值取向会随着时间的推移而改变，这意味着组织的价值集不是不可改变的。外部影响可能会导致联盟结构的改变，并"迫使人们必须转移对各种绩效标准配置的重视"。

8.5.3 竞争价值框架

奎因模型的核心是，有效管理有两个关键维度。

灵活性–稳定性维度以及外部–内部关注维度。Quinn 和 Rohrbaugh（1983）用这两个维度创建了一个四象限模型（图 8-8）。在这些象限中，Quinn 和 Rohrbaugh（1983）为经理人定位了八个操作角色，每个季度两个。他用履行每个角色所需的一系列技能来定义这些角色。他将这些角色确定为：①创新者；②经纪人；③生产者；④导演；⑤协调者；⑥监督者；⑦促进者；⑧指导者。如图 8-8 所示，每个象限都有不同的组织结果。

例如，第一象限的组织结果是具有更高的创新性和灵活性，组织进一步扩张和适应环境。在这个象限中，管理者是创新和创造商业机会的角色。第一象限要求经理人具有灵活性和外部关注。它代表了一个扩张、适应和变化的环境。与该象限相关的角色是创新者和经纪人。员工被共同的愿景、变革带来的兴奋和冒险激励。将此与第三象限对比，矛盾就变得很明显。在组织需要巩固和延续的时候，管理者必须表现出对内部的关注并寻求稳定。与这个象限相关的角色是监控者和协调者。在这种环境下，员工寻求确定性和可预测性。

灵活和适应

团队	**活力**
导向：参与	导向：创新
过程：人才开发与高度承诺	过程：创新与持续变革
结果：士气、承诺、人才开发	结果：创新、灵活

关注内部管
发理和整合　←───────────────→　关注外部竞
争和差异性

规范	**市场**
导向：控制	导向：竞争
过程：有效的流程控制	过程：竞争与客户导向
结果：高效、及时、一致	结果：目标、业绩

稳定和控制

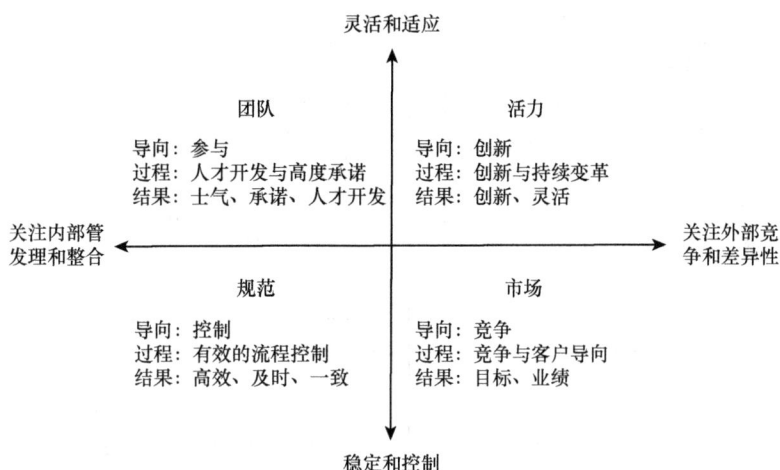

图 8-8　主要维度的四象限模型

在第一象限和第三象限下，对管理者的矛盾性要求变得很明显。在第一象限下，管理者需要关注外部，而在第三象限下，则需要关注内部。

在第二象限中，组织提高士气和员工承诺，人才开发最大化，最终使得组织产出最大化。管理者需要完成手头的任务，激励员工，设定目标和目的，并明确角色。生产者和主管是与此象限相关的角色。员工的动机是完成手头的任务。

在第四象限，重点是人的承诺。在这里，管理者需要征求意见，进行谈判，了解员工的需求，支持和帮助员工发展。这个象限的两个角色是指导者和促进者。这里的员工被经理的关心激励。第二象限和第四象限对管理者提出的相互冲突的要求也可以得到说明。在第二象限下，经理人需要专注于任务的要求和完成工作，而在第四象限，经理人需要专注于他们的员工和员工的需求。

可以看出，竞争价值框架不应该被视为静态的东西。这么多矛盾行为的存在意味着一种动态的紧张关系，Quinn 和 Rohrbaugh（1983）打算把这个模型解释为一个非常活跃的过程，涉及管理者从一个象限到另一个象限的快速移动，也许是在一个事件的基础上，或者是在一个小时内。这个概念强调了一个观点，即现代企业管理者必须能够对快速变化的环境表现出多种多样的技能组合。

8.5.4　竞争价值框架四维度的矛盾互动

Quinn 等（2010）研究团队描述了竞争价值框架四维度的基本矛盾假设。

第一个假设是"兼而有之"而不是"非此即彼"的逻辑。竞争价值框架受到了广泛使用的模型的影响，并包括人际关系、内部流程、开放系统和理性目标（图 8-9）。

然而，它又不同于并超越了那些假定有主导或最佳组织行动或管理方法的模型。Quinn 等（2010）指出：复杂的情况需要复杂的反应。组织有时会从稳定中受益，有时会从变化中受益。通常情况下，组织同时需要稳定和变化。与早期的方法相比，竞争价值框架的发展并没有假定稳定和变化是相互排斥的，是一个非此即彼的决定。

集群/合作	民主/创造
通过支持性的人际关系培养承诺和凝聚力，发展人力资本，培养合作文化 管理技能：管理他人的发展、人际关系和团队 管理模式：人际关系 领导角色：导师、推动者 领导行为：培养下属，有效沟通，培养人际关系和自我理解，管理冲突，促进参与式决策，组建团队	促进变革，鼓励适应、创新、冒险、有远见的思考和象征性的领导 管理技能：管理创新，持续改进，面向未来 管理模式：开放系统 领导角色：创新者、中间人 领导行为：创造性思维、创造变革；建立权力基础，协商协议，提出想法
层级/控制	市场/竞争
建立/保持稳定性、连续性、精心控制的过程，精确的目标，纪律 管理技能：管理协调，控制系统，文化适应 管理模式：内部过程 领导角色：监督、协调 领导行为：管理个人、集体、组织绩效；管理项目、设计工作	通过提高生产率增加利润，关注竞争、压力、成就、权力和政治、外部利益相关者 管理技能：管理客户服务，激励员工，管理竞争力 管理模式：理性目标 领导角色：指导者、制作人 领导行为：有效委派、设计和组织、设想和计划；高效工作，营造良好的工作环境，管理时间

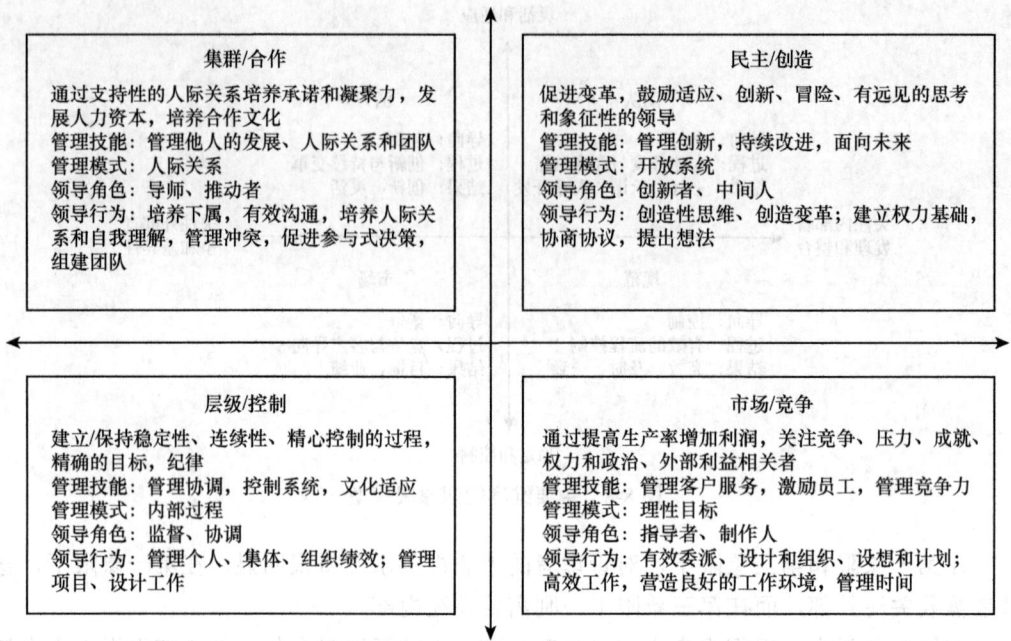

图 8-9　竞争价值框架，管理技能/模式，领导角色/行为

因此，竞争价值框架是建立在动态张力的核心假设之上的。它代表了一种关注对立问题的思想。它把这些关注点所代表的矛盾、平衡和需求的多样性作为模型的核心价值。通过同时采用这四种综合而又对立的模型，可以提高有效性。

竞争价值框架使用"竞争价值"一词，是因为这四个象限可能出现冲突。组织和他们的领导既希望组织具备灵活性，也希望组织是稳定可控的。他们想要创新和变化，但也想要高效的内部流程。

对角线上的象限代表了最大的对立差异。因此，左上角象限（集群/合作）关注内部文化与右下角象限（市场/竞争）关注外部竞争和市场的结果形成了对立。同样地，注重组织控制的象限（层级/控制）与它的截然相反的象限（民主/创造）也是对立的。因此，竞争价值框架让领导者看到，在一个领域的强势行动会带来一个特殊的、具体的风险，即在截然相反的象限内的行动相对较少。

例如，专注于内部文化有可能忽视竞争环境。建立严格的控制体系往往会扼杀大胆的、创造性的行动空间。竞争价值框架可以帮助领导者看到，优势往往伴随着缺陷风险，或者不注意概念上的对立面，而缺陷可以帮助解释为什么如果缺陷过大，一些优势价值可能会被削弱。

如果弱势领域的范围很大，就会阻碍优势领域的成功。对竞争价值框架的一个重要警告是，当相应的弱点发展到最低或平均水平时，关注优势往往是可以适应的。然而，完全忽视不足的领域往往是有问题的。当然，没有一个人可以拥有全面的优势，但平均或适当的表现代表了一种与缺陷或弱点根本不同的基线条件。即使有很强的优势，也往往不足以克服明显的弱势领域。对任何有明显弱势领域的补救关注，对于建立领导力而言是至关重要的。努力克服相对薄弱的领域，使其能够转化为平均或足够的绩效，可以帮助领导者在核心优势领域无法产生预期结果时，看到更多的行动可能性。这就是竞争价值框架所提倡的比较行为复杂性的一个说明。弱势领域类似于概念上的底线，而优势领域则可以被认为是上限。尽管优势在很大程度上决定了潜力，但弱势领域才是决定下限的关键。这种逻辑在赫茨伯格著名的双因素能力中得到了体现。同时在领导力和管理技能的发展方面，竞争价值框架也显示了一系列与优势和弱势有关的类似的紧张关系。

8.5.5 关于竞争价值框架的研究

1. 对竞争价值框架的支持

检验 Quinn 和 Rohrbaugh（1983）最初的竞争价值框架有效性的研究为 Quinn 和 Rohrbaugh（1983）提出的模型提供了一些支持。Denison 等（1995）使用多维标度，体现了对四象限模型的有力支持，但是当他们使用收敛−判别有效性测试时，发现八个角色的位置与原来的假设不同。他们发现，对于更有效的管理者来说，促进者和指导者需要交换位置，协调者和监督者也是如此。也就是说，监督者比协调者更接近稳定轴，而指导者比促进者更接近内部焦点轴。

在另外两项使用 LISREL 的研究中也发现了对竞争价值框架基本结构的进一步支持。Buenger 等（1996）在对美国空军指挥官的研究中，得出了支持该模型的结果。他们发现，执行单位重视该模型的四个象限，但并没有平等地强调，没有为四象限模型提供支持。Kalliath 等（1999a）在对医院经理和主管的研究中，也发现了对四象限模型结构的支持。

2. 对竞争价值框架的质疑

竞争价值框架也曾受到研究人员的质疑。一些研究并不支持八大角色模型。Hooijberg 和 Choi（2000）使用 360 度反馈方法，对包括公共事业部门的经理和他们的员工在内的 253 名人员进行了研究，他们认为有六个角色而不是八个角色。使用确认性因素分析，他们发现生产者、主管和协调者之间存在着高度的相互关系。这表明存在一个二阶因素，他们称之为目标实现。在另一项在公共部门进行的研究中，同样的作者研究了对他们的六因素模型的进一步支持。也就是说，生产者、主管和协调者形成了一个角色。

3. 竞争价值框架的普遍性

然而，总的来说，其他研究的经验结果形成了对二维模型的间接支持。特别是，Wyse 和 Vilkinas（2004）的研究支持竞争价值框架的四象限结构，并将其应用于公共部门的 CEO 领导力中。公共部门的 CEO——Howard（霍华德）说，他支持将竞争价值框架应用于组织文化。Lamond（2003）发现，这个二维框架是对澳大利亚组织文化的有效和可靠的测量。

竞争价值框架的这些不同应用表明，它是一个普遍的框架，可以解释大量的组织现象。竞争价值框架是一个有四个象限的二维模型，这一点似乎得到了基本的支持。

8.5.6 竞争价值框架与领导角色多样性

由 Quinn 和 Rohrbaugh（1983）以及 Quinn（1988）前后提出的竞争价值框架强调了组织环境中固有的矛盾性，以及管理者在应对相互竞争的紧张关系时所面临的复杂选择。这些反应包括各种管理角色，这些角色因情况的不同而有所区别。竞争价值框架通过将成对的角色与特定的组织环境结合起来，显示了领导角色的多样性。

例如，创新者和经纪人角色依靠创造力与沟通技巧来实现变革，并获得变革管理所需的资源。监督者和协调者的角色与系统维护和整合更为相关，需要项目管理和监督技能。导演和生产者的角色是为了实现目标，而促进者和指导者的角色则是为了产生一支由承诺与参与驱动的积极的工作队伍。

该框架的上半部分包含变革型角色，而下半部分则包含交易型角色。成功的管理领导力的关键是认识到管理岗位上的矛盾压力。成功的管理者知道如何驾驭各种角色，以平衡来自不同群体的矛盾需求。

有效的经理人也被其他人认为比低效的经理人更经常显示出八种竞争价值框架角色。性别差异并没有改变这一结论。Vilkinas（2000）指出，当他们的老板、同僚或员工对他们在竞争价值框架角色方面的表现进行客观评估时，男性和女性都被视为同样有能力（或无能力）的管理者。高绩效的管理者会表现出行为的复杂性，使他们能够掌握相互矛盾的行为，同时也能保持一定程度的行为完整性和可信度。

Denison 和 Spreitzer（1991）指出，当管理者过度强调一套价值观（或广泛地扮演某些角色而不考虑其他角色）时，组织可能会变得功能失调。这一观点得到了 Quinn（1988）的呼应，他将这种不平衡称为负面区域。一味追求一套价值观，而不关注其他价值观或角色，往往会创造出次优化的条件，导致组织的失败。为了避免失败，有效的管理者将精力转移到平衡竞争价值框架角色的领导行为上。这被发现在组织转型中尤其重要，在某种程度上，管理者在执行其领导角色方面变得非常有效。生产率提高很可能是管理活动从个人（非价值最大化）活动分配到提高组织有效性活动的大幅增加的结果。Belasen 和 Frank（2004）认为，这些管理者不仅在个人和职业生活中牺牲了非竞争价值框架角色，而且他们从人力资源系统得到的支持很少或根本没有。

8.5.7 个人–组织价值观契合对员工态度与行为的作用机制

竞争性价值观构建于灵活性–稳定性；外部–内部维度之上，涵盖了四种不同的价值体系。这四种价值体系包括人际关系价值观、内部流程价值观、开放系统价值观以及理性目标价值观。这些不同的价值观反映了领导者所面临的复杂选择，同时也映射了不同组织过程中的共性问题。

竞争性价值观并非不同价值观之间的绝对对立竞争，而是在实际管理实践中领导层面对复杂情境的反映。作为团队实践的价值导向，竞争性价值观内部流程价值观对应规则导向文化，理性目标价值观则对应市场导向文化。而人际关系价值观和开放系统价值观则分别对应宗族性文化与临时体制式文化。这四种价值观共同构成了竞争性价值观的框架，指导着团队的实践活动。在竞争性价值观引导下，团队致力于使拥有先进技术和高度专业知识的人员尽可能实现效率最大化，即从有效的投入中获得最大产出，并确保员工在高效率工作中获得尊重。领导者既要根据需要对计划进度进行调整，以快速高效地适应组织新要求或新变化，同时，也要确保工作活动的可组织性和可预见性，以充分的预案应对突发危机或紧急情况。

基于分析 Campbell（坎贝尔）提出的组织绩效指标间相互关系，得出组织有效性的三个维度：关注重点（内部与外部）、结构导向（灵活与控制）以及过程−结果。这个模型精准地描绘了组织内竞争性的核心价值观。

根据这一框架，企业价值观分为四个维度：灵活导向−关注内部（团队价值观，强调信任、投入和忠诚）、灵活导向−关注外部（活力价值观，注重创造性和应变能力）、控制导向−关注外部（市场价值观，强调竞争和成果）、控制导向−关注内部（规范价值观，重视平稳可靠和明确职责）。

尽管这四个维度代表了企业价值观中近乎对立的取向，实际上它们可能在同一组织内共存。企业通常需要兼顾员工参与、灵活创新、市场导向和流程控制。这一理念得到了后续实证研究的支持。这四个价值观不仅反映了企业的特点，也代表了员工的关注点。每位员工对这四种取向都有自己的看法和期望，与企业价值观的一致性将直接影响员工的态度和行为。研究员工态度受价值观契合影响的机制，Kalliath 等（1999b）提出两种方式：一是契合产生共同认知视角和问题分析方法，降低不确定性；二是契合使双方准确预测行为，增加角色期望清晰度。Edwards 和 Cable（2009）也解释了类似观点，认为契合不仅满足个人价值观，还带来信任、可预测结果、良好人际关系和有效沟通，从而影响员工态度。个人−组织价值观契合已被广泛验证，有益于提升员工满意度和组织承诺。

这些机制也与员工绩效相关。绩效受工作动机、能力、环境等影响。个人−组织价值观契合对这三方面有积极影响：首先，满足心理期望减少不确定性，增强安全感、满意度和投入；其次，帮助员工理解组织思维，正确看待事物重要性，发挥自己能力；最后，促进有效沟通与协作，从互动中获取知识和信息。这三方面作用对个人绩效有正向影响。

个人−组织价值观契合是一个连续的状态。当组织价值观与个人价值观接近时，个人−组织契合显现出效应。当组织价值观超越个人价值观时，可参考 Edwards（1996）及 Edwards 和 Shipp（2007）提出的框架，即保存、转移、消耗、干扰，进行分析。保存指保留过剩组织供给以满足个人价值观，转移表示过剩供给可帮助实现其他价值观，消耗表示过度供给会妨碍未来实现，干扰表示在某方面过度供给会妨碍其他方面的实现。这四种效应并非相互排斥，实际中可独立存在或同时存在。

8.6 思 考 题

1. 企业文化的定义和特征是什么？
2. 企业文化的意义是什么？

8.7 测评工具

请在以下每一项中选择 1（非常不同意）到 7（非常同意）的分值，表示您在过去一年中的行为（表 8-7）。

表 8-7 中国背景下工作体验测量量表

题项	非常不同意	不同意	略微不同意	既不同意也不赞成	略微同意	同意	非常同意
1. 我能够得到平等的晋升机会	1	2	3	4	5	6	7
2. 我能够得到有助于我个人发展的培训	1	2	3	4	5	6	7
3. 我对企业提供的福利待遇基本满意	1	2	3	4	5	6	7
4. 我能够得到我应得的薪酬	1	2	3	4	5	6	7
5. 我觉得企业具有公平的报酬机制	1	2	3	4	5	6	7
6. 考虑以上因素，我认为企业是一个理想的工作场所	1	2	3	4	5	6	7
7. 我的工作有助于提高我的综合能力	1	2	3	4	5	6	7
8. 我看好本企业的发展前景	1	2	3	4	5	6	7
9. 员工出色的表现和额外的努力能够得到企业的肯定	1	2	3	4	5	6	7
10. 当工作与家庭有冲突时，企业能够体谅员工并给予方便和照顾	1	2	3	4	5	6	7
11. 企业需要加班时尊重员工的自愿性	1	2	3	4	5	6	7
12. 管理者信守承诺、言行一致	1	2	3	4	5	6	7
13. 企业相信员工在没有监督的情况下能做好自己的工作	1	2	3	4	5	6	7
14. 管理者乐于指导和提携下属	1	2	3	4	5	6	7
15. 企业举办的公益和庆典活动让员工乐于参与	1	2	3	4	5	6	7
16. 管理者能够很好地分配任务和协调人员	1	2	3	4	5	6	7
17. 同事之间相互信赖	1	2	3	4	5	6	7
18. 同事之间相互关心，相处融洽	1	2	3	4	5	6	7
19. 同事之间相互支持彼此的工作	1	2	3	4	5	6	7
20. 管理者处事公正	1	2	3	4	5	6	7
21. 我能和管理者交流有关工作的各种问题和想法	1	2	3	4	5	6	7
22. 我能够参与有关自身工作的决策	1	2	3	4	5	6	7
23. 企业鼓励与支持员工创新	1	2	3	4	5	6	7
24. 我的工作使我有成就感	1	2	3	4	5	6	7
25. 当我跟他人提及我所在的企业或我们的产品时，大家都有所了解	1	2	3	4	5	6	7

资料来源：朱勇国和丁雪峰（2010）

请根据您的选择为每个条目打分，最后将所有的分数相加，得出总分。得分范围为 25～175 分，总分越高，表示您的工作体验越积极。

8.8　场　景　模　拟

模拟项目：理想的组织氛围

1. 模拟目的与技能

通过本模拟使学生熟悉组织文化的结构，培养学生运用理论知识分析问题的能力。

2. 模拟内容

组织氛围决定人与人之间的沟通与合作状况。舒适健康的氛围有助于组织成员创造性和能动性的正常发挥，压抑、独裁的工作环境则不利于个体发挥创造性和能动性。

（1）参与人数：5 人一组。

（2）时间：30 分钟。

（3）场地：室内。

（4）道具：纸、笔。

（5）规则和程序：

·将学生分成 5 人一组。给每个小组一些纸和笔，建议每个小组的成员围坐在桌子旁。

·每个小组分别列举出十种最不受欢迎和最受欢迎的氛围特征，如放任、愤世嫉俗、独裁、平等、轻松等。

·将每个小组的答案公布于众，然后让其解释选择这些答案的原因。

·最后大家一起讨论什么样的组织氛围最适合组织的发展。

3. 模拟要求

完成模拟内容后，回答下列问题：

（1）你理想中的组织氛围反映了你什么样的价值观念？

（2）你与你团队成员的意见是否相同？如果有相左的地方，你们是如何解决的？你们应该怎样进行交流？

4. 模拟组织与步骤

（1）模拟前的准备。要求学生预习、复习组织文化的相关知识。

（2）小组成员根据测试题自测并分组讨论。以 5～7 人为一个小组开展讨论和分析，成员充分发表个人观点。

（3）小组展示。各小组在规定时间内展示小组讨论成果。

（4）模拟讲评。指导教师适时讲评。

参 考 文 献

卞军凤. 2015. 青少年道德取向的差序效应及其影响因素研究[D]. 长沙: 湖南师范大学.

陈传明, 陈松涛. 2007. 高层管理团队战略调整能力研究: 认知的视角[J]. 江海学刊, (1): 213-219, 239.

陈春蕾. 2013. 领导力在跨文化环境下对团队绩效的影响探析[D]. 上海: 上海外国语大学.

陈国权, 赵慧群. 2009. 中国企业管理者个人、团队和组织三层面学习能力间关系的实证研究[J]. 管理学报, 6(7): 898-905.

陈汉辉, 武佩剑, 张献民. 2019. 谁动了创业团队的"奶酪"?——基于 fsQCA 的团队异质性、团队互动及领导风格比较分析[J]. 财经论丛, (3): 83-93.

陈静然. 2019. 人际信任网络中心性对员工角色绩效的影响及作用机理: 角色理论和社会交换视角的分析[D]. 南京: 东南大学.

陈岩, 綦振法, 陈忠卫, 等. 2018. 中庸思维对团队创新的影响及作用机制研究[J]. 预测, 37(2): 15-21.

陈尤文. 2006. 领导者的创新思维: 从理论到实践[M]. 上海: 上海人民出版社.

戴化勇, 鲍升华, 陈金波. 2010. 中国企业文化的测量与评价[J]. 统计与决策, (17): 174-176.

段锦云, 凌斌. 2011. 中国背景下员工建言行为结构及中庸思维对其的影响[J]. 心理学报, 43(10): 1185-1197.

葛宝山, 董保宝. 2009. 基于动态能力中介作用的资源开发过程与新创企业绩效关系研究[J]. 管理学报, 6(4): 520-526.

顾霄勇, 孙剑平, 梁瑞兵. 2014. 跨文化企业组织领导力评价体系的构建[J]. 统计与决策, (23): 186-188.

郭群成, 郑少锋. 2010. 返乡农民工经验异质性与团队化创业实证研究[J]. 软科学, 24(12): 93-97.

何斌, 李泽莹, 郑弘. 2014. 跨文化领导力的内容结构模型及其验证研究: 以中德跨文化团队为例[J]. 经济管理, 36(12): 83-94.

何轩. 2009. 互动公平真的就能治疗"沉默"病吗?——以中庸思维作为调节变量的本土实证研究[J]. 管理世界, (4): 128-134.

皇甫刚, 刘鹏, 司著鹏, 等. 2012. 雇主品牌的模型构建与测量[J]. 北京航空航天大学学报(社会科学版), 25(1): 85-92.

黄丽莉. 2007. 华人人际和谐与冲突: 本土化的理论与研究[M]. 重庆: 重庆大学出版社.

贾良定, 唐翌, 李宗卉, 等. 2004. 愿景型领导: 中国企业家的实证研究及其启示[J]. 管理世界, 20(2): 84-96.

姜定宇, 张菀真. 2010. 华人差序式领导与部属效能[J]. 本土心理学研究, 33: 109-177.

金盛华, 李雪. 2005. 大学生职业价值观: 手段与目的[J]. 心理学报, 37(5): 650-657.

金思宇. 2002. 中国企业文化建设的基本判断和发展思路[J]. 施工企业管理, (11): 4-5.

黎恒. 2003. 应聘者印象管理策略对考官评价影响的实证研究[J]. 人类工效学, (1): 15-18.

李东方, 罗瑾琏, 黄良志. 2013. 领导反馈对员工创造力的影响研究: 基于心理资本的中介效应[J]. 华东经济管理, 27(11): 121-126.

李光炎. 2011. 关于《"泛领导"理论探析》的探析: 谈谈领导科学理论的一个热点问题[J]. 领导科学, (24):

33-34.

李圭泉, 席酉民, 尚玉钒, 等. 2014. 领导反馈与知识共享: 工作调节焦点的中介作用[J]. 科技进步与对策, 31(4): 120-125.

李建生. 2004. 当代领导创新研究[D]. 郑州: 郑州大学.

李磊, 尚玉钒, 席酉民, 等. 2012. 领导反馈效价、反馈风格及下属调节焦点: 对下属创造力交互式影响的探讨[J]. 科学学与科学技术管理, 33(5): 150-159.

李明斐, 李丹, 卢小君, 等. 2007. 学习型组织对企业绩效的影响研究[J]. 管理学报, 4(4): 442-448.

李燕萍, 侯烜方. 2012. 新生代员工工作价值观结构及其对工作行为的影响机理[J]. 经济管理, (5): 77-86.

李一. 2011. "泛领导"理论探析[J]. 领导科学, (15): 14-17.

梁欣如. 2006. 企业全面创新的领导机制与模式研究[D]. 杭州: 浙江大学.

林健, 李焕荣. 2007. 全面报酬体系与高校高层次教师聚集[J]. 中国高校师资研究, (3): 39-44.

刘衡, 李垣, 李西垚, 等. 2010. 关系资本、组织间沟通和创新绩效的关系研究[J]. 科学学研究, 28(12): 1912-1919.

刘静, 司有和, 李忆. 2010. 组织结构, 知识流与中层经理创新行为的关系研究[J]. 科技进步与对策, 27(4): 147-150.

刘理晖, 张德. 2007. 组织文化度量: 本土模型的构建与实证研究[J]. 南开管理评论, 10(2): 19-24.

刘昕. 2005. 从薪酬福利到工作体验: 以 IBM 等知名企业的薪酬管理为例[J]. 中国人力资源开发, (6): 62-65, 73.

刘永芳, 范雯健, 侯日霞. 2019. 从理论到研究, 再到应用: 塞勒及其贡献[J]. 心理科学进展, 27(3): 381-393.

卢小君, 李明斐, 张菁. 2010. 社会文化对高新技术企业团队学习行为的影响研究[J]. 科技与管理, 12(2): 75-79.

路阳, 顾明进. 2009. 现代领导思维与创新[J]. 领导科学, (1S): 30-32.

吕鸿江, 许烁, 吴亮, 等. 2017. 网络一致性、组织沟通与知识交换整合能力[J]. 中国科技论坛, (7): 134-142.

吕洁, 张钢. 2013. 团队认知的涌现: 基于集体信息加工的视角[J]. 心理科学进展, 21(12): 2214-2223.

马华维. 2001. 企业文化建设的实证研究: 对一国有大型电力公司企业文化建设的调查与分析[J]. 管理世界, (3): 176-181, 202.

马剑虹, 倪陈明. 1998. 企业职工的工作价值观特征分析[J]. 应用心理学, 4(1): 10-14.

马斯洛. 1987. 动机与人格[M]. 许金声, 程朝翔, 译. 北京: 华夏出版社.

买忆媛, 熊婵. 2012. 创业团队的认知锁定对创业团队稳定性的影响: 基于创业团队的多案例研究[J]. 科学学研究, 30(3): 425-433.

毛良斌, 郑全全. 2010. 团队学习内容的探索性研究[J]. 人类工效学, 16(2): 40-42, 46.

莫申江, 谢小云. 2009. 团队学习、交互记忆系统与团队绩效: 基于IMOI范式的纵向追踪研究[J]. 心理学报, 41(7): 639-648.

倪旭东. 2010. 知识异质性对团队创新的作用机制研究[J]. 企业经济, (8): 57-63.

宁维卫. 1996. 中国城市青年职业价值观研究[J]. 成都大学学报（社会科学版）, (4): 10-12, 20.

裴云龙, 江旭, 刘衡. 2013. 战略柔性、原始性创新与企业竞争力: 组织合法性的调节作用[J]. 科学学研究, 31(3): 446-455.

彭灿, 李金蹊. 2011. 团队外部社会资本对团队学习能力的影响: 以企业研发团队为样本的实证研究[J]. 科学学研究, 29(9): 1374-1381, 1388.

邱霈恩. 2021. 领导学[M]. 5 版. 北京: 中国人民大学出版社.

任燕. 2012. 团队创业认知对创业决策的影响: 以创业机会识别为中介的研究[D]. 杭州: 浙江大学.

宋广文, 陈启山. 2003. 印象整饰对强迫服从后态度改变的影响[J]. 心理学报, (3): 397-403.

涂振洲, 陈昌权. 2010. 基于系统动力学的企业研发团队绩效管理研究[J]. 科技进步与对策, 27(21): 140-145.

王国红, 周建林, 秦兰. 2017. 创业团队认知研究现状探析与未来展望[J]. 外国经济与管理, 39(4): 3-14.

王海霞. 2008. 团队互动过程对团队效能的影响研究[D]. 天津: 天津财经大学.

王黎萤. 2010. 研发团队创新气氛的维度开发与结构验证[J]. 科学学研究, (6): 952-960.

王然. 2007. 以工作体验为主体的全面报酬模型: 基于 "80 后" 大学生员工的实证研究[D]. 大连: 东北财经大学.

王雁飞, 杨怡. 2012. 团队学习的理论与相关研究进展述评[J]. 心理科学进展, 20(7): 1052-1061.

王艳虹, 郭德俊. 2004. 应聘者印象管理研究评介[J]. 首都师范大学学报 (社会科学版), (2): 104-110.

王永丽, 时勘. 2003. 上级反馈对员工行为的影响[J]. 心理学报, 35(2): 255-260.

魏江茹. 2009. 变色龙变色吗: 印象管理对组织公民行为和任务绩效的调节效应[J]. 经济管理, 31: 173-179.

魏昕, 张志学. 2010. 组织中为什么缺乏抑制性进言?[J]. 管理世界, (10): 99-109, 121.

伍华佳, 苏涛. 2009. 基于东方管理文化的中国企业文化评价维度的构建[J]. 经济与管理研究, (7): 80-85.

徐尚昆. 2012. 企业文化概念范畴的本土构建[J]. 管理评论, 24(6): 124-132.

颜志雄, 邹霞, 燕良轼, 等. 2015. 道德两难判断中亲属关系的认知研究: 来自 ERPs 的证据[J]. 心理科学, 38(1): 54-61.

杨卫忠, 葛玉辉. 2012. TMT 认知异质性, 自反性对决策绩效的影响: 基于中国企业的实证研究[J]. 预测, 31(2): 23-30.

杨玉美, 李秋洁, 赵术菊. 2008. 护士工作价值观与工作满意度的调查研究[J]. 护理研究, 22(7): 1711-1713.

杨中芳. 2001. 如何理解中国人[M]. 台北: 远流出版公司.

余华, 黄希庭. 2000. 大学生与内地企业员工职业价值观的比较研究[J]. 心理科学, 23(6): 739-740.

曾静, 李敏. 2006. 探析留住知识型员工的整体薪酬方案[J]. 商场现代化, (15): 254.

张谦, 刘人境, 刘林林. 2015. 交互记忆系统视角下成员经验与团队绩效关系研究[J]. 中南大学学报 (社会科学版), 21(1): 127-133.

张润彤, 蓝天, 朱晓敏. 2005. 知识管理概论[M]. 2 版. 北京: 首都经济贸易大学出版社.

张为民. 2012. 研发团队互动过程对团队创新绩效的影响研究: 以西安 IT 企业为例[D]. 西安: 西安工业大学.

张文勤, 石金涛. 2008. 团队反思的影响效果与影响因素分析[J]. 外国经济与管理, (4): 59-65.

张晓玲. 2014. 跨文化上下级信任互动研究: 以德国外派管理人员与中国员工的信任互动为例[D]. 北京: 北京外国语大学.

张乙江, 朱洪文, 田也壮. 2003. 领导角色与企业文化交互作用的实证研究[J]. 管理科学, (5): 83-88.

张志海. 2006. 论领导创新能力[J]. 上海行政学院学报, (2): 40-49.

赵丹. 2012. 新加坡、印度尼西亚外派中国的企业领导者的跨文化授权领导行为[D]. 杭州: 浙江大学.

赵琼. 2002. 国外企业文化研究进展[J]. 华北电业, (4):19.

赵志裕. 2000. 中庸思维的测量: 一项跨地区研究的初步结果[J]. 香港社会科学学报, 18: 33-54.

郑伯埙. 2004. 本土文化与组织领导: 由现象描述到理论验证[J]. 本土心理学研究, (22): 195-254.

郑弘. 2014. 跨文化领导力对领导效能的影响机理研究: 以中德工作团队为例[D]. 广州: 广东工业大学.

周浩, 龙立荣. 2012. 变革型领导对下属进谏行为的影响: 组织心理所有权与传统性的作用[J]. 心理学报, (3): 388-399.

朱勇国, 丁雪峰. 2010. 2009 中国雇主品牌年度报告[M]. 北京: 中国经济出版社.

朱勇国, 丁雪峰, 刘颖悟. 2008. 雇主品牌评价与管理[M]. 北京: 中国劳动社会保障出版社.

Ahearn K K, Ferris G R, Hochwarter W A, et al. 2004. Leader political skill and team performance[J]. Journal of Management, 30(3): 309-327.

Akgun A E, Byrne J C, Keskin H, et al. 2006. Transactive memory system in new product development teams[J]. IEEE Transactions on Engineering Management, 53(1): 95-111.

Alexander L, van Knippenberg D. 2014. Teams in pursuit of radical innovation: a goal orientation perspective[J]. Academy of Management review, 39(4): 423-438.

Ancona D G. 1990. Outward bound: strategic for team survival in an organization[J]. Academy of Management Journal, 33: 334-365.

Ancona D G, Caldwell D F. 1992. Bridging the boundary: external activity and performance in organizational teams[J]. Administrative Science Quarterly, 37(4): 634-665.

Anderson C, John O P, Keltner D. 2012. The personal sense of power[J]. Journal of Personality, 80(2): 313-344.

Anderson N, Shackleton V. 1990. Decision making in the graduate selection interview: a field study[J]. Journal of Occupational Psychology, 63(1): 63-76.

Andrews K M, Delahaye B L. 2000. Influences on knowledge processes in organizational learning: the psychosocial filter[J]. Journal of Management Studies, 37(6): 797-810.

Austin J R. 2003. Transactive memory in organizational groups: the effects of content, consensus, specialization, and accuracy on group performance[J]. The Journal of Applied Psychology, 88(5): 866-878.

Awojide O, Hodgkinson I R, Ravishankar M N. 2018. Managerial ambidexterity and the cultural toolkit in project delivery[J]. International Journal of Project Management, 36(8): 1019-1033.

Bantel K A, Jackson S E. 1989. Top management and innovations in banking: does the composition of the top team make a difference?[J]. Strategic Management Journal, 10(S1): 107-124.

Barrick M R, Stewart G L, Neubert M J, et al. 1998. Relating member ability and personality to work-team processes and team effectiveness[J]. Journal of Applied Psychology, 83: 377-391.

Barsness Z I, Diekmann K A, Seidel M L. 2005. Gender, impression management, and performance ratings in supervisor-subordinate relationships[J]. Journal of Applied Psychology, 90(3): 491-499.

Bartezzaghi E, Raffa M, Romano A. 2003. Knowledge Management E Competitività[M]. Napoli: ESI-Edizioni Scientifiche Italiane.

Bartol K M, Srivastava A. 2002. Encouraging knowledge sharing: the role of organizational reward systems[J]. Journal of Leadership & Organizational Studies, 9(1): 64-76.

Basaglia S, Caporarello L, Magni M, et al. 2010. IT knowledge integration capability and team performance:

the role of team climate[J]. International Journal of Information Management, 30(6): 542-551.

Baum J R, Locke E A, Kirkpatrick S A. 1998. A longitudinal study of the relation of vision and vision communication to venture growth in entrepreneurial firms[J]. Journal of Applied Psychology, 83(1): 43-54.

Belasen A T, Frank N M. 2004. The perceptions of human resource managers of the shifting importance of managerial roles in downsizing organisations[J]. International Journal of Human Resources Development and Management, 4(2): 144-163.

Belschak F D, den Hartog D N. 2009. Consequences of positive and negative feedback: the impact on emotions and extra-role behaviors[J]. Applied Psychology, 58(2): 274-303.

Berson Y, Shamir B, Avolio B J, et al. 2001. The relationship between vision strength, leadership style, and context[J]. The Leadership Quarterly, 12(1): 53-73.

Berthon P, Ewing M, Hah L L. 2005. Captivating company: dimensions of attractiveness in employer branding[J]. International Journal of Advertising, 24(2): 151-172.

Blazhenkova O, Becker M, Kozhevnikov M. 2011. Object-spatial imagery and verbal cognitive styles in children and adolescents: developmental trajectories in relation to ability[J]. Learning and Individual Differences, 21(3): 281-287.

Bock G W, Zmud R W, Kim Y G, et al. 2005. Behavioral intention formation in knowledge sharing: examining the roles of extrinsic motivators, social-psychological factors, and organizational climate[J]. MIS Quarterly, 29: 87-111.

Bollinger A S, Smith R D. 2001. Managing organizational knowledge as a strategic asset[J]. Journal of Knowledge Management, 5(1): 8-18.

Bontis N, Crossan M M. 1999. Managing an organizational learning system by aligning stocks and flows of knowledge: an empirical examination of intellectual capital, knowledge management, and business performance[R]. Working paper, London: University of Western Ontario.

Breland J W, Treadway D C, Duke A B, et al. 2007. The interactive effect of leader-member exchange and political skill on subjective career success[J]. Journal of Leadership & Organizational Studies, 13: 1-14.

Bresman H, Zellmer-Bruhn M. 2013. The structural context of team learning: effects of organizational and team structure on internal and external learning[J]. Organization Science, 24(4): 1120-1139.

Brockner J, Siegel P A, Daly J P, et al. 1997. When trust matters: the moderating effect of outcome favorability[J]. Administrative Science Quarterly, 42(3): 558-583.

Buenger V, Daft R L, Conlon E J, et al. 1996. Competing values in organizations: contextual influences and structural consequences[J]. Organization Science, 7(5): 469-592.

Bunderson J S, Sutcliffe K M. 2002. Comparing alternative conceptualizations of functional diversity in management teams: process and performance effects[J]. Academy of Management Journal, 45(5): 875-893.

Burris E R, Detert J R, Chiaburu D S. 2008. Quitting before leaving: the mediating effects of psychological attachment and detachment on voice[J]. Journal of Applied Psychology, 93(4): 912.

Buyl T, Boone C, Hendriks W, et al. 2011. Top management team functional diversity and firm performance: the moderating role of CEO characteristics[J]. Journal of Management Studies, 48(1): 151-177.

Cameron D, Simeon R. 2002. Intergovernmental relations in Canada: the emergence of collaborative federalism[J]. Publius: The Journal of Federalism, 32(2): 49-72.

Cameron K S, Quinn R E. 2006. Diagnosing and Changing Organizational Culture: Based on the Competing

Values Framework[M]. San Francisco: Business and Management Series.

Campion M A, Medsker G J, Higgs A C. 1993. Relations between work group characteristics and effectiveness: implications for designing effective work groups[J]. Personnel Psychology, 46(4): 823-847.

Caniëls M C, Verspagen B. 2001. Barriers to knowledge spillovers and regional convergence in an evolutionary model[J]. Journal of Evolutionary Economics, 11: 307-329.

Cannon M D, Edmondson A C. 2005. Failing to learn and learning to fail (intelligently): how great organizations put failure to work to innovate and improve[J]. Long Range Planning, 38(3): 299-319.

Carter S M, West M A. 1998. Reflexivity, effectiveness, and mental health in BBC-TV production teams[J]. Small Group Research, 29(5): 583-601.

Chen M H, Agrawal S, Lin S M, et al. 2023. Learning communities, social media, and learning performance: transactive memory system perspective[J]. Computers & Education, 203: 104845.

Chow C W, Shields M D, Wu A. 1999. The importance of national culture in the design of organizational control systems[J]. Accounting, Organizations and Society, 24(5/6): 441-461.

Cohen S G, Bailey D E. 1997. What makes teams work: group effectiveness research from the shop floor to the executive suite[J]. Journal of Management, 23: 239-290.

Collins C J, Smith K G. 2006. Knowledge exchange and combination: the role of human resource practices in the performance of high-technology firms[J]. Academy of Management Journal, 49: 544-560.

Conroy D E, Kowalski R M. 2000. Validation of the dual-factor model of impression management: development and validation of the self-presentation in exercise questionnaire (SPEQ)[J]. Psychological Quarterly, 55(3): 271-286.

Conroy D E, Kowalski R M. 2003. Confirmatory studies of the dual-factor model of impression management and its applied analysis[J]. Journal of Sport Psychology, 7(2): 201-212.

Cooke N J, Gorman J C, Myers C W, et al. 2013. Interactive team cognition[J]. Cognitive Science, 37(2): 255-285.

Crossan M M, Lane H W, White R E, et al. 1995. Organizational learning: dimensions for a theory[J]. The International Journal of Organizational Analysis, 3(4): 337-360.

Dahlin K B, Weingart L R, Hinds P J. 2005. Team diversity and information use[J]. Academy of Management Journal, 48(6): 1107-1123.

Darroch J, Shaw V, McNaughton R. 2000. Knowledge management practices and innovation[R]. Proceedings of the 2000 IEEE International Conference on Management of Innovation and Technology. ICMIT 2000. Management in the 21st Century. Singapore. IEEE: 684-689.

David E M, Avery D R, Witt L A, et al. 2015. A time-lagged investigation of the impact of coworker behavior on the effects of demographic dissimilarity[J]. Journal of Organizational Behavior, 36(4): 582-606.

David N, Brennecke J, Rank O. 2020. Extrinsic motivation as a determinant of knowledge exchange in sales teams: a social network approach[J]. Human resource Management, 59(4): 339-358.

de Boer M, van den Bosch F A, Volberda H W. 1999. Managing organizational knowledge integration in the emerging multimedia complex[J]. Journal of Management Studies, 36(3): 379-398.

de Dreu C K W. 2002. Team innovation and team effectiveness: the importance of minority dissent and reflexivity[J]. European Journal of Work and Organizational Psychology, 11(3): 285-298.

de Dreu C K W. 2011. Minority dissent, attitude change, and group performance[J]. The Science of Social

Influence, 24: 247-270.

de Dreu C K W, Gelfand M J. 2008. The Psychology of Conflict and Conflict Management in Organizations[M]. New York: Psychology Press.

de Dreu C K W, West M A. 2001. Minority dissent and team innovation: the importance of participation in decision making[J]. Journal of Applied Psychology, 86(6): 1191-1201.

de Hoogh A H B, den Hartog D N. 2009. Neuroticism and locus of control as moderators of the relationships of charismatic and autocratic leadership with burnout[J]. The Journal of Applied Psychology, 94(4): 1058-1067.

de Luque M S, Washburn N T, Waldman D A, et al. 2008. Unrequited profit: how stakeholder and economic values relate to subordinates' perceptions of leadership and firm performance[J]. Administrative Science Quarterly, 53(4): 626-654.

de Mol E, Khapova S N, Elfring T. 2015. Entrepreneurial team cognition: a review[J]. International Journal of Management Reviews, 17(2): 232-255.

DeJoy D M, Schaffer B S, Wilson M G, et al. 2004. Creating safer workplaces: assessing the determinants and role of safety climate[J]. Journal of Safety Research, 35(1): 81-90.

den Hartog D N, House R J, Hanges P J, et al. 1999. Culture specific and cross-culturally generalizable implicit leadership theories: are attributes of charismatic/transformational leadership universally endorsed?[J]. The Leadership Quarterly, 10(2): 219-256.

Denison D R. 1990. Corporate Culture and Organizational Effectiveness[M]. New York: Wiley.

Denison D R, Hooijberg R, Quinn R E. 1995. Paradox and performance: toward a theory of behavioral complexity in managerial leadership[J]. Organization Science, 6(5): 524-540.

Denison D R, Mishra A K. 1995. Toward a theory of organizational culture and effectiveness[J]. Organization Science, 6(2): 204-223.

Denison D R, Spreitzer G M. 1991. Organizational culture and organizational development: a competing values approach[J]. Research in Organizational Change and Development, 5(1): 1-21.

Dickson M W, den Hartog D N, Mitchelson J K. 2003. Research on leadership in a cross-cultural context: making progress, and raising new questions[J]. The Leadership Quarterly, 14(6): 729-768.

Dickson M W, Smith D B, Grojean M W, et al. 2001. Ethical climate: the result of interactions between leadership, leader values, and follower values[J]. Leadership Quarterly, 12: 1-21.

Diehl A B, Stephenson A L, Dzubinski L M, et al. 2020. Measuring the invisible: development and multi-industry validation of the gender bias scale for women leaders[J]. Human Resource Development Quarterly, 31(3): 249-280.

Dorfman P W, Howell J P, Hibino S, et al. 1997. Leadership in western and Asian countries: commonalities and differences in effective leadership processes across cultures[J]. The Leadership Quarterly, 8(3): 233-274.

Douglas C, Ammeter A P. 2004. An examination of leader political skill and its effect on ratings of leader effectiveness[J]. The Leadership Quarterly, 15(4): 537-550.

Eagly A H, Johnson B T. 1990. Gender and leadership style: a meta-analysis[J]. Psychological Bulletin, 108(2): 233-256.

Edmondson A C. 1999. Psychological safety and learning behavior in work teams[J]. Administrative Science

Quarterly, 44(2): 350-383.

Edmondson A C. 2002. The local and variegated nature of learning in organizations: a group-level perspective[J]. Organization Science, 13(2): 128-146.

Edmondson A C, Dillon J R, Roloff K S. 2007. Three perspectives on team learning: outcome improvement, task mastery, and group process[J]. The Academy of Management Annals, 1(1): 269-314.

Edwards J R. 1996. An examination of competing versions of the person-environment fit approach to stress[J]. Academy of Management Journal, 39(2): 292-339.

Edwards J R, Cable D M. 2009. The value of value congruence[J]. Journal of Applied Psychology, 94(3): 654-677.

Edwards J R, Shipp A J. 2007. The relationship between person-environment fit and outcomes: an integrative theoretical framework[M]//Ostroff C, Judge T A. Perspectives on Organizational Fit. San Francisco: Jossey-Bass: 209-258.

Effron D A, Knowles E D. 2015. Entitativity and intergroup bias: how belonging to a cohesive group allows people to express their prejudices[J]. Journal of Personality and Social Psychology, 108(2): 234-253.

Elenkov D S, Judge W, Wright P. 2005. Strategic leadership and executive innovation influence: an international multi-cluster comparative study[J]. Strategic Management Journal, 26(7): 665-682.

Elizur D. 1984. Facets of work values: a structural analysis of work outcomes[J]. Journal of Applied Psychology, 69: 379-389.

Elizur D, Borg I, Hunt R, et al. 1991. The structure of work values: a cross-cultural comparison[J]. Journal of Organizational Behavior, 12: 21-38.

Ellis A P, Hollenbeck J R, Ilgen D R, et al. 2003. Team learning: collectively connecting the dots[J]. The Journal of Applied Psychology, 88(5): 821-835.

Ennabih A. 2013. New product development project performance: the role of cognitive team processes[D]. Liège: Université de Liège.

Ensley M D, Pearson A W. 2005. An exploratory comparison of the behavioral dynamics of top management teams in family and nonfamily new ventures: cohesion, conflict, potency, and consensus[J]. Entrepreneurship Theory and Practice, 29(3): 267-284.

Ethiraj S K. 2007. Allocation of inventive effort in complex product systems[J]. Strategic Management Journal, 28(6): 563-584.

Facchin A, Margiotta M, Sica C. 2011. Team reflexivity in decision-making teams: a longitudinal study[J]. Group Decision and Negotiation, 20(5): 605-626.

Facchin M. 2024. Phenomenal transparency, cognitive extension, and predictive processing[J]. Phenomenology and The Cognitive Sciences, 23(2): 305-327.

Farh J L, Earley P C, Lin S C. 1997. Impetus for action: a cultural analysis of justice and organizational citizenship behavior in Chinese society[J]. Administrative Science Quarterly, 42(3): 421-444.

Ferris G R, Davidson S L, Perrewe P L. 2000. Political skill at work[J]. Organizational Dynamics, 28(4): 24-37.

Ferris G R, Russ G S, Fandt P M. 1999. Politics in organizations[M]//Giacalone R A, Greenberg J. Antisocial Behavior in Organizations. New York: Sage Publications: 143-170.

Ferris G R, Treadway D C, Kolodinsky R W, et al. 2005. Development and validation of the political skill inventory[J]. Journal of Management, 31(1): 126-152.

Ferris G R, Treadway D C, Perrewé P L, et al. 2007. Political skill in organizations[J]. Journal of Management, 33(3): 290-320.

Förster J, Higgins E T, Bianco A T. 2003. Speed/accuracy decisions in task performance: built-in trade-off or separate strategic concerns?[J]. Organizational Behavior and Human Decision Processes, 90(1): 148-164.

Frese M, Teng E, Wijnen C J D. 1999. Helping to improve suggestion systems: predictors of making suggestions in companies[J]. Journal of Organizational Behavior, 20(7): 1139-1155.

Frieze I H, Olson J E, Murrell A J, et al. 2006. Work values and their effect on work behavior and work outcomes in female and male managers[J]. Sex Roles, 54: 83-93.

Gaddis B H, Connelly S, Mumford M D. 2004. Failure feedback as an affective event: influences of leader affect on subordinate attitudes and performance[J]. The Leadership Quarterly, 15(5): 663-686.

Gardner W L, Cleavenger D. 1998. The impression management strategies associated with transformational leadership at the world-class level: a quantitative study[J]. Management Communication Quarterly, 12(1): 3-41.

Gilmore D C, Ferris G R 1989. The effects of applicant impression management tactics on interviewer judgments[J]. Journal of Management, 15(4): 557-564.

Gino F, Schweitzer M E. 2008. Blinded by anger: how emotions impair our ability to make fair decisions[J]. Psychological Science, 19(1): 20-28.

Gladstein D L. 1984. Groups in context: a model of task group effectiveness[J]. Administrative Science Quarterly, 29: 499-517.

Goffman E. 1959. The Presentation of Self in Everyday Life[M]. New York: Doubleday.

Goh S C. 2002. Managing effective knowledge transfer: an integrative framework and some practice implications[J]. Journal of Knowledge Management, 6: 23-30.

Gollwitzer P M. 1999. Implementation intentions: strong effects of simple plans[J]. American Psychologist, 54(7): 493-503.

Gordon R, Grant D. 2004. Knowledge management or management of knowledge? Why people interested in knowledge management need to consider foucault and the construct of power[J]. Tamara: Journal for Critical Organization Inquiry, 3(2): 27-38.

Griffin M A, Parker S K, Mason C M. 2010. Leader vision and the development of adaptive and proactive performance: a longitudinal study[J]. The Journal of Applied Psychology, 95(1): 174.

Griffin M L. 2001. Job satisfaction among detention officers: assessing the relative contribution of organizational climate variables[J]. Journal of Criminal Justice, 29(3): 219-232.

Gross E. 1969. The definition of organizational goals[J]. The British Journal of Sociology, 20(3): 277-294.

Gupta V, Hanges P J, Dorfman P. 2002. Cultural clusters: methodology and findings[J]. Journal of World Business, 37(1): 11-15.

Gurtner A, Tschan F, Semmer N K, et al. 2007. Getting groups to develop good strategies: effects of reflexivity interventions on team process, team performance, and shared mental models[J]. Organizational Behavior and Human Decision Processes, 102(2): 127-142.

Hackman J R A. 1983. Normative Model of Work Team Effectiveness[M]. CT: Yale University.

Hackman J R. 1987. The Design of Work Teams[M]. Englewood Cliffs, NJ: PrenticeHall.

Hagedoorn M, van Yperen N W, van de Vliert E, et al. 1999. Employees' reactions to problematic events: a circumplex structure of five categories of responses, and the role of job satisfaction[J]. Journal of Organizational Behavior, 20(3): 309-321.

Hambrick D C, Cho T S, Chen M J. 1996. The influence of top management team heterogeneity on firms' competitive moves[J]. Administrative Science Quarterly, 41(4): 659-684.

Hamid N A A, Salim J. 2010. Exploring the role of transactive memory system (TMS) for knowledge transfer processes in Malaysia E-government IT outsourcing[R]. 2010 International Conference on Information Retrieval & Knowledge Management (CAMP), Shah Alam, Malaysia: 303-309.

Harackiewicz J M, Larson J R. 1986. Managing motivation: the impact of supervisor feedback on subordinate task interest[J]. Journal of Personality and Social Psychology, 51(3): 547-556.

Harris K J, Kacmar K M, Zivnuska S, et al. 2007. The impact of political skill on impression management effectiveness[J]. Journal of Applied Psychology, 92(1): 278.

Harrison D A, Klein K J. 2007. What's the difference? Diversity constructs as separation, variety, or disparity in organizations[J]. Academy of Management Review, 32(4): 1199-1228.

Harvey P, Harris R B, Harris K J, et al. 2007. Attenuating the effects of social stress: the impact of political skill[J]. Journal of Occupational Health Psychology, 12(2): 105-115.

Heidemeier H, Moser K. 2009. Self-other agreement in job performance ratings: a meta-analytic test of a process model[J]. Journal of Applied Psychology, 94(3): 353-370.

Helmreich R L. 1984. The role of team interaction in aviation safety[J]. Aviation, Space, and Environmental Medicine, 55(11): 1016-1020.

Helmreich R L. 1998. Error management as organisational strategy[R]. Proceedings of the IATA Human Factors Seminar. International Air Transport Association.

Herman R E, Gioia J L. 1998. Making word meaningful: secrets of the future-focused corporation[J]. The Futurist, 32(9): 24.

Higgins C A, Judge T A, Ferris G R. 2003. The employment interview: a social interaction perspective[J]. Journal of Applied Psychology, 88(4): 653-669.

Hinsz V B, Tindale R S, Vollrath D A. 1997. The emerging conceptualization of groups as information processors[J]. Psychological Bulletin, 121(1): 43-64.

Hirschman A O. 1970. Exit, Voice, and Loyalty: Responses to Decline in Firms, Organizations, and States[M]. Cambridge, Mass: Harvard University Press.

Hirst G, van Knippenberg D, Zhou J. 2009. A cross-level perspective on employee creativity: goal orientation, team learning behavior, and individual creativity[J]. Academy of Management Journal, 52(2): 280-293.

Hochwarter W A, Ferris G R, Gavin M B, et al. 2007. Political skill as neutralizer of felt accountability: job tension effects on job performance ratings: a longitudinal investigation[J]. Organizational Behavior and Human Decision Processes, 102(2): 226-239.

Hoegl M, Parboteeah K P. 2006. Team reflexivity in innovative projects[J]. R&D Management, 36(2): 113-125.

Hofstede G. 1980. Culture and organizations[J]. International Studies of Management & Organization, 10(4): 15-41.

Hofstede G. 1993. Cultural constraints in management theories[J]. Academy of Management Perspectives,

7(1): 81-94.

Hofstede G. 2001. Culture's Consequences: Comparing Values, Behaviors, Institutions, and Organizations Across Nations[M]. 2nd ed. Thousand Oaks, CA: Sage Publications.

Hofstede G, Neuijen B, Ohayv D D, et al. 1990. Measuring organizational cultures: a qualitative and quantitative study across twenty cases[J]. Administrative Science Quarterly, 35(2): 286-316.

Hollingshead A B, Brandon D P, Yoon K, et al. 2011. Communication and knowledge-sharing errors in groups : a transactive memory perspective[M]//Canary H E, McPhee R D. Communication and Organizational Knowledge: Contemporary Issues for Theory and Practice. New York, NY: Routledge: 133-150.

Homan A C, van Knippenberg D, van Kleef G A, et al. 2007. Bridging faultlines by valuing diversity: diversity beliefs, information elaboration, and performance in diverse work groups[J]. Journal of Applied Psychology, 92(5): 1189.

Hooijberg R, Choi J. 2000. Which leadership roles matter to whom? An examination of rater effects on perceptions of effectiveness[J]. The Leadership Quarterly, 11(3): 341-364.

Hsu I C. 2006. Enhancing employee tendencies to share knowledge: case studies of nine companies in Taiwan[J]. International Journal of Information Management, 26: 326-338.

Huang C C. 2009. Knowledge sharing and group cohesiveness on performance: an empirical study of technology R&D teams in Taiwan[J]. Technovation, 29(11): 786-797.

Idson L C, Higgins E T. 2000. How current feedback and chronic effectiveness influence motivation: everything to gain versus everything to lose[J]. European Journal of Social Psychology, 30(4): 583-592.

Jackson C L, Colquitt J A, Wesson M J, et al. 2006. Psychological collectivism: a measurement validation and linkage to group member performance[J]. Journal of Applied Psychology, 91(4): 884.

Janssen O, de Vries T, Cozijnsen A J. 1998. Voicing by adapting and innovating employees: an empirical study on how personality and environment interact to affect voice behavior[J]. Human Relations, 51(7): 945-967.

Jaworski B J, Kohli A K. 1991. Supervisory feedback: alternative types and their impact on salespeople's performance and satisfaction[J]. Journal of Marketing Research, 28(2): 190-201.

Jenkins S, Delbridge R. 2013. Context matters: examining 'soft' and 'hard' approaches to employee engagement in two workplaces[J]. The International Journal of Human Resource Management, 24(14): 2670-2691.

Jewell L N, Reitz H J. 1981. Group Effectiveness in Organization[M]. Illinois: Foresman and Company.

Johnson J W. 2001a. The relative importance of task and contextual performance dimensions to supervisor judgments of overall performance[J]. Journal of Applied Psychology, 86(5): 984-996.

Johnson M K. 2001b. Job values in the young adult transition: change and stability with age[J]. Social Psychology Quarterly, 64(4): 297-317.

Joshi A, Roh H. 2009. The role of context in work team diversity research: a meta-analytic review[J]. Academy of Management Journal, 52(3): 599-627.

Kacmar K M, Baron R A. 1999. Organizational politics: the state of the field, links to related processes, and an agenda for future research[J]. Research in Personnel and Human Resources Management, 17: 1-39.

Kacmar K M, Carlson D S. 1999. Workplace impression management and job performance: the role of ingratiation and self-promotion tactics[J]. Journal of Organizational Behavior, 20(7): 929-946.

Kacmar K M, Delery J E, Ferris G R. 1992. Differential effectiveness of applicant impression management tactics on employment interview decisions1[J]. Journal of Applied Social Psychology, 22(16): 1250-1272.

Kacmar K M, Witt L A, Zivnuska S, et al. 2003. The interactive effect of leader-member exchange and communication frequency on performance ratings[J]. Journal of Applied Psychology, 88(4): 764-772.

Kalliath T J, Bluedorn A C, Gillespie D F. 1999a. A confirmatory factor analysis of the competing values instrument[J]. Educational and Psychological Measurement, 59(1): 143-158.

Kalliath T J, Bluedorn A C, Strube M J. 1999b. A test of value congruence effects[J]. Journal of Organizational Behavior, 20(7): 1175-1198.

Katz D. 1964. The motivational basis of organizational behavior[J]. Behavioral Science, 9(2): 131-146.

Kauppila O P, Tempelaar M P. 2016. The social-cognitive underpinnings of employees' ambidextrous behaviour and the supportive role of group managers' leadership[J]. Journal of Management Studies, 53(6): 1019-1044.

Kearney E, Gebert D. 2009. Managing diversity and enhancing team outcomes: the promise of transformational leadership[J]. Journal of Applied Psychology, 94(1): 77-89.

Keller T, Weibler J. 2014. Behind managers' ambidexterity: studying personality traits, leadership, and environmental conditions associated with exploration and exploitation[J]. Schmalenbach Business Review, 66: 309-333.

Kilduff M, Angelmar R, Mehra A K. 1998. The reciprocal effects of top management team cognitive diversity and firm performance: opening the black box[EB/OL]. https://flora.insead.edu/fichiersti_wp/inseadwp 1998/98-91.pdf[2024-03-28].

Kimmerle J, Cress U, Held C. 2010. The interplay between individual and collective knowledge: technologies for organisational learning and knowledge building[J]. Knowledge Management Research & Practice, 8(1): 33-44.

Kirkman B L, Shapiro D L. 2000. Understanding why team members won't share: an examination of factors related to employee receptivity to team-based rewards[J]. Small Group Research, 31(2): 175-209.

Kolodinsky R W, Hochwarter W A, Ferris G R. 2004. Nonlinearity in the relationship between political skill and work outcomes: convergent evidence from three studies[J]. Journal of Vocational Behavior, 65(2): 294-308.

Kotha M, Pradhan S, Cetindamar D. 2023. Investigating types of managerial skills in master of engineering management (MEM) courses in Australia[C]. 34th Australasian Association for Engineering Education Conference (AAEE2023). Gold Coast: Engineers Australia: 809-817.

Kozlowski S W, Klein K J. 2000. A multilevel approach to theory and research in organizations: contextual, temporal, and emergent processes[M]//Klein K J, Kozlowski S W J. Multilevel Theory, Research, and Methods in Organizations: Foundations, Extensions, and New Directions. Jossey-Bass: Wiley: 3-90.

Lambert M H, Shaw B. 2002. Transactive memory and exception handling in high-performance project teams[C]. In IEEE International Engineering Management Conference: 148-153.

Lamond D. 2003. The value of Quinn's competing values model in an Australian context[J]. Journal of Managerial Psychology, 18(1): 46-59.

Lanaj K, Hollenbeck J R. 2015. Leadership over-emergence in self-managing teams: the role of gender and countervailing biases[J]. Academy of Management Journal, 58(5): 1476-1494.

Lazer D, Friedman A. 2006. The dark side of the small world: how efficient information diffusion drives out diversity and lowers collective problem solving ability[R]. Working Paper, Havard University, Program on Networked Governance.

Lechler T. 2001. Social interaction: a determinant of entrepreneurial team venture success[J]. Small Business Economics, 16: 263-278.

Lee J Y, Choi B C, Ghauri P N, et al. 2021. Knowledge centralization and international R&D team performance: unpacking the moderating roles of team-specific characteristics[J]. Journal of Business Research, 128: 627-640.

LePine J A, van Dyne L. 2001. Voice and cooperative behavior as predictors of organizational citizenship behaviors[J]. Journal of Applied Psychology, 86(5): 853-862.

Lewis K. 2003. Measuring transactive memory systems in the field: scale development and validation[J]. Journal of Applied Psychology, 88(4): 587-604.

Liang J, Farh J L. 2012. Psychological safety and voice behavior: the role of promotive and prohibitive voice[J]. Journal of Applied Psychology, 97(6): 1131-1141.

Lievens F, Highhouse S. 2003. The relation of instrumental and symbolic attributes to a company's attractiveness as an employer[J]. Personnel Psychology, 56(1): 75-102.

Liu Y M, Ferris G R, Zinko R, et al. 2007. Dispositional antecedents and outcomes of political skill in organizations: a four-study investigation with convergence[J]. Journal of Vocational Behavior, 71(1): 146-165.

Longmire N H, Harrison D A. 2018. Seeing their side versus feeling their pain: differential consequences of perspective-taking and empathy at work[J]. Journal of Applied Psychology, 103(8): 894-915.

Lynn G S, Skov R B, Abel K D. 1999. Practices that support team learning and their impact on speed to market and new product success[J]. Journal of Product Innovation Management, 16(5): 439-454.

Lyons S T, Higgins C A, Duxbury L. 2010. Work values: Development of a new three-dimensional structure based on confirmatory smallest space analysis[J]. Journal of Organizational Behavior, 31(7): 969-1002.

March J G. 1991. Exploration and exploitation in organizational learning[J]. Organization Science, 2(1): 71-87.

March J G, Simon H A. 2004. Chapter 20 from organizations: cognitive limits on rationality[M]//Frank D. The New Economic Sociology: A Reader. Princeton: Princeton University Press: 518-532.

Marks M A, Zaccaro S J, Mathieu J E. 2000. Performance implications of leader briefings and team-interaction training for team adaptation to novel environments[J]. Journal of Applied Psychology, 85(6): 971.

Mathieu J E, Zaccaro S J. 2001. A critical review of the team effectiveness literature: 1997—2001[J]. The Industrial-Organizational Psychologist, 39(1): 35-47.

McGrath J E. 1964. Social Psychology: A Brief Introduction[M]. New York: Holt, Rinehart and Winston.

Metha N, Oswald S, Mehta A. 2006. Infosys technologies: improving organizational knowledge flow[R]. ICIS 2006 Proceedings.

Michael A B, Smith J K, Lee C H. 1996. Task reflexivity and team creativity: the role of knowledge diversity[J]. Journal of Applied Psychology, 81(3): 302-310.

Michaelis B, Wagner J D, Schweizer L. 2015. Knowledge as a key in the relationship between high-performance work systems and workforce productivity[J]. Journal of Business Research, 68(5): 1035-1044.

Michinov N, Michinov E. 2009. Investigating the relationship between transactive memory and performance in collaborative learning[J]. Learning and Instruction, 19(1): 43-54.

Miller C C, Burke L M, Glick W H. 1998. Cognitive diversity among upper-echelon executives: implications for strategic decision processes[J]. Strategic Management Journal, 19(1): 39-58.

Minbaeva D B, Mäkelä K, Rabbiosi L. 2012. Linking HRM and knowledge transfer via individual-level mechanisms[J]. Human Resource Management, 51(3): 387-405.

Mintzberg H. 1983. Power in and Around Organizations[M]. Englewood Cliffs, NJ: Prentice-Hall.

Mom T J M, Chang Y Y, Cholakova M, et al. 2019. A multilevel integrated framework of firm HR practices, individual ambidexterity, and organizational ambidexterity[J]. Journal of Management, 45(7): 3009-3034.

Mom T J M, van den Bosch F A J, Volberda H W. 2007. Investigating managers'exploration and exploitation activities: the influence of top-down, bottom-up, and horizontal knowledge inflows[J]. Journal of Management Studies, 44(6): 910-931.

Moreland R L, Myaskovsky L. 2000. Exploring the performance benefits of group training: transactive memory or improved communication?[J]. Organizational behavior and human decision processes, 82(1): 117-133.

Morgan G. 2006. Images of Organization[M]. California: Sage Publication.

Moss S E, Martinko M J. 1998. The effects of performance attributions and outcome dependence on leader feedback behavior following poor subordinate performance[J]. Journal of Organizational Behavior, 19(3): 259-274.

Nieva V F, Fleishman E A, Rieck A. 1978. Team Dimensions: Their Identity, Their Measurement, and Their Relationships[M]. Washington, DC: ARRO.

Nosek B A, Hawkins C B, Frazier R S. 2011. Implicit social cognition: from measures to mechanisms[J]. Trends in Cognitive Sciences, 15(4): 152-159.

Ogbonna E, Harris L C. 2002. The performance implications of management fads and fashions: an empirical study[J]. Journal of Strategic Marketing, 10(1): 47-68.

Olson B J, Parayitam S, Bao Y. 2007. Strategic decision making: the effects of cognitive diversity, conflict, and trust on decision outcomes[J]. Journal of Management, 33(2): 196-222.

O'Reilly III C A, Chatman J, Caldwell D F. 1991. People and organizational culture: a profile comparison approach to assessing person-organization fit[J]. Academy of Management Journal, 34(3): 487-516.

Parsons T. 1956. Suggestions for a sociological approach to the theory of organizations[J]. Administrative Science Quarterly, 1(1): 63-85.

Paulus P B, Yang H C. 2000. Idea generation in groups: a basis for creativity in organizations[J]. Organizational Behavior and Human Decision Processes, 82(1): 76-87.

Pelled L H, Adler P S. 1994. Antecedents of intergroup conflict in multifunctional product development teams: a conceptual model[J]. IEEE transactions on Engineering Management, 41(1): 21-28.

Peng T K, Peterson M F, Shyi Y P. 1991. Quantitative methods in cross-national management research: trends and equivalence issues[J]. Journal of Organizational Behavior, 12(2): 87-107.

Pérez-Luño A, Medina C C, Lavado A C, et al. 2011. How social capital and knowledge affect innovation[J]. Journal of Business Research, 64(12), 1369-1376.

Perrewé P L, Ferris G R, Frink D D, et al. 2005. Political skill: an antidote in the role overload-strain relationship[J]. Journal of Occupational Health Psychology, 10(3): 239-250.

Perrow C. 1961. The analysis of goals in complex organizations[J]. American Sociological Review, 26(6): 854-866.

Pisano G P. 1994. Knowledge, integration, and the locus of learning: an empirical analysis of process development[J]. Strategic Management Journal, 15(S1): 85-100.

Post C. 2015. When is female leadership an advantage? Coordination requirements, team cohesion, and team interaction norms[J]. Journal of Organizational Behavior, 36(8): 1153-1175.

Premeaux S F, Bedeian A G. 2003. Breaking the silence: the moderating effects of self-monitoring in predicting speaking up in the workplace[J]. Journal of Management Studies, 40(6): 1537-1562.

Prendergast C, Topel R H. 1996. Favoritism in organizations[J]. Journal of Political Economy, 104(5): 958-978.

Pritchard R D, Karasick B W. 1973. The effects of organizational climate on managerial job performance and job satisfaction[J]. Organizational Behavior and Human Performance, 9(1): 126-146.

Quinn R E. 1988. Beyond Rational Management: Mastering the Paradoxes and Competing Demands of High Performance[M]. San Francisco: Jossey-Bass.

Quinn R E, Cameron K S. 1983. Organizational life cycles and shifting criteria of effectiveness: some preliminary evidence[J]. Management Science, 29(1): 33-51.

Quinn R E, Faerman S R, Thompson M P, et al. 2010. Becoming a Master Manager: A Competing Values Approach[M]. Hoboken, NJ: Wiley.

Quinn R E, Rohrbaugh J. 1983. A spatial model of effectiveness criteria: towards a competing values approach to organizational analysis[J]. Management Science, 29(3): 363-377.

Reagans R, McEvily B. 2003. Network structure and knowledge transfer: the effects of cohesion and range[J]. Administrative Science Quarterly, 48(2): 240-267.

Ren Y Q, Carley K M, Argote L. 2006. The contingent effects of transactive memory: when is it more beneficial to know what others know?[J]. Management Science, 52(5): 671-682.

Rogan M, Mors M L. 2014. A network perspective on individual-level ambidexterity in organizations[J]. Organization Science, 25(6): 1860-1877.

Rosen C C H. 2005. The influence of intra-team relationships on the systems development process: a theoretical framework of intra-group dynamics[EB/OL]. https://www.ppig.org/files/2005-PPIG-17th-rosen.pdf[2024-03-28].

Rosenfeld P, Giacalone R A, Riordan C A. 1995. Impression Management in Organizations: Theory, Measurement and Practice[M]. Londaon: Cengage Learning Emea.

Rosing K, Frese M, Bausch A. 2011. Explaining the heterogeneity of the leadership-innovation relationship: ambidextrous leadership[J]. The Leadership Quarterly, 22(5): 956-974.

Rosing K, Zacher H. 2017. Individual ambidexterity: the duality of exploration and exploitation and its relationship with innovative performance[J]. European Journal of Work and Organizational Psychology, 26(5): 694-709.

Rothaermel F T, Alexandre M T. 2009. Ambidexterity in technology sourcing: the moderating role of absorptive capacity[J]. Organization Science, 20(4): 759-780.

Roy-O'Reilly M, Mulavara A, Williams T. 2021. A review of alterations to the brain during spaceflight and the potential relevance to crew in long-duration space exploration[J]. NPJ Microgravity, 7(1): 5.

Russo M. 2012. Diversity in goal orientation, team performance, and internal team environment[J]. Equality, Diversity and Inclusion, 31(2): 124-143.

Ryan R M, Deci E L. 2000. Self-determination theory and the facilitation of intrinsic motivation, social development, and well-being[J]. American Psychologist, 55(1): 68-78.

Salas E, Dickinson T L, Converse S A, et al. 1992. Toward an understanding of team performance and training[M]//Swezey R W, Salas E. Teams: Their Training and Performance. NJ: Ablex Publishing: 3-29.

Sashkin M. 1988. The visionary principal: School leadership for the next century[J]. Education and Urban Society, 20(3): 239-249.

Sawhney M, Prandelli E. 2000. Beyond customer knowledge management: customers as knowledge co-creators[M]//Malhotra Y. Knowledge Management and Virtual Organizations. Hershey: IGI Global: 258-281.

Scandura T A, von Glinow M A, Lowe K B. 1999. When east meets west: best leadership practices in the United States and Middle East[J]. Academy of Management Executive, 13(4): 107-120.

Schaubroeck J, Lam S S K, Cha S E. 2007. Embracing transformational leadership: team values and the impact of leader behavior on team performance[J]. Journal of Applied Psychology, 92(4): 1020-1030.

Schein E H. 1983. Organizational Culture: A Dynamic Model[M]. Cambridge, Mass: Facsimile Publisher.

Schippers M C, den Hartog D N, Koopman P L, et al. 2003. Diversity and team outcomes: the moderating effects of outcome interdependence and group longevity and the mediating effect of reflexivity[J]. Journal of Organizational Behavior, 24(6): 779-802.

Schippers M C, den Hartog D N, Koopman P L, et al. 2008. The role of transformational leadership in enhancing team reflexivity[J]. Human Relations, 61(11): 1593-1616.

Schippers M C, Homan A C, van Knippenberg D. 2013. To reflect or not to reflect: prior team performance as a boundary condition of the effects of reflexivity on learning and final team performance[J]. Journal of Organizational Behavior, 34: 6-26.

Schippers M C, West M A, Dawson J F. 2015. Team reflexivity and innovation: the moderating role of team context[J]. Journal of Management, 41(3): 769-788.

Schneider B, Hall D T. 1972. Toward specifying the concept of work climate: a study of roman catholic diocesan priests[J]. Journal of Applied Psychology, 56(6): 447.

Schwartz S H. 1994a. Are there universal aspects in the structure and contents of human values?[J]. Journal of Social Issues, 50(4): 19-45.

Schwartz S H. 1994b. Beyond individualism-collectivism: new cultural dimensions of values[M]//Kim U, Triandis H C, Kagitcibasi C, et al. Individualism and Collectivism: Theory, Method, and Applications. Thousand Oaks, CA: Sage: 85-122.

Schwartz S H. 1999. A theory of cultural values and some implications for work[J]. Applied Psychology: An International Review, 48(1): 23-47.

Schwarz R M, Bennett L M. 2021. Team effectiveness model for science (TEMS): using a mutual learning shared mindset to design, develop, and sustain science teams[J]. Journal of Clinical and Translational Science, 5(1): e157.

Semadar A, Robins G, Ferris G R. 2006. Comparing the roles of political skill, emotional intelligence, and ability to manage resources in predicting managerial performance[J]. Journal of Organizational Behavior, 27(4): 443-461.

Shin S J, Kim T Y, Lee J Y, et al. 2012. Cognitive team diversity and individual team member creativity: a cross-level interaction[J]. Academy of management journal, 55(1): 197-212.

Shrader R, Siegel D S. 2007. Assessing the relationship between human capital and firm performance: evidence from technology-based new ventures[J]. Entrepreneurship theory and Practice, 31(6): 893-908.

Siu O L. 2003. Job stress and job performance among employees in Hong Kong: the role of Chinese work values and organizational commitment[J]. International Journal of Psychology, 38(6): 337-347.

Smith P B, Peterson M F, Schwartz S H. 2002. Cultural values, sources of guidance, and their relevance to managerial behavior: a 47-nation study[J]. Journal of Cross-Cultural Psychology, 33(2): 188-208.

Somech A. 2006. The effects of leadership style and team process on performance and innovation in functionally heterogeneous teams[J]. Journal of Management, 32(1): 132-157.

Sosik J J, Dinger S L. 2007. Relationships between leadership style and vision content: the moderating role of need for social approval, self-monitoring, and need for social power[J]. The Leadership Quarterly, 18(2): 134-153.

Sosik J J, Jung D I. 2003. Impression management strategies and perceived effectiveness of transformational leadership[J]. Journal of Leadership & Organizational Studies, 10(4): 34-48.

Spitzberg B H. 2000. A model of intercultural communication competence[J]. Intercultural Communication: A Reader, 9: 375-387.

Stam D A, van Knippenberg D, Wisse B. 2010a. The role of regulatory fit in visionary leadership[J]. Journal of Organizational Behavior, 31(4): 499-518.

Stam D A, van Knippenberg D, Wisse B. 2010b. Focusing on followers: the role of regulatory focus and possible selves in visionary leadership[J]. The Leadership Quarterly, 21(3): 457-468.

Stevens C K, Kristof A L. 1995. Making the right impression: a field study of applicant impression management during job interviews[J]. Journal of Applied Psychology, 80(5): 587-606.

Stewart G L, Barrick M R. 2000. Team structure and performance: assessing the mediating role of intrateam process and the moderating role of task type[J]. Academy of Management Journal, 43(2): 135-148.

Super D E. 1970. Manual, Work Values Inventory[M]. Chicago: Riverside Publishing Company.

Suzanne Z, Kacmar K M, Witt L A, et al. 2004. Interactive effects of impression management and organizational politics on job performance[J]. Journal of Organizational Behavior, 25(5): 627-640.

Tangirala S, Ramanujam R. 2008. Exploring nonlinearity in employee voice: the effects of personal control and organizational identification[J]. Academy of Management Journal, 51(6): 1189-1203.

Taylor A, Helfat C E. 2009. Organizational linkages for surviving technological change: Complementary assets, middle management, and ambidexterity[J]. Organization Science, 20(4): 718-739.

Taylor R N, Thompson M. 1976. Work value systems of young workers[J]. Academy of Management Journal, 19(4): 522-536.

Tesluk P E, Mathieu J E. 1999. Overcoming roadblocks to effectiveness: incorporating management of performance barriers into models of work group effectiveness[J]. Journal of Applied Psychology, 84(2): 200-217.

Theiner G, O'connor T. 2010. The emergence of group cognition[M]//Corradini A, O'connor T. Emergence in

Science and Philosophy. New York: Routledge: 6-78.

Tjosvold D, Yu Z Y, Hui C. 2004. Team learning from mistakes: the contribution of cooperative goals and problem-solving[J]. Journal of management Studies, 41(7): 1223-1245.

Tranfield D, Young M, Partington D, et al. 2003. Knowledge management routines for innovation projects: developing a hierarchical process model[J]. International Journal of Innovation Management, 7(1): 27-49.

Treadway D C, Ferris G R, Duke A B, et al. 2007. The moderating role of subordinate political skill on supervisors' impressions of subordinate ingratiation and performance ratings[J]. Journal of Applied Psychology, 92(3): 848-855.

Treadway D C, Hochwarter W A, Ferris G R, et al. 2004. Leader political skill and employee reactions[J]. The Leadership Quarterly, 15(4): 493-513.

Tsui A S, Wang H, Xin K R. 2006. Organizational culture in China: an analysis of culture dimensions and culture types[J]. Management and Organization Review, 2(3): 345-376.

Turnley W H, Feldman D C. 1999. The impact of psychological contract violations on exit, voice, loyalty, and neglect[J]. Human Relations, 52(7): 895-922.

van-Dijk D, Kluger A N. 2004. Feedback sign effect on motivation: is it moderated by regulatory focus?[J]. Applied Psychology, 53(1): 113-135.

van Dyne L, Ang S, Botero I C. 2003. Conceptualizing employee silence and employee voice as multidimensional constructs[J]. Journal of Management Studies, 40(6): 1359-1392.

van Knippenberg D, de Dreu C K W, Homan A C. 2004. Work group diversity and group performance: an integrative model and research agenda[J]. Journal of Applied Psychology, 89(6): 1008-1022.

van Vianen A E M, de Pater I E, van Dijk F. 2007. Work value fit and turnover intention: same-source or different-source fit[J]. Journal of Managerial Psychology, 22(2): 188-202.

Vilkinas T. 2000. The gender factor in management: how significant others perceive effectiveness[J]. Women in Management Review, 15(5/6): 261-272.

Viswesvaran C, Ones D S. 1999. Meta-analyses of fakability estimates: implications for personality measurement[J]. Educational and Psychological Measurement, 59(2): 197-210.

Viswesvaran C, Ones D S, Hough L M. 2001. Do impression management scales in personality inventories predict managerial job performance ratings?[J]. International Journal of Selection and Assessment, 9(3): 277-289.

Wadhwa A, Kotha S. 2006. Knowledge creation through external venturing: evidence from the telecommunications equipment manufacturing industry[J]. Academy of Management Journal, 49(4): 819-835.

Wayne S J, Ferris G R. 1990. Influence tactics, affect, and exchange quality in supervisor-subordinate interactions: a laboratory experiment and field study[J]. Journal of Applied Psychology, 75(5): 487-499.

Wayne S J, Liden R C. 1995. Effects of impression management on performance ratings: a longitudinal study[J]. Academy of Management Journal, 38(1): 232-260.

Wayne S J, Shore L M, Liden R C. 1997. Perceived organizational support and leader-member exchange: a social exchange perspective[J]. Academy of Management Journal, 40(1): 82-111.

West M A, Anderson N R. 1996. Innovation in top management teams[J]. Journal of Applied Psychology, 81: 680-693.

West M A, Borrill C S. 2003. Leadership clarity and team innovation in health care teams[J]. Journal of

Occupational and Organizational Psychology, 78(2): 115-137.

Westley F, Mintzberg H. 1989. Visionary leadership and strategic management[J]. Strategic Management Journal, 10(S1): 17-32.

Whiting S W, Maynes T D, Podsakoff N P, et al. 2012. Effects of message, source, and context on evaluations of employee voice behavior[J]. Journal of Applied Psychol, 97(1): 159-82.

Winch G, Schneider E. 1993. Managing the knowledge-based organization: the case of architectural practice[J]. Journal of Management Studies, 30(6): 923-937.

Wyse A, Vilkinas T. 2004. Executive leadership roles in the Australian public service[J]. Women in Management Review, 19(4): 205-211.

Xin K R, Tsui A S, Wang H Z, et al. 2002. Corporate culture in state-owned enterprises: an inductive analysis of dimensions and influences[M]//Tsui A S, Lau C M. The Management of Enterprises in the People's Republic of China. Boston, MA: Springer US: 415-443.

Yang J T. 2010. Antecedents and consequences of knowledge sharing in international tourist hotels[J]. International Journal of Hospitality Management, 29(1): 42-52.

Yorks L, Sauquet A. 2003. Team learning and national culture: framing the issues[J]. Advances in Developing Human Resources, 5(1): 7-25.

Zacher H, Rosing K. 2015. Ambidextrous leadership and team innovation[J]. Leadership & Organization Development Journal, 36(1): 54-68.

Zacher H, Wilden R G. 2014. A daily diary study on ambidextrous leadership and self-reported employee innovation[J]. Journal of Occupational and Organizational Psychology, 87(4): 813-820.

Zárraga C, Bonache J. 2003. Assessing the team environment for knowledge sharing: an empirical analysis[J]. The International Journal of Human Resource Management, 14: 1227-1245.

Zellmer-Bruhn M, Gibson C. 2006. Multinational organization context: implications for team learning and performance[J]. Academy of Management Journal, 49(3): 501-518.

Zhang Z, Waldman D A, Wang Z. 2012. A multilevel investigation of leader-member exchange, informal leader emergence, and individual and team performance[J]. Personnel Psychology, 65(1): 49-78.

Zheng Y F. 2012. Unlocking founding team prior shared experience: a transactive memory system perspective[J]. Journal of Business Venturing, 27(5): 577-591.

Zhou J, George J M. 2003. Awakening employee creativity: the role of leader emotional intelligence[J]. The Leadership Quarterly, 14(4/5): 545-568.